U0133494

六盘山文库

丝绸之路与古代固原地区历史变迁研究

李世荣 著

中国社会科学出版社

图书在版编目(CIP)数据

丝绸之路与古代固原地区历史变迁研究 / 李世荣著 . —北京：中国社会
科学出版社，2022.10

（六盘山文库）

ISBN 978-7-5227-0808-9

Ⅰ.①丝…　Ⅱ.①李…　Ⅲ.①丝绸之路—关系—社会变迁—研究—
固原　Ⅳ.①K294.33

中国版本图书馆 CIP 数据核字（2022）第 153338 号

出 版 人	赵剑英
责任编辑	刘　芳
责任校对	郝阳洋
责任印制	李寡寡

出　　　版	中国社会科学出版社
社　　　址	北京鼓楼西大街甲 158 号
邮　　　编	100720
网　　　址	http://www.csspw.cn
发 行 部	010-84083685
门 市 部	010-84029450
经　　　销	新华书店及其他书店

印　　　刷	北京明恒达印务有限公司
装　　　订	廊坊市广阳区广增装订厂
版　　　次	2022 年 10 月第 1 版
印　　　次	2022 年 10 月第 1 次印刷

开　　　本	710×1000　1/16
印　　　张	30
字　　　数	404 千字
定　　　价	168.00 元

总　序

　　固原历史悠久，文化积淀丰厚。早在三万年前的旧石器时代，这片土地就留下了古人类活动的足迹；新石器时代，六盘山东西的清水河、葫芦河、泾河流域都有人类繁衍生息。彭阳商周墓葬群的出土，印证了《诗经·小雅·六月》《出车》里描写的西周重大历史事件在固原的发生；固原战国秦长城遗迹，叙说着固原的军事建制与特殊的军事地理位置。战国时期，固原进入秦国版图，乌氏县、朝那县的设立，见证了固原融入大一统的国家行政序列；汉代高平县的设立、安定郡的设置，奠定了固原之后的行政建制。萧关道上的汉唐诗歌、丝绸之路在固原的中西文化遗存，再现了这个特殊地域上的文化积淀，为固原经济社会文化发展提供了诸多有价值的参考与借鉴。

　　宁夏师范学院建校至今，已走过了40多年的风雨岁月。学院老一代的学者，一直十分关注固原历史地理文化，他们筚路蓝缕，在传承学术精神的同时，创新地方历史文化研究，留下了诸多研究成果，为固原历史文化研究奠定了坚实的基础。地方高校服务于地方经济社会文化发展，是其职责所在。为推进固原历史地理文化研究，2011年年底，宁夏师范学院申报设立专门的地方历史文化研究机构，经自治区编办批准，宁夏师范学院固原历史文化研究中心正式挂牌成立，成为实体研究机构之一，并配备了专职研究人员。宁夏师范学院的固原历史地理文化研究从此走上了更为专业和深入的道路。2014年，为进一步夯实科研基础，凝练学术队伍，宁夏师范学院进行了校内资源整合，重组并成立了六个研究（工程）中心，固原历史文化研究中心成为宁夏师范学院提出的打好三张牌（特色牌、地方牌、教改牌）中的科研"地方牌"的代表。2016 年，固原历史文化研究人文社科重点研究基地获得自治区高校科技创新平台立项建设。

为了加强区级人文社科重点研究基地建设，挖掘固原历史文化资源，产出一批较有影响的科研成果，固原历史文化研究中心设立了"固原历史文化专项课题"，由校内外学者参与申报，专家评审，最终以丛书的形式推出。宁夏师范学院所在地固原位于六盘山地区，学校被誉为"六盘山下人才基地，宁南山区教师摇篮"，因此，丛书以《六盘山文库》冠名。研究成果内容涉及固原历史地理、丝绸之路、地方戏曲研究、人物、民俗文化等，是固原历史地理文化研究的阶段性成果。《六盘山文库》的面世，将对传承固原历史文脉、宣传固原历史地理文化、加快推进文化建设产生影响。同时，对于深化和研究固原历史地理文化，把历史地理文化资源优势转化为推进高质量发展优势；对于挖掘区域历史地理文化，增进人们对固原历史地理文化的了解，满足人民文化需求和增强人民精神力量，尤其是提升固原文化的影响力，将会产生积极的作用。

以文化强国为目标，不断推进传统文化创造性转化、创新性发展，是时代赋予我们的新使命。正是在这个意义上，《六盘山文库》承载着文化建设的使命，肩负着文化创新的重任。为地方社会经济发展和文化建设尽一份绵薄之力，是我们的初心所在。

《六盘山文库》编委会

2020 年 12 月

自　序

自张骞凿空西域以来，丝绸之路就是贯通中西交往的重要纽带，经漫长历史的洗礼而延绵不绝。即便是在战乱频仍的魏晋南北朝、五代十国时期，丝绸之路的驼铃声仍不绝于耳。至明代海洋丝绸之路全面崛起之时，西北丝绸之路依然发挥着通连中西的重要作用。以政治互动、商业贸易、文化交流和民族融合为载体的丝绸之路对于中国和世界而言，承载着厚重的历史意蕴、文化内涵以及时代价值。

固原地区，地处丝绸之路东段北道，是关中通往中亚、西亚的要塞。其南进关中而拱卫长安、襄守中原，北越六盘山而接通草原丝绸之路，西扼河西走廊而入广袤之西域，是为历代王朝经略西域的边镇形胜要塞。

作为丝绸之路的重要据点，固原地区的政治与军事经略历来备受重视。秦王朝以固原地区的萧关古道作为经略西北乃至西域的重要关隘，在统一固原地区的过程中灭义渠戎而置乌氏县，正式纳固原地区为中原王朝的行政管辖之下，开启固原地区边塞重镇之先河。西汉以固原地区为中心析置安定郡，治高平（今固原市），其目的是强化西汉政府对于西北边疆之开发，并以此为军事基地疏通经略西域之通道，开拓强盛西汉王朝之路径。东汉时期，汉光武帝刘秀亲征高平，高平之平定为其扫平西北诸割据政权奠定坚实基础，在行政区划上承袭西汉旧制，仍设置安定郡，治高平，大大强化了固原地区的军事属性。而作为培育战马的牧马机构的设置，更是日后固原地区马政辉煌千年的开始。魏晋南北朝时期，战乱不休，各个割据政权更新换代十分频繁，固原地区先后处于前秦、后秦、前赵、后赵、大夏、北魏、北齐、北周等诸多政权的统治之下。这一历史时期，在行政区划上固原地区大多以军镇的形式而存在，军事地位十分凸显，成为各个割据政权的必争之地。北魏统一黄河流域以后，以高平镇改置原州，设郡县，整齐划一行政区划，重新疏通废弃百年之久的丝路通道，固原地区之地位进一步提升。隋唐时期，仍以固原地区为中心置原州，恢复汉代丝绸之路的辉煌，固原地区成为隋唐时代屯垦戍边、徙民安业、民族融合的繁盛之地。安史之乱以后，固原地区沦落于吐蕃之手长达近一个世纪，频仍战乱摧毁了原州往昔之辉煌，开始走向衰落。宋代统一西北地区以后，在固原地区构筑战夏的军事重镇，并设置镇戎军，时人称为"中华襟带"，军事地位进一步加强。出于应对宋夏边境战争之需，宋代因地制宜，在固原地区大力发展畜牧业，"马政"成为两宋时期固原地区的象征。元代在固原地区的开城设置安西王府，成为元代经营西北、远略西域的中枢之地，政治地位之高可谓空前绝后。明王朝建立以后，为防御蒙古，在北方边境地带沿着长城走向设置九个军事重镇，固原镇为九边重镇之一，节制陕西三边，"三边总制"是实际上的西北军事指挥中心，其军事地位举足轻重。清代以后，伴随着大一统王朝的肇基立极，固原地区由传统的边塞重镇演变为腹地，军事重镇地位逐渐瓦解，但其作为历史文化名城依然留存在茫茫的历史变迁的长河中。

民族汇聚、交往与融合是丝绸之路推动固原地区最为深刻的历史变迁表征。事实上，依据考古资料，先秦时期的固原地区便是多民族繁衍之所，羌人、鬼方、氐、猃狁等民族交错而居、生息蕃庶。伴随着丝绸之路的开通，固原地区迅速发展成为通联关中与西域的交通要塞、丝路重镇，各民族沿着丝绸之路渐次迁入固原地区，形成了一幅波澜壮阔的民族融合的历史画卷。秦汉时期，犬戎、义渠戎、鬼方、大月氏、匈奴、乌氏戎、羌人等民族相继汇聚在固原地区，推动固原地区民族大融合局面的初步形成。魏晋时期，鲜卑族多个部族相继迁入固原地区，破多罗鲜卑、乞伏鲜卑、秃发鲜卑、万俟鲜卑，这些民族据高平而居，先后建立割据政权，称雄西北，自成一体。这一时期，羌人亦大量迁入固原地区，爆发了规模盛大的东羌大起义，威震陇右。此外，赫连大夏、敕勒、柔然、高车等少数民族亦大量迁入或被中原王朝安置于固原地区，固原地区的民族融合以战争的形式得到进一步加强。隋唐时期，突厥不断侵扰固原地区，唐王朝以军事抚平突厥，其部族被大量安置在固原地区，与原居于固原地区的居民交往、融合。吐蕃强大以后，与唐王朝签订清水盟约，固原地区划入吐蕃管辖之下，吐蕃统治固原地区长达近一个世纪，其间大量吐蕃民族迁入固原地区。尤其值得注意的是，唐代伊始，中亚之粟特人沿着丝绸之路迁入中国，史称"昭武九姓"，他们主要居于固原地区，其部族首领被唐王朝委以重任，担任要职，为唐王朝治理固原地区乃至西北边疆做出了突出贡献。安史之乱以后，粟特人基本汉化。两宋时期，宋王朝在固原地区设置镇戎军，军事重镇之色彩进一步凸显。宋夏之间频繁的战争大多发生在固原地区，党项、吐蕃、回纥等少数民族源源不断地迁入固原地区，这些内迁的少数民族逐渐融入包括汉民族在内的各个民族之中。元代是固原地区民族融合的又一个高潮时期。安西王府在固原地区设置以后，数量众多的蒙古人开始进入固原地区。伴随着成吉思汗之西征，丝绸之路大大拓展，大量中亚、西亚民族被征发至中国，他们长期定居固原地区及关中一带，与中国境内的居民相互融合，为此后回族的形成奠定基础。明王朝建立以后，固原地区军事地位超越任何一个王朝，明廷在固原设置九边重镇之一的固原镇，使其成为巩固西北边疆、防御蒙古、经略西域的军事重镇。在明王朝的统治之下，西北丝绸之路依然畅通，中亚、西亚、西域等地的商人和传教士沿着丝绸之路进入固原地区，很多商人因为经商的需要长期定居于固原地区，与当地居民联姻，成家立业，加速了固原地区的民族融合。此外，有明一代，各民族在西北地区经过长期的繁衍、融合,回族作为一个全新的民族在中国正式形成,回族的形成是丝绸之路上民族交往与融合的时代标志。清代大一统以后,固原地区由传统的边疆重地演变为腹地,丝绸之路的辉煌归于沉寂。经过长期的民族融合,在固原地区形成了特色鲜明的回族聚落,他们与汉民族及其他民族交错杂居、经商往来、互相融合,共同创造了丰富多彩的民族文化和地域文化。

丝绸之路推动和强化了固原地区中西文化之交流,在丝绸之路的影响下,固原地区的文化变迁是深刻而灵动的,形成了别具一格的文化景观。张骞凿空西域以来,固原地区作为丝绸之路要冲,自古以来就是多元文化交流汇聚的核心地带。首先,苍凉而悠远的边塞文化是固原地区文化的独特标签。自秦代伊始,固原地区就是中原王朝最为倚重的边塞重镇之一,萧关古道、丝路驼铃、六盘鸟道、西海春波、瓦亭烟岚、云根雨穴、东山秋月、蓬沼听莺、须弥松涛等,一幅幅厚重的历史画卷正是固原地区边塞文化的象征。其次,固原地区是中西文化交流之纽带。作为丝绸之路东段北道的核心地带,固原地区自古以来就是丝路重镇,西域、中亚、西亚的商贾、使者、传教士沿着丝绸之路入嘉峪关、阳关、玉门关,穿越河西走廊,汇聚于固原地区,各种异域文化与中原文化交相辉映:在固原地区出土的古罗马的金银币和波斯的鎏金银壶、玻璃碗、石狮子等文物在悄然诉说着中西文化交流的盛况;凉州石窟与须弥山石窟的开凿,昭示着外来宗教经由丝绸之路传入中国的曲折历史进程;逶迤的长城、残垣断壁的古城、斑驳的书院与生生不息传承的儒家文化,是历代中原王朝经略固原地区、西域地区,进而沟通中西亚等地区的文化标志。最后,固原地区的丝绸之路贯通了中国古代社会西北陆上丝绸之路和北方草原丝绸之路,在这片广袤的土地上,游牧文化与农耕文化交流融合,少数民族与汉民族之间交错杂居而繁衍融合,各个民族,如汉、羌、氐、猃狁、匈奴、鲜卑、党项、蒙古族、回族、满族等诸多民族多元文化在固原地区碰撞、交流、融合，共同缔造了中华民族统一体的民族文化观念。

丝绸之路推动了固原地区经济的历史变迁。固原地区具有得天独厚的自然环境，境内耸立的六盘山（古为陇山）素有"山高太华三千丈，险居秦关二百重"之称，为泾河、清水河、葫芦河之发源地，浇灌和滋润着固原地区；典型的大陆性气候，宜耕宜牧，奠定了其多元文化交流荟萃的环境基础。游牧经济在固原地区有着漫长的发展历程，尤其是畜牧业发展有着天然的优势地位。历代王朝十分重视"马政"，均在固原地区设置官方牧马基地，为西北边疆地区军队战马的主要来源。民间马政亦十分发达，以马政为中心的畜牧业经济发展模式经久不衰。农业经济在固原地区的发展同样重要，固原地区为中原王朝西北边疆重镇，历代王朝均以固原地区为军事重镇，拱卫关中、中原而远略西域、中、西亚。为了建构最为牢固的边防重地，历代王朝在固原地区兴修水利、徙民屯垦，因而农业也获得了持久而有效的大开发。古代社会的固原地区是丝绸之路商业的交汇处和中转站，商业贸易亦十分繁荣。商业贸易主要分为三类：一是沿着丝绸之路而来的中亚、西亚商队和贡赐贸易团队与固原地区各民族之间的商业贸易；二是固原地区境内各民族之间的相互贸易；三是历代王朝在固原地区边境设置的互市、榷场、马市等商业贸易。概而言之，游牧经济的发达、农耕经济的开发以及丝绸之路商业贸易的繁荣，共同构筑了固原地区的多元经济特色，推动了固原地区深刻的历史变迁。

本书以丝绸之路为研究视角，考察古代固原地区历史变迁，探求古代固原地区这一历史重镇在丝绸之路的影响下，政治、军事、经济、文化和民族等层面深刻的历史演变及其社会影响。借本书可以管窥我国历代王朝经营西北边疆政策之得失、民族融合之演进、传统文化在边疆地区的交融与传承。尤为重要的是，通过深入考察丝绸之路影响下固原地区历史变迁的轨迹——固原地区由"边地"演变为"腹地"的历史事实，可以清晰地洞察中华民族共同体在边疆地区构建的历史过程。同时，本书的写作也契合了我国当下"一带一路"倡议的时代机遇，为发展西北地区，进一步推动西北地区社会与民族和谐发展，提供必要的历史考察、学术反思与理论支撑。

　　是为序。

2019 年 10 月 30 日

于宁夏固原

目　　录

绪　　论

古代固原地区是西北边疆军事要塞、丝路重镇以及边塞文化名城。以丝绸之路的兴衰为研究视角，探究古代固原地区历史变迁及其社会影响，考察古代固原地区行政区划沿革、军事地位嬗变、经济开发、民族大融合、文化交流与传承，重点论述丝绸之路对于古代固原地区社会的促进作用。在此基础上深入分析历代王朝经略西北边疆政策得与失的经验教训，发现和论证古代固原地区由边地演变为腹地的历史事实，说明"中华民族共同体"构建的历史过程，总结中华民族"趋同性"的历史书写，是本书希图解决的重大历史与理论问题。

一　"固原地区"释义

无论从考古发现、地理方位演化视角观察，还是从行政区划沿革、历史变迁视角分析，历史时期，"固原地区"是以固原古城（今固原市原州区东南）为中心，辐射周边，不断演变的历史名词。

从考古发现的视角观之，绚烂多姿的考古文化遗址构成了固原地区厚重的历史。如以水洞沟遗存和鸽子山遗存为代表的旧石器时代文化，以马家窑文化遗存、菜园类型遗存、齐家文化遗存为代表的新时期文化，商周时期固原中河孙家庄墓地、姚河塬遗址、刘家文化遗存，秦汉时期的彭阳县古城镇朝那县故城、彭阳幸福墓地、固原九龙山墓地，北朝隋唐时期彭阳新集北魏早期墓葬、固原北魏漆棺画墓、田弘墓以及粟特人家族墓地，元明时期的开城安西王府遗址、韦州镇周新庄村出土的庆靖王朱栴和庆庄王朱邃墓地，等等。这些丰富的文化遗存成为固原历史的象征，透过这些珍贵的文化遗存可以清晰地窥见固原地区跌宕起伏的历史变迁轨迹。远古时代固原地区就是人类栖息和繁衍之地，开启了固原地区早期文明。商周时期固原地区开始内附中原王朝，成为中原王朝有效治理的西北边地。秦代之大一统，固原地区演变成为中原王朝经略西北边疆的军事重镇，承载着稳定西北、拱卫中原的历史重任。张骞凿空西域以后，固原地区位于丝绸之路东段北道，是丝绸之路由长安入河西走廊、通西域的必经之地。自此伊始，固原地区以丝路重镇的凸显地位屹立于西北边疆，通连内地与西北边地乃至中亚、西亚的商贸往来、文化交流以及民族融合。由边塞重地演变为丝路名城，由东西文明之交汇而发展成历史文化名城，古代固原地区以其重要的地位享誉西北。

从地理方位演化视角考察，古代固原地区以固原古城为中心，坐落于西北著名的关隘萧关之上。萧关，历史上著名的四大关隘之一。所谓四大关隘，据唐代司马贞在其《史记·索隐》一书中注曰："东函谷，南峣武，西散关，北萧关。"萧关为关中之北大门，出关临宁夏、河西、内蒙古，入关经环江、马莲河、泾河直达关中。萧关傍山遏水，地势险要，与六盘山、秦长城浑然一体，构成西北牢固的军事防御基地，历来为兵家必争之地。固原古城正是坐落于萧关古道，为萧关的核心区域，历代王朝在固原古城及其周边地区沿河设塞，筑城建关，移民屯垦，戍边开发，不断推动固原古城的历史变迁。张骞凿空西域以后，萧关及固原古城位于丝绸之路的东段北道，是连接关中和河西走廊的最便捷的丝绸之路通道，其地理位置更为重要。丝绸之路成就了萧关古道，亦成就了固原古城。两汉以后，丝绸之路以长安为起始点，越陇山，渡黄河，穿河西走廊，入西域诸国，而屹立于萧关之上的固原古城是丝绸之路上的重要据点，驼铃所至，迎来送往，各色人等，交汇其间，东西文明，互为映照，创造固原古城之辉煌历史。据考证，固原古城在秦时已经存世，汉代复设之，后世多有变迁。以固原古城为中心，历代王朝不断强化西北边疆之统治，疏通丝绸之路，因地制宜治理固原地区，因而在地理位置上多有嬗变。如汉武帝开拓疆域，固原地区之范围广袤，基本包括今固原市一带及陕西、甘肃一部分区域。魏晋时期，由于割据政权林立，固原地区以高平为中心，面积较为狭小。隋唐之大一统，固原地区的范围有所扩展。两宋时期，固原地区进一步内缩，在战略影响层面已经退出河西走廊。元明时期，固原地区在地理方位上再次突破河西走廊，广袤的西域重回中原王朝的治理版图。清代肇基立极，伴随着丝绸之路的衰落，以固原古城为核心的固原地区由边地演变为腹地，失去了军事重镇和丝绸重镇的地位，在地理方位上也基本奠定了近代以来"西海固"的范围并固定下来，逐渐沦落为"被遗忘的地区"。

从行政区划设置的视角考察，"固原地区"是以今固原市为核心而不断变迁的历史名词。完整的"固原地区"概念不仅仅指固原古城之地，而且包括历史时期以固原古城为中心的整个陇右以西之地，范围显然要广袤许多。先秦时期以萧关古道为核心，即六盘山北麓，穿黄河而入河西之地，傍清水河而依，是关中通往陇右、西域地区的西面屏障。秦时，固原地区活动的少数民族主要是义渠戎、乌氏戎，秦灭义渠戎、乌氏戎统一西北，设置北地郡，固原地区属于北地郡的行政区划范围。秦在固原地区设置乌氏县、朝那县，徙民屯垦，戍边固疆，治同内郡。两汉时期，为加强西北边防，置安定郡，安定郡治高平（今固原市），管辖范围十分广泛，包括陇右大部分区域，今固原市是安定郡的政治、军事乃至经济核心，在强化西北边疆、拱卫关中、疏通丝路通道、经略西域诸方面起着至关重要的作用。魏晋乱世，固原地区的行政范围时有变化，在各个割据政权的统治下，辖区时大时小，但基本上包括陇右以西之地。隋唐大一统，固原地区包括原州在内，辖区面积较前代有进一步的扩展，以原州为中心的丝路贸易与民族交往十分兴盛。安史之乱以后原州处于吐蕃统治之下，固原地区的实际辖区内缩，远逊两汉。宋代，原州是两宋西北边地最重要的军事重镇，宋王朝以原州为核心建立镇戎军，与西夏展开长达百年之久的边境争夺战，固原地区的实际辖区面积因战争进一步内缩。元代，安西王府治下的固原地区包括陇右大部、河西一隅，辖区面积之大空前绝后。至明代，明王朝以原州为中心建立固原镇，设置"三边总督"，构建以固原镇为中心的西北边境总防务区，以防范蒙古逾越六盘山而入侵关中，防御范围包括绝大部分西北地区，但在行政区划上其面积仅包括固原军镇及其周边地区。清代，固原地区划归甘肃省，固原为直隶州，辖区包括海原县和平远县，辖区进一步缩减。民国时期，废州改县，固原属甘肃省泾源道和平凉专区，辖区面积降到历史最低。中华人民共和国成立以后，1958 年设置固原专区；1970 年设置固原地区行政公署，辖固原、海原、西吉、彭阳、隆德、泾源 6县；2002 年撤销固原地区而设置固原地级市，辖原州区、西吉县、隆德县、彭阳县、泾源县。由此观之，固原地区之概念伴随着历史变迁而不断演化。但在漫长的古代社会，固原地区是以今固原市为中心而辐射陇右西部、关中西北、河西一隅的广泛区域。

从历史变迁的视角考察，自西汉张骞开凿丝绸之路，固原地区处于丝绸之路的要冲地带，连接关中与河西走廊，进而通联广袤之西域，辐射中亚、西亚。毋庸讳言，古代固原地区伴随着丝绸之路的跌宕起伏而步入剧烈的变迁之路——丝绸之路推动了古代固原地区的社会演变，促使固原地区不断提升其在西北边疆之地位，成为西北军事重镇、丝路重镇和文化重镇。在政治与军事方面，伴随着丝绸之路的演变，历代王朝在固原地区设置不同的行政区划、军事机构，因地制宜推行有效的统治政策，以强化对固原地区的控制，使其成为拱卫关中，裙带河西，经略西域的边塞重镇。在经济方面，丝绸之路的畅通和繁荣推动了固原地区社会经济的开发和中外文化的交流，构建了农业、畜牧业、商业、交通业以及朝贡贸易等多元经济结构。在民族、宗教与文化方面，以丝绸之路为通道，固原地区演变成为中原农耕文化和草原游牧文化交融的重要舞台，是丝绸之路上民族熔炉与东西方交往最活跃的地区之一，形成了以中原文化为主体的丰富多彩的文化体系，包括内涵丰富的宗教文化、风格豪放的边塞文化和独具特色的民族文化体系，各种文化交相辉映，大大推动了古代固原地区的民族融合。概而言之，丝绸之路与古代固原地区历史变迁息息相关，亦是我国历代王朝经营西北边疆的历史写照。丝绸之路与古代固原地区历史变迁之轨迹十分清晰，即固原地区由边地演变为腹地，政治、经济、民族、文化各个领域逐渐趋同化的历史进程。

二　研究意义

自西汉张骞凿空西域以来，丝绸之路成为贯通中西交往的重要纽带，即使在战乱频仍的魏晋南北朝时期，丝绸之路的驼铃声仍不绝于耳。以商业贸易和文化交流为载体，丝绸之路对于中国和世界而言，承载着更为深厚的历史意蕴、文化内涵以及时代价值。固原地区处于丝绸之路的东道北段，是丝绸之路必经之地，地位重要，历史悠久。丝绸之路为古代固原地区的发展注入源源不断的动力，成就了古代固原地区之历史，因而以丝绸之路为研究视角，全面审视和考察古代固原地区历史与社会变迁具有重要的研究意义。

（一）边疆史地视角的研究意义：拓展和丰富西北边疆史地的研究内容

西北边疆史地研究是中国历史研究的不可或缺的重要分支。自鸦片战争中国战败以后，严重的民族危机促使有良知的中国学者开始关注中国西北边疆史地的研究，如今走过了整整180年的风雨历程。概括而言，中国西北边疆史地的研究主要侧重于文献整理研究、专题性研究、综合性研究以及理论范式构建研究四个领域。首先，学界对于西北边疆史地的文献整理研究起步最早，亦最为成熟，涌现出大批西北史地研究领域的学者和专家，形成了独具特色的"西北学"，尤其是以西北地方志文献的整理研究成果最为卓著。① 其次，20 世纪 80 年代开始，学界对于西北边疆史地的研究开始侧重于专题性的研究，如西北边疆政治经略史、行政区划演变史、文化变迁史、民族关系史、军事史等方面取得了较为丰富的成果，尤其是在文献整理研究的基础上以"专门史"为研究体例的研究成果纷纷涌现，奠基了西北边疆史地研究的基础。此外，一批致力于西北边疆史地研究的学术刊物相继诞生，大大推动了西北边疆史地的研究进程。② 再次，20 世纪 90 年代以来，学界对于西北边疆史地的研究开始改变传统的研究路径，全面、系统、综合地研究西北边疆财政、边疆民生、边疆生态、边疆地区"一体化"进程、边疆民族地区的国家认同、边疆民俗与文化、边疆教育等问题，是这一时期西北边疆史地研究中的主要内容。③ 最后，就理论范式建构层面而言，中国西北边疆史地的研究在

①　以地方志资料整理与研究为主要内容的西北历史文献的整理研究成果十分丰富，如甘肃省古籍文献整理编译中心主编的《中国西北文献丛书》（全 201 册）具有典型的代表性。这套丛书共分为《西北稀见方志文献》《西北稀见丛书文献》《西北史地文献》《西北民俗文献》《西北少数民族文字文献》《西北文学文献》《西北考古文献》《敦煌学文献》等 8 个学术专辑。各专辑以西北地区的陕西、甘肃、宁夏、青海、新疆以及内蒙古部分地区为单元，单元内以历史年代先后为选录文献的组合顺序。全书共收录西北问题多学科、各时代稀有文献 560 余种，其中收录第一次公开问世的发掘型文献 100 余种（约 1000 万字），收录明清珍善刻本 300 余种，收录民国重要文献数十种，基本上涵盖了西北地区传承下来的主要文献，是研究西北历史与文化的重要资料。

②　如《中国边疆史地研究》《欧亚学刊》《中亚学刊》《敦煌学研究》《敦煌辑刊》《西北民族研究》《西北史地》《西域研究》《新疆文物》等刊物刊载了一批较有影响力的西北边疆史地领域的研究成果，并以此为学术基地培养了一大批从事西北边疆史地研究的学者。

③　这一时期西北边疆史地研究具有鲜明的特点。一是研究视角的多元化与研究领域的进一步拓展，尤其是以传统的政治史、军事史、经济史与民族关系史研究为主体转向社会生活领域的研究，如交通、人口、移民、城市、妇女、生态环境乃至气候变迁等领域的研究，构成了这一时期西北边疆史地研究的鲜明特点。二是新资料的发现、整理和运用。这主要体现在国外档案文献的翻译、边疆少数民族文献资料的整理以及不断出土的考古资料不断运用到历史研究中，取得了丰硕的研究成果。三是在研究方法和理论创新方面不断突破和深化，尤其是深入广泛的田野调查和学术观念、学术范式的更新，迅速促进了西北边疆史地的研究。

过去往往受困于西方哲学、社会史观、史学理论、地缘政治等因素。在这样的背景下，"内亚边疆史观""征服王朝论""文明板块论"等范式深深影响了西北边疆史地的研究。近年来，伴随着中国大踏步向现代国家转型，树立中华民族的文化自信是习近平新时代中国特色社会主义思想的体现，这也是中华民族在新时期崛起的象征。因而在历史研究领域，学术话语权与理论范式的构建就显得十分重要，重新审视近代以来以西方视角为主的学术研究范式，去其糟粕，取其精华，重视中国历史文化的书写以及构建符合中国国情的理论范式应该成为当下和将来研究西北边疆史地的重要学术目标。

十分明确的是，无论从地理位置考察，还是从地缘政治的视角审视，古代固原地区属于典型的西北边疆之地。

就中国古代历史的视角观之，虽然在不同的历史时期，固原地区在地理位置上呈现出复杂的演化趋势，但大体上属于西北边陲之地。春秋战国时期固原地区开始内附中原王朝，正式成为商王朝有效管辖的领土。自秦伊始，固原地区基本处于关中以西，河朔以南，河西走廊以东，凭借六盘山之险，是为关中的第一道地理屏障。汉代凿空西域以后，固原地区成为丝绸之路的必经之地，由长安出发，经固原地区，穿越河西走廊，出嘉峪关，入广袤的西域，再经由西域到达中亚、西亚诸国。尽管固原地区是古代民族融合最为剧烈的地区之一，亦在一定时期甚至脱离了中原王朝的统治，是西北少数民族政权中心，但从地理位置上而言，这条丝绸之路基本上贯通于漫长的中国古代社会，直接左右了西北地区的历史进程，尤其是推动了固原地区的历史变迁。直至清代大一统以后，伴随着丝绸之路的全面衰落，固原地区悄然褪去了"边疆身份"，最终由边疆演化为腹地。

从地缘政治层面审视，古代固原地区同样属于"西北边疆之地"。以原州为中心的固原地区傍六盘山山脉，横亘于关中西北，为西北之天然屏障。"单车欲问边，属国过居延。征蓬出汉塞，归雁入胡天。大漠孤烟直，长河落日圆。萧关逢侯骑，都户在燕然。"王维这篇

《使至塞上》妥帖地描述了古代固原地区处于西北边疆的重要地位。历代王朝巩固西北边疆、经略西域都以固原地区作为重要的军事基地，因而以原州为中心的固原地区在中国古代社会以军事重镇而闻名于世。或言之，在漫长的中国古代社会，历代王朝十分重视对固原地区的政治与军事经略，固原地区始终以边疆重镇的地位而矗立在西北边疆。汉代丝绸之路开通以后，不仅大大提升了固原地区的军事地位，而且强化了古代固原地区的地缘政治，即以固原地区为中心构筑牢固的西北边疆军事防线，退而拱卫中原，进而经略西域，成为历代王朝在西北地区天然的战略要地。

秦、西汉时期，中央王朝在固原地区设置完整的行政区划，移民戍边，加强对固原地区的军事控制，构建牢固的西北边防，成为拱卫关中远略西域的重要军事据点。相较于西汉而言，东汉时期固原地区之军事地位骤然提升。光武帝刘秀为了完成统一西北大业，先后两次亲征固原地区的"高平第一城"，并以高平为中心构筑经略西北的重要军事防线。东汉在完成统一的基础上，在固原地区建置完整的行政区划，进一步疏通丝绸之路。纵观整个东汉时期，西北边疆情势较为复杂，先后爆发了三次规模较大的羌族变乱，导致东汉对于西北地区的统治飘摇不定，东汉政府控制的西北边疆不断内缩，如西北地区设置的安定郡之军事防御不断迁移，最终迁至陕西扶风，东汉政府在一定时期实际上失去了对河西走廊的有效控制。尽管如此，但以高平为中心的固原地区作为东汉控遏西北的最后一道军事防线依然固若金汤，充分说明了固原地区在地缘政治上不可替代的军事地位，也标志着固原地区在秦汉时期是典型的"西北边疆之地"。魏晋南北朝时期是我国历史上的大动乱时期，在长达360余年的历史长河中，西北地区基本处于四分五裂的状态，唯有西晋和北魏的短暂统一。无论动乱时期还是统一时期，作为西北边疆之地的固原地区军事地位十分重要。西晋在固原地区设置安定郡，北魏在固原地区设置高平郡，构成这一时期中央王朝在西北边疆地区重要的军事重镇，希图以固原地区为中心，控制丝绸之路通道，穿越河西走廊，进而为经略西域奠定坚实的基础。大一统的唐代对西北地区的统治强度远超往昔，其在最为强盛之时的统治势力深入广袤的西域，设置西域都护府进行有效的统治。但从地缘政治上观之，唐王城对西域的统治更多地呈现出"羁縻"之色彩，实质上而言是一种较为松散的统治。而在西北地区，唐王城在固原地区设置原州都督府，显然这是侧重于军事性质的行政区划，目的是以固原地区为中心构筑西北边疆军事防御重地，以此强化对西北边疆的统治，进而远略西域，通络中亚、西亚，构建大一统的王朝版图。从这个意义上讲，虽然从统治版图而言，固原地区在唐代已经演化为"腹地"，但从地缘政治上观之，唐代时期固原地区依然是典型的"西北边疆之地"。事实上，元代对于固原地区的统治性质类似于唐代，固原地区在地理位置上属于"腹地"，而在地缘政治上则属于纯粹意义上的"边地"。两宋时期，固原地区是两宋王朝在西北最后的军事防线，宋与夏、宋与金、宋与吐蕃之争十分激烈，固原地区基本上处于"三战之地"，在西北的军事地位异常重要。为了强化宋王朝对西北地区之统治，宋王朝以原州为中心设置"镇戎军"，对内构筑王朝在西北的边塞要地，对外则通过控制固原地区，疏通丝绸之路，维护河西走廊的稳定，进而远略西域，减轻宋王朝在西北地区面对少数民族政权的压力。明代时期，固原地区的军事战略地位再次得到强化。明王朝十分重视以固原地区为中心构筑西北军事防线，形成著名的"三边总制"，三边制府驻固原，昭示着固原地区在西北边疆的军事核心地位。明廷在固原地区移民开发，尤其是大力发展马政，以强化固原边镇军事力量。清代大一统以后，在西北地区的直接统治范围迅速扩大，清政府在蒙古设置都统、将军、盟、旗等行政区划形式实现了对蒙古地区的有效统治，而在新疆地区通过设立伊犁将军，实行军政合一的军府制度以实现直接统治。因此，就清代固原地区的北方、西北而言，无论从地理位置还是从地缘政治层面观之，固原地区由以往的"西北边疆之地"正式演变为"腹地"，其以往显著的军事色彩逐渐褪去。与此同时，伴随着丝绸之路的衰落，固原地区亦失去了历史以来丝路重镇的地位，开始走向沉寂。

需要特别指出的是，在不同的历史时段，伴随着中原王朝对边疆的开拓、少数民族政权的统治以及边地不断"内化"的进程，固原地区的"边疆地位"亦伴随着历史的变迁而不断演变。秦汉时期，固原地区处于中央王朝与少数民族势力交叉的地带，固原地区的"边疆地位"十分突出。魏晋时期固原地区在很长时间处于西北各少数民族的统治之下，民族大融合进一步推动了固原地区在民族层面和地域层面双重"内附"的进程。隋唐时期统治势力深入西域，但吐蕃统治固原地区长达80余年，在一定历史时期使得西北疆域内缩。两宋偏安一隅，固原地区则是以西北最后一道军事防线而存在，是最为典型的西北边疆军事重镇。元代虽然大大拓展了西北边疆的统治范围，但这种统治等同于唐代的羁縻统治，因而固原地区在地缘政治上依然是西北边疆军事重镇。清代之大一统，对蒙古和新疆实现了直接的统治，固原地区最终由历史时期的"边地"演变为"腹地"。因而，从上述视角观之，古代固原地区的历史演变正契合了中华民族大一统的历史进程。

综上所述，古代固原地区属于典型的边疆地区，因而其历史研究应该属于西北边疆史地研究的范畴。长期以来，学界对于固原地区历史的研究虽然涉及政治、军事、文化、民族等各个领域，亦取得了较多的研究成果，但在研究方向和范式建构层面均没有明确关注古代固原地区由边地向内地转化的历史变迁事实，对于在丝绸之路影响下的古代固原地区之变迁轨迹更是缺乏必要的研究。鉴于此，本书力图沿着这一研究思路梳理古代固原地区历史研究的脉络，以丰富西北边疆史地的研究，这是本书研究的重要意义。

(二) 丝绸之路视角的研究意义：考察和阐释古代固原地区历史变迁的主要动力

丝绸之路的研究历来是中国古代史研究领域的一个重点和热点问

题。近年来，在国家"一带一路"的倡议下和"新丝绸之路经济带"构想的推动下，学界对于丝绸之路的研究掀起新的热潮，尤其是对于丝绸之路与地方历史变迁的研究成为一个十分重要的论题，具有重大的历史意义和现实价值。

张骞开辟丝绸之路以后，意义非凡。首先，作为商贸通道和文化传播通道的丝绸之路是东西方经济与文化交流的桥梁，频繁的商贸与文化交流迅速推动了丝绸之路沿途各区域社会发展。其次，丝绸之路也是古代西北地区民族交往交流交融的历史见证，促进了中华民族共同体的形成。再者，历代王朝对丝绸之路的治理不仅扩展了西北疆域，而且不断完善了治边政策和民族政策，积累了宝贵的治理边疆的经验和教训，从根本上维护了中华民族一体化的历史进程。正如徐黎丽所言："丝绸之路在西汉贯通……即中国向西开放发展的战略得以实现；中国西北边疆得以拓展和中国版图得以扩大；中国传统治理边疆策略逐渐形成。"① 换言之，中国作为统一的多民族国家的西北版图基本上随丝绸之路的贯通、多民族的交融以及农耕文明的扩张而逐渐奠定。

固原地区处于丝绸之路的东段北道，是中原通往西域的最便捷最繁盛的丝路通道之一。自西汉张骞开辟丝绸之路以来，经东汉、魏晋南北朝、隋唐、两宋、元明，固原地区的丝绸之路在漫长的历史时期从未中断，即便是固原地区在少数民族政权的统治下，如魏晋之羌族政权、唐之吐蕃政权、宋之西夏政权、明之蒙古和金政权，丝绸之路依然发挥着重要的作用，是古代固原地区历史变迁的主要动力。在丝绸之路的推动下，古代固原地区的历史也随着丝绸之路的脉搏而波动，在政治、军事、经济、文化、民族、宗教等层面日新月异、万象更新，构成古代固原地区独特的历史景观。

---

① 徐黎丽：《丝绸之路在西汉"贯通"对中国西北边疆经略的影响》，《云南师范大学学报》2016 年第 5 期。

丝绸之路左右了古代固原地区的历史变迁，倘若窥视古代固原地区的历史全貌，丝绸之路是不可或缺的研究视角。目前学界对于古代固原地区的研究成果虽然较多，但很少关注古代固原地区历史变迁的主要动力，或者说很少从丝绸之路的视角全面考察和阐述古代固原地区的历史变迁，这显然与古代固原地区丝路重镇的历史身份很不相称，需要学者们更多的关注和研究。鉴于此，以丝绸之路为研究视角，深入考察和阐释古代固原地区的历史变迁轨迹，具有重要的研究意义和价值，主要呈现在以下两个方面。

其一，全面探究古代固原地区丝绸之路的演变状况。西汉时期以固原古城（今固原市原州区）为中心形成了萧关古道、瓦亭城、回中道为格局的丝路通道，连接关中和河西走廊，进而跨越西域，通连中亚、西亚。东汉时期，固原地区的丝绸之路主要路线是"关陇段北道"，即经长安溯泾水而上至安定郡（治高平，今固原市原州区），再进入河西走廊，远略西域，这是东汉时期最主要的丝路通道。魏晋时期，西北战乱频仍，固原地区长期处于少数民族政权的统治之下，但丝绸之路并没有中断，反而在前朝的基础上有所拓展。这一时期大致形成了敦煌、张掖、武威、酒泉和固原五个重要的丝路重镇，其中固原是这一时期丝绸之路的中心，近年来考古发掘的北魏、北周墓葬正是丝绸之路商贸与文化交流的见证。隋唐时期，丝绸之路进一步发展，形成了多条通西域的丝绸之路，而固原地区依然是其中最为重要的一条丝路通道，迅速推动固原地区的社会发展。宋元时期，固原地区先后处于北宋、西夏、金和元的统治之下，但丝绸之路依然畅通无阻。固原地区既是军事重镇，亦是丝路重镇，地位十分重要。各个政权在固原地区展开长期的争夺，意图控制固原地区，稳固在西北的统治，进而经略西域，推动其统治政权的影响力。正是在此种历史背景下，固原地区获得了前所未有的开发，尤其在政治、经济、文化以及民族融合等领域逐渐与内地趋同，影响甚大。明代时期，在固原地区境内，丝绸之路北达河套地区，西通甘州、凉州、肃州，与嘉峪关遥相呼应，而南下与"官衢通道"交通要道相连，构成了明代在西北地区的军事重镇和丝路中心。至清代时，丝绸之路全面走向衰落，由于失去了军事重镇的地位和丝绸之路文明的推动，固原地区由以往的西北边疆之地演变为腹地，其历史与社会逐渐走向了沉寂，成为被历史遗忘的角落。

丝绸之路与古代固原地区之历史息息相关，全面考察古代固原地区丝绸之路的演变轨迹，以商贸交往、文化交流与民族交融为研究的主要线索，才能从深层次认识和解读古代固原地区变迁史。

其二，深入考察丝绸之路推动古代固原地区历史变迁的主要内容、线索及其特征。毋庸置疑，对于古代固原地区而言，丝绸之路的兴衰对于其历史与社会的演变有着直接的不可替代的作用，主要呈现在政治、经济、军事、文化、民族关系等领域全面、深刻的历史变迁进程。在政治领域，历代王朝在固原地区整齐划一行政区划，把固原地区纳入中央王朝的有效管辖之下，同时兼顾固原地区丝路重镇的特色和多民族交汇的情势，因地制宜，施行一系列符合西北边疆地区的政策，推动中华民族一体化的进程。在经济领域，由于古代固原地区军事重镇和丝路重镇的双重地位，历代王朝十分重视对固原地区的经济开发，在扩展农耕文明的同时，注重商业、手工业、畜牧业的协同开发，尤其是丝绸之路带来的商贸开发促成古代固原地区形成独特的经济发展格局。在军事领域，源于地理位置的险要和地缘政治的突出地位，古代固原地区历来是兵家必争之地，历代王朝控制固原地区就意味着打通丝绸之路，稳固西北边疆，遏制河西走廊，开拓西域。在文化领域，丝绸之路更是缔造了风格迥异的多元文化特色，一方面沿着丝绸之路而来的中亚、西亚民族文化，包括宗教文化传入固原地区，与中原文化融合；另一方面中原文化沿着丝绸之路向西域、中亚、西亚传播，扩大了中原文化的影响力和向心力。文化的双向传播给丝绸之路沿途各地带来新鲜的血液，固原地区作为丝绸之路的中转站，各种文化交流融汇，从根本上推动了固原地区的历史与社会变迁。在民族和社会习俗领域，丝绸之路的开通、发展和兴盛，推动了古代固原地区民族大融合。如匈奴、羌、鲜卑、吐蕃、党项等少数民族因丝绸之路的战与和，逐渐融合在中华民族大家庭中。此外，中亚、西亚商贾沿着丝绸之路定居固原地区，逐渐华化，壮大了中华民族的族体。丝绸之路加速了固原地区的民族大融合，促使中华民族一体化的形成。

综上所述，对于古代固原地区而言，其历史变迁的主要动力是丝绸之路，丝绸之路左右了古代固原地区政治、军事、经济、文化、民族等多领域的历史变迁。以丝绸之路的研究视角，考察和阐释古代固原地区变迁史的内在逻辑，即在历代王朝的治理下，中华民族一体化形成的历史脉络和历史进程，有着深刻的历史意义和现实价值。

（三）民族史视角的研究意义：发现和论证中华民族共同体意识在西北边疆构建的历史轨迹

纵观古代固原地区历史变迁轨迹，民族大融合是其最为突出的历史变迁特征。因而从民族史视角研究古代固原地区历史，能够发现和论证中华民族共同体意识在西北边疆构建的历史进程。

早在夏商周时期，固原地区就是典型的西北边地，多民族繁衍生息，民族情势十分复杂。伴随着丝绸之路的开通，固原地区多民族交往交流交融更为剧烈和频繁。或言之，丝绸之路成为连接各民族融为一体的纽带和桥梁，"丝绸之路就像一条从亚欧大陆心脏地带伸出的粗壮的大动脉，在不同民族、不同地区和不同国家之间输送着文明的血液，传递着对外开放的因子。"[1] 在漫长的历史时期，伴随着丝绸之路的兴衰，通过战争、和亲、商贸、互市以及文化交流等多种交流方式，固原地区的民族逐渐融为一体，构筑牢固的中华民族共同体。两汉时期，在两汉王朝的经略下，固原地区匈奴、戎、羌、鲜卑等少数民族相互交往、融合，融入中华民族大家庭之中。魏晋时期，战乱

---

① 涂裕春：《古丝绸之路与各民族的融合》，《西南民族大学学报》2004 年第 2 期。

频仍，少数民族以固原地区为中心建立割据政权，固原地区的民族融合主要以战争的方式推动。这一时期剧烈的民族融合带来的民族文化交流绚烂多姿，包括佛教在内的外来宗教传入固原地区，宗教文化十分兴盛，形成了别具一格的边塞文化气象。隋唐时期，大一统的王朝气息勾勒出深厚而细腻的民族融合图景，在隋唐王朝因地制宜的民族政策的规范、引导和影响下，尤其是羁縻政策的推行，为各民族交往提供了广阔的空间，大大推动了隋唐时期的民族大融合。引人注目的是，沿着丝绸之路入华经商的粟特人在固原地区定居并逐渐华化，为西北边疆地区民族融合书写了历史典范。与此同时，吐蕃进入固原地区并与当地民族融合，进一步加强了内地和边疆之联系。两宋时期，丝绸之路时断时续，固原地区成为宋夏争夺的重要地区，但战争无法阻止民族之间的交往与融合，在固原地区党项、蒙古、契丹等少数民族相互交往、互相融合，逐渐融为一体。元代建立以后，大量蒙古族迁入固原地区，进一步充实了固原地区的民族交往与融合。明代时期，固原地区以汉族为主体，蒙古族、回族等族交错杂居的稳固的民族格局开始形成。清代大一统以后，伴随着丝绸之路的衰落，固原地区的地缘政治发生了显著的变化，即由以往的西北边疆演变为腹地，民族交往与民族融合步入了新的历史阶段。

从整体古史观的视角观之，丝绸之路影响下的古代固原地区的历史变迁轨迹正是契合了中华民族共同体在滔滔历史长河中逐渐构建、成熟、稳固的内在历史逻辑和历史真相。因而，考察历史时期的固原地区在丝绸之路影响下的社会变迁轨迹，关注民族史的研究视角，探究在丝绸之路的兴衰罔替过程中古代固原地区民族大融合的内在联系以及中华民族共同体构建的历史事实，为今天西北地区民族团结与社会经济发展提供历史借鉴，这同样是本书重要的研究意义。

三 学术史综述

在漫长的古代社会，以固原古城（今固原市）为中心的固原地区不仅是丝绸之路的重要通道，也是历代王朝经营西北的重要军事重镇，更是多民族交往交流交融之地。鉴于固原地区重要的历史地位和厚重的边塞文化特质，学术界对古代固原地区历史和文化的关注与研究起步较早。尤其从 20 世纪 80 年代开始，伴随着地方史志编修热潮的兴起，固原地区地方史的研究工作进入快速发展的时期。20 世纪 90 年代以后，有关固原地区地方史的研究由最初的地方史志整理研究为主开始涉及文化遗迹遗产、行政沿革建置、军事地理、经济变迁、地名考证、人物研究、农民战争、民族与宗教等多领域，产生了一些较有学术价值和影响力的成果，构成固原地区地方史研究的可观景象。

（一）古代固原地区地方史志、史料、汉文著述的相关整理和研究

历史时期的固原地区以边塞古城、军事重镇、丝路门户著称，有着十分悠久的历史文化底蕴，历代统治阶级十分重视对古代固原地区的统治，在文化上也观照固原地区地方志的修纂，以弘扬"修史传文""修史资政""修史明志"的传统，这为古代固原地区地方志的著述奠定了坚实的基础。

史载，固原地区地方志的修撰始于宋代修撰的《安定图经》，此后，金、元在统治古代固原地区期间亦修纂有《德顺州》和《开城府志》，唯惜这三部地方志均因战乱、灾害等已佚失。据不完全统计，目前传世的有关古代固原地区的地方志大约 14 种，主要包括以下诸种。弘治十四年（1501），王珣修、胡汝砺纂《弘治宁夏新志》八卷。嘉靖十一年（1532），杨经修纂的《嘉靖固原州志》二卷。嘉靖十九年（1540），杨守礼修、管律纂的《嘉靖宁夏新志》八卷。万历五年（1577），石茂华修纂的《万历宁夏志》四卷。万历二十九年（1601），朱栴修撰的《正统宁夏志》两卷。万历四十四年（1616），刘敏宽纂、董国光校的《明万历固原州志》二卷。万历四十五年（1617），杨寿修纂的《万历朔方新志》五卷。康熙二年（1663），常

星景修纂的《康熙隆德县志》二卷。乾隆十七年（1752），朱亨衍修纂的《乾隆厅志备遗》。乾隆四十五年（1780），张金城修纂的《乾隆宁夏府志》二十二卷。光绪五年（1879），陈日新修纂的《光绪平原县志》十卷。光绪三十四年（1908），杨金庚修纂的《光绪海城县志》十卷。宣统元年（1909），王学伊修纂的《宣统新修固原直隶州志》十卷。宣统元年（1909），王学伊修、杨修德纂的《宣统新修硝河城志》。

需要强调的是，古代固原地区与甘肃、陕西有着深厚的地缘关系，历代王朝在行政区划上往往有交叉之处，因而部分有关固原地区的地方志散见于甘肃地方志和陕西地方志之中，学界在这一领域亦做了大量整理与研究工作，成果卓著，在此不再赘述。

从 20 世纪 80 年代起，学术界开始对古代固原地区传承下来的地方旧志开展卓有成效的整理和研究，形成了初步的研究成果。在宁夏地方志领域做出突出贡献的当首推吴忠礼，吴先生被誉为"宁夏地方志的拓荒者"，主持整理出版宁夏地方志多种，包括《明实录宁夏资料辑录》（宁夏人民出版社 1988 年版）、《清实录宁夏资料辑录》（宁夏人民出版社 1986 年版）、《宁夏历代方志萃编》（天津古籍出版社 1988 年影印版）、《宁夏志笺证》（宁夏人民出版社 1996 年版）、《宁夏通志》（宁夏人民出版社 2007 年版）等多种重量级的地方志，成为研究宁夏（包括固原地区）地方历史的第一批重要史料。牛达生、牛春生整理和校勘了明代杨经修纂的《嘉靖固原州志》（宁夏人民出版社出版 1985 年版），该志内容多为策议边防、守疆御土之事，具有边务甚详的特点，为研究明代固原地区边防、行政区划、民族政策乃至风土人情等方面的历史变迁提供了珍贵的一手史料。同年，牛达生、牛春生整理和校勘了明代刘敏宽纂、董国光校的《明万历固原州志》（宁夏人民出版社 1985 年版），该志与《嘉靖固原州志》在内容方面有着一定的承袭关系，与前作相比较，在内容上稍有扩展，补充了诸如行政区划、人口等部分史实，更为翔实，尤其编纂体例完备，质量较高，同样是研究固原历史变迁不可或缺的珍贵史料。固原地区地方志办公室整理编写了《固原地区史志资料》（宁夏人民出版社1987年版），主要记载了有关固原地区政治、经济、文化等领域的史实，部分内容涉及对古代固原地区旧志的整理和研究，是进一步研究古代固原地区历史的重要史料。张欣毅整理和校注了清代黄璟所纂《隆德县续志》（阳光出版社2010年版），该志较为详细记载了清代隆德县（今固原市隆德县）户口、地亩、灾异、职官、人物、艺文等资料，为研究清代固原地区积累了重要的史料。陈明猷校勘整理了清代王学伊修纂的《新修固原直隶州志》（陕西人民出版社1992年版），该志是清代篇幅最大、内容最丰富的一部固原府州旧志，涉及古代固原地区历史沿革、山川地理、社会经济、政治军事、文化教育等各个方面，具有很高的史料价值。负有强、李习文主编《宁夏旧方志集成》（学苑出版社2016年版），共收录宁夏传世地方志30种，分明代、清代、民国三编，分门别类，考证翔实，大大便利了学者们研究之需，填补了宁夏地方志保护及其开发领域的空白，对宁夏地方史志、经济发展史、政治与军事演变史、民族史、文化史等领域的研究具有重要的推动作用。2018年，在胡玉冰的主持下，科研团队整理、校对、研究和出版了《宁夏珍稀方志丛刊》（上海古籍出版社2018年版），内容涉及《明万历固原州志》《嘉靖固原州志》《宣统固原直隶州志》《民国固原州志》等几部影响力较大的地方志，在编写体例上亦有一定的创新，为研究古代固原地区历史与社会变迁提供了丰富的一手史料。另外，近年来以固原地区地方旧志为研究对象的国家级课题立项也开始起步，如徐创万主持国家社科基金项目"西海固与凉州地区历代方志比较研究"，以古代固原地区方志资料为视角，研究固原地区的历史变迁，具有较高的学术价值。

除了对固原地区方志资料的整理研究以外，依据地方志资料及其他传世资料而进行的相关研究也步入迅速发展期。马平恩主编《固原日史》（太白文艺出版社2016年版）是一部综合性的史料书籍，全书共计110万字，记载了上迄旧石器时代下至2014年固原地区的历史，对丝绸之路的记载也甚为翔实，是研究固原地区历史较为可靠的史料书籍。田福军的《宁夏明清人士著述研究》（上海古籍出版社2020年版），全书包括引言、上编、下编、结语四部分，书后附录了《宁夏明清人士诗文集简表》《宁夏明代人士其他著述简表》《宁夏清代人士其他著述简表》。正如作者所言，总结和研究明清时期宁夏汉文著述，有很强的考据价值和历史资料价值，为进一步研究宁夏地域文化乃至中国古代文化不无裨益。这一领域研究论文数量相对较多，大多以固原地区地方旧志的史料价值、历史价值以及社会价值为研究主题，代表性成果如下所述。高树榆《宁夏方志考》（《宁夏图书馆通讯》1980年第4期），朱洁《介绍宁夏明代地方志五种》（《宁夏大学学报》1980年第7、9期），陈明猷《新印万历〈宁夏志〉及其他》（《宁夏图书馆通讯》1983年第10期），牛春生、牛达生《明代固原州志及其史料价值》（《宁夏大学学报》1985年第7期），王立平《宁夏方志出版述要》（《宁夏大学学报》1999年第4期），薛正昌《地方志书与宁夏历史文化》（《固原师专学报》2005年第1期）、《明代宁夏与固原两大军镇的地方志书及其特点》（《史学史研究》2009年第3期），张琰玲、张玉海《浅谈明代固原州志所载宋夏史料》（《西夏研究》2010年第12期），陈育宁《〈宁夏地方志研究〉创新价值评述》（《中国地方志》2014年第3期），郭勤华《乡贤文化与和谐社会——基于宁夏方志资料研究》（《宁夏社会科学》2016年第3期），王晓华《明清时期宁夏乡贤祠考论——以宁夏明清地方志资料为主》（《宁夏史志》2017年第2期），张志海、杨永成《浅谈明代嘉靖万历两部〈固原州志〉的文化价值》（《史志学刊》2021年第2期），钟银梅、李芳《旧方志文献所见宁夏黄河水文化》（《宁夏师范学院学报》2020年第12期），等等。此外，有些硕士学位论文也以固原地区地方志资料为研究主题，如周建华《宁夏旧志考述》（宁夏大学，2006年）、刘佩《固原地区旧志考述》（宁夏大学，

2010年)、韩超《甘肃旧志中的宁夏史料述考》(宁夏大学,2014年)、何玟玟《固原市地方文献提要》(宁夏大学,2014年)、孙瑜《陕西旧通志中宁夏史料考述》(宁夏大学,2014年)、沈洁《宁夏方志中的序跋研究》(宁夏大学,2015年)。这些学位论文同样构成了关于古代固原地区地方志资料研究的一部分,充实了这一领域的研究。

(二) 古代固原地区考古学的研究

20世纪80年代以来,固原地区的考古进入高速发展的时期,一系列令人叹为观止的考古遗址的发现和一大批价值颇高的文物的出土,不仅为考古研究奠定坚实的基础,而且为古代固原地区历史研究提供了丰富而可靠的资料。依据丰富的考古发现,有关固原地区的考古研究是目前研究最为成熟、成果最为丰富、影响力最大的学术领域。钟侃《宁夏古代历史纪年》(宁夏人民出版社1988年版),以古文献和考古资料为基础,全面梳理了从原始社会到近代宁夏的重要历史纪年,积累了重要的史料,颇有价值。宁夏固原博物馆主编《固原北魏漆棺画》(宁夏人民出版社1988年),以翔实的考古资料总结了固原北魏漆棺画的风格、特点,为研究北魏时期固原地区的历史与社会提供了丰富的考古资料。许成、李祥石主编《宁夏考古文集》(宁夏人民出版社1994年版),是宁夏考古研究所建所十周年的集体研究成果,汇集了宁夏考古研究的初步成果,奠定了宁夏考古研究的基础。宁夏文物考古研究所、中国历史博物馆编《宁夏考古文集》(宁夏人民出版1996年版),汇集了近20年宁夏考古研究的主要成果,这部书基本展现了古代宁夏的历史面貌,包括青铜峡鸽子山文化遗址研究,固原地区海原县菜园村新石器时代"菜园文化"遗址研究,银南地区灵武横城、盐池宛记沟、吴忠韩桥等汉墓群和固原北周宇文猛墓的研究,中卫四眼井地区的西夏瓷器和白友沟的贺兰山洞窟彩绘岩画研究等。罗丰《固原南郊隋唐墓地》(文物出版社1996年版),详细研究了隋唐时期在丝绸之路的推动下,中亚人因丝路贸易定居固原地区并逐渐华化的过程，重点考证了墓葬发现的大批随葬品，如墓葬形制、壁画、罗马金币仿制品、萨珊银币、蓝宝石印章等珍稀文物，进一步证实丝绸之路上中西文化交流之盛况以及古代固原丝路重镇的凸显地位。中日原州联合考古队编著的《原州古墓集成》（文物出版社 1999 年版），对固原地区数十座春秋战国、秦汉墓葬进行抢救性清理，并对十余座北朝、隋唐墓葬进行了科学发掘，大量带有北方民族特色的青铜器、金饰，色彩绚丽的漆棺画，造型朴拙的陶俑和充满异域情调的金银器、玻璃器及金银币等珍贵文物纷纷呈现在世人的面前，为研究古代固原地区历史提供了宝贵的资料。谢端琚《甘青地区史前考古》（文物出版社 2002 年版），从发现与研究简史、分布与文化特征、类型与分期、社会经济形态、精神文化生活等方面系统总结了 20 世纪甘宁青地区史前考古的主要发现与研究成果。宁夏文物考古研究所编《水洞沟——1980 年发掘报告》（科学出版社 2003 年版），全书共分五章，详细记录了水洞沟考古发现，尤其对文化层和上文化层中出土的多种石器和细石器展开分析，并收录了该遗址出土的一个古人类头骨化石的检测报告，水洞沟作为宁夏境内发现的旧石器文化遗址，充分说明宁夏地区悠久的史前历史，亦佐证了固原地区早在旧石器时代就是人类定居繁衍之所。固原县文管所、中国历史博物馆考古部编《宁夏菜园——新石器时代遗址、墓葬发掘报告》（科学出版社 2003 年版），是宁夏海原西安乡（在古代属于固原地区）菜园村遗址、墓地的发掘报告，上百座墓葬、十几座房址和数十个灰坑、窖穴，出土有大量陶器、石器、骨器和漆器等。它们对研究西北地区的新石器时代文化，特别是探讨这一地区的居址、埋葬习俗和灯具的特征等具有重要的参考价值。耿志强《宁夏固原北周宇文猛墓发掘报告与研究》（阳光出版社 2014 年版），依据考古资料，分别论述了占代固原地区沿革建置、固原北周宇文猛墓考古调查与发掘、宇文猛墓的相关问题与探讨、北周时期固原历史纪要及北方墓葬资料等内容，附录《隋唐墓的出土文物与丝绸之路的关系考述》，史料价值较高。杨明主编《固原考古札记》（宁夏人民教育出版社 2014 年版），分寻踪探秘、固原纪行、古土情韵三编，重点描述了对古文化遗址、历朝历代古墓葬的发掘过程。黄丽荣《固原出土丝路文物线图艺术》（宁夏人民出版社 2016 年版），用形象的线条艺术还原古代固原地区出土的丝路文物，再现文物的观赏价值，把古代固原厚重的历史用栩栩如生的手绘艺术展现出来，令人耳目一新。罗丰《丝绸之路考古》（科学出版社 2017 年版），以丝绸之路考古、历史、文化研究的学术论文，以及相关的学术著作书评为主要内容，对于研究固原地区丝绸之路来说是一部重要的、可资参考的著作。至于考古及考古研究方面的论文数量较多，具有代表性的有如下成果。钟侃《宁夏西吉县兴隆镇的齐家文化遗址》（《考古》1964 年第 2 期）、《宁夏固原县出土文物》（《文物》1978 年第 12 期）、《宁夏固原店河齐家文化墓葬清理简报》（《考古》1987 年第 8 期），分别介绍了固原地区发现的齐家文化遗迹，为研究固原地区早期人类文明提供了可靠的史料。罗丰《固原北魏漆棺画中的波斯风格——兼谈北朝时期高平至平城一段丝绸之路》（《宁夏文物》1993 年第 7 期）、《宁夏固原出土的外国金银币考述》（《故宫文物》1995 年第 4 期）、《北周李贤墓出土的中亚风格鎏金银瓶——以巴克特里亚金属制品为中心》（《考古学报》2000 年第 3 期），依据在固原地区发现的北魏时期墓葬，通过发现的考古实物再现了丝绸之路上中外文化交流的繁盛状况。许成、李进增《菜园遗存的多维剖析》（《宁夏社会科学》1988 年第 6 期），系统分析了固原地区发掘的菜园文化遗存。马建军、石磊《固原新石器考古文化的发现与研究》（《固原师专学报》2001 年第 4 期），对发掘于固原地区的 350 多处旧石器时代遗址、遗迹及墓葬，从时间界域、空间范围和独具特色的实物群体这三个考古学文化要素展开分析和研究。杨宁国《宁夏彭阳发现旧石器时代遗址》（《中国文物报》2003 年第 6 期），重点考察了彭阳县茹河流域的旧石器时代遗迹，对研究固原地区早期人类文明有着重要的考古学和历史学价值。高星、裴树文

《宁夏旧石器考古调查报告》(《人类学学报》2004 年第 4 期) 和胡永祥、高科《固原地区新石器时代文化遗存分布状况调查》(《宁夏师范学院学报》2015 年第 4 期) 两篇文章分别对宁夏和固原地区旧石器时代遗存展开调查研究,论证了旧石器时代晚期东西方人类迁徙和文化交流的历史轨迹。概括而言,上述文章依据固原地区的考古遗迹及出土文物,探究了固原地区考古成果及其价值,为进一步认识和研究古代固原地区之历史与社会积淀了丰富的一手史料。

(三) 古代固原地区历史地理、行政区划、地名考证的相关研究

这方面研究集大成者当首推薛正昌,薛先生在固原地方史研究领域取得了丰硕的成果,就古代固原地区行政区划研究有两部著作值得称道。《黄河文明的绿洲——宁夏历史文化地理》(宁夏人民出版社 2007 年版)、《固原历史地理与文化》(甘肃文化出版社 1998 年版) 这两本著作,可谓固原地区历史地理研究的典范之作。《黄河文明的绿洲——宁夏历史文化地理》这本五十余万字的著作,共分六编三十一章,涉及范围较为广泛,全面考察了历史时期宁夏历史文化地理概况,几乎包括了古代宁夏 (包括固原地区) 政治、军事、经济、文化、民族、宗教等各个领域的史实,其中对于固原城市变迁 (行政区划) 的研究具有重要的参考价值,虽然这本著作在史料和论证过程中有不严谨的地方,但仍然瑕不掩瑜,不失为古代固原史地研究领域的典范之作。《固原历史地理与文化》,全书共分九章,深入考察了历史时期固原的行政区划变迁、民族迁徙与融合、固原丝绸之路文化概况、固原独具特色的文化书写与文化景观等内容,是有关固原地区行政区划与文化变迁的开拓之作。吴忠礼、鲁人勇、吴晓红《宁夏历史地理变迁》(宁夏人民出版社 2008 年版),是宁夏历史地理研究领域的又一部重要著作。该著作按照历史地理发展与演变脉络,把宁夏的地理沿革、疆域变迁、政区演化,以及长城、雄关、重要地名,还有山脉、河流、湖泊等方面的内容做了系统介绍。从宁夏远古地理环境和石器时代人类文化遗址写起,沿着王朝更迭设章分节逐一进行介

绍，注重考古史料结合地方特色，翔实地论述了宁夏历史地理变迁过程，其中对于固原历史地理变迁的研究较为深入，依据考古史料和地方志史料，深入考证了自秦汉以来固原地区行政区划的演变，对进一步研究固原地区行政区划变迁提供了较高的学术参考价值。总体观之，上述三本分量十足的著作，对于古代固原地区历史地理，尤其是行政区划建置与沿革的研究，无论从研究的体例、内容还是史料运用方面无疑都具有重要的借鉴价值。

著作以外，有关古代固原地区历史地理、建置沿革的代表文章如下所列。余尧《甘肃历代建置沿革》（《西北师大学报》1978 年第 1 期），论述了汉代在固原地区设置安定郡、北地郡的必要性及其历史变迁，重点指出固原地区作为边塞重镇，肩负着稳定西北边疆、拱卫王室的重要作用。罗丰《固原地区历代建置沿革考述》（《固原师专学报》1986 年第 3 期），对固原地区历代行政区划做了较为全面的考述，提出固原名称及其行政区划沿革与"民族""战争"紧密相关。王北辰《固原地区历史地理述要》（《宁夏史志研究》1986 年第 2 期），主要概括论述了固原地区地貌特征、历代行政区划、地名演变、民族文化等内容。王恽《元明清时期固原地区概况述略》（《固原师专学报》1986 年第 3 期），依据地方志及相关史料较详细地论述了元明清时期固原地区行政建置、社会经济以及民族关系的变迁。韩孔乐《固原城创建始末》（《固原师专学报》1992 年第 3 期），以固原古城为研究对象，梳理了固原古城建城的历史过程，认为固原古城就是高平城，始建于公元汉代，有明确纪年则是南北朝时期，明代和两宋时期进一步加固。张鸿玺《镇戎军的创建及其它》（《固原师专学报》1992 年第 3 期），论证了北宋时期固原地区镇戎军的创建及其历史意义。薛正昌《萧关道与固原历代政权建置及其发展趋势》（《西北民族学院学报》1994 年第 1 期）、《元代六盘山与开城安西王府》（《内蒙古社会科学》1995 年第 1 期）、《历史上的秦汉萧关与唐宋萧关》（《甘肃社会科学》1997 年第 2 期），分别考察了古代固原地区以萧关道为中心的历代行政建置、元代固原地区的行政区划和秦汉至隋唐时期萧关古道的历史变迁。

地名及地理方位考证方面的成果也十分丰富。鲁人勇《固原地区部分古地新证》（《固原师专学报》1982年第3期）、《北宋三军城故址考》（《宁夏大学学报》1982年第3期）、《固原地区北宋五城寨遗址考》（《固原师专学报》1990年第2期），考证了固原地区部分古城遗址，尤其对固原古城地名及地理位置演变、北宋时期固原地区的城寨遗址有较深入的研究。马东海《宋夏定川寨之战部分古地名考释》（固原师专学报1993年第1期），初步考证了宋代固原地区的德顺军、怀德军、清远军、定川寨、宁安寨、得胜寨、安化县与制胜关等军城、古堡寨和古关隘，勾勒出宋代在固原地区的军事防御路线图以及固原地区在西北边疆不可取代的军事地位。王全甲的《功德安葬记碑与德顺军故址》（《固原师专学报》1986年第4期）、《陇干县正堂印与故址》（《固原师专学报》1988年第2期），分别论述了德顺军城故址即在今隆德县城，是与镇戎军协同防御西夏而设置的军事重镇。关于镇戎军设置时间问题的研究主要有顾吉辰《宋代镇戎军考》（《固原师专学报》1987年第1期）、张鸿玺《镇戎军与固原内城》（《固原师专学报》1985年第3、4合期）。顾文主要考证了镇戎军的长贰、官制以及镇堡城寨的置废，张文论述了宋代镇戎军甚至的时间及其作用，并认为镇戎军是军政合一的特殊行政建置。关于汉代三水县故址的考证文章主要有王北辰《三水、乌氏、他楼城考》（《宁夏大学学报》1987年第1期）、鲁人勇《两汉三水县故址考》（《宁夏史志研究》1986年第2期），两篇文章均考证汉代固原地区的三水县在今同心县下马关乡北红城水古城。秦汉萧关的考证文章有景文源《唐人诗句中的萧关、遗址在哪里?》（《宁夏大学学报》1983年第4期），牛达生、许成《汉代萧关考》（《固原师专学报》1983年第1期），王北辰《汉朝那、萧关考》（《宁夏史志研究》1986年第3期），薛正昌《秦汉萧关和唐宋萧关》（《甘肃社会科学》1997年第3

期），这几篇文章利用考古资料和地方志史料对萧关的地理位置深入考证，一致认为汉代萧关当在固原县瓦亭至三关口一带，唐代萧关在今海原县李旺堡北，宋代萧关在海原县高崖乡草场村古城。关于朝那县城址的考证文章主要有罗丰《汉代朝那县故址考论》（《宁夏史志研究》1987 年第 1 期）、佘贵孝《皇甫谧籍贯朝那考辨》（《庆阳师专学报》1993 年第 1 期），两篇文章以文献资料和朝那鼎的出土作为研究依据，认为朝那县位于今固原市彭阳县古城镇治所。关于南牟会的故址考证，刘华《西夏南牟会遗址暨天都山今考》（《宁夏社会科学》1999 年第 2 期）一文通过史料分析、对比专家论著、实地考察和口碑等方式综合考证，认为李元昊时的南牟会旧址不在今西安州，而在其南边的西安乡黄湾村，天都山不单纯是西华山，还应包括南华山、月亮山一带。

（四）古代固原地区经济、军事、人物的研究

关于古代固原地区社会经济的研究较为分散，没有形成研究体系。罗丰《论固原畜牧业的发展历史及其启示》（《宁夏社会科学》1985 年第 1 期），论述了固原古代"地广人稀、水草茂盛"，给发展畜牧业提供了良好的条件。自汉代在固原设置畜牧业管理机构起，直到明代，世代相沿、经久不衰。固原成为向历代统治政权提供军用马匹的重要基地之一，并得出以牧为主是固原农业发展的必由之路的启示。罗维《固原地区商业贸易史略》（《固原师专学报》1991 年第 1 期），叙述了商周至民国年间固原商业贸易发展的概况，特别指出古代固原地区商贸发展的特点，即交通便利、畜牧业贸易发达、盐业贸易兴盛。丁望南《明代固原的马政制度》（《宁夏大学学报》1991 年第 6 期）论述了明代固原地区是西北最大的马政基地，左右了西北地区的军事和明朝的西北边防走势。方建春《固原水旱灾害的历史考察》（《宁夏师范学院学报》2012 年第 5 期）论述了秦汉至近代发生在固原地区的水旱灾害及其影响，为历史时期固原地区的经济发展状况及社会结构提供了新的视角考察。李世荣《明代固原经济开发及其

社会影响研究》（《宁夏师范学院学报》2019 年第 6 期），论述了明政府采取了一系列行之有效的手段开发固原地区的经济，包括农业、畜牧业、屯田、手工业及商业，取得较为显著的成绩，推动了固原地区社会与历史的变迁。吴晓红《秦汉时期宁夏平原引黄灌溉大开发》（《宁夏史志研究》2021 年第 1 期），重点论述了秦汉宁夏的水利变迁史。张维慎的博士论文《宁夏农牧业发展与环境变迁研究》（陕西师范大学，2002 年）详细论述了从旧石器时代起至清代覆亡的漫长历史时期宁夏农牧业变迁状况，涉及固原地区农牧业发展的相关史料，其中对自然环境与经济之关系的论述较为深入，为进一步研究古代固原地区经济状况提供了新的研究视角。

　　学界对固原地区军事的研究，尤以对明代固原地区军事地位的研究较为成熟，成果也最为丰富。固原县军事志编纂委员会主编《固原县军事志》（宁夏人民出版社 2007 年版），分门别类地介绍了历史时期固原地区战争、战备、军事环境、军事组织、军事工程以及中国工农红军长征等内容，该志总结了古代固原地区军事战争的相关史料，价值颇高。赵阳阳《明代固原镇军事防务研究》（西北农林科技大学出版社 2017 年版），全书分三部分，第一部分论述了固原镇的历史沿革，第二部分较为详细地论证了明代固原镇的边患及其防务措施，第三部分则重点介绍了固原镇的边墙体系及其构造，书末附录明代固原战争、军政长官的统计表。该书以翔实的史料，对明代固原镇的军事防务展开深入的研究，揭示了固原镇在明代西北边地军事防务中的突出地位。赵现海的博士论文《明代九边军镇体制研究》（东北师范大学，2004 年）全面论述了明代九边重镇的历史演变，并指出九边是明朝自洪武至嘉靖年间，为防御蒙古、防卫京师，并随着边防内地化进程的发展而最终完成的，以总兵镇守制度为标志，由巡抚制度、总督制度进一步完善的九处军事重镇。常玮的博士论文《明长城西北四镇军事聚落研究》（天津大学，2014 年）从西北四镇（宁夏镇、甘肃镇、延绥镇、固原镇）特有的三边总制度入手，通过分析三边总制对西北四镇军事格局的影响，对其军事防御模式进行探析，提出了本防区在总制制度下的基本防御模式。范熙晅的博士论文《明长城军事防御体系规划布局机制研究》（天津大学，2015 年）在充分的史料积累和现场考察基础上，基于军事地理学、地缘学说、"中华民族多元一体"理论和整体史观思想等研究理论的支撑，通过实证分析、规范分析等方法，从自然、社会、人三个方面对明长城军事防御体系的规划布局和选址的机制进行研究，对文化遗产的保护、利用和开发均具有重要的现实意义。毛雨辰的硕士论文《明代西北边镇边备及其得失研究》（西北师范大学，2005 年）从明代史料入手，利用地方志，结合明人著述图籍，今人研究成果等对明代西北防御体系形成的原因、设置情况以及对西北地区所起的作用进行了探讨。有关古代固原地区军事的研究，具有代表性的论文主要有以下几篇：佘贵孝《明代固原的军事设置》（《固原师专学报》1993 年第 4 期）、《固原城的军事地位及其作用》（《宁夏师范学院学报》2010 年第 8 期），薛正昌《明代宁夏镇军事地理位置》（《宁夏大学学报》1994 年第 4 期）、《明代宁夏军事建制与防御》（《西夏研究》2014 年第 2 期）、《历代兵制与固原》（《固原师专学报》2001 年第 5 期），安志平《固原历代军事史述略》（《固原师专学报》2002 年第 4 期），李静《明代固原镇研究综述》（《宁夏师范学院学报》2017 年第 2 期）。上述论文主要论述了固原古城及其重要的军事地位，尤其对明代固原军事地位的探究较为深入，值得参考和借鉴。在课题方面，马维仁主持国家社科基金项目"国家安全视野下的明代西北军事防区调整与演变研究"，以明代西北军事防区为研究视角，涉及明代固原地区军事演变的研究内容，亦充分说明明代固原地区不可替代的军事地位。

固原的地理位置决定了英雄模范人物世代辈出，尤其军事人物更是层出不穷，因此，研究历史人物的文章数量较多，成效也较显著。固原地区地方志办公室编著的《固原人物集录》（宁夏人民出版社1991 年版），全书从古代官将、社会贤达、起义领袖、文教名士、革命英烈、各界先进六个方面收录古今人物 175 位，集中反映了固原历史上的各族人民，对发展社会经济，对繁荣祖国文化，对地方建设都做出了可歌可泣的贡献。对于东汉固原大姓豪族梁氏的研究，王恽《梁冀专权》（《宁夏史志研究》1985 年第 2 期），简述了梁冀的发迹背景及专权时的专横跋扈。霍升平、胡迅雷《试论东汉梁氏家族的历史地位》（《宁夏史志研究》1988 年第 3 期），论述了梁氏在东汉的兴衰与皇室的关系及其专权。薛正昌《东汉豪族梁氏述论》（《宁夏社会科学》1988 年第 4 期），对梁氏的家世，入汉的背景、兴衰以及梁氏的专权进行了较为详细的叙述，并对梁氏各代的功过给予客观的评论。胡迅雷《试论乌氏张氏家族与前凉政权的历史地位》（《宁夏大学学报》1991 年第 2 期），对张氏家族的主要人物作了介绍，又着重对张轨摄政凉州之后前凉的经济发展、文化教育作了详述。霍升平《皇甫谧与针灸甲乙经》（《宁夏大学学报》1987 年第 4 期），总结了皇甫谧对晋代以前针灸医学的理论与实践，为我国医学的发展做出了贡献。胡大雷《皇甫谧简述》（《宁夏史志研究》1987 年第 5 期），对皇甫谧家世、品德、医技、著述等方面做了较为全面的评述。

（五）古代固原地区文化、宗教与民族的研究

20 世纪 80 年代以来，关于古代固原地区历史文化的研究，亦进入了迅速发展的时期。牛达生《考察测绘须弥山石窟始末》（《固原师专学报》1982 年第 1、2 合期）、《须弥山石窟》（《民族文化》1985 年第 4 期），对全国重点文物保护单位须弥山石窟的地理环境、开凿年代、主要石窟、佛像造型以及艺术价值作了较为全面的介绍，同时认为须弥山的唐、宋、西夏、金和明代的碑刻、题记，是研究当时社会历史的珍贵史料。韩有成《须弥山石窟艺术概说》（《固原师专学报》1991 年第 1 期），从名称沿革、石窟出现的历史和地理原因、石窟群的开凿、分布、造像艺术特点等方面说明了须弥山石窟是研究我国社会史、佛教史、艺术史的珍贵资料，是我国人类艺术宝库中的瑰宝。李怀仁《火石寨石窟建筑》（《宁夏史志研究》1987 年第

4 期），重点分析了洞窟的雕刻、浮雕像以及洞窟的规模、方位、铭文等，认为该石窟与须弥山石窟相依，须弥山石窟以北朝为主，火石寨石窟以隋唐为代表。胡永祥、杨芳、夏华《固原古城及其历史文化价值》（《宁夏师范学院学报》2009 年第 8 期）详细考证了历史时期的固原古城，如城隍庙、财神楼、文澜阁、钟楼大铁钟等，认为固原古城是固原历史发展、文化延续的象征和缩影，具有一定的历史文化价值。

固原地区宗教的研究方兴未艾。马汉雄《固原佛教简史》（宁夏新闻出版管理局 1998 年，内部刊物），对魏晋以来固原地区佛教的历史变迁作了纲要式的概述，包括佛教石窟、佛像、佛塔、历代僧人等方面都有初步的探究，为研究固原地区佛教的发展轨迹提供了研究的方向。冯国富《佛教艺术在固原的传播》（《固原师专学报》1990 年第 10 期）、薛正昌《明清时期固原的寺庙及其寺庙文化》（《宁夏社会科学》1996 年第 1 期），两篇文章较为详尽地论述了固原道教从秦汉伊始，历经南北朝、元代、明代与清代的历史变迁，同时较为深入地论述了道教的发展对古代固原地区的社会影响。佘贵孝的《固原回族研究》（宁夏新闻出版管理局 1997 年版，内部刊物），以专题性的研究方式，分别探究了固原回族的族源与发展、回族的特点及生活习俗、回族历史上的反抗斗争及经济、文化教育、回族人物、人口及姓氏溯源、清真寺演变等各个方面，给人们提供了一个了解和认识回族过去和现在的窗口，为回族史的研究做了有益的尝试。

对于古代固原地区民族及民族问题的研究，马建军《先秦时期固原的民族格局》（《固原师专学报》1991 年第 3 期）、《隋唐时期徙居固原的民族》（《固原师专学报》1993 年地 3 期）、《半环陇山的戎族青铜文化》（《固原师专学报》1997 年第 1 期）、《从考古资料看古代戎族的社会发展状况》（《西北史地》1995 年第 2 期）四篇文章，考证了先秦时期固原的民族与民族融合状况，从不同角度说明固原地区是一个多民族交错相处的地区，众多民族的活动形成了区域民族的多元格局，这对于研究历史时期固原的民族状况有着一定的引导价值。平正《汉魏以前固原境内的民族及其迁徙》（《固原师专学报》1993年第3期），认为历史时期固原地区是丝绸之路要冲，中西文化交融荟萃，多民族交融，在固原地区建立和产生了各种政权组织、经济类型，生产方式、文化艺术、民族风俗、宗教信仰，辐射和影响周边各地，充实和完善了中国古代民族文化。薛正昌《唐宋元时期固原境内的民族》（《宁夏社会科学》1998年第1期）一文认为唐宋元时期是固原地区民族大融合时期，造就了固原地区多元民族文化格局，推动了固原地区民族共同体的形成。苏广垚的硕士学位论文《固原地区先秦民族研究》（四川师范大学，2014年）以先秦时期在固原地区的各民族为研究对象，以商周社会政治变迁为背景，深刻剖析生活在固原地区境内民族的历史源流、民族政权的发展及灭亡过程、民族的迁徙和融合及其原因、所处的社会形态、经济形态及民族成员的体质特征。

另外，冯敏主持国家社科基金项目"'丝绸之路'与西北地区入华粟特人的文化认同"，依据考古史料、地方志史料对古代西北地区（包括固原地区）入华粟特人展开研究，取得了初步研究成果。李世荣主持国家社科基金项目"西北回族的历史变迁及其现状研究"，对古代固原地区回族的形成、演变及民族关系作了初步考察，认为回族的形成与唐宋丝绸之路的繁盛息息相关，而西北地区民族融合也是中华民族共同体形成的历史见证。

（六）关于古代固原地区丝绸之路的研究

从20世纪90年代开始，学者们开始关注固原地区丝绸之路的研究。最早对宁夏及固原地区丝绸之路展开研究的是陈育宁，先后发表了《丝绸之路的文化交流对宁夏地区的影响》（《西北史地》1995年第3期）、《丝绸之路的文化交流对宁夏地区的影响》（《宁夏社会科学》1995年第3期）、《宁夏境内的丝绸之路及须弥山石窟》（《丝绸之路》1995年第11期）三篇文章，探究了丝绸之路上的文化交流对西北地区的影响，认为须弥山石窟的开凿正是丝绸之路文化交流的产物，而固原地区自须弥山石窟开凿以后就成为多民族交往交流交融之地。薛正昌对固原地区丝绸之路的研究用功颇深，其著作《宁夏境内丝绸之路文化研究》（甘肃教育出版社 2014 年版），全面考察了古代宁夏及固原地区丝绸之路的走向及其历史、社会及文化变迁，具有重要的学术意义和参考价值。薛正昌关于古代固原地区丝绸之路研究的学术论文较为丰富，代表性论文有《丝绸之路与固原历史文化》（《丝绸之路》1997 年第 9 期）、《中阿博览会：丝绸之路文化的延伸——兼论丝绸之路的走向与研究范围》（《丝绸之路》2014 年第 11 期）、《丝绸之路与固原——申报世界文化遗产宁夏段四处文化遗存》（《陕西师范大学学报》2012 年第 6 期）、《丝绸之路在宁夏的走向与周秦时期的文化开拓》（《丝绸之路》2013 年第 1 期）、《隋唐宁夏粟特人与丝绸之路》（《石河子大学学报》2015 年第 5 期）等，分别论述了丝绸之路在宁夏有着深厚的历史积淀和传承，尤其丝绸之路的核心地段在固原地区形成了独特的文化景观，最为著名的四处文化遗存，即固原古城、须弥山石窟、固原北朝和隋唐墓地、开城遗址，这对于研究固原地区丝绸之路的历史变迁无疑具有较高的参考价值。罗丰《丝绸之路与北朝隋唐原州古墓》，发表于 1998 年的《固原师专学报》，文章在丝绸之路的视角下，结合固原地区隋唐古墓的发掘，较为全面考证了丝绸之路与固原古墓的历史渊源。黄丽荣《丝绸之路文化在固原——固原博物馆馆藏丝绸之路文物金银器与金银币》（《宁夏社会科学》2007 年第 2 期），认为汉唐丝绸之路繁荣时期，大量中亚人来到中国，他们在进行贸易活动的同时也带来了域外文化，这些文化交流不仅见于诸多文献记载，还反映在考古学上，固原博物馆藏金银器与金银币就是丝绸之路在固原繁盛的象征，成为中西文化交流的物证。近 20 年来，伴随着西北大开发的号角、"一带一路"倡议以及脱贫攻坚战略的推动，学界对于固原地区丝绸之路的研究步入了黄金时期，很多青年学者积极投身这一领域的研究，取得了丰硕的成果。如王正儒《唐代宁夏地区的粟特胡人与丝绸之路——考古石刻材料与文献的互证》(《中国边疆史地研究》2017 年第 3 期)、冯敏《固原境内的丝路贸易》(《宁夏师范学院学报》2010 年第 8 期)、李瑞哲的博士论文《魏晋南北朝隋唐时期陆路丝绸之路上的胡商》(四川大学,2017 年)等,这些研究充分说明了古代固原地区丝绸之路在中国历史上占有十分重要的地位,值得进一步深入考察、探究。

(七)有关古代固原地区综合性的研究

目前学术界有关固原地区历史的综合性研究较为成熟,涌现出一批地方史研究专家和重要研究成果。陈育宁主编《宁夏通史》(宁夏人民出版社 1993 年版),作为宁夏第一部通史,全面论述了宁夏历史的全貌,其中涉及古代固原地区的历史尤为丰富,分史前、古代、近代及新中国成立以后四个时期,叙述和考证了固原地区政治、经济、文化、民族等多元的历史,意义重大。谷苞主编《西北通史》(兰州大学出版社 2005 年版),全书分五卷,系统地论述了陕甘宁青新西北五省区的历史,以翔实的史料、宏大的篇幅、严谨的治史态度深入论述了西北地区的历史变迁,其中对固原地区历史的研究同样具有重要借鉴价值。霍维洮《宁夏民族与社会发展研究》(宁夏人民教育出版社 2003 年版),采用通史的研究体例,以宁夏民族与社会发展为研究视角,考证了自古以来宁夏地区(包括固原地区)民族和社会演进轨迹,尤其独特的研究视角为地方史的研究开辟了新的研究方向。徐兴亚《西海固通史》(宁夏人民教育出版社 2012 年版),是西北地区首部区域史通史,尝试探析了"宁夏南部史"的书写方式,资料丰富,可谓研究西海固区域史之典范。佘贵孝《固原地方史要论》(宁夏人民出版社 1993 年版),是首部以通史方式论述固原地区地方史的重要成果,全书详细地论述了从原始社会到民国末年的固原,反映了固原地区每个历史时期的政治、军事、经济、民族、文化诸方面的演进和发展,为固原地区地方史的研究奠定基础。另外,对研究固原地区历史变迁具有借鉴价值的重要著作还有杨建新《中国西北少数民族史》(宁夏人民出版社 1988 年版)、王希隆《清代西北屯田研究》(兰州大学出版社 1990 年版)、李明伟《丝绸之路与西北经济社会研究》(甘肃人民出版社 1992 年版)、李华瑞《宋夏关系史》(河北人民出版社 1998 年版)等。特别值得注意的是,以宁夏社会科学院地方志编审委员会办公室、民族研究所、历史研究所等研究基地以及宁夏大学西夏研究院杜建录为主的研究团队对宁夏古史的研究贡献甚大,很多成果对于研究固原地区历史具有导向、引领和借鉴的价值。

综上所述,目前学界对于丝绸之路与古代固原地区历史变迁的研究,除了地方志的整理、历史地理的研究、考古研究以及综合性研究用功颇深之外,其他研究总体上呈现出如下鲜明的特征。一是研究领域虽然较为广泛,涉及考古、文化、宗教、民族等各个方面,但除了少量研究较为深入以外,大多数研究在一定程度上更多的是偏重于对于史料的解读,缺乏学术范式的反思和构建,对史实的描述大于理论的探究。二是各领域的研究都较为分散,甚至有些研究领域,如对于固原宗教与民族的研究显得分散而又单薄,且研究的数量相对而言较为稀少,没有形成系统的研究。作为丝绸之路的重要印记,古代固原地区的民族与宗教文化的研究应当更加深入和成熟。三是从历史学的方法入手,以古代固原地区丝绸之路作为研究视角的综合性研究相对而言较为匮乏。尤其是以丝绸之路为视角,全面而深入地研究古代固原地区历史变迁,以及更多地关注固原地区历史变迁背后的历代王朝西北边疆政策、社会与经济的发展、民族关系的处理、传统文化在少数民族集聚区的融合与传承等重大历史与现实问题,目前学界尤为缺乏。

四 本书主要研究内容

历史时期固原地区是历代王朝经略西北边疆的重要军事据点,丝绸之路的主要中转站,多民族交汇融合的边塞重镇,因此丝绸之路与固原地区历史变迁有着双重驱动的内在联系。本书主要以丝绸之路为视角，探究古代固原地区历史变迁及其社会影响，研究的具体对象涉及历史时期固原地区行政区划的演变、经济的开发、民族与宗教的融合、文化的交流与传承，重点论述丝绸之路对于固原地区社会的促进作用，以及历代王朝经营西北边疆政策得与失，尤其注重探究古代固原地区由边疆演变为腹地的历史轨迹以及民族共同体构建的历史事实。

（一）研究对象与框架

本书主要以丝绸之路为视角和研究的切入点，重点研究在丝绸之路的兴衰往替过程中，古代固原地区的历史变迁及其社会影响，研究内容涉及古代固原地区在丝绸之路影响下的社会变迁，包括政治变迁、经济变迁、民族变迁、文化变迁等方面。在研究过程中，注重宏观视角的历史解读和微观层面的历史事实阐释，尤其关注在固原地区历史变迁的过程中，历代王朝经营西北的边疆政策及其得失之考察、固原地区由边地演变为腹地的历史过程以及民族共同体构建的历史变迁轨迹的考察、总结和反思，为当下西北社会的发展和民族的融合提供必要的历史借鉴和理论构建。具体而言，本书的总体研究框架如下所述。

绪论部分：主要论述研究意义和价值、学术史回顾以及研究的主要内容。第一章：先秦时期固原地区之历史变迁。本章主要论述三个问题，一是考古视域中固原地区远古文明；二是先秦时期固原地区先民及其活动轨迹；三是先秦时期固原地区之社会趋向。第二章：丝绸之路的开辟与秦汉时期固原地区之历史变迁。本章主要论述了秦王朝对固原之经略的历史史实，尤其深入解读了固原地区的行政建置状况及其社会影响。西汉时期丝绸之路开凿以后，固原地区从政治、经济、文化、民族等方面步入了剧烈的变迁之路。在丝绸之路的影响和推动下，东汉时期固原地区的政治格局逐渐成熟，民族融合进一步加强，社会经济发展迅速，构成了万象更新的古代固原地区气象。第三章：丝绸之路的发展与魏晋南北朝时期固原地区之历史变迁。本章首先论述了魏晋时期、十六国时期、南北朝时期固原地区军事与政治变迁，在此基础上进一步论述丝绸之路的拓展与魏晋南北朝时期固原地区社会变迁，包括经济开发、民族融合以及文化变迁等具体内容。第四章：丝绸之路的兴盛与隋唐时期固原地区之历史变迁。本章首先分别论述了隋唐王朝对固原地区经略的具体内容，然后以丝绸之路为视角，深入探讨隋唐时期丝绸之路的兴盛促进了固原地区深刻的社会变迁，尤其是经济与文化的变迁对于隋唐时期固原地区而言具有深远的历史影响。第五章：丝绸之路的拓展与宋元时期固原地区之历史变迁。北宋时期和元代时期是两个截然不同的历史时期，对固原地区之经略亦显现出不同的历史气象，包括政治、行政、军事、民族、文化等诸多方面呈现出不同的色彩。宋元时期丝绸之路继续延续着昔日之繁华，丝绸之路的畅通进一步推动了固原地区社会与历史变迁。第六章：丝绸之路的衰落与明清时期固原地区之历史变迁。本章主要论述两大问题，一是明清时期对固原地区之经略；二是丝绸之路的衰落与明清时期固原之社会变迁。尤其是清代时期，丝绸之路全面步入衰落，但需要强调的是清代丝绸之路并没有隔绝，而是同以往时代相比较而言总体趋向衰落。一方面伴随着丝绸之路的衰落，古代固原地区不仅失去了丝路重镇的地位，亦在西北边疆的拓展过程中失去了军事重镇的地位，意味着政治、经济、文化开始陷入全面落后的状态，造成了近代以来固原地区积贫积弱的现状。另一方面，古代固原地区由边地演变为腹地，在政治、经济、文化和民族融合等层面与内地的一体化加强，中华民族共同体形成。余论：从边地到腹地——丝绸之路与古代固原地区历史变迁的几点启示。作为全书的最后部分，总结了在丝绸之路的影响下，古代固原地区在漫长的历史长河中逐渐构建中华民族共同体的历史轨迹。在丝绸之路的影响下，古代固原地区变迁之轨迹十分清晰，一方面伴随着大一统的历史进程，古代固原地区由边地演变为腹地；另一方面，伴随着政治、经济、文化、民族与宗教的不断趋同化，固原地区构建牢固的中华民族共同体，意义重大。

（二）重点难点

其一，本书研究首先面临的是史料的问题，尤其是有关固原地区丝绸之路的相关史料十分匮乏，因而对于这一研究领域有限的、分散的史料的收集、整理和运用是本书研究面临的第一个难点，也是本书研究需要解决的重点问题。其二，由于本书以丝绸之路为研究视角，主要立足于古代固原地区在丝绸之路的影响下的历史与社会变迁史，涉及内容较多，包括行政区划、经济、文化、民族与宗教等各个方面，如何把这些研究内容有机地结合起来并借鉴现有成果进行拓展性的、有意义、有价值的研究是本书面临的重点，也是难点。其三，通过对于古代固原地区丝绸之路影响下的历史变迁研究，如何总结、梳理和阐释丝绸之路对于固原地区的影响与规范，并把这种影响与规范上升到学术理论建构的层面，对当下的固原地区社会发展与民族团结提供必要的学术建议，则是本书研究又一重点和难点问题。其四，通过考察古代固原地区丝绸之路及其变迁史，探究历代王朝治边经验和教训，发现和论证古代固原地区由边地演变为腹地的历史轨迹，则是本书研究最为重要的重点和难点问题。

（三）研究思路

本书的基本研究思路主要是紧紧围绕丝绸之路与古代固原地区历史变迁这一核心问题来论证古代固原地区的历史变迁历程，以及在丝绸之路的规范和影响下，深刻认识和有效把握古代固原地区行政区划问题、经济问题、民族问题与宗教现象、传统文化的在西北边疆的传承问题，尤其关注历代王朝经略西北的历史过程及其社会影响，发现和总结边疆地区社会发展规律和与之相应的理论之建构，无疑对当下作为民族地区的固原地区之发展和良好民族关系的维系有着重大的现实意义。

第一，采用历史文献考证与事实分析的方法，重点利用历史学科的研究手段，紧密结合经济学、民族学、宗教学、人文地理学、社会学等多学科的视角，对古代固原地区丝绸之路的历史变迁进程在纵向和横向做深入的分析和描述，以多元的视角，审视古代固原地区丝绸之路变迁的历史过程及其社会影响。与此同时，在对历史事实深入考察的基础上上升到理论的层面，并采用学科交互的研究方法，例如社会学、人类学、民族学、宗教学等，在历史分析视角的映照下，对于丝绸之路与固原地区历史变迁主要内容的分析与论证。充分运用历史学、人类学、宗教学的相关理论分析边疆地区历史变迁的内在联系、宗教与社会发展的关系、民族地区文化传承的表现，在具体把握古代固原地区丝绸之路历史变迁的前提下，让视角回归到历史学、民族学和社会学的理论高度来思考固原丝绸之路的历史变迁对于固原地区社会的影响，尤其关注历代王朝经略西北边疆得与失的经验教训，提出合理化建议，以解决当下固原地区发展中存在的问题。

第二，发现和论证其历史变迁的内在逻辑。古代固原地区作为丝绸之路的核心地段，又因为其在历史上重要的战略地位，以丝绸之路为视角，力图从宏观的把握上，兼顾细节的考证上，论述古代社会固原地区丝绸之路的历史变迁过程，无论从经济层面、文化层面还是从民族层面、宗教层面都拥有重要的历史意义与现实价值。在具体研究的过程中，重点探究丝绸之路对于古代固原地区政治、军事、经济、民族与宗教、文化等各个方面的重大影响，为促进当下固原地区的经济发展、文化进步与民族团结提供力所能及的历史经验与理论构建。此外，通过对丝绸之路影响下的古代固原地区变迁史的研究，发现其历史变迁的内在联系和主要脉络，论证古代固原地区由边地向腹地转换的历史必然性，即在西北边疆地区中华民族共同体构建的历史特点和趋向。

第三，尝试必要的理论构建。本书以丝绸之路为视角，研究固原历史变迁，深入探求固原这一历史重镇在丝绸之路的引导和影响下，在社会各个层面发生的深刻变迁及其社会影响，也是管窥我国历代王朝经营西北边疆政策之得失、民族融合之演进、传统文化在多民族汇聚的边疆之地交融与传承的重要研究论题，同时契合了我国当下"一带一路"倡议的时代机遇，为发展西北地区，进一步推动西北地区社会与民族和谐发展，提供必要的历史考察、学术反思与理论支撑。通过考察历史时期固原地区丝绸之路的兴衰，以此为视角，全面研究历史时期在丝绸之路的推动下古代固原地区政治、军事、经济、文化、民族与宗教等方面的历史变迁，窥究此种变迁的主线，即伴随着丝绸之路的兴衰，古代固原地区由边地逐渐演化为腹地的历史演进过程，这正是本书的又一重要研究思路。

（四）研究方法

本书的主要研究方法是历史学基本研究手段，借助人类学、历史地理学、社会学、宗教学、民俗学等多学科的理论和方法，重视对国内外领域最新研究成果和理论方法的借鉴、运用。突出历史学研究手段，将历史学的理论研究、宗教学的归纳研究以及民族学的实证研究落实到具体研究实践过程中。此外，注重对已有考古成果的借鉴和运用，力图以翔实的资料科学论述主题，发现历史真相，在地方史研究领域构建理论范式。

（五）创新之处

本书认为固原丝绸之路的变迁对于古代固原地区政治变迁、经济发展、宗教多元、文化映照以及民族融合都有着重要的影响与规范。因此，从研究内容上而言，充分认识古代固原地区丝绸之路历史变迁的特征，为当下固原地区的发展提供学术理论上的支撑。

一是学术思想的创新。

本书结合历史学、社会学、宗教学、文化人类学、民族问题理论进行选题立论，综合运用历史基础研究和民族问题实证研究的方法，立足当前国家"一带一路"倡议，在大力推进西北地区建设，民族地区和谐发展的时代大背景下，从一个重要的视角——丝绸之路与古代固原地区历史变迁，来审视历史时期固原地区社会的变迁，进而探究在丝绸之路的引导和影响下，作为西北边疆的古代固原地区的治理问题，这对于正确认识和引导现阶段固原地区社会的发展、良好民族关系的维系以及社会主义和谐社会的建设都有着重大的现实意义。因此，本书在研究中重点解决三个学术思想问题：一是丝绸之路与古代固原地区历史变迁及其社会影响；二是在丝绸之路的影响下，古代固原地区政治与军事变迁、经济发展、宗教与民族问题、文化书写等多方面的基本状况，基于对这些基本状况的分析，来探究历代王朝治理边疆地区之得与失，为当下固原地区的发展构造理论支撑；三是以丝绸之路为研究视角，全面而深入地研究固原地区历史变迁，重点解决固原地区历史变迁及其社会影响的内在驱动力——多民族交汇的边疆地区治理问题。

二是学术观点的创新。

首先，丝绸之路与古代固原地区历史变迁是一个相互影响、相互联系的历史现象，作为丝绸之路的重要据点，丝绸之路的兴衰往替对于古代固原地区历史及其社会有着直接的影响力。换言之，古代固原历史变迁，铭刻上了深深的丝绸之路痕迹，这一点正是学界现有研究不足之处。其次，在丝绸之路的影响下，古代固原地区演变为一个十分复杂而又独特的社会，其鲜明的特征就是区位优势、经济发展的多重性、民族关系复杂、文化底蕴深厚以及宗教的多元化，这正是古代固原地区社会的独特性，通过对古代固原社会这种独特性的认识和解读，为当下固原地区的发展提供必要的学术思考。最后，正确认识古代固原地区丝绸之路历史变迁的基本特征，尤其是探究历代王朝经略西北边疆的历史过程中所积累的经验和教训，对正确引导当下西北地区的经济发展、民族和睦、文化传承等有着不可估量的借鉴价值。

三是研究方法的创新。

本书以历史学的基础研究为主，结合人类学、社会学、宗教学和民族问题相关理论选题立论，综合运用历史基础研究法、文献史料考证法以及宗教理论法和民族问题归纳演绎的方法，全面而深入地解读丝绸之路与古代固原地区历史变迁问题。

第一章　先秦时期固原地区之历史变迁

先秦时期固原之历史大多不可考，遗留诸多学术遗憾。但据现有的考古发现和文献记载，依然能够从中窥见先秦时期固原文明发展轨迹，佐证了原始社会固原地区活跃着大量的古人类，是人类远古文明的发源地之一。至夏商周时期，固原地区的历史脉络更加清晰，古羌人、古戎人等诸多族群创造了固原地区的历史，并开始与中原文明接触、碰撞与交流，推进了先秦时期固原地区之历史变迁。

第一节　考古视域中固原地区远古文明

考古学是打开人类文明奥秘的一把钥匙。就世界范围观之，人类文明经历了十分漫长的史前社会，尤其是新旧石器文明遗迹遍及世界各个角落，透过这些人类文明遗迹，清晰地观察到人类文明演进的历史轨迹。对于中国而言，新旧石器文明更是灿若星辰，昭示了中国文明的源远流长，而固原地区的新旧石器文明则为探究固原地区史前文明奠定了坚实的基础。

一　考古学上的新旧石器时代及其概况

考古学上的人类社会新旧石器时代属于历史学上的原始社会时

期。从时间区划上而言，旧石器时代距今为一万年左右①，其起始点更是可以索源到漫长的三百万年之前，人类生存的方式主要以打制石器为主。考古学对于原始社会时代划分的来源最早可追溯到公元1813 年的丹麦历史学家韦代尔·西蒙森，其在《概论我国历史上最古老最强大的时期》一文中提出史前历史可分为石器、铁器、铜器的观点。但西蒙森的这一观点在当时并没有引起足够的重视，此后伴随着丹麦民族主义情绪的高涨，丹麦国家古物博物馆成立，汤姆森受命对博物馆藏品进行分类和整理，"他首先从年代学方法入手，根据石、铜、铁这个技术发展的框架确定了三个联系发展的阶段，将丹麦的整个史前史梳理出一个大概的年代学序列"②，从而确定了著名的考古学史前史三分期的理论基础。汤姆森对于考古学史前史的三期分类理论毋庸置疑具有十分重要的地位，被学界誉为"史前学的基础""现代考古学的柱石""第一束清晰的光束……透过了北欧和整个世界史前学的黑暗"③，影响深远。此后，在公元 1865 年，法国考古学家约翰·卢伯克在他的《史前时代》一文中正式提出人类史前历史的石器时代分为旧石器和新石器两个阶段④，此种划分也为历史学界和考古学界所接受，成为学界之定论。按照人类体质之进化序列，旧石器时代分为早期、中期和晚期，对应能人（或直立人）、早期智人、晚期智人三个相继进化的历史阶段。迄今为止，旧石器文化遗存在世界各地均有分布，虽然由于发现的时代和区域不同，以及发展之不平衡性，世界各地相继出土的旧石器文化遗存有着相当大的细节差异，但

---

① 长期以来，打制石器和磨制石器被认为是旧石器时代和新石器时代一个重要的区分标志，新旧石器时代界限在距今 1 万年前后。这个划分依据基本上成为国际学界的通识，而分歧主要在于具体的时间断限上，对于新旧石器时间断限的跨度有不同的认识（参见裴文中、安志敏《史前考古学》，中国大百科全书出版社 1986 年版）。

② 陈淳：《考古学前沿研究：理论与问题》，北京师范大学出版社 2016 年版，第 7 页。

③ ［英］格林·丹尼尔：《考古学一百五十年》，黄其熙译，文物出版社 1987 年版，第 67 页。

④ ［英］格林·丹尼尔：《考古学一百五十年》，黄其熙译，文物出版社 1987 年版，第 75 页。

总体而言遵循了考古学上的上述分期和分类。对于欧洲而言，旧石器时代文化遗存早期的著名代表者分别是手斧文化系统的阿布维利文化（Abbevillian）、阿舍利文化（Acheulian）以及石片石器文化系统的克拉克当文化（Clactonian）；旧石器时代中期的文化遗存主要代表者当属莫斯特文化（Mousteria）；旧石器时代晚期文化遗存的主要代表则是奥瑞安文化（Aurignacian）、梭鲁特文化（Solutrian）以及马格德林文化（Magdalenian）。在非洲，旧石器文化遗存在世界考古学上占据十分重要之地位，在这片广袤的土地上发掘出最早的人类化石及其相对应的石器，由于旧石器时代文化遗存之丰富性和发展的多样化，使得非洲旧石器时代文化的分期较为复杂，但总体而言，非洲旧石器时代早期有两大文化系统，即奥杜韦文化和阿舍利文化系统；中期的文化遗存代表是北非的莫斯特文化、阿替林文化，中非的山果文化、卢本巴文化，南非的彼得斯堡文化、奥兰治文化、斯蒂尔贝文化以及班巴塔文化；晚期的文化遗存主要代表则是北非的代拜文化、中非的奇托利文化。在西亚和东南亚亦发现了几处较有代表意义的旧石器文化遗存，在地理位置上而言，西亚是欧洲、亚洲和非洲的交界之地，因而其境内的旧石器文化遗存在一定程度上与欧洲和非洲有相似之处；在东南亚一带则有缅甸的安雅辛文化、泰国的芬诺伊文化、马来西亚的淡边文化、印度尼西亚的巴芝丹文化、菲律宾的塔邦文化等。迄今为止，在中国发现的旧石器时代文化遗存多达 260 多处①，这些古老的古人类文化遗存遍布全国各地，互为关联，蔚为壮观。其中新石器早期文化遗存主要有：云南元谋县的元谋人、贵州黔西县沙井乡井山观音洞的观音洞文化、广西百色地区的百色文化、江苏南京的南京人、安徽和县的和县人、山西省芮城县西侯渡村的西侯度文化、陕西蓝田县公王岭和陈家窝的蓝田人、北京周口店龙骨山的北京人、辽宁省营口县的金牛山文化等。我国境内的新石器中期的文化遗存亦是相

---

① 张之恒、黄建秋、吴建民：《中国旧石器时代考古》，南京大学出版社 2003 年版。

当丰富，具有代表性的有：贵州省桐梓县的桐梓人及其文化、贵州水城县的水城人文化、广东曲江县马坝乡的马坝人、湖北长阳县的长阳人、安徽巢县的巢县人、湖北荆州市的鸡公山文化、陕西省大荔县段家公社解放村的大荔县人、山西省高阳县许家窑村的许家窑人及其文化、辽宁省喀左县的鸽子洞文化等。在考古学上，大约距今 5 万年，人类社会进入晚更新世晚期，亦即人类社会由旧石器时代中期跨入晚期。中国旧石器时代晚期的文化遗存同样遍布全国各地，较为著名的有：广西柳江县的柳江人、四川省资阳境内的资阳人、湖南石门乡的燕儿洞文化、苏州市西南的三山文化、洛河流域的育红河文化、河南省安阳市的小南海文化、山西沁水县的下川文化、河南省许昌市的灵井文化、北方草原地区及宁夏及境内发现的小石器文化、宁夏银川的水洞沟文化等。

考古学上的新石器时代，从时间断限上言之，指距今约 1 万年前到 5000 年前的人类历史时段。[①] 新石器时代人类社会最具有典型意义的特征有三。一是原始居民普遍利用磨制石器改造自然，提升生活水平。二是在使用磨制石器的过程中，逐渐开始制造粗糙的陶器，以适应日渐丰富的生活。三是农业和家畜饲养业的出现是新石器时代区分于旧石器时代最具有象征意义的特征。上述新石器时代的三大特征充分说明，人类社会在新石器时代已经趋向成熟。对于整个人类社会而言，新石器的世界更是斑斓多彩，风韵多姿，古人类创造的文化及其

---

① 关于新石器时代时间划分，国际学界通用的划分标准是新石器的开端 10000 年左右，而新石器时代终结的时间断限则要复杂得多，大概时间范围为 5000 年至 2000 年不等，显然这个划分弹性很大。据我国学者严文明先生的划分，新石器时代分为早期、中期、晚期和铜石并用时代 4 个阶段，分别是 12000—9000 年为新石器时代早期；9000—7000 年为新石器时代中期，代表文化遗存是裴李岗文化和彭头山文化；晚期则是 7000—5000 年，代表文化是仰韶文化；7000—5000 年为铜石并用时代，代表文化是龙山文化（参见严文明《中国文明起源的探索》，《中原文物》1996 年第 1 期）。对于严先生的铜石并用时代之划分，更多学者主张改称为新石器时代末期更贴合历史发展趋向，这个观点在学界较为流行（参见张弛《长江中下游地区史前聚落研究》，文物出版社 2003 年版；又见张江凯、魏峻《新石器时代考古》，文物出版社 2004 年版）。

遗存令人叹为观止。就世界范围而言，在欧洲，以陶器的制作和原始农业的开发为标志，欧洲很早就进入新石器时代，其新石器文化遗存较为著名的是欧洲南部的印纹陶文化与线纹陶文化，在人类文明史上具有较大的影响力。同欧洲的情况一样，非洲亦是很早进入新石器时代，其重要的新石器文化遗存主要有撒哈拉新石器文化、地中海新石器文化以及卡普萨新石器文化，这些文化遗存证明了非洲就是人类文明重要的发源地之一。在美洲大陆，新石器文化主要代表者是玛雅文化。新石器文化遗存在西亚表现得更为丰富，由于气候和环境的原因，西亚最早进入新石器时代的是以农业萌芽为标志的新月形地带文化，同时西亚的彩陶文化亦十分发达，萌芽于西亚的原始农业和彩陶文明在新石器时代晚期向北非和欧洲传播，使这些地区在史前社会互为影响，互相促进。在中亚、东南亚和南亚地区，新石器文化遗存的主要代表者分别是哲通文化、克尔捷米纳尔文化、俾路支和印度河流域一带的新石器文化。相比较上述地区，中国的新石器文化遗存更加丰富，新石器早期、中期、晚期和末期四个阶段特征的文化遗存均有发现，遍及全国各地，蔚为壮观。具体而言，新石器时代早期的主要文化遗存有：陕西省大荔县的沙苑文化遗址、山西省怀仁县的鹅毛口石器遗址、河北省徐水县南庄头遗址、南方地区的三大洞穴遗址（湖南省道县寿雁镇的玉蟾岩遗址、江西省万年县大源乡的仙人洞和吊桶环遗址、广西桂林市南郊的甑皮岩遗址）、岭南地区的贝丘遗址。新石器时代中期的主要文化遗存有：河南省新郑县裴李岗文化、河北省武安县的磁山遗址、陕西华县老官台文化、山东省滕州市北辛文化、内蒙古赤峰市的兴隆洼文化、沈阳市北郊的新乐下层文化、辽宁省大连市长海县的小珠山下层遗址、长江中游地区的文化遗存（皂市文化、城背溪文化、彭头山文化）、浙江省余姚市河姆渡文化。新石器时代晚期的主要文化遗存有：甘宁青地区的马家窑文化、山东泰安市大汶口文化、长江中游的大溪与屈家岭文化、长江下游的马家浜与良渚文化、辽河流域诸文化（赵宝沟文化、红山文化、富河文化、小河沿文化、小珠山中层遗存）；新石器时代末期（铜石并用时代）的主要文化遗存有：山东章丘的龙山文化、中原地区的文化遗存（王湾三期文化、后冈二期文化、造律台文化、陶寺文化、三里桥二期遗存、客省庄文化）、黄河上游的齐家文化、长江中游的龙山时代文化。①

考古视域中的固原地区远古文明耀眼夺目。迄今为止，在固原地区发掘出较为丰富的旧石器时代遗存，而新石器文化发现的遗存更是遍及固原地区，可谓蔚为壮观。对新旧石器遗迹的考证，为追溯、解读和分析固原地区远古文明创造了条件。

二　旧石器文化遗存的考古发现

宁夏旧石器时代文化遗存除了久负盛名的"水洞沟"文化遗存以外，近年来，以水洞沟文化遗存为中心陆续发现了张家窑、施家窑等等30余处旧石器时代文化遗存，这些旧石器时代文化遗存的发现，"是探讨当时人类生产力水平、审美能力与社会行为的重要材料"。②

从现有考古遗存观之，目前在固原地区发现的旧石器时代的文化遗存，主要分布于固原市彭阳县城茹河两岸的岭儿村和刘河村。岭儿村分别发掘出动物化石6件、石制品64件、单刃削刮器2件、骨制品1件、牙齿残块1枚、雕刻器1件、砸击石片5件等遗物；刘河村分别发掘出马属（Equus sp.）下牙化石1枚、管状骨2件、石制品9件等遗物。③岭儿村和刘河村旧石器时代遗址的发现意义十分重大。首先，这些考古发现扩大了固原地区旧石器时代文化遗存的范围，首次发现旧石器文化遗存，说明在史前社会，固原地区就存在人类活动。其次，这些考古发现不但把固原地区有人类活动的历史向前推进了2万年④，

---

① 参见张江凯、魏峻《新石器时代考古》，文物出版社2004年版；又见张之恒《中国新石器时代考古》，南京大学出版社2004年版。

② 高星：《宁夏旧石器考古调查报告》，《人类学学报》2004年第4期。

③ 高星：《宁夏旧石器考古调查报告》，《人类学学报》2004年第4期。

④ 杨宁国：《宁夏彭阳发现旧石器时代遗址》，《中国文物报》2003年第6期。

而且"进一步证实宁夏南部泾水流域是我国早期人类活动的重要地区，也是中华文明的发祥地"①。再次，岭儿村和刘河村旧石器时代文化遗址的发现，为研究古人类活动及其演变，甚至为探究"古人类在中国北方乃至东北亚的演化过程和适应生存特点，探索东西方史前人类迁徙与交流的过程与方式，做出更大的贡献"②。最后，虽然固原地区旧石器时代的文化遗存目前仅发现岭儿村和刘河村两处，出土的实物材料凤毛麟角，且大多十分零碎，相互之间的关联还需进一步的考证，但这些考古发掘无疑为该地区旧石器文化研究揭开了新的篇章。

固原地区发现的旧石器时代遗存虽然数量稀少，但为研究固原史前历史提供了初步的考古发掘文献和研究文献，对于进一步深化和拓展固原地区的历史与社会研究不无裨益。

三　丰富的新石器文化遗存

相较于旧石器时代文化遗址之寂寥，固原地区发现的新石器时代文化遗址却要丰富得多。

固原地区新石器时代考古发掘始于 20 世纪 60 年代初。自此以后，考古工作者经过半个多世纪的努力，新石器时代的考古发掘如雨后春笋，破土而出。据 2007 年开始的第三次全国文物普查，固原地区共发掘新石器时代文化遗存 670 多处，"其中原州区新发现和复查新石器时代遗存 145 处；彭阳县发现新石器时代遗存 184 处，西吉县发现新石器时代遗存 125 处，隆德县新发现和复查新石器时代遗存 191 处，海原县发现新石器时代遗存 19 处，泾源县新发现和复查 6 处"③。这些遗址分别发现于固原地区的原州区、西吉县、隆德县、彭阳县、海原县等地，几乎遍及整个固原地区，而出土的实物亦十分

---

① 薛正昌：《宁夏历史文化地理》，宁夏人民出版社 2007 年版，第 4 页。
② 高星：《宁夏旧石器考古调查报告》，《人类学学报》2004 年第 4 期。
③ 胡永祥、高科：《固原地区新石器时代文化遗存分布状况调查》，《宁夏师范学院学报》2015 年第 4 期。

丰富，涉及生产工具、生活用具、装饰用品等，别具一格，颇有特色。尤其是墓葬及窑址，更是显示出自身鲜明的特色，具有十分浓郁的区域特征，为研究中国远古文明的多元性提供了丰富的实物史料。①固原地区新石器文化遗存分布虽然十分广泛，但很多文化遗存需要进一步的考证和定位。目前而言，固原各地具有代表性的文化遗存主要有：西吉县兴隆镇齐家文化遗存、白城乡三滴水文化遗迹、白崖乡坟曲梁文化遗迹、十字乡黄沟文化遗迹，海原县树台乡杨家大庄文化遗迹、菜园村菜园文化遗迹、曹洼乡曹洼文化遗迹，隆德县联财乡毛沟文化遗迹、联财乡高坪文化遗迹、神林乡周家咀头文化遗迹、沙塘乡页河子文化遗迹、沙塘乡马家河文化遗迹、凤岭乡胜利文化遗迹、凤岭乡上七家文化遗迹，固原县店河村店河文化遗迹、七营乡（现海原县七营镇）柴梁村文化遗迹、杨郎乡铁家沟文化遗迹、彭堡乡套子沟文化遗迹、中河乡中河桥文化遗迹、彭堡乡沈家泉文化遗迹、河川乡明川文化遗迹、河川乡黑马湾文化遗迹，彭阳县古城乡大石沟文化遗迹、新集乡刘庄文化遗迹、沟口乡海子文化遗迹、城阳乡城沟文化遗迹。②

对这些考古遗物进行类型分析、文化属性辨识，是探究和估量考古价值首先要面对的重要问题。

第一，关于考古发掘之代表实物。考古发掘之实物主要有三类，一是打制和磨制石器。绝大多数考古发掘的墓葬以石斧、石刀、石镰为主体，部分墓葬还发现种类更多的打制和磨制石器。如在七营乡柴梁村发现的一座墓葬，出土了类型较多的石锛、石凿、石纺轮等石器③；在隆德县沙塘乡页河子文化遗迹和马家河文化遗迹发掘的半地

---

① 马建军、石磊：《固原新石器考古文化的发现与研究》，《固原师专学报》2001年第4期。

② 宁夏文物考古所、中国历史博物馆编：《固原地区新石器时代遗址调查简报》，载《宁夏考古文集》，宁夏人民出版社1994年版。

③ 固原县文管所、中国历史博物馆考古部：《宁夏固原县新石器时代墓地调查简报》，《考古》1993年第2期。

穴式房址中，有石矛、石镞、石锛、石斧、石凿等实物①；海原县菜园村菜园文化遗迹出土有石核、石镞、尖状器、刮削器和石叶②。此外，杨郎乡铁家沟文化遗迹、彭阳县新集乡刘庄文化遗迹、河川河谷古文化遗迹亦发现数量不等的石器。石器的普遍存在以及类型的多样化，显示出远古先民改造自然的能力在不断提升。二是骨器。固原地区新石器时代文化遗迹中发现的骨器数量不多，说明骨器虽然是远古先民可以依赖的生活用具，但用途不是很广泛，且逐渐被陶器所取代。发现有骨器的遗存主要有：固原县七营乡柴梁村墓葬出土的骨串珠和骨片③；海原县菜园村菜园文化遗迹中骨刀、骨匕、骨锥、骨梳、骨串珠等④；隆德县沙塘乡马家河文化遗迹也发现骨锥和骨针⑤。三是陶器。固原地区新石器时代文化遗迹中发现数量最多的是类型齐全、用途多样、造型奇特、工艺先进的陶器。陶器在每一处遗迹中都有出土，代表性的有：西吉县兴隆镇齐家文化遗存出土的泥质红陶器，有长颈双耳蓝纹罐、夹砂红陶单耳罐、夹砂红陶鬲、夹砂灰陶足、鬲足等⑥；七营乡柴梁村的墓葬出土了数量较多的陶器，"有陶杯、陶碗、陶钵、陶盆、陶尊、陶罐、陶壶、陶纺轮、陶垫，泥质橙黄陶、泥质红陶、泥质灰陶、夹砂红陶、夹砂灰陶，制作方法为手工圈筑法，纹饰主要为绳纹、附加堆纹、乳钉纹、刻划纹、凹弦纹、席

---

①　剡文鑫：《沙塘北塬遗址发掘探寻宁夏新石器文化渊源》，《新消息报》2013 年 10 月 25 日。

②　胡永祥、高科：《固原地区新石器时代文化遗存分布状况调查》，《宁夏师范学院学报》2015 年第 4 期。

③　固原县文管所、中国历史博物馆考古部：《宁夏固原县红圈子新石器时代墓地调查简报》，《考古》1993 年第 2 期。

④　宁夏文物考古研究所、中国历史博物馆考古部编：《宁夏菜园——新石器时代遗址、墓葬发掘报告》，科学出版社 2003 年版，第 23 页。

⑤　剡文鑫：《沙塘北塬遗址发掘探寻宁夏新石器文化渊源》，《新消息报》2013 年 10 月 25 日。

⑥　钟侃：《宁夏西吉县兴隆镇的齐家文化遗址》，《考古》1964 年第 2 期。

纹、戳印纹，镂孔和彩绘"①；海原县菜园村菜园文化遗迹亦出土了数量较多的陶制品，出土的陶器从器形上而言主要有用于日常生活的陶罐、陶瓮、陶壶、偏颈壶、陶匜，从陶器的造型和质地上观之，主要有夹粗砂陶、夹细砂陶和泥质陶，纹饰以蓝纹、波浪纹、戳印纹、附加堆纹、刻划纹等为主，此外，还发现少量彩陶，饰朱红或黑红相间垂鳞纹、网格纹、锯齿纹、圆圈纹、条带纹等。②

第二，发掘遗迹之类型分析、文化属性之归类。固原地区新石器文化遗迹属于考古学上的哪种类型？换言之，其文化属性如何归类，这是涉及综合考量这些遗迹价值的重要课题。20世纪80年代之前，由于在固原地区发现的新石器时代遗迹之数量较为稀少，分布不够集中，学界一致认定这些新发现的新石器遗迹在性质上属于"齐家文化"的范畴，是该文化属性的一个分支。如对发现于固原店河的新石器时代文化遗迹，著名的考古学家钟侃认为，虽然该遗迹出土的部分陶器，"具有本地区明显的特点"，但其总体类型仍属于"齐家文化"的范畴。③ 80年代以后，在固原地区发掘的新石器时代文化遗存数量增多，分布范围广泛，根据对这些文化遗迹发现的实物进行考证和甄别，遗迹时间界域的分析和比对，以及空间分布范围的梳理和分类，学界对固原地区新石器文化遗迹的属性问题展开了热烈讨论④，并形成以下新的认识：首先，菜园文化遗迹与马家窑文化遗迹在考古学上

① 胡永祥、高科：《固原地区新石器时代文化遗存分布状况调查》，《宁夏师范学院学报》2015年第4期。

② 固原县文管所、中国历史博物馆考古部编：《宁夏菜园——新石器时代遗址、墓葬发掘报告》，科学出版社2003年版，第25页。

③ 钟侃：《宁夏固原店河齐家文化墓葬清理简报》，《考古》1987年第8期。

④ 针对这一问题，有许多专家和学者以著述的形式展开了热烈的争鸣，具有代表性的成果有：宁夏考古所与中国历史博物馆《宁夏海原县菜园村遗址、墓地发掘简报》（《文物》1988年第9期）；宁夏文物考古所《宁夏海原县菜园村遗址切刀把墓地》（《考古学报》1989年第4期）；许成、李进增《菜园遗存的多维剖析》（《宁夏社会科学》1988年第6期）。这些成果不仅介绍了菜园文化遗存的基本状况，还重点讨论了文化遗存的属性问题，引起学界较广泛的注意。

是属于两个不同的文化属性；在文化属性上与齐家文化亦是两个不同
的文化体系，各具特色。其次，菜园文化从考古学文化属性上而言，
是一个独立的文化体系。而这个文化体系最鲜明的特点就是地域化、
本土化色彩浓郁，即呈现出"农牧并重""崇尚简朴""兴盛蓝纹素
陶"的土著文化气质，而且这些遗迹往往都是傍山依水，围河而居，
以清水河、泾河水系上游为中心辐射而成，所以菜园文化是"一个自
成体系的原始土著文化"。① 20世纪90年代以来，考古工作者对固原
地区的新石器时代文化遗址进一步发掘、甄别与归类，较为一致地认
为，散布于固原地区的新石器文化遗迹在考古文化属性上基本可分为
四种，即菜园文化类型、马家窑文化类型、齐家文化类型、仰韶文化
类型②，但在本源上应该属于"菜园文化"的范畴，是齐家文化的源
头之一。其共同的特点是地域性特色浓郁，从发现的考古实物来看，
"菜园文化"处于新石器时代晚期，其主要的居住地是半地穴的房
屋、窑洞，主要生产工具是各种坚韧耐用的打制石器和磨制石器，而
惯常的日用品是手工精致、造型各异的各类陶器，这充分说明远古时
期的固原地区，不仅有人类的生存，而且生产达到很高的水平，在中
国的新石器文化源流中独树一帜。这些发现及对其的分析最重要的意
义在于，为研究这一地区人类之活动、历史之变迁提供了可考的史料
和研究的路径。

四　远古时代固原地区的文明印记

发现于固原地区的新石器文化遗存非常丰富，认识和解读这些文
化遗存，通过厚重的考古发掘进而发现远古时期固原社会的文明状
况，则显得十分必要。第一，这些文化遗迹的分布规律一般都是傍山
依水，尤其是河流所经之地，发现的新石器文化遗存最为丰富。这是

---

① 马建军、石磊：《固原新石器考古文化的发现与研究》，《固原师专学报》2001年
第3期。

② 陈育宁主编：《宁夏通史》，宁夏人民出版社1993年版，第11页。

源于在远古社会，人类赖以生存的生产工具十分落后，仅仅可以依靠有限的生存工具如木棒、石器等，为了生存只能居住在山洞等天然的保障之所，避免猛兽的袭击。而在日常生活中，由于还没有能力凿井取水，在居住地的选择上往往围绕河流沼泽之地"据水而居"。① 此外，远古居民选择临河而居，还有一个十分重要的因素，就是河谷两岸，水草丰美，土壤肥沃，食用的植物种类较为便于发展原始农业以及有利于获取生产资料，尤其是河谷之中，飞鸟栖息，禽兽繁多，便于捕获食物，有利于人类之繁衍。如固原地区的新石器时代文化遗迹基本上发掘于靠近河流的地区，即清水河及其支流、泾河支流、饮马河、茹河支流、青石河支流，及这些地区所邻近的沟塬、山坡丘陵之地，这些地区往往是人类文明最初的发源地。第二，社会经济状况。远古时期固原地区的经济状况究竟呈现一种怎样的状态，是值得思考的一个问题。有学者认为，在新旧石器时代，固原地区最初的经济特色主要还是以原始农业为主，但此后游牧经济逐渐取代农耕经济，"宁夏南部游牧部落内部之间，以农业为主的部落内部之间，游牧部落与农业为主的部落之间，不断发生争夺、掠取、攻占、联合、兼并……农耕文明衰落，游牧文明占据舞台，成为主角"②，此种推测有一定的合理性。从考古发掘和古文献记载的双向视角观之，先秦时期的固原地区经济形态主要是以游牧经济为主，在部分地区，尤其是水源丰富、地缘较为平整的地区亦有显著的农耕文明的痕迹，但更多呈现出农耕文明与高原游牧文明的交汇与融合。固原地区分布着岭儿和水洞沟两大典型的旧石器时代遗址；新石器文化遗址亦十分丰富，包括马家窑文化类型的固原陈家湾文化遗址、独成体系的菜园文化遗址、齐家文化类型的西吉兴隆镇和隆德县上七家文化遗址等；细石器文化与青铜文化在固原地区的分布更为广泛，考古发掘出许多具有代

① 史念海：《河山集》第 6 集，山西人民出版社 1997 年版，第 442 页。
② 徐兴亚：《西海固通史》，宁夏人民教育出版社 2012 年版，第 13—14 页。

表意义的实物，表明固原地区远古文明的繁荣昌盛。对这些考古发掘实物的研究表明，固原地区的经济形态较为复杂。依据考古发现，固原地区出土的实物，一方面受到中原文化的影响，另一方面也融合了游牧文化色彩，农耕文明与游牧文明交相辉映，构成了固原地区别具一格的社会经济形态。第三，民族与社会形态。先秦时期的固原地区，为多民族交错杂居之地，主要生活和繁衍着古羌人、氐、猃狁、戎等部落和方国。尤其是戎，其数量应该是最为庞大的一个群体，相关史料对于戎之记载，十分明确："及平王之末，周遂陵迟，戎逼诸夏，自陇山以东，及乎伊、洛，往往有戎……泾水之北有义渠之戎。"[①]"自陇以西有绵诸、绲戎、翟、豲之戎，岐、梁山、泾，漆之北有义渠、大荔、乌氏、朐衍之戎。而晋北有林胡、楼烦之戎，燕北有东胡、山戎。各分散居溪谷，自有君长，往往而聚者百有余戎，然莫能相一。"[②]自西周始，周王朝与固原地区的少数民族展开了多次激烈的战争，《诗经》对这些战争多有精彩的描述。此外，在固原地区出土的属于西周时期的青铜礼仪用器与车马器属于西周早期成王或者康王时期[③]，说明西周文化很早就进入固原地区，与固原地区的游牧文明相互融合，共同构筑而成丰富多彩的社会形态。

第二节　先秦时期固原地区先民及其活动轨迹

民族融合是先秦时期固原地区历史变迁的突出特征。固原地区先民经历了三个前后相继的历史阶段，即原始社会固原地区的早期人类古羌人；商周时期固原地区的周人、羌人与羌方、鬼方、犬戎、空同氏；春秋战国时期的西戎诸族。这些民族经过各自的繁衍与社会活

---

①　范晔:《后汉书》卷 87《西羌传》，中华书局 2011 年版。
②　司马迁:《史记》卷 110《匈奴列传》，中华书局 2011 年版。
③　[日] 横田祯昭、韩小忙:《宁夏回族自治区古代民族青铜文化与考古学研究》，日本溪水社 2002 年版，第 22 页。

动，经过长期的交往、斗争与融合，构成了固原地区恢宏而磅礴的民族融合的历史画卷，最终在秦王朝强大的武力下归于一统，而绝大多数民族融入汉民族，成为华夏族的一部分。

一　新旧石器时代固原地区先民及其社会活动

社会之形成、文化之汇聚、民族习性之养成，最初皆赖于优越的自然地理环境与舒适安逸的气候环境。历史上的固原地区属于典型的"黄土丘陵沟壑区"，其特点有如下几点。首先，地势相对较为平缓，适宜蓄藏水源，水源较为充沛，有利于动植物的繁衍，较适宜农牧业的双向发展，如固原境内的清水河、茹河等支流，丰富的水系围绕黄土丘陵地穿流而过，形成典型的黄土台垣地，土壤肥沃，适宜农业，缔造文明。① 其次，气候相对湿润，适宜人类生存："（固原地区）全新世中期之气候也较今温润，所以当时这些地区的坡面沟道中，溪流丰沛，林草茂密，原始农业相当发达，也是戎狄等游牧民族逐牧的场所。"② 直到秦汉时期，由于大规模的移民屯田，植被和森林遭到广泛破坏，生态环境逐渐恶劣。再者，单单从地理方位的角度而论，固原地区自古以来就盘桓于六盘山下，拱卫关中，遏制西北，贯通河西走廊，以形胜险要闻名于世，是历代兵家必争之地。自西汉王朝在固原地区设置安定郡以来，固原地区一直以军事重镇的地位雄踞西北，"汉代安定郡的出现，既是当时特定历史背景的产物，也包容着很浓的军事色彩。"③ 从文化的视角而言，固原地区生活和繁衍的远古先民，在碰撞、交流与融合中，缔造了风格各异的文化类型，成为远古中华文明的一颗明珠。

依据考古之发现，最早创造固原地区人类文明的是古羌人。

---

① 侯仁之主编：《黄河文化·孕育黄河文化的自然环境》，华夏出版社 1994 年版，第 7 页。
② 朱士光：《我国黄土高原地区几个主要区域历史时期经济发展与自然环境变迁概况》，《中国历史地理论丛》1992 年第 1 期。
③ 薛正昌：《固原历史地理与文化》，甘肃文化出版社 1998 年版，第 3 页。

关于古羌人及其历史演变，学术界主要达成了三点共识：第一，古文献记载的古羌人及其释义。文献有关古羌人的记载虽然有限，但证据确凿。所谓"羌"名称之由来，最早可见于甲骨卜辞，甲骨卜辞对于"羌"之记载较多，且大多数记载都是因伐羌之战争而存于古文献之中，如"王（武丁）乎伐马羌"①"王（武乙）求其羌方禽（擒）"②"七月，（武乙）亦征羌"③"（武乙）令五族伐羌方"④等记载。许慎《说文解字》云："西戎牧羊人也。"⑤应劭《风俗通义》进一步解释说，所谓"羌人"，"本西戎卑贱者"，其主人主要的活动就是以牧羊为主，"故羌字从人，从羊，因以为号。"⑥甲骨卜辞中之"羌"字，是从"人"和"羊"的象形结构演化而成，因而，"羌人"由最初单纯的社会生产特征演变为族称。⑦第二，关于古羌人之渊源。从可考阅的古文献观之，"羌"之历史最早可溯源于炎帝时期。炎帝因长居于姜水而得姜姓，"西羌之本……姜姓之别也"。⑧顾颉刚认为，"羌"与"姜"实际为同源，因羌以羊为本族图腾，"故在姓为姜，在种为羌。"⑨传说中的共工氏、神农氏、蚩尤皆系姜姓，甚至传说中的夏禹也出于姜姓，所谓"禹兴于西羌"。⑩从炎帝部落发展的历史进程而言，在长期的历史演变过程中，炎帝部落发展为共工、四岳、氏羌三支。所以，徐中舒认为："夏王朝的主要部族是羌，根据由汉到晋五百年间长期流传的羌族传说，我们没有理由再说夏不是羌。"⑪由

① 林泰辅：《龟甲兽骨文字》，艺文印书馆1973年版，第18页。
② 刘鹗、罗振玉辑，鲍鼎释文：《铁云藏龟》，上海蟫隐庐1931年复印本，第7页。
③ 罗振玉：《殷墟书契后编》，中国青年出版社1999年版，第42页。
④ 方法敛撰，白瑞华校：《方法敛摹甲骨卜辞三种》，艺文印书馆1966年版，第529页。
⑤ 许慎撰，段玉裁注：《说文解字注》，上海古籍出版社1988年版，第146—147页。
⑥ 李昉等撰：《太平预览》卷794《四夷部一五》，中华书局1960年版，第3523页。
⑦ 史文：《古羌人的起源及其迁徙》，《民族论坛》1987年第2期。
⑧ 班固：《后汉书》卷87《西羌传》，中华书局2011年版。
⑨ 顾颉刚：《九州之戎与戎禹》，《顾颉刚古史论文集·古史辨》卷5，中华书局2011年版，第126页。
⑩ 司马迁：《史记》卷15《六国年表》，中华书局2011年版。
⑪ 徐中舒：《中国古代的父系家庭及其亲属称谓》，《四川大学学报》1980年第1期。

此说来，羌人之渊源十分清晰了。古羌人在中华民族形成过程中占据重要历史地位，他们为创造伟大灿烂的华夏文化做出了重要贡献，为汉族的形成起了巨大的推动作用。① 第三，古羌人之历史演变。古羌人的种类不一，支系颇多。大致说来，均起源于西北地区，尤其是甘南、陇右地区及其相邻区域。② 在最初具体的分布区域上则呈现出据河而居的鲜明特点，主要分布于"黄河、湟河、赐支河三水之间"。③ 按照上述考证，固原地区位于陇右之东，是关中通往塞外的东大门，水草丰美，山峦屏障，河流纵横，地位十分重要。可以推测，在远古时代，古羌人之一部就是发源于固原地区清水河一带，农牧并重，以羊为图腾，活跃于历史舞台。生活于陇右及其周边地区的古羌人，伴随着复杂的历史变迁过程，开始向东、西、南三面迁徙，形成各个分支。古羌人之迁徙，向东迁徙者形成姜姓大族，乃夏王朝之先祖；向西迁徙者形成吐蕃民族，即吐蕃之先祖亦是古羌人；向西南迁徙者则形成了较多的支系，包括今天的羌族、彝族以及其他藏缅语族之支系；向东南迁徙者则形成今巴人及土家族。④ 概而言之，古羌人是中国历史上古代民族的缔造者，中华民族的形成与古羌人有着千丝万缕之联系。

新旧石器时代，固原地区古羌人的社会活动十分丰富，主要表现在以下诸方面。

其一，农耕与游牧并重是固原地区古羌人的主要经济类型。固原地区发掘的新石器时代文化遗存，"黄河上游甘肃、青海、宁夏的马家窑文化和齐家文化的经济类型，与仰韶文化和中原龙山文化大同小异，既具有共同点，同时又具有自身的特点"。⑤ 而菜园文化遗迹则

①　史文：《古羌人的起源及其迁徙》，《民族论坛》1987 年第 2 期。
②　刘尧汉：《羌戎、夏、彝同源小议——兼及汉族名称的由来》，《思想战线》1979 年第 6 期。
③　郑德坤：《四川古代文化史》，巴蜀书社 2004 年版，第 15 页。
④　史文：《古羌人的起源及其迁徙》，《民族论坛》1987 年第 2 期。
⑤　谷苞主编：《西北通史》第 1 卷，兰州大学出版社 2005 年版，第 120 页。

呈现出更多的游牧文化色彩，与上述文化遗存有着较为明显的区别，"（菜园文化）是一支农畜并重，兴盛蓝纹素陶的土著文化，既不同于马家窑文化，又不同于齐家文化，但又与它们有密切的关系。它自成体系，具有浓厚的地域特征"。① 从菜园文化遗存的考古发现观之，黄羊、猪、黄牛、狗、梅花鹿等动物遗骸出土较多，而在固原河川河谷新石器文化遗迹中发现有窖藏粮食，同时亦发现饲养牛、羊、狗、鹿等动物骨骼，也印证了古羌人在远古固原过着农牧并重的生活。

其二，从生活用品和生产工具而言，固原地区古羌人的生活水平和生产工具达到了一个较高的水平。根据考古发掘记载，在固原地区发现新石器时代文化遗迹多达 670 余处，包括房址、墓葬、窑址，出土文物丰富，种类繁多，涉及石器、骨器、陶器、兽骨、玉器等。② 首先，在石器和骨器的使用上，选用的石料有砂石、石英岩和黑曜石，采用打制和磨制两种手法，打制石器具有典型的细石器风格，个体精巧，实用性强，而骨器多用于日常生活中的补充性工具，主要有骨匕、骨锥、骨梳以及骨串珠，说明古羌人对于审美有着较高的要求。其次，固原地区新石器文化遗迹发掘最多的就是造型精致、种类齐全、工艺精美的陶器。如固原河川河谷新石器文化遗存中发现的陶器数量惊人，多达 112 件，这些陶器已经运用到生活的各个层面，"器形有罐、瓮、碗、豆、盆、盘、钵等，罐瓮类居多，质地以夹砂红褐陶为主，泥质红陶次之，另有夹砂褐陶和泥质灰陶，还有少量的夹砂灰陶和泥质褐陶，以褐红陶、红陶为主流"③。菜园新石器文化遗迹发现的陶器同样十分丰富，"有小口瓮、大口瓮、小口罐、单耳

---

① 徐兴亚：《西海固史》，甘肃人民出版社 2002 年版，第 2—3 页。

② 马建军、石磊：《固原新石器考古文化的发现与研究》，《固原师专学报》2001 年第 3 期；又见胡永祥、高科《固原地区新石器时代文化遗存分布状况调查》，《宁夏师范学院学报》2015 年第 4 期。

③ 马建军、石磊：《固原新石器考古文化的发现与研究》，《固原师专学报》2001 年第 3 期。

罐、单耳壶、双耳罐和双耳壶"①。而且这些陶器典型的特征是有水垢和储藏物的痕迹，充分说明古羌人在这一时期对陶器的使用深入生活的各个层面，表现出别具一格的生活风貌。再者，冶金工艺的出现。冶金工艺的代表作就是铜器，铜器在西北地区新石器文化遗存中出现最早的是临潼姜寨遗迹，发现一残黄铜片。②此后在马家窑文化遗迹和齐家文化遗迹中都发现有铜器，如永登蒋家坪、广河齐家坪、青海贵南、永靖大河庄等地发现有数量不等的铜器，涉及铜刀、铜锥、铜斧、铜环、铜凿、铜镜等，均为日常手工用具以及各类饰品。③固原地区新石器文化遗存中发现的铜器数量较少，只有零星的遗物，且基本上是残铜片，说明在新石器时代，铜器并不是古羌人主要的生活工具和生产工具。但需要强调的是，冶炼技术的出现，代表着人类改造自然的重要成果，具有鲜明的进步意义，标志着原始社会的瓦解，文明社会之开端。

其三，古羌人的居室与墓葬。居室与墓葬风格是一个民族生活的缩影，透过居室与墓葬可以窥探到古羌人之经济、文化与社会等各方面的具体状况。固原地区新石器文化遗迹出土了数量较多的居室、墓葬、窖穴、陶窑等。从已经发掘的实物观之，古羌人居室一般分为两类：窑洞式和半地穴式。如固原河川河谷文化遗迹出土的居室相当成熟，有双居室和单居室，居室墙壁涂有白灰，四壁平整、整洁、光滑，室内有用火的痕迹，这种防寒避暑的原始窑洞式居址的发现，"为原始窑洞建筑史研究提供了极为珍贵的考古学资料"④。而菜园文化遗迹所发掘的居室，结构更为坚固，布局完整，整个房址由居室、门道和场地三部分组成，是典型的窑洞式房址。对于墓葬而言，墓葬

---

① 马建军、石磊：《固原新石器考古文化的发现与研究》，《固原师专学报》2001 年第 3 期。
② 谷苞主编：《西北通史》第 1 卷，兰州大学出版社 2005 年版，第 122 页。
③ 张忠培：《中国早期铜器的发现与研究》，《史学集刊》1985 年第 3 期。
④ 马建军、石磊：《固原新石器考古文化的发现与研究》，《固原师专学报》2001 年第 3 期。

的形制丰富，有长方形和椭圆形的竖式墓葬，亦有侧耷式墓葬，墓葬
中一般有数量不等的随葬品，以陶质用器最为普遍，并且有迁入葬和
迁出葬，说明古羌人对于生命的尊重与敬畏。此外，大多数居室及其
周围都有窖穴和陶窑，用来储存粮食和日常用品，这充分说明古羌人
生活丰富，而且过着舒适的定居生活，亦证明古羌人在远古时代形成
了具有浓郁地方特征的农牧并重的经济形态。

　　其四，古羌人社会结构之变迁。最早的人类社会组织就是血缘家
庭组织，或者说血缘家庭公社。血缘家庭公社时代，人类社会还处于
低等级的社会组织时期，其最为鲜明的特征是：人类"知母不知
父"，没有兄弟姐妹之观念，亦没有男女之别，更无"上下长幼之
道"[①]，社会处于一种无秩序的原始状态。但血缘家庭社会时代毕竟
是一种最初的社会组织形式，其进步意义在于，人类社会由于生存的
需要，组建成一个比较稳固的社会集团，有了群体之聚合，而群体之
聚合是人类社会迈向文明时代的最初路径。群体之聚合使得原始的氏
族公社建立起来，人类社会从此进入了蒙昧时代，正如马克思所言：
"氏族的局部发展是在蒙昧期，而它的充分的发展则是在野蛮时代低
级阶段"[②]，这说明氏族是产生在旧石器时代中晚期。依据固原地区
有限的旧石器时代遗迹，尚无法推断当时古羌人社会组织的具体状
况，但最迟至旧石器中晚期，古羌人亦进入了氏族公社时代，尤其是
有关原始农业遗迹的发现和发掘为这种推断提供了参考。进入新石器
时代，依据现有丰富的考古发掘，固原地区的古羌人社会组织相当明
晰并且发生了深刻的历史变迁。

二　夏商周时期固原地区各民族及其社会活动

　　夏商周时期，固原地区是众多民族繁衍、交流、碰撞与融合的

---

①　《列子·汤问篇》，叶蓓卿译注，中华书局 2011 年版，第 156 页。
②　《马克思恩格斯全集》第 45 卷，人民出版社 1985 年版，第 48 页。

大变革时代，在这片古老的土地上，经历了部落、方国与民族之演变，交织而成壮丽的历史画卷，十分引人注目。夏商周时期固原地区生活与繁衍的民族主要有羌人、氐、西戎、鬼方等。虽然从目前的情况观之，这一时期即便是整个西北地区民族或者族群的具体情况、西北各族及其与中原之关系问题依然是困扰学界的学术难题，更不啻有关固原地区的具体状况。但依据金文史料、历史传说、古文献记载和近期考古之发现，夏商周时期有关固原地区的民族问题，其基本脉络还是较为清晰的。

（一）羌人及羌方

三代时期，羌人主要生活在西北地区，"从西汉以来的史籍记载看，禹的族属与西北部落有关，大禹治水的传说也与西北地区有关"[1]，并在此期间因种种原因逐渐向四方迁徙，使得羌人足迹遍及全国。大禹出自西北羌族的文献记载较多，如《史记·六国年表》云："禹兴于西羌。"《后汉书·戴良传》云："大禹出西羌。"大禹治水主要是治理雍州，而雍州范围就是今天的陕西、甘肃及宁夏一带，固原地区实际上处于这三地的交界地带。甲骨卜辞中多次提到羌人的情况，对羌人之称呼见诸甲骨卜辞的有羌、羌方、龙羌、马羌、多马羌等，说明最迟至商代时期，羌人已经演化成一个大的部族，并成立了方国，雄踞于西部之地，与商王朝关系十分紧密。据古文献记载，羌（方国）在初建之时就已经归服于商朝，"昔有成汤，自彼氐羌，莫敢不来享，莫敢不来王，曰商是常"[2]，从文献的措辞语气来看，说明商王朝通过战争使得羌人顺服，二者之间由战争而产生的交往日益紧密。从甲骨文的记载来看，羌人与商王朝之间发生了多次战争，有记录者达三十多次，这些战争多以商王朝的胜利而告终，说明战争使得西北，包括固原地区的羌人开始向周边地区迁徙。当然，除了战

---

① 谷苞主编：《西北通史》第1卷，兰州大学出版社2005年版，第156页。
② 《诗经》，《商诵·殷武》，王秀梅译注，中华书局2015年版，第126页。

争的因素以外，自然环境的恶化以及其他部族的入侵亦是羌人不断迁徙的原因。自商末至西周初期，固原地区的民族成分变得更为复杂，不单单是羌人的主要活动区域，迁徙而来的其他部族在固原地区不断斗争与融合，促使固原地区步入更为复杂的历史变迁过程。及至周人勃兴之时，活跃于西北地区的羌人与周人之关系更为紧密。周族是以弃为首领逐渐成长起来的一个部落，其父帝喾，其母姜原，帝喾之族属为姬姓羌戎部族，姜原族属为姜姓羌戎部落。因此，弃为首领的部落显而易见是这两大部落通过联姻的方式逐渐融合而成的新的部落。①实际上，周人与羌人之间的联姻关系由来已久，互通婚姻成为两个部族之间的传统。②武王灭商之时，曾联盟多个方国，其中主要的盟国之一就是羌方。可以预见，当时的羌方部族众多，从西北东部至西部均有羌人活动之轨迹，固原地区作为西北西部羌人的重要活动区域，是周人联盟的重点，亦是周人崛起的区域之一。西周建立以后，固原地区的羌人一部分逐渐融入周族，另一部分融入其他民族，如氐、西戎、鬼方等，而更多的羌人则向周边地区迁徙，掀开了另一幕民族迁徙的变迁史。此后羌作为一个独立的部族在固原地区逐渐不复存在。

（二）氐族

氐族是从羌人分化出的一个新民族，作为正式族称的氐族，始见于周代。从文献的记载来看，"氐羌"合称在一起的情况较多，但已经具有鲜明的独立族称之含义，如："王师克北方，氐羌来宾"③"氐羌以鸾鸟"④"氐羌呼唐离水之西"⑤等。学界对于氐羌同出一源，以及氐族是

①　谷苞主编：《西北通史》第 1 卷，兰州大学出版社 2005 年版，第 166 页。

②　据刘启益研究，从文王开始，西周十二王、十一代每隔一代即有一位姜姓的王后，可见双方联姻成为一种常态，互通婚姻增强了周族的力量，这也是周族最终强大起来并灭商的重要原因之一。参见刘启益《西周金文中所见的周王后妃》，《考古与文物》1980 年第 4 期。

③　《古本竹书纪年辑校订补》，范祥雍编，上海古籍出版社 2011 年版，第 25 页。

④　《逸周书》，《王会篇》，台北：中华书局 1980 年影印本。

⑤　《吕氏春秋》，《恃君览》，张双棣等译注，中华书局 2007 年版，第 205 页。

从羌族分化出来的观点是基本认同的。[1] 既然氏族是从羌族分化而成的一个新民族，则氏族活动的主要区域就是陕西、甘肃、宁夏固原一带。孔颖达疏曰："氏羌之种，汉世仍存，其居在秦陇之西，故知其在西方者也"，进一步明确了氏族之起源之地。氏族主要从事畜牧业，"其种类氏羌行国，随畜逐水草往来"[2]，这说明至汉代以后，氏族在西北，包括固原地区所从事的主要经济类型已经转化为以游牧为主，其社会组织正发生着剧烈的转型。与此相印证的是，固原地区在新旧石器时代是典型的农牧并重的经济形态，契合了这种转型时期的社会结构。然自西周伊始，伴随着频仍的战争，固原地区的生态环境遭到破坏，已经无法延续农业经济的发展，遂以游牧经济为主。因此，氏族的活动中心就是在甘肃陇南以及固原地区一带，"经过夏商周三代一千多年的生息繁衍、孕育生化，氏族在甘肃陇南地区逐渐成长起来"。[3]

（三）戎

目前学界对于"戎"族之起源主要存在四种说法：其一，王国维先生在其《鬼方昆夷猃狁考》[4] 一文中认为商周的鬼方、周末的猃狁，就是春秋时期的夷，以后又演化为狄和匈奴。王国维先生的这一论断在学界占据重要的地位，长期以来成为主流观点流行于世。其二，戎主要是指西戎、犬戎（猃狁）、姜戎、阴戎等，是从古羌人分化出来的一个支系。许慎的《说文》，以羌为西戎牧羊人；应劭《风俗通义》亦认为所谓羌"本西戎卑贱者也"，认为戎就是从古羌人分化出来的一个支系；而《后汉书》的作者范晔把戎归类为《西羌传》，认为戎出自古羌人是确凿无疑的。其三，戎虽然是从氏羌系统中分化而成，但支系繁多。换言之，"戎"是自殷商至

---

① 李绍明：《论氐和羌、戎的关系》，《西南民族学院学报》1980 年第 4 期。

② 班固：《汉书》卷 96《西域传》，中华书局 2011 年版。

③ 孙功达：《氐族是古代羌族、三苗和东夷族融合的结果》，《宁夏大学学报》2006 年第 1 期。

④ 王国维：《鬼方昆夷猃狁考》，《观堂集林》，中华书局 1984 年版，第 583—606 页。

西周时期对我国西部民族族称的泛称，不是特指一个具体的民族。《礼记·王制篇》曰："西方曰戎，被发衣皮，有不粒食者矣"，其含义为"戎"在西周及春秋战国时期，同蛮夷狄一样，与华夏族构成华夷五方格局，这些族称实际上是与东、南、西、北四个方位相对应的，只是一种概称，并没有实际的族称意义。这一观点是近来学界主要的观点，即所谓"戎"是民族的综合体，"西戎"就是西北民族的统称。其四，"戎"是自殷商以来活跃于西北地区的单独的民族。如杨建新认为，"戎确实是我国古代一个单独存在过的民族"，并进一步指出，"（戎族）与北方的猃狁，即以后的匈奴，是根本不同的两个民族"。[①]

（四）猃狁

据《左传》《汉书·匈奴传》、古本《竹书纪年》《小雅》等古籍之记载，猃狁是长期居于中国西部的少数民族，至西周时期逐渐强大起来，与西周爆发数次战争，其历史可谓源远流长。关于猃狁之名称和部属，主流学术观点认为，猃狁属西羌或者西戎的一个分支族群，又称之为犬戎、畎戎、太原戎、姜氏戎、西戎等，猃狁之别名应该是与猃狁属于同源异译或者同源异读。[②] 猃狁之活动轨迹，历来是学界争议较大的问题，亦是很多学者用功较多的问题。据有限的金文史料和传世文献的记载，猃狁的活动区域主要集中在泾水流域，以后则由于战争、自然环境恶化等原因向渭水流域、伊洛一带迁徙，足迹遍及西北、北方等广阔的地理范围内，如表 1–1 所示。

---

① 杨建新：《中国西北少数民族史》，宁夏人民出版社 1988 年版，第 14 页。

② 参见蒙文通《周秦少数民族研究·西戎东侵》，龙门联合书局 1958 年版；余太山《犬方、鬼方、邛方与猃狁、匈奴同源说》，《欧亚学刊》第 3 辑，中华书局 2002 年版；沈长云《猃狁、鬼方、姜氏之戎不同族别考》，《人文杂志》1983 年第 3 期；彭裕商《周伐猃狁及相关问题》，《历史研究》2004 年第 3 期；尹盛平《猃狁、鬼方的族属及其与周族的关系》，《人文杂志》1985 年第 1 期；李建生、王金平《周伐猃狁与"长父侯于杨"相关问题》，《中原文物》2012 年第 1 期。

表 1-1 **先秦时期猃狁主要活动区域①**

主要活动区域	金文史料或文献记载
京师、筍（荀）、郇、龚（绛）、世、杨冢	多友鼎
洛之阳	虢季子白盘
答、西俞、高陶	不𡢁簋
嚣庐	兮甲盘
焦穫（霍）、泾阳、镐、方、太原	《小雅·六月》
方、朔方	《小雅·出车》
瓜州	《左传》襄公十四年、昭公九年
渭汭	《左传》闵公二年
桑田	《左传》僖公二年
伊川	《左传》僖公二十二年

据彭裕商的考证，上述金文史料和文献记载的有关猃狁活动区域大致在今天的泾水流域、渭水流域、洛水流域、伊水流域为主线的近千余里的范围内，“自陇以西瓜州，至太原、京师，又至泾水下游焦穫、泾阳，又东至渭汭、桑田，直至伊洛一带地区，东西千里皆有猃狁之踪迹”②，可见猃狁活动范围之广袤。泾水流域的固原地区当为猃狁主要的活动区域，“黄河套即古河南朔方之地。周宣王时，猃狁内侵，至于泾阳；命尹吉甫将兵伐之，至于大原。原之名始见于此，乃雍州泾河北之大原，非冀州汾水所处之太原也。”③ 显然，这里的“大原”正是指固原，周伐西戎的主要战场正是固原地区，这充分说明固原地区是猃狁活动的主要区域，周宣王之时，周王朝势力开始进入固原地区，为此后固原地区的内附奠定了基础。据司马迁《史记·

① 根据金文、《诗经》《左传》相关资料汇总。

② 彭裕商：《周伐猃狁及相关问题》，《历史研究》2004 年第 3 期。

③ 杨经编修，李作斌标点、校注：《明嘉靖固原州志》，载固原市地方志办公室编《明清固原州志》，宁夏回族自治区内部资料出版物 2003 年版，第 1 页。

匈奴列传》对于猃狁的描述，认为唐虞以前生活在北方的山戎、猃狁、荤粥等民族是匈奴之先祖，而其先祖亦是"夏后氏之苗裔，曰淳维"①。班固之《汉书·匈奴传》遵循了《史记·匈奴列传》的记载，其曰："唐虞以上有山戎、猃允、熏粥，居于北边，随草畜牧而转移。"② 另据《诗经》所描述，可以窥见猃狁及其具体活动区域，"靡室靡家，猃狁之故。不遑启居，猃狁之故"③，所描述的是周王朝与猃狁之间发生战争的状况；"王命南仲，往城于方。出车彭彭，旗旐央央。天子命我，城彼朔方。赫赫南仲，猃狁于襄"④，这里所言的"方""朔方"实际所指同一地方，为西周镐京之北，秦大一统后在河套地区所建置的朔方郡大概沿用了诗经"朔方"之名称，但在具体的方位指向上显然有一定的差异；"猃狁匪茹，整居焦穫，侵镐及方，至于泾阳"⑤，"焦穫"，据彭裕商的考证应该在今陕西省三原县西、泾阳县西北、泾惠渠上承泾水之处⑥，而"泾阳"在今甘肃平凉西部，实际上正是古代固原地区的行政区划范畴；"薄伐猃狁，至于大原"⑦，其意为西周通过战争把猃狁驱逐至"大原"一带。而"大原"具体位于何处，向来有争议，据顾炎武考证：

　　"薄伐猃狁，至于大原。"毛、郑皆不详其地。其以为今太原阳曲县者，始于朱子，（原注：吕氏《读诗记》、严氏《诗辑》并云）而愚未敢信也。古之言太原者多矣，若此诗，则必先求泾阳所在，而后大原可得而明也。《汉书·地理志》："安定郡有泾阳县，开头山在西，《禹贡》泾水所出。"《后汉书·灵帝纪》：

---

① 司马迁：《史记》卷110《匈奴列传》，中华书局2011年版。
② 班固：《汉书》卷94《匈奴传》，中华书局2011年版，第3743页。
③ 《诗经》，《小雅·采薇》，王秀梅译注，中华书局2015年版，第289页。
④ 《诗经》，《小雅·出车》，王秀梅译注，中华书局2015年版，第295页。
⑤ 《诗经》，《小雅·六月》，王秀梅译注，中华书局2015年版，第303页。
⑥ 彭裕商：《周伐猃狁及相关问题》，《历史研究》2004年第3期。
⑦ 《诗经》，《小雅·出车》，王秀梅译注，中华书局2015年版，第299页。

"段颎破先零羌于泾阳。"注："泾阳县属安定，在原州。"《郡县志》："原州平凉县，本汉泾阳县地，今县西四十里泾阳故城是也。"然则大原当即今之平凉，而后魏立为原州，亦是取古大原之名尔。（原注：《唐书》"原州平凉郡治平高。广德元年，没吐蕃。节度使马璘表置行原州于灵台之百里城。贞元十九年，徙治平凉。元和三年，又徙治临泾。大中三年，收复关陇，归治平高。"）计周人之御猃狁，必在泾原之间。若晋阳之太原，在大河之东，距周京千五百里，岂有寇从西来，兵乃东出者乎？故曰"天子命我，城彼朔方"。而《国语》"宣王料民于大原"，亦以其地近边而为御戎之备，必不料之于晋国也。又按《汉书》贾捐之言："秦地南不过闽越，北不过太原，而天下溃畔。"亦是平凉而非晋阳也。（原注：汉武帝始于朔方郡，故秦但有陇西、北地、上郡而止。若晋阳之太原，则其外有雁门、云中、九原，不得言"不过"也。）若《书·禹贡》"既修大原，至于岳阳"、《春秋》"晋荀吴帅师败狄于大原"，及子产对叔向"宣汾洮，障大泽，以处大原"，则是今之晋阳。而岂可以晋之大原为周之大原乎？①

因此，《诗经》所言"大原"，即今宁夏固原、甘肃平凉一带，亦属于古代固原地区，是为古代固原地区的核心区域。近年来许多学者亦赞同此观点，如陈育宁主编的《宁夏通史》认为，周穆王时期西征犬戎，将犬戎驱赶至太原一带，此"太原"者，实为今固原，西周西征此地而非北伐，今山西太原在西周之北，固原则为西周之西，因此西征乃是西征固原。② 徐兴亚亦认为，周之伐太原，"太原"非山西太原，而是今宁夏南部一带及庆阳、平凉地区。③

---

① 顾炎武撰，黄汝成集释：《日知录集释》（上），上海古籍出版社 2014 年版，第61 页。
② 陈育宁主编：《宁夏通史》，宁夏人民出版社 2008 年版，第 19 页。
③ 徐兴亚：《西海固通史》，宁夏人民教育出版社 2012 年版，第 23 页。

总而言之，夏商周三代时期，固原地区主要为羌、羌方、氐、戎以及猃狁等少数民族活动和繁衍之地。不过，这些少数民族在固原地区活动的先后顺序以及这些民族之间的传承或融合之关系，由于史料的缺乏难窥其详，尚待进一步的研究。

第三节　先秦时期固原地区之社会趋向

先秦时期，尤其在三代，固原地区步入了十分剧烈的社会变革时期，其社会趋向主要表现在三个方面：一是频繁的战争促使民族大融合的出现；二是中原王朝对于固原地区的有效管理和大规模开发，促使固原地区开始步入内附中原王朝的进程；三是固原地区在民族融合的基础上，独具特色的多元经济与文化格局逐渐建立。

一　先秦时期固原地区的民族融合

固原地区远古居民以狩猎和原始农业为主要生产和生活方式，"大概从公元前5000年起，宁夏南部的居民便进入了定居的以农业为主要经济生活的社会发展阶段"[①]。从考古学的视域而言，主要的农耕文化遗迹在固原地区基本上都有较为集中的分布：如属于仰韶文化晚期类型的隆德县页河子遗址，就发现了半地穴式的房屋，同时出土的陶器种类十分丰富，烧制水平较高，大多用于日常生活用具，定居生活的痕迹十分明确。马家窑文化类型在固原地区分布更为广泛，尤以海原县曹洼遗址为代表，出土有骨器、陶器、墓坑以及圆形或者方形的窖穴，说明固原地区的原始居民过着定居的农耕生活。[②]齐家文化类型发现于固原地区的西吉县兴隆镇，通过考古发掘，当时已经形成初具规模的居民村落，磨制石器工艺高超，尤其是用来收割庄稼的

---

① 陈育宁主编：《宁夏通史》，宁夏人民出版社2008年版，第10页。
② 北京大学考古实习队等：《宁夏海原曹洼遗址发掘简报》，《考古》1990年第3期。

石刀长达 25 厘米，此外发现数量可观的陶器，1 号墓葬发现的夹砂红陶鬲就颇具有代表性。[①]

上述文化遗迹清晰地预示着固原地区远古居民以农耕定居生活为主。但夏商周三代时期，见诸典籍所记载的有关固原地区活动和繁衍的民族基本上是以游牧文明为主，农耕文明开始让渡于游牧文明，或言之，农耕文明与游牧文明经过激烈的碰撞、交流而促成固原地区历史上第一次民族大融合。究其原因有以下三点。

一是气候和环境的变迁。我国五千年的历史进程中，气候变迁的总体趋势是温暖期与寒冷期交替并行，"近五千年期间，可以说仰韶和殷墟时代是中国的温和气候时代……周朝的气候，虽然最初温暖，但不久就恶化了"[②]。寒冷的气候引起环境恶化，进而导致农耕文明的衰退。为了生存，固原地区居民一部分退耕还牧，另一部分则被迫南迁，"夏末商初，生活在泾水中上游的姬姓部落就离开宁夏南部一带南迁，以躲避游牧文化的骚扰、兼并"[③]。从地域上观之，固原地区处于中原与边疆地区的交汇与交融的中间地带，既适宜农耕亦可放牧。一方面，固原地区分布有泾水、清水河，是为黄河的重要支流，"中国文化发生，精密言之，并不依赖于黄河本身，他所凭借的是黄河的各条支流。每一条支流之两岸和其流进黄河时两水相交的那个角里，却是中国文化之摇篮。"[④] 丰富的水源为农耕文明提供了必要的保障，使得新石器以来的固原地区农业获得天然的保障，成为人类文明的策源地之一。另一方面，新石器时代以来，固原地区有茂盛的六盘山林区、广袤的草场以及肥沃的丘陵地，十分适宜游牧文明的生长与繁衍，吸引着周边地区的游牧民族逐渐聚居于固原地区。如蒙文通认为，自夏伊始，游牧民族犬戎、猃狁、鬼方不断迁徙，部分迁徙至

① 钟侃、张心智：《宁夏西吉县兴隆镇的齐家文化遗迹》，《考古》1964 年第 5 期。
② 竺可桢：《中国近五千年来气候变迁的初步考察》，《考古学报》1972 年第 1 期。
③ 徐兴亚：《西海固通史》，宁夏人民教育出版社 2012 年版，第 14 页。
④ 钱穆：《中国文化史导论》，商务印书馆 1994 年版，第 2 页。

清水河流域一带："犬戎自夏至周，皆处于邠岐之近地。周之中叶而猃狁西来，商之中叶而鬼方西来……洛水今清水河，北流至灵州鸣沙堡西入黄河，此西洛也。知于时鬼方已来居灵原诸州也。"① 作为西北重要的少数民族鬼方，自商代以来势力强大，逐渐征服和融合了固原地区的当地居民，成为商周时期重要的边患。正是源于上述两方面之原因，固原地区农耕文明逐渐让渡于游牧文明，逐渐演变为游牧民族的重要舞台。

二是社会组织结构之嬗变。依据考古之发现，固原地区新石器时代齐家文化时期，正是传说中的尧舜禹禅让时代，固原地区远古居民氏族组织内部经过漫长的演变逐渐形成部落联合体，以血缘关系为纽带的氏族部落逐渐演变为以地域关系为基准的部落组织，并在此基础上形成不相统属的大小方国。私有财产的出现、方国的产生，在深层次上改变了固原地区的社会组织结构，促使其社会结构步入剧烈的嬗变历程之中去。据杨明主编的《固原考古札记》的论证：

> 在甘、宁两省区的分布范围内，春秋战国时期，主要居住生活着"西戎八部"和其他戎族部落……在戎人之地域，经过科学系统发掘的固原杨郎马庄墓地，范围较大……在清理的 16 座完整墓葬中，有一座墓仅有殉牲而无随葬品。这种随葬品的多寡悬殊，表明墓主人生前享有财富多少的不等，社会地位的高低不同。②

远古居民的社会组织结构一旦由血缘关系让位于地缘关系，则意味着对于地域的争夺，进而不断拓展生存资源成为各部落联盟或方国

---

① 蒙文通：《周秦少数民族研究》，龙门联合书局 1959 年版，第 51—51 页。
② 杨明主编：《固原考古札记》，宁夏人民教育出版社 2014 年版，第 8—9 页。

的主要职责。正是在这样的时代背景下，各个不同的部落联盟和方国之间不断爆发战争。战争一方面强化了各个部落联盟和方国的社会组织化进程，增强了人们之间的依附关系，以便积聚力量应对来自对外对内的各种势力之挑战；另一方面促使每一个部落联盟和方国致力于发展经济，改革政治，复兴文化，促使社会结构不断趋向进步，原始社会组织结构被奴隶社会组织结构所代替，这是人类社会显著的进步表现。在这一过程中，部落和方国之间力量强弱不断变换，社会组织不断变更，外来的部落联盟和方国亦加入激烈的争夺和战争之中，民族融合成为社会常态。

三是战争与先秦时期固原地区民族融合。夏王朝建立以后，西北大部分地区的社会发展处于相对滞后的状态，分布着许多部族和方国①，构成西北独特的社会景观。夏王朝立国范围主要以今河南、山西、河北、山东为中心，与西北诸少数民族部落之间的战争鲜有记载，考古发掘实物亦较匮乏，依据有限的考古资料和史前传说推测，在西北广袤的地域生活和繁衍着许多戎族部落，然夏王朝与西北诸戎的关系较为疏远，西北诸戎的社会发展正处于原始社会向文明社会的转折过程中，二者之间较少有交集。商汤灭夏建国以后，与西北地区少数民族之间展开了长期的战争，其中与土方、卭方、羌方诸族的战争尤为频繁。土方为夏之遗民，原居于河汾之间，夏亡而北逃，主要居于山西至内蒙古一带②，部分散布于固原地区；商代武丁时期多次

---

① 有学者研究，夏王朝立国以后，西北地区主要的部族和方国包括四个支系。第一，黄帝后裔方国：散氏国、汪氏国、卑氏国、桥氏国、洛氏国、酉氏国、辛氏国、商国；第二，炎帝后裔方国：井氏国、渔氏国、矢氏国、函氏国、焦氏国、方雷氏国、厘氏国、赤氏国、岐氏国、甘氏国、申氏国、丙氏国、乏氏国、吕氏国、东灵国、骊戎国、昆吾国；第三，夏族支系氏国：有扈氏国、褒氏国、有崇氏国；东夷后裔氏国：蓝氏国、戈氏国、戏氏国、梁国、鬲族、犬方。参见郭琦、史念海、张岂之主编《陕西通史·西周卷》、《陕西通史·民族卷》，陕西师范大学出版社 1997 年版；又见于谷苞主编《西北通史》第 1 卷，兰州大学出版社 2005 年版。

② 郭沫若：《郭沫若全集》历史编 1，人民文学出版社 1982 年版，第 309 页；又见于胡厚宣《甲骨文土方为夏民族考》，《殷墟博物苑刊》1989 年创刊号。

攻伐土方，土方在商王朝的攻击下势力大为削弱。邛方主要活动在陕北及晋北一带，甲骨文记载的商王朝对邛方之战争多达二三百条，可见战争之频繁与激烈程度。甲骨卜辞对于商与羌方之间战争的记载更加详细，依据甲骨卜辞，商对羌方之战争有一次征发13000人的记录，尤见战争规模之宏大，而且每次战争以后，商把俘获而来的羌人用作祭祀品，或者当作奴隶，迫使其从事繁重的农牧业生产。①

实际上，早在夏王朝建立以后，长期生活在陕甘一带的姬姓部落和姜姓部落开始崛起，两大部落间互相通婚，其社会生活形态"好耕农，相地之宜，宜谷者稼穑焉，民皆法则之"②，建立组织严密的以农业为主的部落系统。姬姓部落长期生活在夏王朝之西，与西戎、羌、姜等少数民族相互融合，其首领弃为夏王朝的"后稷"之官，专门管理农耕事宜，地位十分重要。姬姓部落传至不窋之时，"夏后氏政衰，去稷不务，不窋以失其官而奔戎狄之间"③，进一步加深了同西北少数民族戎、狄、羌等民族的融合进程。此后，姬姓部落传至弃十三世孙古公亶父时期，受到来自甘肃及固原地区戎狄的攻击，不得不再次举族迁徙，他们穿越漆水、沮水（今陕西彬县、岐山一带），在岐山之下的周原定居下来，建立方国，并开始实施一系列措施："营筑城郭""作五官有司""复修后稷、公刘之业""积德行义""贬戎狄之俗"④，发展方国，成长为西北独一无二的强大方国。周人定居周原以后，与西北地区的少数民族部落爆发多次战争，尤其是与来自甘肃庆阳、固原地区及更西之地的少数民族部族鬼方之间的战争频繁而激烈。周之季历时期，正是商代武乙、太丁时期，周人与西北少数民族之间的战争进入最为艰难的时期。史载，武乙三十年

① 谷苞主编：《西北通史》第1卷，兰州大学出版社2005年版，第173页。
② 司马迁：《史记》卷4《周本纪》，中华书局2011年版。
③ 司马迁：《史记》卷4《周本纪》，中华书局2011年版。
④ 司马迁：《史记》卷4《周本纪》，中华书局2011年版。

（前1118），攻伐盘踞在固原地区的义渠戎，俘虏其王，义渠戎归附周人①；三十五年（前1113），"伐西洛鬼戎，俘二十翟王"；太丁二年（前1111），伐燕京之戎，败绩；太丁四年（前1109）始，分别伐余无之戎、始乎之戎，大胜②；武丁时期，"征西戎、鬼方，三年乃克"③。在周人伐戎的过程中，固原地区及甘肃一带的少数民族逐渐分析组合、汇聚兼并，分化融合，形成了许多小的方国，这些方国大多数依附于周，成为周灭商的同盟者。据陈育宁主编的《宁夏通史》记载：

> 当周人继续东进，积极积蓄力量准备灭商时，周人西北的游牧民族也利用了这一时机积极发展壮大自己，在部落联盟的基础上，形成了许多小的方国。其中岐、梁山、泾、漆之北地区除义渠戎（今宁夏固原南、甘肃庆阳一带）和犬戎最为强大外，还有乌氏（今固原南）戎、朐衍（今盐池）戎和大荔戎。这些游牧民族形成的方国，精于骑射，也善于制造战车，所以在周武王伐商的战争中能提供"戎车三百乘"，为周人灭商做出贡献。④

西周建立以后，周王朝与西北诸少数民族部族和方国之间的战争时有发生，发在固原地区的战争亦史有可载。武王灭商以后，对于西北地区的少数民族部族和方国发动了一系列征服战争，以靖绥这些少数民族部族和方国对周王室的"荒服不至"境况。据《竹书纪年》的记载，周康王二十五年（前996），两次伐鬼方，俘获万余人，缴获战车、马匹无数。⑤周穆王十七年（前959），周王朝征集六师大军

---

① 方诗铭、王修龄：《古本竹书纪年辑证》，上海古籍出版社1981年版。
② 方诗铭、王修龄：《古本竹书纪年辑证》，上海古籍出版社1981年版。
③ 范晔：《后汉书》卷87《西羌传》，中华书局2011年版。
④ 陈育宁主编：《宁夏通史》，宁夏人民出版社2008年版，第18页。
⑤ 郭沫若：《两周金文辞大系图录考释》（下册），上海书店出版社1999年版，第36—39页。

西征犬戎，将犬戎驱逐到太原（今固原）及其周边地区。周穆王以战争的方式迁徙犬戎至固原，进一步加深了固原地区的民族融合。对于周王朝而言，"迁戎"之行为，一方面把这些少数民族强制迁徙至周王朝的边疆地带，起到地缘政治上的缓冲作用；另一方面促使这些少数民族学会并勤于稼穑，起到文明教化之作用。对于固原地区的犬戎而言，"迁戎"以后，显然带来两个十分重大的社会影响：首先犬戎在固原地区水草肥沃的六盘山一带休养生息，获得了长足的发展，积蓄了强大力量，发展成为西周更为危险的敌人；其次，"迁戎"以后，"成为农耕文明和游牧文明融合的一种方式"①，大大加强了固原地区各民族之间融合的历史进程，加速了固原地区少数民族对中原王朝的内附进程。周宣王时期，犬戎势力进一步增强，与西周之战争越发激烈。在此期间，周王朝多次西征"太原之戎"，也取得了"获马千匹"②的胜利，但总体成效并不大。周宣王三十三年（前795）、三十九年（前789）两次攻伐固原地区的犬戎，均大败而还。周宣王四十四年（前784），为了应对日益沉重的对犬戎之战争，周宣王亲自出巡固原地区，"既丧南国之师，乃料民于太原"③，统计户口以补充兵员和征收赋税。周王朝于固原地区"料民"者，其突出的影响是标志着固原地区成为周王朝有效管辖的一部分，改变了固原地区的政治与军事格局，演变成为周王朝与犬戎及其他西北少数民族战争的策源地。周幽王时期，政治十分腐败，加之王畿内发生大地震，"三川竭，歧山崩"④，人民流离失所，加剧了政局的动荡，尤其是周统治阶级内部发生夺嫡之争，终于使得朝局无所依靠。在这种状况下，日益强盛的犬戎联合周边少数民族部族和方国（申侯、缯、西夷）进攻周王室，犬戎攻占岐、丰、镐京，杀周幽王于骊山，西周灭亡。

---

① 徐兴亚：《西海固通史》，宁夏人民教育出版社2012年版，第18页。
② 方诗铭、王修龄：《古本竹书纪年辑证》，上海古籍出版社1981年版。
③ 《国语·周语》，中华书局2007年版。
④ 司马迁：《史记》卷4《周本纪》，中华书局2011年版。

概而言之，夏商周三代，固原地区民族融合乃是大势所趋。气候和环境的变化促使各个游牧部落和方国逐渐向水草丰茂的固原地区迁徙，加速了与固原地区当地居民的融合；社会组织结构之嬗变为固原地区的民族融合提供了社会基础；而夏商周与各民族之间、各民族相互之间以及各民族内部之间在战争的催动下，不断分化兼并，促成了固原地区历史上的第一次民族大融合，深刻改变了固原地区的历史变迁进程。

二　春秋战国时期固原地区的内附进程

犬戎杀幽王、灭西周，平王东迁，是为东周。东周分为春秋和战国两个时期，中国历史从此进入最为剧烈的变迁时代。春秋战国时期的历史最为突出的特征就是，全国范围内的民族大迁徙、民族矛盾以及列国战争此起彼伏，文化争鸣与思想创新引领着整个社会发展的总趋向，民族间的融合较以往更为频繁和剧烈，奠定了中国古代史和中国民族史之基础，勾勒而成前所未有的大变革时代。正是在这一时代背景下，西北诸戎，包括固原地区的戎族逐渐与中原王朝发生紧密的联系，步入向中原王朝的内附进程。实际上，西北诸戎的内附进程与秦王朝的崛起有着最为直接的联系。

西周灭亡以后，西北诸戎经过百余年的发展、兼并与融合，进入一个全新的变革时代，据《后汉书·西羌传》之记载：

> 及平王之末，周遂陵迟，戎逼诸夏，自陇山以东，及乎伊、洛，往往有戎。于是渭首有狄、獂、邽、冀之戎，泾北有义渠之戎，洛川有大荔之戎，渭南有骊戎，伊、洛间有扬拒、泉皋之戎，颍首以西有蛮氏之戎。当春秋时，间在中国，与诸夏盟会。[1]

---

[1]　范晔：《后汉书》卷87《西羌传》，中华书局2011年版。

春秋伊始，西北分布着诸多少数民族方国，实际上形成了以陇山（六盘山）为中心的许多西戎方国，其中见于史册记载者有：緜戎，以甘肃天水、清水县南渭河沿岸为中心，后归附于秦国；义渠戎，初居于山西南部，后不断迁徙，至春秋时期，其部族主要以甘肃宁县、宁夏固原东南一带为活动中心；绲戎，犬戎之别称，原居于"邠汾之间"，以陕西凤翔为活动中心，周穆王打败犬戎，迁徙至今固原一带；胸衍戎，以今宁夏盐池、灵武为活动中心，秦穆公时臣服于秦，其部族主要迁徙至河西走廊一带；翟戎，原活动于今山西汾水流域，实为北狄之分支，以甘肃临洮为中心分布，秦穆公时内附于秦；乌氏戎，初以泾川一带为活动中心，秦时迁徙至固原地区之清水河流域，以甘肃平凉、宁夏固原一带为主要活动中心；獂戎，以甘肃天水为活动中心，"天水郡有緜诸道、獂道"，秦穆公时征伐獂戎，遂附秦；大荔戎，初居于岐、梁山、泾、漆之北，西周灭亡以后不断迁徙，其部属一部分迁入陕西、固原一带，一部分融于晋、秦。[1] 这些西戎方国，经过长期的发展，"各分散居溪谷，自有君长，往往而聚者百有余戎，然莫能相一"[2]。在社会形态上而言，春秋开始，西戎诸国进入青铜文明，跨入阶级社会，过着较为稳定的定居生活，很多西戎方国，"筑城数十，皆自称王"[3]，并在长期的交往过程中，农耕文明与游牧文明相互融合，诸戎之历史亦逐渐被纳入中原王朝的管辖体系之中。

自春秋时代开启，西北诸戎，包括固原地区的少数民族方国，开始步入内附中原王朝的历史进程。

第一，秦霸西戎与固原地区诸戎的军事与政治的内附。

秦国本起于陇右一隅之地的嬴姓部落，襄公二年（前776）其部

---

① 顾颉刚：《史林杂识初编》，中华书局1963年版，第57—60页；又见于王宗维《西戎八国考述》，《西北历史研究》，三秦出版社1986年版。
② 司马迁：《史记》卷110《匈奴列传》，中华书局2011年版。
③ 范晔：《后汉书》卷87《西羌传》，中华书局2011年版。

族迁徙至汧（今陕西陇县）一带。① 西周灭亡以后，在平王东迁过程中，秦襄公发出"勤王"的号召，率大军顺汧水而下，驱逐镐京之西戎。在这次平定戎乱的过程中，"秦襄公将兵救周，战甚力，有功"，因此被周平王"封为诸侯，赐之岐以西之地"，"襄公于是始国，与诸侯通使聘享之礼"。② 秦国由此建国，并逐渐发展成为春秋战国时期最为强大的国家。

实际上，秦本起于西戎之间，在秦立国之前就与西戎之联系最为紧密，有交往必然会产生以利益争夺为核心的矛盾，秦与西戎之间亦积累了较深的矛盾。早在商周时期，秦人受命在汧、渭之间为周人牧马时便与西戎不时发生冲突。其间重要的事件是"西戎杀秦仲"，这在秦人的心目中造成了与西戎不可愈合的仇恨，"戎杀我大父仲，我非杀戎王，则不敢入邑，兵击戎，让其弟襄公"。③ 这里所表达的意思就是，秦国以后专门针对西戎，以报其仇。襄公三年（前775），秦世父又为"戎人所虏"④，更加激化了秦与西戎之间的矛盾。西戎灭西周的过程中，秦襄公便发兵救周，待到平王东迁以后，东周开启，各方政局暂时归于平静。对于周而言，东周的建立，重新拥有了立足之地；对于秦而言，因其勤王有功，受到平王之赏赐，正式立国；对于西戎而言，西周灭亡以后，诸戎进而"居于泾、渭之间"，亦得到休养生息的时机。

但这种平静显然是短暂的，伴随着秦国的不断强大，其对国土的扩展显得十分迫切，此时盘踞西北的诸戎便成为秦国进一步扩张的最大阻力。实际上，从另一个视角观之，当时的秦国处境亦十分危险，其处于西戎的包围之中，倘若与西戎斗争失败，则意味着秦国的瓦解。因此，与西戎之战争是不可避免的：

---

① 司马迁：《史记》卷5《秦本纪》，中华书局2011年版。
② 司马迁：《史记》卷5《秦本纪》，中华书局2011年版。
③ 司马迁：《史记》卷5《秦本纪》，中华书局2011年版。
④ 司马迁：《史记》卷5《秦本纪》，中华书局2011年版。

由于与周王室发生政治联系，受命"诛西戎"，秦戎关系遂转化为对抗。而周平王封秦襄公为诸侯，并将犬戎占据的"岐、丰之地"赐给他，当然是一纸空文，但对秦国的发展却非常重要。此后的秦国不仅要与占据"岐、丰之地"的戎人斗争，还要与其西部的邽、冀、翟、獂之戎，北部的混夷、乌氏、朐衍之戎斗争，其外部形势极为险恶。与戎人斗争的成败，关系到秦国的巩固与否。①

自秦襄公伊始，历经文公、宪公、武公、德公、宣公、成公、穆公等七任王公，共计百余年与西戎的斗争，最终形成了"秦霸西戎"的局面，一个强大的国家诞生。秦襄公十二年（前766），"（襄公）伐戎而至岐，卒"②。秦文公时期，加快了对西戎的斗争，越过陇山开始向东开拓疆域，攻占汧水与渭水交汇之处，在此地筑城并迁都于此，成为秦霸西戎的指挥部。秦文公十六年（前750），"文公以兵伐戎，戎败走"，"遂收周余民有之，地至岐"，"岐以东献之周"。③ 岐之地尽归秦所有，而西戎退回泾、陇一带，奠定了秦国进一步发展的基础。秦宪公在位期间，把都城由"汧渭之会"再次迁徙至平阳（今陕西宝鸡县阳平镇），此后"遣兵伐荡社"，"伐荡社，取之"④，灭掉居于陕西三原一带的少数民族戎，将疆域拓展到今西安市附近。秦武公即位以后，"伐彭戏氏，至华山下"，"十年，伐邽、冀戎，初县之"。⑤ 秦穆公三十七年（前623），继续向西戎用兵，在秦穆公利用分化瓦解戎王的基础上，"益国十二，开地千里，遂霸西戎"⑥，

①　谷苞主编：《西北通史》第1卷，兰州大学出版社2005年版，第204页。
②　司马迁：《史记》卷5《秦本纪》，中华书局2011年版。
③　司马迁：《史记》卷5《秦本纪》，中华书局2011年版。
④　司马迁：《史记》卷5《秦本纪》，中华书局2011年版。
⑤　司马迁：《史记》卷5《秦本纪》，中华书局2011年版。
⑥　司马迁：《史记》卷5《秦本纪》，中华书局2011年版。

"西戎八国服于秦"①。至此，秦国经过近百年的艰苦斗争，终于解决了西戎问题，标志着秦国成为春秋战国时期立足于西方的大国。

秦霸西戎，确立大国地位以后，其面对的威胁主要是游牧于固原地区的义渠戎和乌氏戎。秦与义渠戎之间的斗争颇为复杂，在秦霸西戎、确立霸主地位的背景下，义渠戎实际上成为秦之附庸国，但义渠戎毕竟是西北力量颇为强大的西戎之国，不甘心其地位的丧失以及被秦所灭的命运，利用一切时机发动反击，但鉴于秦之强大，其反抗收效并不大。秦厉共公三十三年（前444），秦伐义渠戎，义渠王被秦军俘获。②此后数十年间，义渠戎积蓄力量，先后两次攻秦，打败秦人，尤其在秦躁公十三年（前430），义渠戎一度攻占秦之腹地，直至渭水以南一带③，秦与义渠戎之间的战争进入相持阶段。秦孝公即位以后，秦与义渠戎之间战和不定。这一时期，秦孝公迁都咸阳，启用商鞅，推行变法，国力大大加强。经过商鞅变法后的秦国已经成为战国七雄实力最为雄厚的国家，其志向更在一统天下，而灭义渠戎已经水到渠成。秦惠文王七年（前331），义渠戎内讧，秦乘机攻入义渠戎腹地，占领义渠戎战略要地郁郅（今甘肃庆阳），与此同时灭乌氏国（今固原东南），并于4年后在郁郅和乌氏国分别设立义渠县和乌氏县，这是固原地区在军事、政治和行政区划上正式内附中原王朝的开始。固原市头营战国墓葬出土的"秦鼎"，其造型奇特、工艺精美，高17厘米，口径宽15.1厘米，圆腹，蹄足，附耳，刻有铭文"咸阳一斗三升"。秦鼎的出土，证实了固原地区纳入秦之管辖的范围，预示着固原地区开始内附中原王朝，并逐渐成为中原王朝地位凸显的边陲重地。秦昭襄王三十五年（前272），秦国最后全部吞并义渠戎，"于是秦有陇西、北地、上郡，筑长城以拒胡"④。秦筑长城始

---

① 司马迁：《史记》卷110《匈奴列传》，中华书局2011年版。
② 司马迁：《史记》卷5《秦本纪》，中华书局2011年版。
③ 司马迁：《史记》卷5《秦本纪》，中华书局2011年版。
④ 司马迁：《史记》卷110《匈奴列传》，中华书局2011年版。

筑于秦昭王中期，其目的主要是防御日益强大的游牧民族匈奴。① 在固原地区境内的秦长城乃是防御匈奴，拱卫关中的核心区域，地位相当重要。

（战国秦长城）由今甘肃静宁进入今宁夏西吉，沿葫芦河东岸北行，经将台、马莲、红庄后，绕固原城西北的长城渠等地越清水河进入固原东南的河川，再东南至彭阳城的城阳北岔、长城塬等地进入甘肃镇原县境。②

固原地区境内的战国秦长城横穿西吉、固原原州、彭阳等地，长约 200 公里，约占战国秦长城全长的 27%。③ 历经岁月之冲刷，固原地区境内的战国秦长城破坏十分严重，但目前尚存西吉将台、固原长城渠以及彭阳长城塬等三处遗址。④ 长城之修筑，其军事意义显然是首当其冲的，除了军事意义之外，对于固原地区战国秦长城而言，一方面预示着固原地区内附中央王朝进程的完成，固原地区成为历代王朝经略西北边疆的边塞重镇，也是经略西域的重要据点。更为重要的意义在于，"长城内外，匈（匈奴）汉杂居，他们之间互通往来，进行经济、文化交流，并不以长城为界。汉族和匈奴等各兄弟民族，在长城内外共同生活、互相学习，开发了祖国的北方"。⑤

第二，固原地区诸戎社会经济的发展及其与中原王朝的趋同、融合。

先秦时期，有关固原地区诸戎之经济、社会与文化没有明确的文

① 谷苞主编：《西北通史》第 1 卷，兰州大学出版社 2005 年版，第 291 页。
② 陈育宁主编：《宁夏通史》，宁夏人民出版社 2008 年版，第 27 页。
③ 徐兴亚：《西海固通史》，宁夏人民教育出版社 2012 年版，第 44 页。
④ 宁夏博物馆编：《宁夏境内战国、秦、汉长城遗迹》，载《中国长城遗迹调查报告集》，文物出版社 1981 年版，第 45—51 页。
⑤ 宁夏博物馆编：《宁夏境内战国、秦、汉长城遗迹》，载《中国长城遗迹调查报告集》，文物出版社 1981 年版，第 51 页。

字记载，值得欣慰的是，在固原地区考古发掘出较多的有关先秦时期的文化遗存，尤其是春秋战国时期的文化遗存十分丰富，透过这些若隐若现的考古发掘，为了解先秦时期固原地区社会、经济与文化发展状况及其趋向提供了十分宝贵的实物资料。

目前而言，据不完全统计，发掘于先秦时期固原地区的文化遗存主要是墓葬，其数量约为七百余座，而且大多数反映了多姿多彩的游牧文明。[①] 这些墓葬主要分布在以固原地区为中心及其周边地区一带，具体方位为：东至甘肃庆阳、平凉，西至永登，南至甘肃天水、秦安，北至宁夏中卫、中宁。而在固原地区主要分布在今固原原州区、彭阳县、西吉县、隆德县以及中卫市海原县等地。具有代表性的考古发掘实物如表1-2所示。

表1-2　　　先秦时期固原地区具有代表性的考古发掘实物[②]

名称	出土地及收藏地
石磬（西周）	1962年出土于宁夏隆德县好水三星，隆德县文物管理所收藏
铜鼎（西周）	1981年出土于固原县中河乡，固原博物馆收藏
铜簋（西周）	1981年出土于固原县中河乡孙家庄，固原博物馆收藏
铜鼎（西周）	1981年出土于固原县中河乡，固原博物馆收藏
陶鬲（西周）	1986年出土于宁夏固原县中河乡曹家庄，固原博物馆收藏
铜车軎（西周）	1981年出土于固原县中河乡，固原博物馆收藏
青铜短剑（春秋战国）	1982年出土于宁夏彭阳县沟口乡，固原博物馆收藏

---

① 甘肃文物考古研究所编：《甘肃省文物考古工作十年》，《文物考古工作十年》，文物出版社1991年版；又见于罗丰《固原青铜文化初论》，《考古》1990年第8期。

② 根据隆德县文物博物馆、彭阳县文物博物馆、西吉县钱币博物馆、固原博物馆等馆藏文物列表整理。

名称	出土地及收藏地
鸟兽纹铜带钩（春秋战国）	1987 年出土于宁夏西吉县新营乡陈阳川村，固原博物馆收藏
怪兽纹金带饰（春秋战国）	1996 年出土于宁夏固原县中河乡，固原博物馆收藏
贝纹铜车軎（春秋战国）	1989 年出土于宁夏固原杨郎乡马庄村，固原博物馆收藏
青铜弩机（春秋战国）	2003 年出土于宁夏固原杨郎乡，固原博物馆收藏
虎噬羊镀锡铜带扣（春秋战国）	1984 年出土于宁夏彭阳县白杨树村，固原博物馆收藏
虎噬兽铜牌饰（春秋战国）	1986 年出土于宁夏西吉县新营乡，西吉县钱币博物馆收藏
透雕双鹿铜牌饰（春秋战国）	1987 年出土于固原县彭堡乡撒门村，固原博物馆收藏
人驼纹铜牌饰（春秋战国）	1987 年出土于宁夏彭阳县草庙乡，彭阳县文物管理所收藏
子母豹透雕铜牌饰（春秋战国）	1982 年出土于宁夏固原县杨郎乡大北山，固原博物馆收藏
透雕动物纹铜牌饰（春秋战国）	1989 年出土于宁夏固原县杨郎乡马庄村，固原博物馆收藏
错银铜镦（春秋战国）	1966 年出土于固原县头营公社平乐大队，固原博物馆收藏

丰富的考古发掘实物为研究先秦时期固原地区诸戎社会、经济与文化提供了最为直观的史料，通过上述出土的文物，十分清晰地反映了先秦时期固原地区的社会、经济与文化状况。

其一，从商周之交开始，固原地区生活的诸戎社会已经进入青铜时代，诸戎创造了内涵丰富、具有鲜明生活气息的青铜文明，而且此种青铜文明既借鉴了中原王朝先进的工艺，受到农耕文明的影响，又具有鲜明的游牧文明的特点，农耕文明与游牧文明交融一体，使得固原地区的社会与文化绚丽多姿，"宁夏南部青铜游牧文化的产生及变异，是中国历史上农耕文化与游牧文化在宁夏南部大地上的第一大融合的结果"①。春秋末期至战国时期，固原地区诸戎社会已经步入铁器时代，铁器首先被应用到武器的炼制，出现了性能更为优越的铁制武器，如铁剑、铁刃刀、铁戟、铁矛等，铁制武器与战马装备相得益彰，大大提升了作战能力，与中原王朝在武器装备及农业生产方面逐渐趋同，为民族融合奠定了基础。

其二，先秦时期固原地区诸戎之畜牧业十分发达，这从固原地区考古墓葬的发掘可窥一斑。已经发掘的大多数墓葬其突出的特点就是发现大量随葬的马牛羊，如固原河川墓葬出土马牛羊头骨约 40 个，固原彭堡十余座墓葬中亦发现数量众多的马牛羊头骨遗物。② 西吉县新营发掘的墓葬中有大量的马牛羊头骨、固原杨郎墓葬中发现马牛羊头骨达 54 个。③ 畜牧业的发达，为先秦时期固原地区诸戎社会注入勃然生机，"土力能弯弓，尽为甲骑。其俗，宽则随畜，因射猎禽兽为生业，急则人习战攻以侵伐，其天性也"④。先秦时期固原地区发达的游牧经济奠定了此后中原王朝以固原地区为边疆重地，牧马强军，进而经略西北、远略西域的基础，亦为固原地区与中原王朝之融合建构坚实的经济基础。

其三，从政治上观之，自西周伊始，固原地区虽然多为诸戎之活动中心，但周王朝已经开始对固原地区之经略，"周朝，固原已经进入周的势力范围"⑤，周宣王时，曾经"料民于大原（今固原）"，其目的是补充兵员，这也是我国历史上最早的有关人口普查的记载，说明固原地区在西周时期已经成为周王朝重要的边疆重地。春秋战国时期，固原地区主要生活着义渠戎、乌氏等少数民族，秦王朝与这些少

---

① 徐兴亚：《西海固通史》，宁夏人民教育出版社 2012 年版，第 35 页。

② 罗丰：《固原青铜文化初论》，《考古》1990 年第 8 期。

③ 宁夏文物考古研究所：《宁夏固原杨郎青铜文化墓地》，《考古学报》1993 年第 1 期。

④ 《史记》卷 110《匈奴列传》，中华书局 2011 年版。

⑤ 薛正昌：《宁夏历史文化地理》，宁夏人民出版社 2007 年版，第 24 页。

数民族为了争夺对于固原地区的控制权展开频繁而又激烈的战争，秦王朝最终击败了义渠戎和乌氏，在固原地区先后设置乌氏县、北地郡。秦王朝在固原地区行政建制的设置意味着对于固原地区的直接控制，大大加强了固原地区与中原王朝之趋同、融合。

第二章　丝绸之路的开辟与秦汉时期
固原地区之历史变迁

　　秦统一中国以后，推行郡县制。固原地区属于北地郡辖区，处于河西走廊与关中的中间地带，是有秦一代经略西北边疆的军事重镇。自秦伊始，中原王朝开始对固原地区厉行大规模移民实边之策，以期构筑西北边疆牢固的军事防线。西汉时期，伴随着张骞通西域，丝绸之路凿空，固原地区位于丝绸之路的东段北道，其边疆重镇地位进一步提升。东汉时，固原地区在政治、军事、经济、文化和民族关系等方面步入更为剧烈的变革时代，逐渐奠定其在西北地区独特的军事地位。

第一节　秦王朝对固原地区的初步开发

　　秦王朝建立以后，加强了对西北地区的经略。固原地区在秦代属于北地郡管辖，北地郡实际上成为秦代经略西北的中心区域。概括而言，秦代对固原地区之经略主要体现在：政治上统一固原地区，设置整齐划一的行政区划，加强政治控制，以固原地区为核心据点经略西域；军事上修筑长城，建造城市，开拓道路，设立塞障，驻扎军队，抵御匈奴之侵扰，稳固西北边疆；经济上大力推行移民屯田，农牧并重，因地制宜发展固原地区之经济。秦之统治虽然短暂，但上述政策无疑提高了固原地区的地位，使之逐渐演变为拱卫中央、经略边疆之重镇并为后世所承袭。

一 整齐划一固原地区行政区划

秦王朝建立以后，在全国大力推行一系列新的统治措施："三公九卿"的官僚制度、郡县制度、统一度量衡的经济举措、文字的统一以及交通的疏通等。如在北地郡镇原县发现统一度量衡的"秦诏版"①，说明秦王朝在固原地区贯彻执行了大一统的统治政策。

秦王朝建立以后，施行中央集权的皇权政治制度，大大强化了对全国的政治控制。在行政区划上首次推行郡县制度，由周代以来的以血缘关系为纽带的"分土而治"转变为以地缘关系为纽带的"分民而治"，无疑在中国古史的长河中具有划时代的重大意义。

为强化中央集权，秦代整齐划一了全国的行政区划，在西北地区，除内史设置40余县为京畿之地外，在西北地区共设置有上郡、北地郡、陇西郡、汉中郡、九原郡等五郡约78县。② 其中，固原地区划归北地郡管辖。先秦时期固原地区主要为义渠戎、乌氏戎等少数民族的活动区域，秦灭义渠戎和乌氏戎以后，统一固原地区，并以固原地区为中心设置北地郡。据《明万历固原州志》载，"固原州，古雍州城，天文井鬼分野，唐虞、夏商之间，要荒制之，世居戎狄种落。其后强暴内侵，周武王放逐泾北。夫泾北者，泾水之北也，正属兹境。在春秋为朝那，秦为义渠、乌戎。自秦昭王灭之，始开北地郡"。③ 又据《宣统固原州志》载，"（秦）义渠、乌戎，昭王灭之，

---

① "秦诏版"，铜制材料制成，整体呈长方形，长 10.6 厘米，宽 6.5 厘米，四周边角各有一钻孔，用于固定诏版在量器之上，诏版阴刻 5 行竖写篆文，每行 8 字，共 40 字，用于统一规范度量衡，其曰："廿六年皇帝尽并兼天下诸侯黔首大安立号为皇帝乃诏丞相状绾法度量则不壹嫌疑者皆明壹之"。秦诏版的发现，充分说明了秦代在西北推行了全新的统治政策。

② 秦代在西北设置的郡县数目，目前尚有不可考之处。本书 5 郡 78 县之数量根据《汉书·地理志》所载数目统计，另外重点参照谭其骧主编《中国历史地图集·秦汉》（中国地图出版社 1982 年版）、马非百主编《秦集史·郡县志》（中华书局 1982 年版）等相关资料。

③ 刘敏宽纂修、李作斌标点、校注：《明万历固原州志》，固原市地方志办公室编《明清固原州志》，宁夏回族自治区内部资料出版物 2003 年版，第 69 页。

置北地郡"①。秦代在攻灭少数民族政权义渠戎和乌氏戎的基础上设置北地郡，而先秦时期义渠戎、乌氏戎主要的活动区域就是固原地区，因此秦代北地郡显然以固原地区为中心，其目的是加强对固原地区的统治，以促进民族融合，巩固西北边疆。据考证，秦之北地郡设置于秦昭王三十六年（前271），郡治义渠，其管辖区域具体包括：义渠（今甘肃宁县北）、乌氏、朝那（今宁夏固原市）、阴密（今灵台县西南）、泥阳（今宁县东南）、鹑觚（今灵台县东南）、朐衍（今宁夏盐池县）、泾阳（今平凉市北）、除道、直路（今富县西）、富平（今宁夏青铜峡西）、郁郅（今甘肃庆阳）等12县道。从北地郡的辖区观之，基本上包括了整个固原地区，秦政府对于北地郡十分重视，尤其在政治控制和军事经略方面可谓殚精竭虑——这从秦国立国不久秦始皇便出巡北地郡得到证明。据司马迁《史记》记载，秦始皇二十七年（前220），即秦始皇统一中国的第一年，"巡陇西、北地，出鸡头山，过回中焉"②，这是秦始皇的第一次西巡。但是文献记载及目前学界对于秦始皇西巡之路线及沿途主要的据点存在较大之争议。③按照《史记》之记载，秦始皇之西巡首先由咸阳出发到达陇西郡（今陕西临洮），再行至陇中，至靖远北，再东向行至北地郡，越鸡头山（今崆峒山），过回中（今固原），返回咸阳，完成首次西巡。这条西巡路线基本上包括了以固原为中心的西北边疆地带，尤其是对河西走廊的稳定意义重大，不仅是为了安抚边境少数民族，更是为了

---

① 王学伊总纂，李作斌标点、校注：《宣统固原州志》，固原市地方志办公室编《明清固原州志》，宁夏回族自治区内部资料出版物2003年版，第195页。

② 司马迁：《史记》卷6《秦始皇本纪》，中华书局2011年版。

③ 关于秦始皇首次西巡，《史记正义》认为鸡头山在陇西，秦始皇西巡出陇右，向西北出宁州，西南行至成州，越鸡头山，东还过岐州之回中宫。《资治通鉴·秦纪》胡注则认为鸡头山在今固原，秦始皇首次西巡至原州之鸡头山而非成州之鸡头山。谷苞主编《西北通史》认为，秦始皇西巡先溯泾水而上至北地郡，再出鸡头山，南下之陇西郡，然后翻越陇山，顺汧水而下，回到咸阳。鸡头山在陇西，回中宫在今陕西凤翔西。薛正昌《固原历史地理与文化》认为，"回中"有广义和狭义之别，就狭义而言，指的是介于陇西、北地之间的区域，而"回中宫"则是今泾源县城西、西峡东的果家山遗址。

将帝国的声威传播到更为广阔的西域，以有效抵御匈奴之侵扰。实际上，在秦朝短暂的统一期间，秦始皇先后三次出巡西北，预示着西北诸郡对于秦朝统治的重要性。换言之，秦始皇三次出巡西北，既有强烈的政治意愿亦有明确的军事目的，更有着重要的祭祀抚告天下的大一统文化象征意义。尤其在军事上，秦始皇三次出巡，其直接目的就是巡视西北边防详情，加强固原地区边塞重镇的军事能力，为抵御匈奴之侵扰做严密部署，进而巩固帝国统治。

二　军事上构建牢固防御体系

秦代，在西北边疆与北部边疆最大的敌人就是匈奴。匈奴，中国北方的古老民族。史载：

> 匈奴，其先祖夏后氏之苗裔也，曰淳维。唐虞以上有山戎、猃狁、荤粥，居于北蛮，随畜牧而转移……自淳维以至头曼千有余岁，时大时小，别散分离，尚矣，其世传不可得而次云。[1]

匈奴在殷商时期就游牧于北方草原，并不断侵扰西北边疆，觊觎中原腹地。王国维认为匈奴族称最早曰鬼方，周谓之猃狁，战国时期始称匈奴，泛称胡人。这些民族虽然名称不一，实为一族，都与匈奴同族。[2] 然对匈奴之族源，学界多有争议。[3] 匈奴逐水草而居，长期

---

① 司马迁：《史记》卷110《匈奴传》，中华书局2011年版。

② 王国维：《鬼方昆夷猃狁考》，《观堂集林》卷13，中华书局1959年版，第583页。

③ 关于匈奴之族源，学界多有争议，除了王国维的观点以外，还有四种观点值得注意：一是蒙文通的《周秦少数民族研究》（上海龙门联合书局1958年版）和黄文弼的《论匈奴之起源》（《黄文弼历史考古论集》，文物出版社1981年版）认为匈奴来自义渠、林胡和楼烦；二是何震亚的《匈奴与匈牙利》、吕思勉的《匈奴文化索隐》（均见于林干主编《匈奴史论文选集》，中华书局1983年版）坚持《史记》所载"夏后氏之苗裔"之观点，认为匈奴之族源乃是"夏后氏"；三是岑仲勉的《伊兰之胡与匈奴之胡》、孙次舟的《匈奴出现中国边塞的时代》（均载《西北通讯》1947年第3期）认为匈奴是来自西方的民族，迁徙至中国蒙古高原一带；四是乌恩的《论匈奴考古研究中的几个问题》（《考古学报》1990年第4期）、谷苞主编的《西北通史》（兰州大学出版社2005年版）认为匈奴的形成经历了十分漫长的历史变迁过程，由很多具有各自地方文化特征的少数民族部落构成，如林胡、楼烦、义渠、乌氏、朐衍等少数民族融入匈奴，均是匈奴之先祖。

游牧于蒙古高原、山西长城沿线一带，常常越过阴山，侵扰、占据河套西部地区，并觊觎、遏制河西走廊一带，企图以河西走廊为跳板进而控遏广大的西域地区。战国时期，匈奴社会政治结构日臻完备，其最高首领为单于，单于王庭之下设有十二王，分别为左右贤王、左右谷蠡王、左右大将、左右大都尉、左右大当户、左右骨都侯，分别统率军队数千人至万余人不等；其下设有不同等级的军官，有千长、百长、什长，常规总兵力达三十余万之众，军事实力蔚为强大，成为秦汉时期中原王朝最为棘手的敌人。另据《史记·匈奴传》载，匈奴除了完备的军政机构及庞大的军队数量以外，至少在战国中后期，匈奴社会已经拥有较为完整的官僚机构、刑法和监狱等政权机构。① 由于逐水草而居的游牧经济结构，以及多民族融合之特征，再加之匈奴从"时大时小，别散分离"的氏族、部落、部落联盟到国家形成的历史演变轨迹，决定了匈奴具有天然的善于骑射、尚武好战、向外掠夺之特征，"匈奴之俗，本上气力而下服役，以马上战斗为国，故有威名于百蛮，战死，壮士所有也。"②

战国后期，逐渐强大起来的匈奴，趁秦统一中原而无法顾及边疆之有利时机，侵占了河套以南地区，并不断侵扰河西走廊一带，严重威胁秦朝的统一大业。秦统一以后，开始重视北方和西北边疆问题，为了解决匈奴对于北方和西北边疆之威胁，秦始皇迅速发动了对匈奴的战争。关于秦王朝与匈奴之战争，见于史册记载的实际上仅有两次较大规模的战争，但战争的结果却产生了十分重要的社会影响。史载：

> 三十二年（前215）……始皇乃使将军蒙恬发兵三十万人，北击胡，略取河南地。三十三年（前214）……又使蒙恬渡河取

---

① 司马迁：《史记》卷110《匈奴传》，中华书局2011年版。
② 班固：《汉书》卷94《匈奴传》，中华书局2011年版。

高阙、陶山、北假中，筑亭障以逐戎人。①

通过这两次战争，秦迅速击破匈奴，首先攻取"河南地"，即今内蒙古黄河以南至战国秦长城之间的地域，包括今甘肃西北部、宁夏黄河以东以及鄂尔多斯草原。秦占领河南地以后挟兵锋之威，时隔一年再次击败匈奴，攻占黄河以北的河套西部地区。而秦王朝与匈奴的战争，其重要意义主要体现在下述两个层面。一是奠定了中原王朝与游牧民族在西部和北部边疆的军事分界线，这一军事分界线自秦以降逐渐演化为政治、军事、文化乃至民族的分界线。二是秦王朝控制河套西部地区以后，将军事防线推移至阴山一线，使得固原地区成为秦王朝与匈奴争锋的前沿阵地。同时固原地区适宜牧马，可以从一定程度上解决战马的问题，而这也正是秦王朝以固原地区建立军事防线的重要原因之一。众所周知，在冷兵器时代，战马是衡量战斗力强弱的重要标准，历代王朝经略西北必然首先解决战马的问题，而固原地区得天独厚的牧马条件，成为历代王朝经略西北的出发点之一。

对于固原地区而言，秦据有河南地和河套西部地区以后，在固原地区除了设置郡县、重兵戍守、移民屯田、发展畜牧业以外，还修筑长城，开凿直道，建构西部牢固的军事防御体系。长城的修筑，自战国就已经开始，列国修筑长城类型有二：一是列国之间互相防御的长城；二是"筑城以拒胡"。秦统一全国以后，将战国时期列国修筑的长城连接起来，并进一步扩展，形成了西起临洮（今甘肃岷县）、东至辽东的著名的"万里长城"。长城之修筑，在冷兵器时代，其防御价值是毋庸讳言的，它是中原王朝在西北和北方防御游牧民族的牢固屏障。在当时而言，有效地抵御了匈奴的侵扰，"及后蒙恬为秦侵胡，辟数千里，以河为境，累石为城，树榆为塞，匈奴不敢饮马于河"②。

---

① 司马迁：《史记》卷 110《匈奴传》，中华书局 2011 年版。

② 班固：《汉书》卷 52《韩安国传》，中华书局 2011 年版。

固原地区的长城是秦长城的重要组成部分，肩负着保卫西北边疆的重任。秦代固原，境内的长城主要分布在固原地区以南，并在境内乌氏县设置瓦亭关（今固原南）①，在朝那县设置萧关（今固原东南）②，瓦亭关与萧关是固原地区秦长城的两大据点，有效地构筑成秦代西北重要的军事防御体系。此外，秦王朝还在今宁夏吴忠市西南设置神泉障③，在今宁夏陶乐县西南设置浑怀障④，它们与瓦亭关、萧关构成了秦王朝在固原地区及其周边区域的重要军事防御据点，起到了稳固西北边疆，拱卫关中京畿的重要作用。

长城的修筑需要疏通交通，秦统一全国以后，拆除了战国时期各国边塞上的关塞、亭障、堡垒，整齐划一交通，提升帝国辐射全国的统治效力。在拥有河南地和河套西部之地以后，为了保障戍守军士的给养问题，秦王朝进一步疏通交通，以京都咸阳为中心修筑直道，辐射四方。秦始皇三十五年（前212），"使蒙恬除直道，道九原，抵云阳，堑山堙谷，千八百里，数年不就"⑤。秦直道的修筑，意义重大，"它不仅作用于当时，而且影响到后世，对巩固我国北部边疆起到了重要的作用；尤其直道沿线各民族互相间以及与中原地区间的经济、文化交流，因此而得以顺利进行"⑥。在固原地区，"回中道"应该属于秦直道的一部分。秦统一全国以后，发动对匈奴的战争，夺取河南地和河套西部地区，使得固原地区成为阴山防线的大后方，顺通固原地区至关中的交通要道，便于运输军需成为秦王朝必须要解决的大问题，正是在这样的时代背景下，"回中道"修筑而成。回中道首先是通连固原地区与关中地区的马车道，其最初目的是解决军需运输和戍卒转徙；其次，秦灭义渠，收诸戎之地以后，在西北设置陇西、北

① 顾祖禹：《读史方舆纪要》卷59，中华书局2005年版。
② 顾祖禹：《读史方舆纪要》卷59，中华书局2005年版。
③ 班固：《汉书》卷287《地理志》，中华书局2011年版。
④ 李吉甫撰，贺次君校注：《元和郡县图志》卷4，中华书局1983年版。
⑤ 司马光：《资治通鉴》卷6《秦纪》，中华书局点校本，第244页。
⑥ 谷苞主编：《西北通史》第1卷，兰州大学出版社2005年版，第310页。

地、上郡，修缮回中道就是为了有效地把西北三郡连接起来，构建牢固的防御体系；最后，回中道的修建亦是满足秦始皇巡视西北边疆、威昭海内进而绥抚西北少数民族之目的，如秦始皇第一次西巡西北，就是沿着回中道，经陇西、北地，"至鸡头山（今宁夏固原市西），过回中"，足见回中道的重要性。

三　经济开发措施

秦朝统治仅十四年而亡，由于经济开发获取成果的缓慢性、长期性、综合性特征，其对于全国经济开发措施很多实际上并没有最终完成，就已然亡国。即便如此，秦王朝推行的经济开发政策之影响力是空前的，几乎奠定了而后中国数千年皇权社会在西北地区的统治基础。

其中，设置郡县，移民实边是秦王朝统治时期经略西北的最主要手段。秦统一六国后在西北设置上郡、北地郡、陇西郡，再加上逐匈奴而取河南地所设九原郡，构成了整个西北及北方主要统治区域。其中上郡辖有十余县，北地郡辖有约 12 县、道，陇西郡辖约 12 县、道；九原郡辖约 34 县①；"自榆中并河以东属之阴山，以为三十四县"②。秦时，固原地区属北地郡，其境内的义渠县、乌氏县、朝那县、泾阳县等地位十分重要，是秦经略西北的边防重地。由于秦代西北地区地广人稀，且具有十分重要的战略地位，为了有效防御匈奴之侵扰，进而经略西域，有秦一代不断移民西北，充实边防，拱卫王室，控遏周边少数民族。秦代之移民，实际上分为两类。一类是"内聚性"移民，即"移民实都"。史载，秦始皇二十六年（前 221），

---

① 秦取河南地，究竟设置多少县，由于史料记载的不一致，至今存疑。有认为 34 县，有认为 36 县，有认为 40 县，有认为 44 县，等等，且县的名称见于史册记载者寥寥可数，大多不可考。

② 司马迁：《史记》卷 110《匈奴传》，中华书局 2011 年版。

"徙天下豪富于咸阳，十二万户"①，秦始皇三十五年（前212），"徙三万家丽邑，五万家云阳，皆复不事十岁"②。这两次大规模移民，按每户5口人计算，当不下百万之众。人口集中于咸阳及其周边地区，大大促进了咸阳经济的发展，尤其是商贸之发展十分兴盛。另一类是"离散型"移民，即"移民实边"。移民实边最直接之目的就是充实边疆而拱卫中央。秦代移民实边主要发生在西北地区，由于西北及北方四郡陇西、北地、上郡、九原郡，地广人稀，又是抵御匈奴内侵的主要防线，因而有秦一代不断移民实边，加强西北及北方的防御力量。如秦始皇收复河南地以后，于三十三年（前214），"徙谪，实之初县"③，第二年又"徙北河、榆中三万家，拜爵一级"④。由此可知，秦政府对于移民实边采取了相当积极的奖励政策，大大加速了人口向西北地区的流动。秦代移民西北实边的人口具体数量虽不可考，但应该十分庞大，再加之重兵驻守，西北人口的迅速增加是显而易见的。秦代移民实边的大多数是农耕技术熟练的农民，由政府提供土地、耕牛、农具、籽种，在西北广袤的土地上，农耕文明获得了前所未有的大发展。

秦代移民实边促使固原地区农耕文明得到较快发展，但固原地区依然以畜牧业为主，尤其是养马业发展程度相当可观。先秦时期，生活在固原地区的民众主要是诸戎，而诸戎的主要经济方式就是畜牧业，秦统一六国前后，固原地区的畜牧业获得了进一步的发展，秦始皇表彰乌氏倮输送牛马之功被载入史册，充分说明了固原地区发达的畜牧业对于秦代统一战争之重要性。秦时，"乌赢谷量牛马，即乌氏人"⑤。乌氏县（今固原原州区南）人氏乌氏倮以固原地区为中心经

---

① 司马迁：《史记》卷6《秦始皇本纪》，中华书局2011年版。
② 司马迁：《史记》卷6《秦始皇本纪》，中华书局2011年版。
③ 司马迁：《史记》卷6《秦始皇本纪》，中华书局2011年版。
④ 司马迁：《史记》卷6《秦始皇本纪》，中华书局2011年版。
⑤ 王学伊总纂，李作斌标点、校注：《宣统固原州志》，固原市地方志办公室编《明清固原州志》，宁夏回族自治区内部资料出版物2003年版，第421页。

营畜牧业，他用牛马交易中原的丝织品、瓷器和茶叶等物，运往塞外少数民族地区，献给戎王，获得大量牛马，再将这些牛马运送秦国出售，在很大程度上缓解了秦统一六国过程中战马之消耗和后勤给养之困境，因而获得秦始皇的奖赏。《史记》对此有较详细之记载：

> 乌氏倮畜牧，及众，斥卖，求奇缯物，间献遗戎王。戎王什倍其偿，与之畜。畜至用谷量马牛。秦始皇帝令倮比封君，以时与列臣朝请。①

秦始皇奖励乌氏倮，"令倮比封君"，"与列臣朝请"，其地位十分显赫，因为秦代封侯难度颇高，即便是战功卓著的大将也不见得都能及时得到封侯之恩赐。秦始皇给予乌氏倮如此高尚的待遇，究其原因有三：一是乌氏倮拥有巨额财富。正如司马迁所言，乌氏倮之所以能够"礼抗万乘，名显天下"，缘由在于"岂非以富也"。② 二是乌氏倮为秦王朝统一全国的战争提供了必需的牛马，补充了秦军不断损耗的战马等物资，从而为秦统一战争立下了汗马功劳，这是乌氏倮受到秦始皇表彰的主要原因。三是乌氏倮是乌氏人，代表了秦代固原地区从事畜牧业者，秦始皇封赏乌氏倮，一方面意味着秦代十分重视在固原地区发展畜牧业，"畜牧为天下饶"③，而且固原地区之畜牧业确实在秦统一战争过程中发挥了十分重要的作用；另一方面因为秦代固原地区是灭义渠戎而建立起来的，为西北少数民族主要的聚居地，奖励乌氏倮亦有着秦始皇笼络和安抚固原地区少数民族之意图，西北地区安定得到保障，从而为其统一全国奠定坚实的基础。

秦代时期，固原地区的手工业也发展迅速。除制盐业以外，铁器开始广泛使用，尤其是青铜铸造业已趋成熟。如 1968 年在固原头营公社

---

① 司马迁：《史记》卷 129《货殖列传》，中华书局 2011 年版。
② 司马迁：《史记》卷 129《货殖列传》，中华书局 2011 年版。
③ 司马迁：《史记》卷 129《货殖列传》，中华书局 2011 年版。

平乐大队战国墓葬出土了铁锸,同时出土有数量众多、种类齐全、工艺精美的青铜器。其中出土的秦鼎,总高 17 厘米,口径宽 15.1 厘米,圆腹、蹄足、附耳;另有一错银铜镦,高 6.9 厘米,造型奇特,镶嵌金银丝,工艺水平极高,意味着青铜器的制造工艺十分发达。[①] 秦代固原地区的商业也取得了长足发展,考古发掘已经发现有"半两"铜钱,说明秦代货币在固原地区已经广泛被使用。商业的发展和边防重地的突出特征促使固原地区城市同样获得迅速发展,秦王朝在固原地区设置义渠县、乌氏县、朝那县、泾阳县等,戍守兵丁及实边之民大多集中在这些县城,显然推动了这些地区城市的发展。

概而言之,秦的统一虽然是短暂的,但对于固原地区的开发是空前的,正如徐兴亚所言,秦朝对于宁夏南部的开发,"标志着农耕文化第一次规模性集中地多方位地传播到固原","奠定了宁夏南部文化的基础,孕育了宁夏南部文化的特色"。[②]

第二节　丝绸之路与西汉时期
固原地区社会嬗变

西汉武帝时,背负政治与军事使命的张骞凿空西域,开辟了一条泽被后世、通连中西、影响经久不息的交通要道——丝绸之路。丝绸之路的开辟对西北地区的开发意义重大,而作为丝绸之路重镇的固原地区伴随着丝绸之路的兴盛也得到空前的大开发,开发范围涉及政治、经济、文化与民族政策等诸多方面,极大地促进了两汉时期固原地区社会之变迁。

一　张骞凿空西域与丝绸之路的开辟

西汉武帝即位伊始就心存"欲事灭胡"之志,为了彻底击败对西

---

① 钟侃:《宁夏文化述略》,宁夏人民出版社 1980 年版,第 28 页。

② 徐兴亚:《西海固通史》,宁夏人民教育出版社 2012 年版,第 49 页。

汉政府威胁最为深重的匈奴势力，武帝招募使者出使西域，以达到联合西域诸国击灭匈奴之目的。武帝建元三年（前138），"（张）骞以郎应募，使月氏，与堂邑氏胡奴甘父俱出陇西"①，开始了凿空西域之旅。由于对西域情况了解甚少，路途艰险，再加之西域之地在此时大部分已为匈奴所占据，张骞第一次通西域颇为不顺。张骞率领使团"百余人"，西行出长安，入河西走廊，为匈奴所获，监禁长达十余年，至元光六年（前129），张骞趁匈奴对其放松监禁的机会，逃出匈奴王庭，再次西行数十日，达大宛，进康居，入大夏，最终至大月氏，并向大月氏传达了武帝之愿望，但此时的大月氏已"臣大夏而居"，因"自以远汉"，已经无"报胡之心"，张骞无奈复归，在归途中又一次被匈奴俘虏，直到三年后，匈奴内乱，张骞才得以逃回长安。张骞第一次通西域，从军事层面观之并没有达到出使之目的，收效似乎不大，但实际意义重大：西汉政府第一次较为全面地了解到了西域诸国的基本情况，"大宛及大夏、安息之属皆大国，多奇物，土著，颇与中国同俗，而兵弱，贵汉财物"②，"大月氏、康居之属，兵强，可以赂遗设利朝也"③。依据张骞之西域见闻所参考，西汉王朝在一定程度上奠定了攻灭匈奴，进据西域的大国战略格局。如张骞向武帝谏言进据西域，"诚得而以义属之，则广地千里，重九泽，致殊俗，威德遍于四海"④，这个谏言显然对于雄才大略的汉武帝而言，具有很大的诱惑力。元狩四年（前119），张骞开始第二次凿空西域之旅⑤，而这次出使西域依然是为了达到联合西域诸国攻灭匈奴之军

①　司马迁：《史记》卷123《大宛列传》，中华书局2011年版。
②　班固：《汉书》卷61《张骞传》，中华书局2011年版。
③　班固：《汉书》61《张骞传》，中华书局2011年版。
④　班固：《汉书》61《张骞传》，中华书局2011年版。
⑤　对于张骞第二次出使西域的具体时间，史无明确记载，学界对此问题存有较多争议。主流观点认为是在元狩四年（前119）；金太山主编《西域通史》（中州古籍出版社2003年版，第51页）认为第二次出使西域的具体年代为元鼎元年（前116）；谷苞主编的《西北通史》（兰州大学出版社2005年版，第368页）认为张骞第二次通西域是在元狩四年至元鼎二年（前119—前114）。

事目的。因为河西走廊之地此时尽已被汉所攻占，张骞率领庞大的300余人使团，行程迅速，很快就到达乌孙，但乌孙迫于内乱并没有采纳汉朝之建议，"乃发使送骞，因献马数十匹报谢"①。因此，张骞的第二次出使依然没有完成使命。不过，需要指出的是张骞在乌孙滞留四年期间，派遣副使分别至大宛、康居、大月氏、大夏等国，这在一定程度上加强了和西域诸国之间的交往。

张骞两次出使西域，虽然均未能完成出使之目的，但其凿空西域之深远意义实际上远远超越了其出使西域之目的本身。首先，张骞凿空西域之艰难历程，非一般人可为，虽九死一生仍心存使命，虽身陷囹圄仍不失汉节的气概，孕育而成一种光辉的形象，弘扬了中华民族传统文化知难而进、守节爱国的精神。其次，张骞凿空西域，是中原王朝在官方层面与西域交往的起始，以凿空西域为标志，为此后西汉王朝经略西域，进而开拓西北疆域奠定了坚实的基础。最为重要的意义在于，张骞通西域，迅速促进西汉时期丝绸之路走向兴盛，在此时代背景下，西汉政府对于西北地区大开发达到高峰，大大推动了西北地区的经济、社会发展，促进民族大融合，而固原地区也在其影响下步入急剧的变革时代。

古代中国开凿的中西交通通道，以丝绸之路为最。所谓丝绸之路，这一名称的创始者为德国地理学家李希霍芬，在他的研究中，他发现了长期以来存在一条中国西北联通中亚地区的商业贸易通道，在《中国》一书中李希霍芬命名这条通道为"丝绸之路"。沿着李希霍芬的发现，在各国历史学家、地理学家、考古学家的进一步研究与发现中，这条丝绸之路不断延伸和丰富，"丝绸之路"的名称最终得到国内外学家的广泛认同。新中国成立以后，我国学者在西方学者研究的基础上，结合中国历史的演变规律提出草原丝绸之路、沙漠丝绸之路、海上丝绸之路、香料之路等学术概念，大大扩展了对于丝绸之路

---

① 班固：《汉书》卷96《西域传》，中华书局2011年版。

的认识。

学界普遍的观点是，张骞凿空西域之前，实际上作为单纯的商业通道与文化之桥梁，在西汉之前已经存在，"张骞通西域之前很早，中亚各国与中国内地之间就有了交往"，"连接中西交通的通道，早在人类旧石器时代和新石器时代就已经开始了，比张骞通西域至少早几千年"①，此时的中西交流的通道因其贸易的商品不是丝绸，而是彩陶、玉石和皮毛，被称为"彩陶之路"、"玉石之路"以及"皮毛之路"。此外，"丝绸之路的开通，既要归功于中国方面汉武帝的经略西域，张骞的万里凿空，也与希腊方面亚历山大东征以及希腊化世界的形成密切相关。正是这种中西之间的相向而进才'无心插柳柳成荫'，最终贯通了这条连接中西、影响深远的千年之路。"② 虽然张骞开凿西域之前，作为单一的民间商贸通道的丝绸之路已经存在，但张骞的凿空西域却在官方层面拓宽了这条通道，极大地推动了丝绸之路的蓬勃发展，迅速推动了中外经济与文化交流，进而引来西北地区剧烈的社会变革，确是不争的事实。而对于丝绸之路的走向，大致说来，以长安为起始，从东向西可划分为东段、中段和西段。其中东段的路径是从长安出发，经关陇，越河西走廊，止于凉州；中段起始于凉州，以敦煌、玉门关、阳关为三个标准性的据点；西段从玉门关、阳关出发，穿越葱岭，进入中亚西亚各国。③ 亦有学者分丝绸之路为四段，即从东向西大致分为关陇段、河西段、西域段、葱岭及其以西段。其中，关陇段分为两条通道，包括关陇段北道和南道；河西段包括河西段东段（再分为北道、中道、南道）、河西段西段两条通道，固原地区正处于丝绸之路的东段北道之上，是不可或缺的丝路交通要道。

---

① 谷苞主编：《西北通史》第 2 卷，兰州大学出版社 2005 年版，第 523 页。
② 杨巨平：《亚历山大东征与丝绸之路开通》，《历史研究》2007 年第 4 期。
③ 李明伟：《丝绸之路与西北经济社会研究》，甘肃人民出版社 1992 年版，第 322 页。

二 西汉王朝对固原地区的有效治理

固原地区的丝绸之路通道在地理位置上而言，位于整个丝绸之路东段的北道。对于东段北道的基本走向，薛正昌描述得最为清晰：

> 从长安临皋（今西安市西北）经咸阳县驿出发西北行，经醴泉（今礼泉县）、奉天（今乾县东），到邠州治所新平县（今彬县），沿泾水河谷北进，过长武、泾川、平凉，入固原南境弹筝峡（三关口），过瓦厅关，北上原州（固原），沿清水河谷，再向北经石门关（须弥山沟谷）折向西北经海原，抵黄河东岸的靖远，渡黄河即乌兰关（景泰县东），由景泰直抵河西武威（凉州）。[①]

以这条路线观之，固原地区实际上处于东段北道之中心位置，是连接凉州（平凉）与会州（靖远）的丝绸重镇，亦是拱卫长安之军事战略要地，因而有"长安咽喉，西凉襟带"之称。尤为重要的是，从长安出发，丝路到达固原的两条线路，即经彬县、长武、平凉至固原，或者经宝鸡、咸阳、阴县至固原，这两条路线均为平坦大道，马车能够通行，便于西汉政府对于固原地区的军事控制，以固原地区为据点，征战与守成皆可进退自如，亦可以固原地区为据点，疏通丝路通道，控制西域诸国。也正源于此，包括西汉在内的历代王朝都非常重视固原地区的战略地位，对固原地区进行了源源不断的开发。西汉政府对于固原地区的早期开发，直接源于疏通丝绸之路，达到经略西域、攻灭匈奴之目的。同时，伴随着对匈奴战争的不断胜利，对西域的控制不断加强，丝绸之路在固原地区更为昌盛，这显然是一个双重

---

① 薛正昌：《黄河文明的绿洲——宁夏历史文化地理》，宁夏人民出版社 2007 年版，第 307 页。

驱动的历史过程。东西商贾汇聚于固原地区，驼铃所至一派繁荣景象。

西汉时期，固原地区境内的丝绸之路大致路线是：过三关口、瓦亭、开城抵达原州，再经三营、黑城，沿笕麻河至海原的郑旗、贾塘、过海原县城、西安州复入甘肃境内，由甘肃再入西域。这个路线图充分说明，固原地区规模较大的古城如固原古城、开城遗址、瓦厅关、彭阳古城、西安州古城，其分别与固原地区境内丝绸之路的走向完全吻合，西汉对于固原地区的大开发正是沿着这条丝绸之路逐步展开。因此某种程度上而言，丝绸之路促使西汉时期固原地区的大开发，成就了固原地区深厚的文化底蕴以及绚丽而多姿、质朴而沉稳的历史性格。

（一）开辟丝绸通道，修边塞，拓实交通

固原地区，在地理位置上对于中原王朝而言具有天然的屏障关中、拱卫京畿之作用，因而其军事战略地位之重要性显而易见；在气候环境上，因与六盘山接壤，境内河流漫漫，犬牙交错，水草丰美；在经济与文化上而言，固原地区作为“丝绸之路”重要的中转站，是农业文明和游牧文明的交流之地、中原文化与边塞文化交汇之处，“它体现出的积极的交流作用和广泛意义，已经超越了地区或区域文化的范畴，它所记录的是中西文化交流史上永久的辉煌”[①]。西汉时期，统治阶级对于固原地区的开发主要表现在开辟丝绸通道，拓实交通。西汉政府对于固原地区境内的丝路通道之开辟，以固原古城为中心，辐射周边地区，主要形成了萧关古道、瓦亭城、固原古城、回中道为格局的丝路通道，并以此为根基，建构起西汉时期固原地区境内的交通要道。固原古城，傍六盘山而居，草木茂盛，在汉代时期气候湿润，清水河穿城而过，地理位置优越，各民族杂居其间，利于通联西域，成为开辟丝绸通道的首选之地。汉武帝元鼎三年（前114），

---

① 薛正昌：《固原历史地理与文化》，甘肃文化出版社1998年版，第6页。

伴随着张骞开凿西域的进程，出于加强对西北地区之控制，进而经略西域的战略考量，西汉建置安定郡，治所高平城（今固原市），正式建构起丝绸之路必经的古城——固原古城。以固原古城作为据点，通联西域的最古老的通道就是萧关古道。萧关，在秦时已经设立，作为西北拱卫关中的雄关，其军事作用凸显。至西汉时，在萧关古道，西汉与匈奴之间的战事频仍，张骞通西域以后，萧关古道作为丝绸之路的重要交通要道而闻名于世。除了萧关古道以外，另一条重要的丝路通道和边塞要地就是回中道的设置。回中道亦开发于秦始皇时期，在丝绸之路开通之前，主要以军事地位著称于世，至西汉武帝时，进一步加强了对回中道的开发，在拓实军事的同时，成为西汉重要的边塞要道和交通要道，回中道的开通，"且为后来开通丝绸之路奠定了基础，成为通往河西、西域的交通干道"①。位于古萧关以北，据固原古城约为半百里之处是西汉时期仅次于高平城的第二城——瓦亭城。②瓦亭城的建立，是古丝绸之路的必经之地，遥相呼应高平城，山水交错，地势险要，为西汉时期与匈奴的必争之地。

西汉时期，在固原地区建立城郭，修筑边塞，拓实交通，一方面，为丝绸之路的开凿奠定了坚实的基础；另一方面，促进了固原地区的开发，进一步拓实了固原地区的历史地位，使得固原地区成长为历代王朝稳固西北、经略西域的牢固的边塞重镇。

（二）建制郡县，加强政治控制

西汉时期对西北开发的重要手段之一就是建置郡县，以加强政治控制。西汉在行政建置上承袭秦制，亦保留西周时期的分封制度，在全国范围内实行郡国并行制度。西汉对西北行政区划建置有三种方式：一是析置旧郡，二是建置新郡，三是在少数民族地区推行特殊的

---

① 薛正昌：《固原历史地理与文化》，甘肃文化出版社 1998 年版，第 58 页。
② 据薛正昌《固原历史地理与文化》（甘肃文化出版社 1998 年版，第 38 页）的考证，瓦亭城应与高平城并列而存在，在西汉时期已经建立，作为军事要地，在两汉时期起到了举足轻重的作用。

行政区划建置。为了加强对西北的军事和政治控制，在西北地区通过析置京师京畿之地和析置边郡两种方法重新析置旧郡，以加强中央对地方的控制。① 具体而言，西汉在西北地区先后共析置八郡：五原郡（秦时为九原郡，治所九原县）、朔方郡（治所朔方县，后移治三封县）、西河郡（治所富昌县）、上郡（治所肤施县）、北地郡（治所马岭县）、安定郡（治所高平，今固原市）、陇西郡（治所狄道）、天水郡（治所平襄县）。西汉时期，在西北新建置五郡：酒泉郡（治所禄福县）、张掖郡（治所乐得县）、武威郡（治所姑臧县）、敦煌郡（治所敦煌县）、金城郡（治所允吾县）。西汉在西北少数民族聚居区设置特殊的行政区划，以羁縻统之。此种行政区划的名称主要有属国（以属国都尉统领之）、护羌校尉、西域都护府。所谓属国，在秦时已经设置，中央管理属国的机构是"典属国"，"典属国，秦官，掌蛮夷降者"。② 汉承秦制，唯属国之性质较秦时更为明确，所谓"因其故俗为属国"，"不改其本国之俗而属于汉，故号属国"③，这显然是典型的羁縻政策，亦是古代社会中原王朝统治少数民族的重要方式。西汉在西北地区设置的属国和属国都尉最主要的有五属国，即天水属国、安定属国、西河属国、上郡属国、五原属国。属国之外，西汉在西北少数民族地区还设置护羌校尉掌控，与属国之设置相呼应。不同的是，护羌校尉设置于武帝时期，废止于王莽之新朝，"护羌校尉，武帝置……王莽乱，遂罢"，而且其职责限于"理其（羌）怨结"，此后"又数遣使驿通动静，使塞外羌夷为吏耳目，州郡因此可得警备"。④ 这说明护羌校尉不常设，应该是临时派遣的机构，协助属国都尉化解少数民问题和监视少数民族地区，强化对这些地区的控制。此外，随着战事的推进，西汉政府对西域的控制范围不断扩大，

---

① 谷苞主编：《西北通史》第 1 卷，兰州大学出版社 2005 年版，第 485 页。
② 班固：《汉书》卷 19《百官公卿表》，中华书局 2011 年版。
③ 班固：《汉书》卷 6《武帝纪》，中华书局 2011 年版。
④ 范晔：《后汉书》卷 87《西羌传》，中华书局 2011 年版。

还设置西域都护府管理西域事务。

西汉时期在固原地区的行政建置十分完整，展示出西汉政府对固原地区的重视，而且西汉政府在固原地区的行政建置与固原丝绸之路的开通以及固原地区的经济开发几乎是同时推进，反映了固原地区地位的独特性。武帝元鼎三年（前114），从北地郡析置安定郡，治所高平。汉武帝在位期间，先后六次出巡安定郡，"在汉武帝25年的出巡史中，平均三年多就来一次安定郡。武帝如此重视安定郡，频频临幸，还有什么特别的原因，这是能揭开的历史之谜吗?"[①] 确实，作为杰出的封建帝王，武帝一生之中多达六次出巡一地，实属罕见，其原因耐人寻味。首先，安定郡析出的时间，正值张骞第一次通西域返回长安的时间，第二年武帝便出巡高平城，首次来到固原，其内在的关联是，武帝依据张骞带回的信息，强化固原的军事地位，并以固原为军事中心，为联络西域诸国，攻灭匈奴做军事准备，其出巡固原应该是与下一步的军事部署有关。其次，在西汉对西北有效管辖区疏通丝绸之路的通道，开通由关中至高平的交通要道。一个有效的证据是，元封四年（前107），武帝第二次出巡固原过程中，修筑了"回中道"，回中道的修筑，大大疏通了由长安至高平的道路，这是一条通往西域的交通要道，亦是丝绸之路东段北道的重要组成部分，其潜在的目的和意义不言而喻。最后，高平城在秦汉时期就以军事地位著称，此地扼制要冲，"土广人稀，饶谷多畜"，实为练兵之理想所在。再加之，高平城周围少数民族杂居其间，战事颇多，武帝多次出巡便有了合理的解释。

汉代地方行政区划实行郡国并行制，但在西北边疆设"郡"之余，又增设"属国"，以属国都尉统之。属国是安置降汉的少数民族之地，而在少数民族人口众多，并与汉民族交错杂居之地，亦设有属国。西汉时期，在固原地区设有安定属国，治三水县（今宁夏同心

---

① 徐兴亚：《西海固史》，甘肃人民出版社2002年版，第53页。

县清水河之东），主要管理安置在此地的降汉匈奴人、原居于此地之人以及因战乱迁徙而来的羌人等少数民族，当时人口约三四万。①

因此，西汉王朝沿着丝绸之路走向，在固原地区析置旧郡，建置新郡，设立属国，建构起严密的行政区划网络，强化对固原地区的政治控制。而政治控制的加强，一方面使得固原地区有效承担了稳固西北边防、拱卫关中之重任；另一方面对于保障丝绸之路的畅通，经略西域，战胜匈奴奠定坚实的政治基础。

（三）移民屯田，发展农业

西汉之移民屯田，始于文帝，而盛于武帝。文帝时，采纳晁错之建议，"通田作之道，正阡陌之界"，推行"徙民实塞下"，"输粟于边"②的措施，以加强对西北边疆的统治。至武帝时，进一步加强在西北地区之屯田，尤其是在击败匈奴设置河西四郡开始，为了彻底打败匈奴，巩固西北边防，进而经略西域，移民屯田达到高峰。河西四郡设立以后，自朔方屯田郡伊始，河西走廊屯田、河陇屯田、西域屯田相继展开，形成一幅繁盛的移民屯田画卷。实际上，整个西汉时期，在西北之移民屯田分为军屯和民屯两类，对于军屯而言，几乎驻扎西北的士卒在战争之余从事屯田实边，其数量当有数十万之众。史载："汉渡河自朔方以西至令居，往往通渠，置田官吏卒五六万人，稍蚕食，地接匈奴以北。"③"初置张掖、酒泉郡，而上郡、朔方、西河、河西开田官，斥塞卒六十万人戍田之。"④"益发戍田卒十八万酒泉、张掖北，置居延、休屠以卫酒泉。"⑤由上述史料观之，西汉武帝时期，在西北移民屯田，仅朔方郡至河西走廊一带的屯田官吏、士卒就多达五六万人，可见移民屯田规模之大。西北之民屯数量亦是十

---

① 谷苞主编：《西北通史》第 1 卷，兰州大学出版社 2005 年版，第 485 页。
② 班固：《汉书》卷 49《晁错传》，中华书局 2011 年版。
③ 司马迁：《史记》卷 110《匈奴列传》，中华书局 2011 年版。
④ 司马迁：《史记》卷 30《平准书》，中华书局 2011 年版。
⑤ 司马迁：《史记》卷 109《李广列传》，中华书局 2011 年版。

分庞大,与军屯交相辉映。史载:武帝元朔二年(前127),"募民徙朔方十万口"①。武帝元狩四年(前119),"关东贫民徙陇西、北地、西河、上郡、会稽凡七十二万五千口,县官衣食振业"②。伴随着西汉对匈奴战争的胜利,尤其是夺取河南地以后,西汉政府亦马上迁徙关中贫民"河南地新秦中以实之"③。上述史料充分说明,西汉时期在西北推行的民屯规模丝毫不亚于军屯,军屯和民屯的相互补充和有序推进,迅速促进了西北地区的开发,也为西汉政府最终战胜匈奴,从根本上巩固西北边防,进而经略西域奠定了坚实的基础。西汉为了移民实边,采取了多种有效的方法,如免除徙民年限不等的赋税,赐予钱物奖励徙民,甚至赐予田宅、赐予爵位以及赦免罪犯的手段以鼓励徙民,大大推动了移民实边的进度。此外,西汉政府针对移民屯田制定了相当完善的管理制度,以保障移民屯田取得实效。首先,制定了严格的屯田管理系统。在西汉,编户齐民与屯田移民有着不同的管理体制,编户齐民一般归地方郡县衙门管理,而屯田移民则归专设的田官进行管理,所谓"边郡置农都尉,主屯田殖谷"④。"农都尉"一职既不属于郡县系统,又不属于军事系统,是直接由中央专理财政经济的大司农管辖。除农都尉以外,亦设有数量与类别不一的"田官"与"农令",协助农都尉督管屯田移民事宜。由朝廷直接设置专门的独立机构对屯田移民进行管辖,反映了西汉对屯田移民的重视,是屯田移民能够迅速推进的根本原因。其次,国家对于屯田移民者给予种种优惠,如减免田赋、奖励金钱、赐予爵位等具体举措,而且在一定程度上实行供给制度,以保障和鼓励屯田移民事业的有序进行。再次,在移民屯田的过程中,十分注重兴修水利,尤其是在武帝时期,西北地区兴修水利之热潮此起彼伏,"朔方、西河、河西、酒泉皆引

---

① 班固:《汉书》卷6《武帝纪》,中华书局2011年版。
② 班固:《汉书》卷6《武帝纪》,中华书局2011年版。
③ 班固:《汉书》卷110《匈奴列传》,中华书局2011年版。
④ 范晔:《后汉书》卷117《百官志》,中华书局2011年版。

河及川谷以溉田"①，可见移民屯田之下的兴修水利的热潮席卷整个西北地区，迅速提升了西北边疆地区的经济发展水平。

西汉时期，西北移民屯田数量究竟多少，谷苞以为向西汉移民之下限估计最多为200万口。②虽其确数已不可考，但一个不争的事实是，西汉时期在西北的大规模移民屯田一直绵延不绝，收效颇丰。西北边疆经济水平的提高，从根本上加强了中央王朝对于西北地区的政治和军事控制，为彻底战胜匈奴，疏通丝绸之路通道，强化西北边疆，进而经略西域奠定了坚实的基础。

作为丝绸之路东段北道上的重要通道，伴随着西汉王朝在西北移民屯田的浪潮，固原地区亦迎来了史无前例的大开发时期。西汉武帝时期，安定郡建立以后，治所为高平城（今固原），其下辖18县（其中有3县无所考），分别是高平（今固原）、朝那（今固原南）、乌氏（今固原南）、月氏（今隆德）、泾阳（今平凉西北）、安定（今泾川）、阴槃（今长武西北）、阴密（今灵台西南）、爰得（今泾川东南）、安武（今镇原西南）、临泾（今镇原东南洪河北）、彭阳（今镇原东南茹河北）、抚夷（今镇原北）、参兹（今庆阳西北）、三水（今同心东）、驹卷（今中宁东）、祖厉（今会宁郭城驿）、鹑阴（今靖远黄河西岸）。上述18县，共有户42725，口143294。③由这个数字观之，当时的安定郡人口之数量相对而言还是比较庞大，而其人口构成有四部分：戍守的士卒、当地的居民、移民屯田之徙民、内附或者迁徙而来的少数民族（匈奴、羌人）。以安定郡的军事地位估量，其中戍守的士卒当占有半数左右；内附或者迁徙而来的匈奴、羌人约占总数的一成有余，由三水县设有属国都尉领之；当地的居民亦有总人口的二成左右，剩下的三成就是移民屯田之徙民。上述各类人

---

①　司马迁：《史记》卷29《河渠书》，中华书局2011年版。
②　谷苞主编：《西北通史》第1卷，兰州大学出版社2005年版，第508页。
③　谷苞主编：《西北通史》第1卷，兰州大学出版社2005年版，第488页。

口的数据只是一个大概的推算，具体人数憾于史料之缺乏，无从考证。但有一点可以确认，西汉时期，安定郡水草丰美，境内农业灌溉发达，军事地位十分突出，既是丝绸之路的重要通道，又是各民族杂居交汇之地，在西汉政府推动的轰轰烈烈的移民屯田时代背景下，如此重要的地区，其移民屯田之数量当是十分庞大的，而具体状况有待于史家考证。

三 西汉时期固原地区社会演进轨迹

某种程度上而言，西汉王朝首先从军事地位建构开始，逐渐波及政治、经济、民族与文化各个领域，促成固原地区在中国古代史上重要的历史地位。伴随着对匈奴战争的不断胜利、丝绸之路的开通以及西北移民屯田开发的浪潮，固原地区从政治、军事、经济、民族、文化等各个社会层面步入与前代迥然不同的历史变迁进程中。

第一，固原地区特殊的军事与政治地位之建构，促使西汉时期固原地区习武善战的社会风尚的养成。汉初在西北地区新置六郡，首先基于军事地位之考量，其目的亦是巩固西北边防，攻灭匈奴，征服西羌，经略西域，进而建立一个强盛的帝国。新建置的六郡，安定郡的军事地位最为突出，作为兵家必争之地，西汉时期在安定郡爆发了多次大规模的战争：武帝元鼎六年（前111）十月，武帝就从陇西、天水、安定、河南、河内征发士卒十余万人，在大将李息的率领下"征西羌"①，以解除西羌对西北边疆的侵扰。神爵元年（前61），又征发金城、陇西、天水、安定、上郡骑士、羌骑等骑兵，以镇压叛党。②安定郡重要的军事地位是与其独特的地理位置和所处的民族环境有着紧密的联系，正如薛正昌所言："安定郡所在的西北地区，民好习武、骑射，且地处与游牧民族直接对峙的军事前沿地带，故训练任务以骑

---

① 班固：《汉书》卷110《匈奴列传》，中华书局2011年版。
② 班固：《汉书》卷8《宣帝纪》，中华书局2011年版。

战技术为主，正卒基本是骑士。"① 正是因为战事之频仍，养成了西汉时期固原地区民风之彪悍，尚武之风气融入固原地区之社会，使得固原地区社会之变迁烙上厚重历史的印记。

第二，农业与畜牧业交相发展，推动固原社会之经济发生重大变迁。西汉时期，安定郡及其周边地区长期驻扎着重兵，养兵的主要来源就是移民屯田，发展农业。西汉政府对于西北移民屯田给予了多种政策的鼓励，如派遣富有农业生产经验的徙民、减免赋税、政府提供免费的铁农具与耕牛、兴修水利工程等，大大开发了西北地区的农业。在农业获得开发的同时，畜牧业也得到大开发。安定郡及其周边地区是典型的民族杂居之地，这里本来就是水草丰美之地，极其适应畜牧业的发展，此外，安定郡驻扎大量的骑兵，随着战争的不断胜利推进，内附的少数民族如匈奴、西羌等，皆善于骑射，因而发展畜牧业更有其军事上不可比拟的优势。西汉政府对于西北的畜牧业十分重视，设有官营之"六牧师苑"，"又有牧师苑，皆令官，主养马，分在河西六郡界中"，"牧师诸苑三十六所，分置西北边，分养马三十万头"。② 可见西汉马政规模之大。除却官营马政，属国、诸羌、边郡编户齐民之马政亦是十分兴盛。农耕经济与游牧经济交相辉映，互为补充，相得益彰，形成了西北独特的经济体制，促使西北社会之变迁具有凸显的包容性。

第三，横贯西北的中西交通之开通，促进了固原地区频繁的民族交融与繁荣的民族文化，使得固原社会历史变迁拥有了多元化之色彩，为民族文化之繁盛做出了突出贡献。概而言之，西汉时期，在丝路畅通的时代背景下，固原地区逐渐发展成为中西商业、民族与文化交往的基地，各国商贾使者、周边各少数民族汇聚于固原地区，与固原地区的驻地军民交流、交往、融合，创造了固原地区绚烂多姿的民族文化。

---

① 薛正昌：《固原历史地理与文化》，甘肃文化出版社 1998 年版，第 59 页。
② 范晔：《后汉书》卷 117《百官志》，中华书局 2011 年版。

第三节　丝绸之路与东汉时期固原地区社会万象

在丝绸之路的推动下，东汉政府强化对固原地区之经略，固原地区在政治（包括行政区划）、经济、民族、文化等多方面获得了空前的发展，构成了固原地区之社会万象，推动固原地区的新陈代谢。

一　疏通固原地区丝绸之路通道

东汉丝绸之路基本延续了西汉张骞通西域以后的路线，只是起点由西安转移至洛阳。谷苞主编的《西北通史》认为，两汉时期丝绸之路走向主要有四条：一是关陇段。关陇段又分两条，从长安西行溯泾水而上至安定郡（治高平），是为关陇段北道。① 依据已出土的居延新简，对于关陇段北道的走向记载路线十分清晰：

居延新简第一组：长安至茂林七十里　茂林至莋置卅五里
莋置至好至七十五里　好置至义置七十五里。居延新简第二组：
月氏至乌氏五十里　乌氏至泾阳五十里　泾阳至平林置六十里
平林置至高平八十里。②

从居延新简第二组观之，高平，东汉时期号曰"高平第一城"，治所今固原市，可见在东汉时期其地位十分重要，是拱卫关中，通连西域的中转站，亦是东汉政府维系与西北周边少数民族及西域地区丝绸畅通的咽喉之地。关陇段另一条丝绸之路走向是从长安西行，沿着渭水流域而上，至陇西郡（治狄道），这段通道称之为关陇段南道。

---

① 谷苞主编：《西北通史》第 1 卷，兰州大学出版社 2005 年版，第 524—532 页。
② 西北师范大学人文学院历史系、甘肃省文物考古研究所编：《简牍学研究》（第二辑），甘肃人民出版社 2009 年版，第 230 页；又见胡平生、张德芳编撰《敦煌悬泉汉简释粹》，上海古籍出版社 2001 年版，第 118 页。

此条丝绸之路通道的基本走向是：从长安沿着渭水流域西行，至右扶风虢县（今陕西宝鸡），再沿着千水西北向行，经汧县（今陇县），过陇阪，到达天水郡（治平襄），于天水郡向南行或者沿着清水河、葫芦河，均可到达渭水北岸，继续溯渭水北岸而上，经望垣、冀至襄武，到达陇西郡治狄道，以狄道为起点，经过大夏、枹罕可达黄河南岸，越黄河而进入河西走廊，深入西域之地。实际上，关陇段两道之间有至路相连，互相通连，均可到达黄河沿岸，再沿着黄河沿岸进入河西走廊，最终延伸至西域地区。需要注意的是，关陇段南北两道，均可汇聚于安定郡治高平，或言之东汉时期的固原地区是关陇段南北两道的交汇处，如东汉初年光武帝刘秀伐隗嚣就是以攻取高平城（今固原市）为中心疏通丝绸之路，足见固原地区在东汉时期对丝绸之路的重要性。关陇段北道为丝绸之路主线，其在固原地区境内的走向有两条通道。一条是从长安出发西行至陇县后，沿着陇山东麓至甘肃华亭县，经宁夏泾源县，翻越固原六盘山，最后到达两汉时期的陇西郡，或过六盘山而西北行，沿祖厉河而下，渡过黄河东岸，进入河西走廊四郡之一的武威，或者沿泾河而下至平凉，穿越崆峒山东峡进入泾源县，走鸡头古道；另一条由咸阳出发，至北地郡治宁州（今甘肃宁县），再沿着战国长城沿线进入固原。如汉代班彪前往安定郡，就是走这条古道。二是河西段。黄河以西为河西段，河西段为河西走廊，这是通往西域的必经通道，一般由关中至固原地区，再穿越河西走廊，最后达到西域，河西段是为丝绸之路在内地的最后行程，出河西走廊最西之雄关嘉峪关即踏上漫漫西域路。从丝绸之路的方位上观之，河西段又分为河西东段和河西西段，河西东段亦分为北、中、南三道，此条路线大致经河西走廊，过嘉峪关而进入西域地区。河西西段一般经河西走廊，出阳关、玉门关进入西域地区。此外，河西走廊以北是蒙古高原，又与草原丝绸之路衔接，构成了西北及北方完整的陆上丝绸之路通道。三是西域段。西域段构成了两汉时期在西域境内四通八达的丝绸之路通道。所谓西域，就是指天山以南，昆仑山以北，玉门关、阳关以西，葱岭以东广袤的地区。按照班固《汉书·西域传》之划分，西域段的大致走向为：

> 自玉门、阳关出西域有两道。从鄯善旁南山北，波河西行至莎车，为南道……从车师前王庭随北山，波河西行至疏勒，为北道。[①]

实际上，西域境内的丝绸之路除了司马迁记载的西域北道和西域南道两条通道以外，还有一条丝绸之路通道，这条通道从蒙古高原穿越阿尔泰山，再沿着准噶尔盆地西行至乌孙，与西域北道相连，这条通道长期被匈奴所控制，是匈奴骑兵控遏西域的主要通道，严格意义上言之仅作为军事路线而存在，但此后随着匈奴西迁，这条通道亦逐渐演变为商业贸易与文化交流的通道，对草原丝绸之路的发展有着直接的影响。四是葱岭西段。主要是汉代在西域设置西域都护府的丝绸之路通道及其辖区，是丝绸之路向中亚、西亚等地进一步延伸的通道，实际上属于一条国际交往通道，其主要线路包括：首先是疏勒至大宛（今乌兹别克斯坦费尔干纳盆地）的通道，这条通道亦称为"费尔干纳通道"，通连康居、大月氏、安息诸国；其次是莎车至大夏国（今阿富汗）的通道，这条通道被称为"瓦罕之路"，张骞第一次通西域就是从莎车西夏，先抵达大宛，后依次康居、大月氏、大夏，而归途从大夏翻越葱岭而还[②]，走的正是这条通道；最后是从西域南道通罽宾（今克什米尔）的通道，该条通道十分凶险，行程异常艰难，常翻越险山峻岭，过深渊峡谷，"畜坠，未半坑谷尽靡碎；人坠，势不得相收视"[③]，这条通道向南可通身毒（今印度），向西可达乌弋山离（今阿富汗西赫拉特），由于这一通道十分艰险，作为商旅通道显然

---

① 班固：《汉书》卷96《西域传》，中华书局2011年版。
② 班固：《汉书》卷61《张骞传》，中华书局2011年版。
③ 班固：《汉书》卷96《西域传》，中华书局2011年版。

不可能，因而没有实际的商业或者文化交流的价值，大多数时候是作为探险之路而存在。

需要特别提出的是，东汉基本上继承了西汉张骞所凿通的丝绸之路通道，而且在一定程度上有所拓展，但东汉丝绸之路通道因为战争、财政、民族问题等困扰，使得丝绸之路时通时禁，反复不定，蔚为复杂。

东汉时期，西北之安定、陇西、金城、武威、张掖、酒泉、敦煌诸郡皆为天水成纪人隗嚣所割据，其以高平（今固原市）为中心，拥有数十万雄兵，控制上述诸郡。这些区域均是丝绸之路上的重镇，因而疏通丝绸之路通道，进而巩固西北边疆，襄卫京畿，远略西域，必先统一陇右、河西之地。尤其是固原地区处于丝绸之路的核心地带，是中原与河西走廊丝绸之路通道的中转站，控制固原地区就意味着控制了整个丝绸之路通道。正是在这样的背景下，东汉建立以后，在肃清中原的基础上，兵锋挥而向西，开始统一西北的战争。西汉末年的陇右、河西之地，绿林、赤眉军起而反汉，一时之间战乱频起，各方诸侯割据一方，相互较量，尤以高平之隗嚣、河西之窦融势力最为强盛。更为复杂的是，西汉末年，游牧于河湟地区的羌人趁中原战乱之际，进据西海，寇金城、陇西，即便是陇右势力最为强盛的隗嚣面对羌人之西进亦是无能为力，只能羁縻抚之，并采取笼络羌人共同抗汉的策略。史载，"隗嚣虽拥兵，而不能讨之，乃就慰纳，因发其众与汉相拒"①，说明陇右之羌人势力十分强大，隗嚣采取联合羌人对抗东汉的策略，亦进一步加强了隗嚣的实力。东汉政府在西北实际上面对的强大敌人唯有隗嚣，汉光武帝迫切需要统一隗嚣所控制的陇右地区，打通河西走廊丝绸之路通道，稳固西北之统治，进而经略西域。在光武帝发动统一陇右战争前后，以凉州牧窦融为首的河西五郡附汉，无疑使得胜利的天平大大倾向汉光武帝。窦融，陕西平陵人，

---

① 范晔：《后汉书》卷 87《西羌传》，中华书局 2011 年版。

在主政河西的十余年间政令宽和，因地制宜地采取发展当地经济的一系列措施，颇有建树，同时采用积极防御手段打击河西周边之匈奴、羌人，使得河西之地在汉末战乱之际相对安定。《后汉书·窦融列传》言：

> 河西民俗质朴，而融等政亦宽和，上下相亲，晏然富殖。修兵马，习战射，明烽燧之警，羌胡犯塞，融辄自将与诸郡相救，皆如符要，每辄破之。其后匈奴惩义，稀复为寇，而保塞羌胡，皆震服亲附，安定、北地、上郡流人避凶饥者，归之不绝。[1]

建武八年（32），光武帝刘秀第一次亲征高平第一城（今宁夏固原市），并与窦融为首的河西五郡守会师于高平第一城。其时，河西大将军窦融会同河西五郡守率领大军数万，粮草辎重五千余辆，进驻高平第一城，光武帝大为欢迎，"置酒高会，待融以殊礼"[2]。双方合兵一处，很快便击垮隗嚣，"嚣众大溃，城邑皆降"[3]，隗嚣携家室仓皇逃往西域。不过汉军虽取得大胜，但终因粮草不继而退兵。而在汉军退军以后，隗嚣残部在高峻的率领下重新集结，以高平第一城为巢穴，重新控制了陇右大部分地区。建武十年（34），光武帝刘秀第二次亲征高平第一城，高峻最终在大军压境的情况下，再次降服。[4] 至此，东汉彻底统一了陇右与河西，打通了中原通连河西走廊的丝绸之路通道，为东汉政府沿着丝绸之路通道强化在西北之统治、经略西域地区奠定坚实的基础。

实际上即便是在统一西北以后，东汉政府对于西北丝绸之路的控

---

① 范晔：《后汉书》卷23《窦融列传》，中华书局2011年版。
② 范晔：《后汉书》卷23《窦融列传》，中华书局2011年版。
③ 范晔：《后汉书》卷23《窦融列传》，中华书局2011年版。
④ 范晔：《后汉书》卷16《寇恂传》，中华书局2011年版。

制亦颇为艰难曲折，尤其是处理与西域的关系上，经历了复杂的"三通三绝"历程。"通"则丝路畅通，"绝"则丝路闭塞，东汉政府与西域之关系随着丝绸之路的畅通与闭塞而时断时续，反映出这一时期西北情势及其民族关系不同以往的复杂性。东汉立国初期，天下尚未安定，西域之地列国纷争，间以匈奴势力侵扰，局面十分复杂。其间，莎车国势力渐强，其王被东汉委以"西域大都尉""汉大将军"等称号，羁縻统之。伴随着势力的不断增强，莎车开始称霸西域南道，西域诸国不堪其辱，遂请求汉光武帝左右局面，但其时东汉主要敌人来自北方之匈奴，与西域关系尚没有长远打算，对西域采取"东西南北自在"①之放任自流的民族政策，导致莎车坐大，而车师、鄯善、焉耆西域诸国被迫归顺匈奴，维系东汉与西域交往的丝绸之路通道自此精绝，东汉与西域之关系基本断裂。东汉立国 47 年后，西北民族问题开始凸显，北匈奴控制西域，觊觎河西、陇右之地，严重威胁西北及北方边疆之稳定。东汉政府为了联合西域诸国抗击匈奴，便开始摒弃以往消极的西域政策，积极联络西域，力图恢复丝绸之路通道，强化与西域诸国之交往，解决西北及北方边疆危机问题。正是在此背景下，班超于汉永平十六年（73）出使西域。班超出使西域之目的同张骞基本一致，即联络西域诸国抗击匈奴，进而开通丝路通道，推动商旅与文化交流，互通有无，增进了解，维护边疆。

班超一行三十余人，初至鄯善，擒杀北匈奴出使鄯善使者，迫使鄯善与北匈奴绝交。解决了鄯善问题，班超再西行至于阗，以同样的手段促使于阗与北匈奴绝交而降汉，"遂通西域，于阗诸国皆遣子入侍。西域自绝六十五载，乃复通焉"②。此后，在窦固的支持下，班超相继说降疏勒、车师诸国，并于永平十七年（74）复置西域都护和戊己校尉，在军事与政治上完全恢复对西域之管理，丝绸之路畅通

---

① 范晔：《后汉书》卷 88《西域传》，中华书局 2011 年版。
② 范晔：《后汉书》卷 88《西域传》，中华书局 2011 年版。

无阻。东汉恢复了对西域的管辖之后，与北匈奴在西域展开了连年的争夺战争，再加之西域诸国从本国利益出发，叛服无常，局面十分窘迫。战争虽然打击了北匈奴之西侵，维护了与西域诸国的丝绸之路交往，但亦给东汉政府带来沉重的财政压力。建初元年（76），"章帝不欲疲敝中国以事夷狄，乃迎还戊己校尉，不复遣都护"①。至此，东汉与西域之关系再次处于隔绝状态。逾三年，班超上章帝平西域书，深入分析了西域与汉之关系及其趋向，指出西域诸国"莫不向化，大小欣欣，贡奉不绝"，期盼"平通汉道"，西域之地土地肥沃，据有其地，可缓解财政的压力，而疏通西域丝绸之路乃"陛下举万年之觞，荐勋祖庙，布大喜于天下"。② 在班超的努力下东汉政府重新重视对西域之经略，在东汉政府的大力帮助下，班超在西域斗争整整11年，疏通西域丝绸之路，西域诸国纷纷与东汉建立朝贡关系，葱岭以西诸国亦朝贡东汉，大月氏、安息等国遣使朝贡。永元二年（90），东汉和帝以班超为西域都护，治龟兹它乾城（今新和县西南）；以徐干为西域长史，驻疏勒；复置戊己校尉，居车师高昌壁（今吐鲁番高昌古城遗址）。上述诸机构之建立，意味着东汉重新管辖西域事务，西域丝绸之路再次繁盛起来，各国使者与商贾络绎不绝。汉安帝永初元年（107），鉴于经营西域耗资甚巨，得不偿失，诸多朝廷大臣反对经营西域，"西域远阻，数有背叛，屯士屯田，其费无已"③，朝廷决定废置西域都护，放弃经略西域的策略，西域与东汉再次处于精绝状态，丝绸之路通道亦步入封闭境地。而在这次西域丝绸之路通道阻隔以后，北匈奴势力便乘机开始向西域渗透，逐渐控制了西域诸国，并开始侵扰西北边疆，敦煌诸郡首当其害，西北边疆危机日趋严峻。与此同时，永初元年（107），陇右地区爆发了大规模的羌人起义，内外交困迫使东汉不得不重新考量与西域之关系。

---

① 范晔：《后汉书》卷88《西域传》，中华书局2011年版。
② 范晔：《后汉书》卷40《班超列传》，中华书局2011年版。
③ 范晔：《后汉书》卷47《梁懂列传》，中华书局2011年版。

正是在这样的背景下，班超之子班勇力排众议，指出经略西域的重要性，其言：

> 昔永平之末，始通西域，初遣中郎将居敦煌，后置副校尉于车师，既为胡虏节度，又禁汉人不得有所侵扰。故外夷归心，匈奴畏威。今鄯善王尤还，汉人外甥，若匈奴得志，则尤还必死。此等虽同鸟兽，亦知避害。若出屯楼兰，足以招抚其心，愚以为便。①

班勇之言乃从疏通与西域之关系，震慑匈奴，拱卫西北边疆的视角出发，颇有合理之处。东汉采纳了其谏言，设置校尉居敦煌并出屯楼兰，迈出了第三次经略西域的步伐。在汉廷的支持下，为了疏通丝绸之路，抗击匈奴，稳固西北边疆之安定，班勇在西域展开一系列卓有成效的活动：班勇以西域长史率将校 500 余人出屯柳中，楼兰、鄯善归附；两年以后，班勇率大军纵横西域，车师六国悉数平定；永建元年（126），班勇击破北匈奴呼衍王，降二万余众，车师复通汉；永建二年（127），班勇率约五万大军，相继平定焉耆、龟兹、疏勒、于阗、莎车西域诸国。在班勇艰苦卓绝的斗争下，丝绸之路再次畅通无阻。汉顺帝以后，鉴于内外交困，尚自顾不暇，东汉逐渐失去了在西域的主导权，西域诸国争锋，夷狄并起，西北边疆步入更为复杂的历史变迁浪潮之中去。

概而言之，东汉对于西北丝绸之路的疏通较西汉更为复杂，经历了"三通三绝"的历史变迁过程，昭示了中原王朝稳定西北边疆、经略西域的艰巨性。疏通中原与西域丝绸之路的中转站，即打通陇右与河西丝绸之路，对于固原地区丝绸之路的疏通尤为重要和艰难。首先，东汉初，在平定隗嚣、高峻割据政权的基础上，以高平第一城为

---

① 范晔：《后汉书》卷88《西域传》，中华书局 2011 年版。

据点、以固原地区为中转站，疏通了陇右、河西之丝绸之路，但是面对西域诸国纷乱霸权、匈奴侵扰掠夺的复杂局面，在大多数情况下只能依靠武力维系丝绸之路的畅通，东汉疲于应对，颇为艰难。其次，汉廷耗费大量兵力、物力、财力疏通西域境内丝绸之路，由于多种因素交织其中，如西域诸国态势、民族关系、东汉内部问题等，使得东汉政府不断调整西域政策，"通西域"之路蔚为艰难。即便如此，东汉时期疏通丝绸之路通道、稳定西北边疆、经略西域的政策从整体上观之是较为成功的，其加强了对西域地区之管理，政治影响力和威望大大增加；与西域诸国之联系更为紧密，民族关系步入全新的时代；各国使者和商贾沿着丝绸之路相伴而来，促进了各民族之间的经济与文化交流；尤其重要的是，东汉政府对于丝绸之路的疏通，开拓了中原与西域一体化进程，中华民族大一统的基因沉淀在厚重的历史与文化传统之中，进而生生不息地传承下去。

二　东汉对固原地区之经营

疏通丝绸之路、加强对西北边疆之控制、经略西域毫无疑问是东汉时期处理西北事务方面的三件大事。历史事实证明，丝绸之路的"通"与"绝"在很大程度上影响着东汉政府对于西北边疆和西域地区的统治效果。某种程度上而言，丝绸之路决定了西北地区的历史变迁过程。东汉时期，固原地区处于丝绸之路的中转站，地位十分重要，汉廷以疏通丝绸之路为基础，加强了对固原地区之经略。

（一）东汉时期固原地区行政区划

东汉沿袭西汉的郡县制度，唯监察体系多有变化。秦统一六国以后，只在郡一级设置监察机构监察御史。汉初废除监察御史，地方监察事宜由丞相本人或者不定期指派专人到各地巡查，以纠错漏、以正政事。武帝开拓疆域，郡数目不断增加，由秦代三十六郡增加至百余郡，郡之数目增多使得丞相对地方的监察分身乏术，于是将全国划分为十三州刺史部，每州刺查若干郡，设刺史一人，无固定治所。此时的刺史地位普遍不高，专事监察而无其他实权。东汉中后期，为了防止地方坐大，中央逐渐加强对地方的控制，刺史的职权范围不断扩大，地位日趋提高。汉灵帝时，刺史改名为州牧，拥有固定治所，并逐渐获得地方事权、民权、财权、军权，并监察权于一身，其地位开始超越郡守，成为郡守事实上的上司，"州"由最初虚的监察区演变为实的行政区。要而言之，州的演变轨迹正是皇权制度下中央与地方矛盾斗争与妥协的天然产物。东汉时期，西北地区设置"三辅三州"。三辅：辖京兆尹、左冯翊、右扶风；朔方：辖上郡、五原郡、西河郡、朔方郡；益州：辖汉中郡、武都郡；凉州：辖陇西郡、汉阳郡、金城郡、安定郡、北地郡、武威郡、张掖郡、酒泉郡、敦煌郡、张掖属国、张掖居延属国。郡、县、户、口等数较西汉而言大大减少，这主要源于西汉末年农民起义以及地方割据政权连年征战导致人口锐减。对于两汉时期西北诸郡、县、户、口变化情况，依据《汉书·地理志》《汉书·郡国志》所载相关资料，并参考谷苞主编《西北通史》所列相关数据概括总结，如表 2-1 所示。

表 2-1　　西汉、东汉西北郡、县、户、口数情况对比[①]

朝代	州别	郡数	县数	户数	口数
西汉	三辅	3	57	647180	2386360
东汉		3	38	107741	423960
西汉	朔方	4	84	313733	1673450
东汉		4	39	17521	80237
西汉	凉州	9	115	331260	1282013
东汉		11	98	102491	419268

① 本表数据主要根据《汉书·地理志》《汉书·郡国志》相关史料汇总。

续表

朝代	州别	郡数	县数	户数	口数
西汉	益州	2	21	152946	576174
东汉		2	16	77446	349130

从表 2-1 观之，东汉在县的数量、户数、人口等方面与西汉相比较而言有较大的下降幅度。说明西汉后期及东汉末年，连年的战乱不仅使得东汉的疆域不断内缩，而且人口不断损耗，元气大伤。而与之形成鲜明对比的是，东汉时期，由于丝绸之路的进一步拓展，大量西域诸国的少数民族不断进入固原地区，再以固原地区为中转站迁入关中和中原腹地，伴随着频繁的民族迁徙与民族交往，少数民族人口增长十分迅速。

东汉建立前后，固原地区长期处于地方豪强割据政权的统治之下。首先是安定郡天水县人卢芳以固原地区为据点，自称天子，与匈奴联合不时南侵；其后隗嚣占据固原地区，与东汉抗衡。隗嚣兵败以后，继任者高峻继续据守高平第一城，直到建武十年（34）东汉才完全统一固原地区。东汉承袭西汉行政区划之制但略有变化，东汉初至汉灵帝时期，全国实行郡县两级制，灵帝以后实行州郡县三级制。固原地区属凉州，分置安定、北地两郡，总辖 14 县、道，分别为高平、安俾、抚夷、朝那、临泾、泾阳、阴密、乌氏、参衍、彭阳、阴盘、鹑阴、月氏道、三水。① 其中安定郡辖 8 县，6094 户，人口为29060 人；北地郡辖 6 县，3122 户，人口为 18637 人，两郡总人口为47697 人。② 而西汉时期安定郡人口为 143294 人，北地郡人口为

---

① 赵时春撰，张维补校，李作斌标点：《明嘉靖平凉府州固原资料辑录》，固原市地方志办公室编《明清固原州志》，宁夏回族自治区内部资料出版物 2003 年版，第591—592 页。

② 范晔：《后汉书》卷 113《郡国志五》，中华书局 2011 年版。

210688人，两郡总人口为353982人。① 两相比较，东汉时期的人口较西汉时期减少了近30万人，足见西汉末年农民起义及天灾人祸对人口的惊人损耗。史载，东汉初年，"安定、北地、上郡流人避凶饥者，归之不绝"②，至东汉末年固原地区又爆发了大规模的羌人起义，"边民死者不可胜数"③，连绵不绝的战争不可避免地导致东汉时期固原地区人口大规模减少。

　　鉴于复杂的民族情势，东汉中后期固原地区的行政区划多有变化。永初五年（111），伴随着固原地区爆发大规模的羌族起义，安定郡、北地郡、上郡被迫内迁，安定郡治迁至美阳（今陕西武功）。④永建四年（129），东汉政府镇压了第一次羌族大起义，安定郡迁回高平第一城（今宁夏固原市），第二年汉顺帝巡视安定郡、北地郡、上郡，慰问戍边将士，以稳固西北边防。⑤永和四年（139），第二次羌族大起义爆发，安定郡治再次迁往扶风（今陕西扶风）。⑥东汉镇压了第三次羌族大起义后，安定郡治改迁至临泾（今甘肃镇原东南），此后一直到三国时期，安定郡治再无变化。

　　东汉在少数民族地区设置属国都尉和护羌校尉，以羁縻统之。属国都尉最初设置于西汉武帝时期，主要设置于西北边地，用于安置和统治内迁的少数民族，见于史册记载的属国都尉有安定属国、西河属国、天水属国、上郡属国、五原属国、张掖属国、金城属国。至东汉时期，"边郡往往置都尉及属国都尉，稍有分县，治民比郡"⑦，但实际上东汉时期的属国数量大大减少，在固原地区较长时间存在的有安定属国、张掖属国、张掖居延属国。属国都尉的设置，是两汉时期针

　　① 范晔：《后汉书》卷111《郡国志三》，中华书局2011年版。
　　② 范晔：《后汉书》卷23《窦融传》，中华书局2011年版。
　　③ 范晔：《后汉书》卷87《西羌传》，中华书局2011年版。
　　④ 范晔：《后汉书》卷5《孝安帝纪》，中华书局2011年版。
　　⑤ 范晔：《后汉书》卷6《孝顺孝冲孝质帝纪》，中华书局2011年版。
　　⑥ 范晔：《后汉书》卷6《孝顺孝冲孝质帝纪》中华书局2011年版。
　　⑦ 范晔：《后汉书》卷114《百官志一》，中华书局2011年版。

对少数民族的羁縻行政区划制度，对于加速民族融合，巩固边防均有重要的意义。护羌校尉最初也是设置于武帝时期，与属国都尉互为补充，主要职责都是处理少数民族事务，但护羌校尉主要设置于凉州地区，而且演变为一种级别较高的正式官职，既是行政区划制度又是具体的官职，预示着在地位上更为重要。东汉时期，羌人崛起，引起西北边疆的大动乱，护羌校尉显得更为重要。从本质上言之，护羌校尉主要职责就是"理其怨节""问所疾苦""使塞外羌夷为吏耳目""以明威防"①，即羁縻、牵制和镇压少数民族之反抗、稳固统治。但在东汉统治过程中，护羌校尉更多地承担了开发边地、问及民事、处理少数民族事务的责任，在客观上促进了当地的经济发展和民族融合。

（二）东汉时期固原地区的经济变迁

东汉是在镇压西汉末年农民大起义和各地豪强割据政权之基础上建立起来的，其建立之初，光武帝鉴于天下初定、百姓疾苦，便采用休养生息的发展经济政策，即推行"还汉世之轻法"②的统治政策，西汉末残破的社会经济迅速得到恢复和发展。总而言之，东汉前期采用的恢复经济政策如下：首先，采用积极手段释放社会劳动力，增加庶人之数量，推动农耕事业的发展。西汉末年以后，人口损耗十分严重，而突出的奴婢问题以及严苛的刑法导致囚徒大量增加，使得汉初从事农业生产的庶人数量短缺问题雪上加霜。面对上述严重的社会问题，东汉立国之初再三颁行禁止杀、虐奴婢之法令，如建武十二年、十四年包括西北地区在内两次颁布法令释放奴婢，"一切免为庶人，卖者无还直"③。无条件释放奴婢政策实施的同时，汉初亦大规模在西北边郡推行简法轻刑的政策，如建武六年、十八年、二十九年分别

①　范晔：《后汉书》卷87《西羌传》，中华书局2011年版。
②　范晔：《后汉书》卷76《循吏列传》，中华书局2011年版。
③　范晔：《后汉书》卷1《光武帝纪》，中华书局2011年版。

诏令废除苛法，"自殊死以下，皆赦除之"①。其次，减免赋税，安民以耕。东汉初年，百姓虚耗，政府为减轻民众负担，推行田租三十税一，在战争与灾害之际更是命令各地减免赋税，如固原地区长期受到羌人之变乱，政府多次颁诏减免赋税，"民安其业，远近肃服，户口滋殖焉"②。再次，整顿吏治，开明统治。东汉建立以后，十分重视整顿吏治，选拔德才兼备之人担任要职，对于推动地方经济发展、抑制豪强、维护治安、安抚民心起到了至关重要的作用。如安定临泾人李恂，"以清约率下""有威重名"③；武威太守郑众，"谨修边备，虏不敢犯"④；张掖太守邓训治理羌民颇有成效，使大小羌人"莫不感悦"⑤。最后，移民戍边，充实边郡。移民戍边、充实边郡是自秦汉以后在西北边疆主要推行的政策，东汉建立以后继承其策，并有进一步的发展。东汉政府采取多种强制性的措施移民戍边，如招募死囚，屯守边务；招募普通民众戍边，家人随行，"赐弓弩衣粮"⑥。按照法令，招募而来戍守边疆的囚徒、民人，必须世代定居边郡、县，成为国家直接控制的边疆编户齐民，对于不遵守戍守的，则"皆以乏军兴论"⑦。由此可见东汉十分重视充实边疆，以法令的形式强制囚徒和民人戍守边疆，增强边疆之力量，这显然对于开发边疆、稳定边疆，进而拱卫中央都起到了积极的作用。

也正是在上述恢复和发展经济的四项举措的推行下，固原地区的社会经济也得到了一定程度的发展。

农业方面。历代政府对于固原地区农业之开发，其出发点是唯一的，就是希望通过因地制宜地开发当地农业，保障军粮之供给。东汉

① 范晔：《后汉书》卷1《光武帝纪》，中华书局 2011 年版。
② 范晔：《后汉书》卷2《明帝纪》，中华书局 2011 年版。
③ 范晔：《后汉书》卷51《李恂列传》，中华书局 2011 年版。
④ 范晔：《后汉书》卷70《郑众列传》，中华书局 2011 年版。
⑤ 范晔：《后汉书》卷16《邓训列传》，中华书局 2011 年版。
⑥ 范晔：《后汉书》卷2《明帝纪》中华书局 2011 年版。
⑦ 范晔：《后汉书》卷3《章帝纪》，中华书局 2011 年版。

时期在固原地区主要采取移民实边、浚渠屯田之策略，以保障戍边士兵军粮之需。东汉在西北边疆包括固原地区浚渠屯田虽没有西汉时期规模大，但浚渠灌溉依然沿袭不废，而且还设有专门官吏管理兴修水利、屯田灌溉事宜，"置水官吏，修理沟渠，皆蒙其利"①。在东汉政府的大力推动下，固原地区浚渠屯田获得迅速发展，汉顺帝时，"省内郡费岁一亿计"，"安定、北地、上郡及陇西、金城常储谷粟，令周数年"。②农业的发展不仅依赖于完备的水利工程，还得益于日益先进的农具。东汉时期，铁农具和耕牛已经广泛应用在农业生产，如敦煌汉代悬泉置遗址出土铁制生产工具达 230 余件，其中包括犁、锸、铧、锛、铲等农用工具；宁夏贺兰县暖泉农场东汉墓葬出土犁壁、铁锸等生产工具。③铁器与耕牛从固原地区扩展到广袤的西域，如东汉时期的西域地区亦出土有大量铁制农具，包括铁镰、铁铧、铁锄、铁铲等农用工具。④移民戍边、浚渠屯田、铁器与耕牛的广泛应用，大大推动了东汉时期固原地区农耕的发展，在一定程度上解决了戍边士兵的粮食供给问题。耕地的扩展以及耕作水平的提高，促进了固原地区的人口增加，充实了边郡，更吸引了大量少数民族聚居于固原地区，东汉初残破不堪的境况从根本上得以改观。

畜牧业方面。自古以来，西北地区尤以畜牧业发达著称于世。东汉时期，西北地区包括固原地区畜牧业十分发达，所谓"牛马衔尾，群羊塞道"⑤之境况随处可观。而安定、北地、上郡等西北边郡，"土广人稀，饶谷多畜"⑥。东汉十分重视在西北地区养马，"马者，甲兵之本，国之大用"⑦。鉴于此，东汉政府在西北各地设有官营牧

---

① 范晔：《后汉书》卷 76《循吏列传》，中华书局 2011 年版。
② 范晔：《后汉书》卷 87《西羌传》，中华书局 2011 年版。
③ 钟侃：《宁夏文物述略》，宁夏人民出版社 1980 年版，第 79 页。
④ 马国荣：《汉晋时期西域城郭诸国的社会生活》，《西域研究》1997 年第 4 期。
⑤ 范晔：《后汉书》卷 87《西羌传》，中华书局 2011 年版。
⑥ 范晔：《后汉书》卷 16《邓禹传》，中华书局 2011 年版。
⑦ 范晔：《后汉书》卷 24《马援列传》，中华书局 2011 年版。

场，主要是牧师苑、流马苑，分布在河西六郡，"阡陌成群，六郡良家，驰射是利"①，以解决战马之需，固边疆防御之本。作为边塞重地的固原地区更是以马政为先，东汉和帝永元五年（93），"诏有司省减内外厩及凉州诸苑马"②，说明凉州官方马政十分发达，已经超越了平时所需，不得不着手省减。与官营牧马相得益彰的是民间养马亦十分兴盛，其数量在一定程度上超越了官营牧马。马援在以固原地区为中心的北地郡长期从事牧畜事业，"马援之边郡，田牧数年，得畜产数万"③。在固原地区的羌人之畜牧业则更为发达，东汉与羌人之战争中多有获取羌人马牛的记载：安帝永初七年（113），败羌人，获得马牛羊2万余头。④马防在征羌期间，"多牧马畜，斌敛羌胡"⑤。汉灵帝时段颎破西羌，得马牛羊80余万头。⑥足见东汉时期固原地区羌人畜牧业之发达。

手工业方面。东汉时期，固原地区手工业主要集中在冶铁、铸造、纺织、制陶、皮革加工等方面。固原西郊出土的东汉初年铁剑，剑刃锋利、造型精美，代表了较高的冶铁工艺水平；宁夏贺兰县暖泉东汉墓中出土大量陶器和铜器，类型丰富、制作精美。皮革加工业是固原地区最主要也最具特色的手工业，寻常百姓人家日常着衣除了普通麻布以外，羊皮制品成为主要来源，说明皮革加工业已经非常成熟。

商业方面。西北地区地域广袤，民族众多，物产丰富，尤其是丝绸之路的必经之所，商业发展十分迅速。东汉时期固原地区是丝

---

① 王学伊总纂，李作斌标点、校注：《宣统固原州志》，固原市地方志办公室编《明清固原州志》，宁夏回族自治区内部资料出版物2003年版，第421页。

② 范晔：《后汉书》卷4《和帝纪》，中华书局2011年版。

③ 王学伊总纂，李作斌标点、校注：《宣统固原州志》，固原市地方志办公室编《明清固原州志》，宁夏回族自治区内部资料出版物2003年版，第421页。

④ 范晔：《后汉书》卷87《西羌传》，中华书局2011年版。

⑤ 范晔：《后汉书》卷24《马援列传》，中华书局2011年版。

⑥ 范晔：《后汉书》卷87《西羌传》，中华书局2011年版。

绸之路重镇，是关中联通西域丝绸之路通道的交汇处，商业分外兴盛。商业贸易涉及粮食、蔬菜、肉类、调料、药材、制盐、衣物、牛马、酒、车辆等，互通有无、无所不包。一般而言，固原地区之商业分为三类。第一类是固原地区军民与中原地区的商业交往。汉简中有许多关于军民交易的记载，驻地军民日常生活用品都从市场购买，而吏卒倒卖官物，尤其是衣物现象十分突出。① 第二类是固原地区汉民族与其他少数民族之间的商业交往，这是固原地区商业贸易的主要形式。固原地区是中原与西域丝绸之路通道之交汇处，亦是少数民族长期定居、繁衍和融合之所，这为汉民族和其他少数民族商业交往提供了天然的契机。固原地区除了戍守的士卒、迁徙而来的普通汉民族之外，其北接匈奴，境内散居大量羌民，与汉民族交错而居，西域各族及中亚、西亚商人亦沿着丝绸之路通道汇聚于固原地区，丝路贸易非常兴盛。史载，固原地区汉民族与匈奴、羌人等少数民族商业贸易"通货羌胡，日市四合"②，各民族恬然友好相处，"籴谷市畜"③ 而互通有无，以至于出现了"上下相亲，晏然富殖"④ 的和谐与繁荣景象。显而易见，商业贸易加深了固原地区汉民族与其他少数民族之交往，推动了民族大融合的进程，意义十分重大。第三类是与西域诸国贡赐贸易之商贾之间的贸易往来。东汉与西域的丝绸之路虽然经历了时通时禁的曲折变迁过程，但总体上而言，西域与东汉王朝保持了密切的联系，丝绸之路上使团、商贾、传教士接踵而至，形成丝路贸易之热潮。史载，西域贾胡 50 余国，"悉纳质内属""皆重译贡献"⑤。一方面，丝路贸易使得西域商人获利颇丰，他们在内地拥有较高地位，并逐渐定居固原

① 陈梦家：《汉简缀述》，中华书局 1980 年版，第 223 页。
② 范晔：《后汉书》卷 31《孔奋列传》，中华书局 2011 年版。
③ 范晔：《后汉书》卷 87《西羌传》，中华书局 2011 年版。
④ 范晔：《后汉书》卷 23《窦融列传》，中华书局 2011 年版。
⑤ 范晔：《后汉书》卷 24《马援列传》，中华书局 2011 年版。

地区，成为东汉王朝的编户齐民；另一方面，很多汉族商人亦伴随着丝路贸易定居西域。这种民族间的相互流动，促进了民族融合，使得中华民族一体观念进一步建构和深化。

（三）东汉时期固原地区民族融合

中国古代史上民族融合的形式复杂多样，秦汉以后的和亲、互市、民间交往、战争均是有效的民族融合形式，而东汉时期固原地区民族融合主要以民族对抗的形式完成，颇具悲壮色彩。

东汉之固原地区，因其为丝绸之路重镇，伴随着繁盛的丝路贸易，固原地区发展成为多民族交往、交汇、交融之地，分布着乌桓、鲜卑、匈奴、月氏、羌人诸多民族。民族成分的复杂以及东汉政府民族政策与边疆政策的不断变化，必然使得民族交往与民族融合充满了矛盾和斗争，爆发于东汉后期的固原地区羌族起义就是对这种民族交往与融合形式的回应。

羌族是我国古老的民族之一，长期居住于以青海湖为中心的青藏高原一带，主要以游牧射猎为生。秦末、西汉末两次农民起义以后，天下震乱，羌族亦被卷入农民起义的大变乱之中，开启了主动的或者被动的迁徙流动。实际上，羌人自夏商周三代以后就有其部族居住于固原地区，固原地区历史的缔造者亦有羌人，只是伴随着历史之变迁，部分羌人融于汉民族及其他民族之中。自秦汉以降，原居于河湟地区的羌人，为躲避战乱迁入陇右之地，或者因战败被俘被中央王朝安置于西北边疆定居。东汉建立以后，迁入或者安置于陇右地区的羌人数量十分庞大，天水、汉阳、陇西、扶风、北地、上郡、金城等地皆有大量羌人定居其间，与汉民族交错杂居，民族关系十分复杂，民族矛盾稍有激化便决堤喷发，东汉立国之初已经对此问题有了深刻的认识。

今凉州部皆有降羌，羌胡被发左衽，而与汉人杂处，习俗既异，言语不通，数为小吏黠人所见侵夺，穷恚无聊，故致反叛。

夫蛮夷寇乱，皆为此也。①

东汉政府解决民族问题的办法就是承袭前代的羁縻政策，即在羌人众多的地方设置护羌校尉，以羁縻统之。东汉在处理羌人问题上的出发点显然是为了促进民族融合，从而奠基边疆之安定。其做法亦可理解，将羌人迁往内地，与汉人交错杂居，相互交流，互相通婚，有利于撒播农耕文明，从而促进汉羌协同进步，融为一体。但民族问题是十分复杂的，皇权社会的统治阶级具有鲜明的两面性，一面温柔，一面残暴，为了维护官僚体制，不可避免地对羌人实行残酷的剥削，甚至杀戮，必然会引起羌人之反抗。另外，边郡之地往往沦为少数民族觊觎和抢夺的地域，尤其是两汉之际强大的匈奴屡屡侵扰陇右、河西之地，称霸西域，与中原王朝相抗衡，在此过程中纠集或者联合包括羌人在内的其他少数民族共同抗汉，使得民族问题更为复杂多变，游离在民族战争之边缘。

东汉时期，包括固原地区在内的整个西北地区爆发了 5 次较大规模的羌人反抗斗争。东汉章帝建初元年（76）爆发了第一次羌人反抗斗争，直接起因"是为了摆脱汉官无故的掠夺、诛杀和欺凌，争取生存权"②。这次反抗斗争延续 26 年之久，东汉政府以护羌校尉为统帅镇压羌人之反抗，第一次羌人反抗斗争虽然被东汉政府镇压，但并没有有效解决汉羌关系。在镇压与反镇压的过程中，双方互相展开杀戮，均付出惨重的代价，使得汉羌民族关系步入低谷，预示着更大的危机即将来临。东汉安帝永初元年（107），东汉征发金城、陇西、汉阳等地大量羌人随军远戍，前往西域迎接内徙之汉官。大军西行至酒泉，羌人担心远戍不归，中途反叛。反抗斗争以北地为中心，迅速波及武都、上郡、西河，"众遂大盛，东犯赵、魏，南入益州"③，威

---

① 范晔：《后汉书》卷87《西羌传》，中华书局2011年版。
② 谷苞主编：《西北通史》第1卷，兰州大学出版社2005年版，第628页。
③ 范晔：《后汉书》卷87《西羌传》，中华书局2011年版。

震三辅。为了防止当地汉人同羌人联合起义，东汉政府逼迫当地汉人居民一同迁徙，民众"流离分散，随道而亡"①。再加之当时自然灾害频发，民生十分疾苦，致使当地汉人与羌人联合反抗东汉政府。这次起义延续 11 年，沉重打击了东汉政府，史载：

> 自羌叛十余年间，兵连师老，不暂宁息。军旅之费，转运委输，用二百四十余亿，府帑空竭，延及内郡，边民死者不可胜数，并、凉二州遂至虚耗。②

第三次羌人大起义爆发于东汉顺帝永和四年（139），起因与前两次亦有相同之处，即地方官吏对羌人的奴役与掠夺。这次羌人反抗斗争虽不及前两次规模宏大，延续了仅仅五年，但对社会的破坏程度以及对东汉政府的沉重打击有过之而无不及。史载，这次起义冻羌于陇右、傅南羌于金城、巩唐羌于陇西、罕种羌于北地，诸类羌人联合反抗，横行关陇地区，严重动摇了东汉在西北的统治基础。第四次羌人大起义爆发于东汉桓帝延熹二年（159），烧当、烧何、当煎、勒姐等八种羌族联合反抗，此次反抗斗争以固原地区为中心，战火波及三辅和凉、并二州。东汉政府启用皇甫规、张奂、段颎等人镇压羌族起义。皇甫规、张奂以招抚为主瓦解羌族起义，羌人先后归附者达二十余万众。③ 但时任护羌校尉的段颎却采取残酷屠杀的手段对付羌人之起义，他先后平定三辅、安定、北地等郡起义军，先后在高平、奢延泽、灵武谷、泾阳、瓦亭山、射虎谷等地击杀大量羌人。④ 在段颎等人的镇压下，第四次羌人起义坚持了 10 年，最终以失败告终。这次起义羌人损失十分严重，战死约 4 万人，丧失牲畜约 43 万头，数以

---

① 顾祖禹撰，贺次君校注：《读史方舆纪要》卷 62，中华书局 2005 年版，第 288 页。
② 范晔：《后汉书》87《西羌传》，中华书局 2011 年版。
③ 范晔：《后汉书》卷 65《皇甫规列传》，中华书局 2011 年版。
④ 范晔：《后汉书》卷 65《段颎列传》，中华书局 2011 年版。

万计的羌人被迫流徙各地。汉灵帝中平元年（184）二月，黄巾大起义爆发，陇右地区的羌人趁天下变乱发动了第五次大起义，这次起义坚持了 5 年，最终被曹魏政权所镇压。轰轰烈烈的羌人 5 次大起义至此终结，历史步入三国魏晋南北朝时期。

羌人之反抗，实际上贯穿于整个东汉时期。从根源上观之，在丝绸之路的推动下，西北地区的固原地区、河西走廊、西域等地民族交往不断加深，各民族伴随着丝路文明汇聚于东汉时期的西北边郡，少数民族内徙，人口迅速增加，必然引发民族问题。在处理尖锐民族矛盾的过程中，东汉政府顾此失彼，终于导致羌人大起义的后果。实际上，对于中国古代皇权社会而言，统治阶级的民族政策具有很大的局限性，民族斗争与融合往往交织其间，艰难地推动中国各民族一体化的进程。就东汉政府而言，镇压羌人大起义，耗费了巨大人力、物力，严重消耗了东汉政府的统治基础，最终导致其覆亡；对于汉羌人民而言，反抗斗争无法掩盖民族掠夺与屠杀的残酷性，对社会的破坏无法弥补，而民族融合进程因民族斗争亦充满着血腥的一面，这是历史的写照，亦是历史的警示。

第三章 丝绸之路的发展与魏晋南北朝时期固原地区之历史变迁

魏晋南北朝时期是我国历史上最为持久的战乱时期。就全国范围而言，北方游牧民族北进中原、中原汉民族举族南迁成为这一时期最为典型的时代特征。在这样的时代背景下，西北地区演变成为少数民族与汉民族，以及少数民族之间战争频仍之地。不过，即便是在漫长的战乱时代，丝绸之路通道依然通畅，为黑暗的动乱时代带来一缕文明交流的曙光。以固原地区为中心的丝绸之路通连中原与西域，书写了波澜壮阔的乱世历史，缔造了灿烂夺目的文化景观。

第一节 魏晋南北朝时期固原地区军事与政治格局

魏晋南北朝时期，"是一个由大分裂走向大一统的时期，也是一个不断出现民族矛盾、民族斗争进而达到民族融合的时期"[①]，战乱成为社会之常态，虽偶有短暂统一所带来的局部安定，但在大部分时间，由于中原王朝的频繁内乱，统治孱弱，再加之少数民族之内迁步伐尤烈，各民族之间的战争此起彼伏，社会残破，民不聊生。固原地区作为西北边疆重镇，演化为四战之地，社会破坏更为惨烈。

---

① 谷苞主编：《西北通史》第 2 卷，兰州大学出版社 2005 年版，第 1 页。

一 魏晋时期

魏晋时期的西北地区，其军事与政治态势大致经历了以下十分复杂的历史变迁过程。

汉灵帝中平元年（184）二月，席卷全国的黄巾大起义在中原地区爆发。黄巾起义爆发以后，对于当时的社会而言，导致两个极端之后果：一曰全国范围内农民起义此起彼伏，尤其是西北地区在承受农民大起义的沉重打击之余，又爆发了羌人大起义，东汉政权处于农民大起义和羌人大起义的双重包围圈中，迅速走向瓦解；二曰在镇压农民起义的过程中，地方豪强势力逐渐崛起，东汉政权已经失去了对他们的有效统治，各个豪强势力割据一方，争权夺利，互相杀伐，使得社会态势更为混乱，中国历史步入大动荡的时代。

对于魏晋时期的西北地区而言，当时羌人之起义在西北各地相继爆发。以北地（治今宁夏吴忠市西南）、枹罕（治今甘肃临夏）、河关（治今青海贵德县）三地为中心的羌人之起义规模甚大，史载："北地先零羌及枹罕、河关群盗反叛，遂共立湟中义从胡北宫伯玉、李文侯为将军，杀护羌校尉泠征。伯玉等乃劫致金城人边章、韩遂，使专任军政，共杀金城太守陈懿，攻烧州郡。"[1] 此外，西北农民起义还包括河西走廊一带北宫伯玉等领导的农民起义、金城人鞠胜在武威郡祖厉县（今甘肃会宁县北）领导的农民起义。这些农民起义被西北豪强势力瓦解和镇压之后，经过激烈的兼并战争，形成了马腾与马超父子集团、韩遂集团、梁兴集团、杨秋集团等豪强割据势力。曹操经过官渡之战击败袁绍，在拥有中原的基础上，开始考虑进军关中、陇右、河西，以便统一西北地区。当时的西北，各个割据政权仅限于西北地区相互争斗，而没有参与中原角逐，这给曹操各个击破这些割据势力创造了条件。固原地区属于安定郡所辖，处于马超、韩遂

---

[1] 范晔：《后汉书》卷72《董卓传》，中华书局2011年版。

等势力的控制之下，"关中将帅以十数，莫能相一，唯韩遂、马超最强"①。曹操采用分化瓦解、迂回包抄、突然袭击等策略先取关中、再定陇右、最后平定河西，西北地区尽归曹魏政权所有。三国鼎立形成以后，曹魏政权统治西北，在西北设置雍州、秦州、凉州三州，"分河西为凉州，分陇右为秦州，改京兆尹为太守，冯翊、扶风各除左右，仍以三辅属司隶"②，进行有效的行政管辖。雍州，三国时为关中之地，下辖七郡：京兆郡、冯翊郡、扶风郡、汉兴郡、新平郡、安定郡、北地郡。秦州，陇右之地，辖陇西郡、南安郡、汉阳郡、广魏郡、武都郡（后魏属国所有）；凉州，河西之地，辖金城郡、西平郡、武威郡、张掖郡、敦煌郡、酒泉郡、西郡、西海郡。固原地区属于雍州之安定郡，三国时，其治所内徙至临泾（今甘肃镇原县），其中以高平县（今固原市）、朝那（今彭阳古城）、乌氏（今固原市南）为固原地区之中心地带。值得注意的是，由于三国时期安定郡之治所移置临泾，原安定郡治高平城（今固原市）显得十分寂寥，"高平，自移郡人户稍少，至曹魏废"③，说明曹魏政权对于固原地区之控制是十分松散的，固原地区实际上处于少数民族控制之下。司马氏代曹魏建立西晋以后，先后灭蜀汉、东吴，暂时统一南北。西晋统一以后，进一步调整了在西北地区之行政区划，置雍州、凉州、秦州三州。其中雍州地位最为重要，辖七郡：京兆郡，统九县，户四万；冯翊郡，统八县，户七千七百；扶风郡，统六县，户二万三千；安定郡，统七县，户五千五百；北地郡，统二县，户二千六百；始平郡，统五县，户一万八千；新平郡，统二县，户二千七百。④

　　西晋承袭曹魏对固原地区之统治，其行政区划基本同曹魏政权之设，属雍州安定郡。

---

① 陈寿：《三国志》卷 10《荀彧传》，中华书局 2011 年版。
② 房玄龄：《晋书》卷 14《地理志》，中华书局 2011 年版。
③ 乐史：《太平寰宇记》卷 32《关西道》，中华书局 2007 年版。
④ 房玄龄：《晋书》卷 14《地理志》，中华书局 2011 年版。

> 雍州安定郡，统县七，户五千五百。临泾、朝那、乌氏、高平、鹑觚、阴密、西川。刘曜改朔州牧镇高平。姚兴以雍州刺史镇安定。赫连勃勃以雍州刺史镇阴密。凉州牧镇安定。①

依据这则史料，西晋时期固原地区户口较秦汉时期减少许多，这主要源于以下原因：一是这个人口数据没有统计少数民族人口以及被世家大族隐匿的"部曲""私属"，其实"大量户口沦为私家佃客"②；二是此后不久西晋裁撤高平城，另置都卢县（今彭阳县东北）。③高平城的裁撤，使固原地区的政治、经济、文化中心随之内徙，宣告了自秦汉后固原地区作为丝路中心和军事重镇地位的下降，因而大大减弱了内地人口向固原地区流动的趋势。与之相反的是，这又进一步推动了周边少数民族源源不断地迁入固原地区，导致固原地区民族关系更为复杂，而民族大融合实际上成为魏晋以后固原地区之主旋律。

魏晋时期，内迁固原地区的少数民族数量日益增多，这些内迁的少数民族与汉民族交错杂居，民族关系十分复杂。晋武帝泰始六年（270），在固原地区爆发了鲜卑秃发部树机能领导的反抗西晋的斗争。这次反抗斗争之缘由主要有以下几点：一曰固原地区迁徙或者安置数量众多的匈奴、鲜卑等少数民族，其中鲜卑秃发部数量众多，力量最为强大，为反晋斗争奠定基础。二曰西晋推行民族歧视和压迫的民族政策，所谓"非我族类，其心必异"④，是西晋民族政策的写照。这一民族政策很容易激化民族矛盾，引起民族对抗。三曰地方官吏对少数民族统治之残暴，许多地方官吏"或以狙诈，侵侮边吏；或干赏

---

① 赵时春撰，张维补校，李作斌标点、校注：《明嘉靖平凉府志固原资料辑录》，固原市地方志办公室编《明清固原州志》，宁夏回族自治区内部资料出版物 2003 年版，第 593 页。
② 唐长孺：《魏晋南北朝隋唐史三论》，武汉大学出版社 1996 年版，第 30 页。
③ 房玄龄：《晋书》卷 14《地理志》，中华书局 2011 年版。
④ 房玄龄：《晋书》卷 56《江统传》，中华书局 2011 年版。

陷利，妄加讨戮"①，这进一步激化了民族矛盾。如秦州刺史胡烈屯兵高平川，对固原地区少数民族肆意屠戮，迅速激化民族矛盾。四曰严重的自然灾害使得固原地区民众生存艰难。史载，西晋泰始五年（269），河西、陇右一带大旱，"比年不登"②，固原地区旱灾尤为严峻，而西晋政府依然推行高压统治政策，终于导致大规模反抗斗争的爆发。树机能领导的鲜卑秃发部反晋斗争，以高平（今宁夏固原市）为中心，迅速波及陇右、河西及其周边地区，声势十分浩大。这次反抗斗争坚持了十年，最终被西晋镇压，但反抗斗争深刻地推动了西晋时期固原地区的军事与政治变迁。首先，树机能领导的少数民族反晋斗争前后坚持十年，统治阶级"每虑斯难，忘寝与食"③。西晋政府为了镇压反抗，耗费了巨大的人力、财力，这给西晋以沉重的打击。其次，树机能领导的起义斗争虽然最终失败了，但这次起义拉开了少数民族反晋斗争的帷幕，内迁各民族的反抗斗争从此此起彼伏，导致西晋王朝的迅速覆灭，中国历史步入十六国时期，从此改变了中国古代历史的发展进程。最后，反晋斗争的浪潮中，各民族之间交往更为频繁，民族大融合以最为残酷，也最为直接、最为彻底的战争的方式得以实现。尤其是"八王之乱"和"永嘉之祸"以后，西北地区步入长达一个世纪的变乱之中，在西北大地上各个少数民族政权不断更迭，民族融合及其影响力在这一大动荡时代持久而深远，从根本上影响了后世统治阶级的民族思想和民族政策，进一步强化了大一统中国的历史传统和历史观念。

二 十六国时期

十六国时代是一个充满黑暗与动荡，而又烛光炳耀的时代。频繁

---

① 房玄龄：《晋书》卷52《阮种传》，中华书局2011年版。
② 房玄龄：《晋书》卷47《傅玄传》，中华书局2011年版。
③ 房玄龄：《晋书》卷40《贾充传》，中华书局2011年版。

的战争使得这个时代处处呈现黑暗之幕与动荡之殇，而彻底的民族融合又使得这一时代不同以往，多民族一体的民族观念逐渐挣脱世俗之羁绊，开始在这一时代闪出耀眼光芒，是中华民族共同体意识形成的转折时代。

西晋之统一是短命的，根源有二，一是西晋之分封制，二是统治之腐败。西晋之分封制，分封诸王之权力十分庞大，直接控制地方军政大权，拥有了与中央相抗衡的实力——地方实力的壮大与皇室内部权力之争交织在一起，很容易导致统治失序的危险。至于统治之腐败，对于皇权社会而言，大凡腐朽的统治必然导致悲惨的后果，不音多言。"诸王都督州郡军事是'八王之乱'的重要原因，而西晋统治集团上层的糜烂腐败、争权夺利，则是出现'八王之乱'的直接原因。"[1] 西晋之覆亡，还与当时复杂的民族问题交织在一起，尤其是在西北地区，民族问题在西晋建立之初已经演变成为严重的社会问题，然统治阶级对此问题罔知所措，亦无能力解决世纪变换之际复杂的民族问题。

西晋末年爆发的"八王之乱"导致"永嘉之祸"的发生。晋惠帝永兴元年（304），匈奴部族在其首领刘渊统领下于左国城（今山西省离石县）起兵反晋，刘渊自称汉王，建国号曰汉。永嘉五年（311），匈奴破洛阳，俘虏晋怀帝。越五年，西晋建兴四年（316），匈奴破长安，俘晋愍帝，西晋亡。次年，晋皇室司马睿于江南重建政权，史称东晋。西晋灭亡以后，西北及北方地区进入十六国时期。十六国时期的西北地区政权更迭十分频繁，而且在近一个世纪的混乱时代大多数时间处于少数民族政权的统治之下。

前赵：刘汉政权以后取而代之的是刘曜在长安建立的前赵政权。前赵统治范围主要是关中、秦陇之地，固原地区亦归前赵所统治，其

---

① 谷苞主编：《西北通史》第 2 卷，兰州大学出版社 2005 年版，第 74 页。

在固原地区之行政建制十分简约，"以朔州牧镇高平"①，而在固原地区的其他建置史无明载。前赵在建立之初就危机四伏，各路反叛势力前赴后继，响应云集，尤其是"四山氐、羌、巴、羯应之者三十余万，关中大乱，城门昼闭"②。此外，前赵政权还时刻面临河西前凉和河北后赵政权之威胁。328 年，后赵石虎与前赵刘胤决战于义渠（今固原市东南），前赵败，其政权仅仅延续 11 年。

后赵：319 年，即在前赵政权建立次年，羯族石勒在河北自称赵王，定都襄国（今河北邢台市），建立后赵政权。后赵拥有幽、冀、并、青等广阔疆域，其后在四处征伐过程中逐渐收复了黄河以南和河套地区，在疆域上远超前赵。后赵灭前赵以后，又尽据秦陇之地，其统治范围在鼎盛时期南越淮河、北达燕代，西起河西，东至大海，成为当时西北各割据政权面积最大的王朝。后赵统治西北及固原地区之时，政治十分腐败，其残酷暴虐又为各民族激烈反抗，朝局始终动荡不安。石虎病死以后，诸子争夺帝位，内讧不止，石虎养孙冉闵趁机发动变乱，灭后赵而建冉魏，后赵至此寿终正寝。

前秦：永和七年（351）正月，在攻灭后赵的基础上，苻健破潼关而入长安，建国号为"大秦"，史称"前秦"。前秦建立初期逐渐平定各个叛乱势力，尤其是挫败东晋桓温之北伐，使得前秦声名大振，稳固了对关陇之地的统治。前秦苻坚即位以后，在王猛的辅佐之下，对内实行一系列行之有效的改革措施：劝课农桑，兴修水利；惩治贪腐，清明吏治；抑制豪强，与民休养；崇儒兴学，招募人才，成为当时中国北方实力最为雄厚的王朝。前秦的强盛，皆源于王猛之辅佐，史称"王猛治秦"。

　　　　猛宰政公平，流放尸素，拔幽滞，显贤才，外修兵革，内崇

---

① 房玄龄：《晋书》卷 14《地理志》，中华书局 2011 年版。
② 房玄龄：《晋书》卷 103《刘曜载记》，中华书局 2011 年版。

儒学，劝课农桑，教以廉耻，无罪而不刑，无才而不任，庶绩咸熙，百揆时叙。于是兵强国富，垂及升平，猛之力也。①

在王猛的辅佐下，苻坚之前秦迅速走向强大，先后攻灭前燕、前凉、代国，统一黄河流域，并出征西域，西域诸国皆纳于前秦的羁縻治下，前秦之版图"东极沧海，西并龟兹，南苞襄阳，北尽沙漠"②，盛极一时。在强大国力的支撑下，苻坚开始发动统一中国的战争。383年，苻坚率87万大军南下攻晋，在淝水之战中溃败而归。淝水之战的失败对前秦的打击十分惨重，王朝内部一直被掩盖的固有矛盾开始激化，各种反叛势力借机自立，前秦政权迅速土崩瓦解。在前秦原来统治的区域内，出现了许多少数民族割据政权：今河北、山东、山西一带，即原来鲜卑慕容氏前燕的统治区域先后出现后燕、西燕、南燕等割据政权；今陕西、甘肃、固原、宁夏以北、内蒙古伊克昭盟一带的秦陇、河套之地有后秦、西秦、大夏等割据政权；在今甘肃西部的河西走廊和青海的湟水流域出现了后凉、南凉、西凉、北凉、吐谷浑国等割据政权。中原、北方及西北地区，少数民族政权林立，互相兼并，战乱不断，民生疾苦，社会残破。在这一历史期间，统治固原地区的少数民族政权主要有后秦、西秦、大夏。

后秦：淝水之战以后，羌人姚弋仲及其子姚襄、姚苌自安定出兵攻占长安，建立后秦。后秦建立以后，前秦之余众在苻丕的率领下与后秦在秦州、陇东、关中西部、高平（今固原市原州区）、瓦亭（今固原市南）、他楼城（今固原市北）一带展开激烈的争夺战。392年，鲜卑没奕干率六千余户在他楼城降附后秦，后秦封其为车骑将军、高平公，仍驻高平，固原地区纳入后秦统治之下。后秦在姚兴统治时期重用人才、澄清吏治、注重民生，国力不断强盛。姚兴治国，尤在文

---

① 房玄龄：《晋书》卷113《苻坚载记》，中华书局2011年版。
② 释慧皎撰，汤用彤校注：《高僧传》卷5《晋长安五级寺释道安传》，中华书局1992年版。

化上颇有作为：一曰重视儒学，筑十六国时期儒学之繁盛景象，一时之间，"学者咸劝，儒风盛焉"①；二曰崇扬佛学，译经造塔，成时代之风气，佛学在后秦发展成为显学，出现"州县化之，事佛者十室而九亦"②之空前盛况。在姚兴的统治下，后秦虽然一度强大，但与大动荡时期各个割据政权之命运一样，终究避免不了衰落和灭亡的命运。后秦之建国并没有彻底消灭各个割据一方的地方豪强和时时侵扰的少数民族部族，疲于奔命的军事镇压消耗了后秦太多人力与财力，以致国库亏空，民怨四起，再加之因皇位继承问题而频发的同室操戈，导致后秦实力不断削弱，最终在各个反叛势力、少数民族割据政权和东晋的三方打击下，走向灭亡。

西秦：西秦政权是鲜卑族乞伏部所建立，国主为乞伏国仁。陇右、固原地区是其统治的核心区域。西秦相对于其他少数民族政权而言，实力较弱，是一个在夹缝中求生存的少数民族政权。淝水之战以后，乞伏国仁趁机于385年建国，以陇右、固原地区为中心，置十二郡，筑勇士川而居之。③西秦之立国，周边强权林立，西有后凉、南有吐谷浑、东有前后秦、赫连夏，其国生存十分不易。为了生存，西秦对于诸强权采取示弱和好的政策，并在此基础上逐渐壮大力量。即便如此，西秦先亡于后秦，复国以后最终亡于赫连夏。西秦六国，共历四主，国祚47年。西秦对于固原地区的统治亦是阶段性的，尚无明确的史料记载对于固原地区的具体统治状况。

大夏：十六国时期最后统治固原地区的少数民族政权是匈奴铁弗部建立的大夏。前秦时期，匈奴铁弗部据有朔方之地，"控弦之士三万八千"④，逐渐强大起来。407年，匈奴铁弗部首领赫连勃勃率三万众在高平川（今固原市清水河）击杀没奕干，尽收其众，势力大增。

---

① 房玄龄：《晋书》卷117《姚兴载记》，中华书局2011年版。
② 房玄龄：《晋书》卷117《姚兴载记》，中华书局2011年版。
③ 司马光：《资治通鉴》卷106，晋孝武帝太元七年九月条，中华书局2011年版。
④ 房玄龄：《晋书》卷130《赫连勃勃载记》，中华书局2011年版。

同年，赫连勃勃自称大夏王，建元龙升，正式建立起大夏割据政权。大夏国立国之初就十分崇尚武力而卑略儒学，因而四处掠劫、武力扩张是其基本国策。先是破鲜卑薛千等三部，降其众万余人，后攻下后秦三城以北诸戎，攻占敕奇堡（今甘肃平凉市西北）、黄石固（今宁夏固原市东南）、我罗城（今甘肃平凉市西北），在固原地区的统治趋向稳固。自此以后，与后秦在秦、陇之间展开长期争夺，并逐渐取得秦、陇及岭北地区。413 年，大夏筑城于奢延水之北、黑水之南，自以为"方统一天下，君临万邦，宜名新城曰'统万'（今陕西靖边县白城子）"①。417 年，后秦亡，大夏趁机占领长安，进入全盛时期。其时，大夏之疆域"南阻秦岭，东戍蒲津，西收秦陇，北薄于河"②。赫连勃勃崇尚武力，"性凶暴好杀，无顺守之规"③。与前后秦统治者不同的是，赫连勃勃实际上在政治和文化上没有丝毫建树，因而其治下人心不服、矛盾丛生，再加之诸子皇位争夺加剧了其灭亡的步伐，431 年最终亡于北魏。

三　南北朝时期

淝水之战以后，北方重新处于割据混战的局面，源于大鲜卑山（今黑龙江省额尔古纳河南岸大兴安岭北段）的一支游牧部落迅速崛起，其部族首领拓跋珪在牛川（今内蒙古呼和浩特市东南）建立北魏政权。北魏建立以后，通过一系列战争巩固了自己的后方，成为塞北最为强大的政权。396 年，拓跋珪建国立祚，"初建台省，置百官，封拜公侯、将军、刺史、太守、尚书郎以下悉用文人"④，正式拉起天子旌旗。随后，北魏相继攻灭后燕、赫连夏、北燕、北凉，统一北方。

① 房玄龄：《晋书》卷 130《赫连勃勃载记》，中华书局 2011 年版。
② 顾祖禹撰，贺次君校注：《读史方舆纪要》卷 3，中华书局 2005 年版。
③ 房玄龄：《晋书》卷 130《赫连勃勃载记》，中华书局 2011 年版。
④ 魏收：《魏书》卷 3《太祖纪》，中华书局 2011 年版。

北魏统一以后在西北整齐划一行政区划，设置 21 州、76 郡，在固原地区以原州、泾州为核心区域。原州领郡二：高平郡、长城郡；泾州领郡六：安定郡、陇东郡、新平郡、赵平郡、平凉郡、平原郡。对于北魏时期固原地区行政区划之记载，固原地区的方志史料较为详细："元魏太元二年，置原州，寻改郡，属太平。宇文周天和四年，筑原州城，已置总管府隶焉"[①]。"魏置原州、高平郡高平县，又为长城郡。北周筑原州城"[②]。"五胡之乱，务广州郡，安定常属雍州。后又分为泾州、原州，殆一州一郡矣，乃无所属"[③]。为了震慑边疆各族和拱卫京都平城，北魏在边疆重地设置九大军镇：沃野镇（今内蒙古五原县东北）、怀朔镇（今内蒙古固阳县西南）、武川镇（今内蒙古武川县西南）、抚冥镇（今内蒙古四王子旗东南）、柔玄镇（今内蒙古兴和县西北）、怀荒镇（今河北省张北县北）、薄骨律镇（今宁夏灵武县西南）、高平镇（今宁夏固原市）、御夷镇（今河北省赤城北）。北魏之军镇，作为州郡行政区划之补充，显然以军事性质为主，以维护其统治的稳固。尤其是北魏太延二年（436），在原州设置的高平镇（今宁夏固原市），长年驻扎大军，拱卫当时的京都平城，地位十分重要。北魏时期，固原地区民族迁徙与融合频繁，虽然北魏政府在军事和行政上实现了对固原地区的统治，但固原地区乃为五胡争雄地，局面十分复杂。北魏中后期，伴随着统治之腐败以及复杂的军镇问题，终于爆发了声势浩大的六镇起义；作为六镇起义之呼应，西北地区则爆发了著名的高平起义（今宁夏固原市）。

高平起义爆发于正光五年（524），本地酋长胡琛自称"高平

---

① 刘敏宽、董国光纂修，韩超校注：《明万历固原州志》，载胡玉冰主编《宁夏珍稀方志丛刊》，上海古籍出版社 2018 年版，第 100 页。

② 王学伊修，锡麒纂，韩超校注：《宣统新修固原直隶州志》，载胡玉冰主编《宁夏珍稀方志丛刊》，上海古籍出版社 2018 年版，第 51 页。

③ 赵时春撰，张维补校，李作斌标点、校注：《明嘉靖平凉府志固原资料辑录》，固原市地方志办公室编《明清固原州志》，宁夏回族自治区内部资料出版物 2003 年版，第 592 页。

王"，聚众发动起义，一时之间，关陇地区起义风起云涌。胡琛死后，其部将万俟丑奴继任义军首领，与秦州义军联合，先后攻克北魏多所重镇，并收编了秦州义军大部，声势浩大。在这种有利形势下，万俟丑奴在高平（今宁夏固原市）称帝，设中枢，置百官，建年号"神兽"，正式建立起与北魏相对峙的政权。万俟丑奴称帝以后，直接威胁北魏在关中统治之安危，"关中骚动，朝廷深以为忧"①。永安二年（529），万俟丑奴攻克东秦州（今甘肃陇县），次年攻克岐州，继续集结力量伺机进攻关中。此时北魏镇压了河北起义，在镇压河北起义过程中崛起的地方实力派尔朱荣已经控制了北魏政权，遂命其子尔朱天光为骠骑大将军、霍拔岳为大都督，率大军镇压高平起义。双方在武功、安定、岐州、高平等地展开多次激烈交战，最终义军战败，万俟丑奴也被擒杀，历时七年的高平起义宣告失败。

高平起义失败以后，固原地区的政治局势之变迁更为复杂。高平起义虽然被北魏所镇压，但在镇压义军的过程中崛起的两大新军阀直接导致了北魏的分裂。一方是高欢集团，以河南河北为根基，立傀儡元善见为帝，定都于邺（今河南安阳市北），史称东魏；另一方是宇文泰集团，以关陇、原州为中心，立傀儡元宝炬为帝，定都长安，史称西魏。在镇压高平起义过程中，宇文泰以经略原州为根基逐渐控制整个关陇地区，成为西魏的实际统治者。宇文氏家族的崛起过程，与固原地区息息相关。一方面，宇文泰在镇压高平起义过程中，积累了实力，在原州奠定了坚实的政治与军事基础；另一方面，宇文家族关陇集团形成过程中，与原州"三杰"蔡祐、李贤、田弘的辅佐紧密相关。正如薛正昌所言：

> 原州，是宇文泰关陇统治集团形成过程的根基，也是其统一关陇期间进退可资凭借的地方。西魏、北周政治与军事力量的核

---

① 令狐德棻：《周书》卷14《霍拔胜传》，中华书局2011年版。

心是关陇集团。原州"三杰",是宇文泰关陇统治集团形成过程中不可多得的战将和智囊,他们西征东战,冲锋陷阵,为宇文氏政权的巩固,为平定蜀汉,统一北方奠定了坚实的基础。①

西魏在宇文泰卓有成效的治理下,据有关陇、河西、河套之地,与东魏隔河而峙,政权日益巩固。西魏恭帝三年(556),宇文泰病死,其子宇文觉废恭帝而自立,改国号曰周,史称北周。在北周统治固原地区的二十余年间,基本上无战事,获得了休养生息的空间。西魏、北周时期,固原地区行政区划基本沿袭北魏之设。固原地区仍设原州,领高平、长城二郡。平高郡(西魏改高平名为平高)治平高县,辖平高、默亭二县;长城郡治黄石固(今彭阳县红河),辖黄石、白池二县。北周时期,固原地区行政区划最大的变化是设置原州总管②,原州总管节制数州之军政、民政,为地方高级军政长官,权势甚重而地位越高,非北周功绩显赫者而不得任,标识原州在北周的独特地位。周武帝即位以后,致力于发展内政军事,国力进一步增强。③ 577年,北周灭北齐,重新统一北方。

第二节 乱世潜流中的丝绸之路与魏晋南北朝时期固原地区社会发展

魏晋时期丝路畅通,在固原地区生活着数十个民族,这些民族与伴随着丝路贸易而来的各民族之间、交往频繁、互利互惠、各得其所,使得丝绸文明闻名天下,固原地区作为丝路重镇的地位进一步确立。在这一时期,固原地区丝绸之路的发展最凸显的表征就是该地区的军事与政治经略、民族交往与民族融合、经济开发与文化变迁等领

---

① 薛正昌:《固原历史地理与文化》,甘肃文化出版社1998年版,第127页。
② 魏徵:《隋书》卷29《地理志》,中华书局2011年版。
③ 令狐德棻:《周书》卷1《文帝纪》,中华书局2011年版。

域深度、广度及影响力均远超往昔。概而言之，魏晋时期丝绸之路的发展，促进了固原地区政治、经济、文化、民族等多层面的深刻变迁。

一　魏晋南北朝时期固原地区丝绸之路概况

魏晋南北朝时期的中国乃大动乱时代：中原地带群雄并起，战乱不休，割据政权此起彼伏，互相杀伐，社会失势，民不聊生；西域地区亦是四分五裂，莫有统属，"魏晋之后，互相吞灭，不可复记焉"①。游牧部族如鲜卑、柔然者趁机染指西域，使得西域态势更为扑朔迷离。这一时代，中原地区虽间或有短暂的统一王朝出世，然多周旋于巩固政权、镇压反对势力之旋涡中而不得自拔，基本无力顾及经略西域。中原王朝与西域之关系步入十分微妙的时代："在北魏万度归伐取鄯善、焉耆从而确立北魏对西域地区的有力统治之前，中原王朝与西域的关系已不如两汉时期那样密切，只是保持着一种不绝如缕的疏松关系。"② 即便如此，中原与西域、中亚乃至欧洲之丝绸之路交往并没有因为战乱与动荡完全阻隔。究其原因：一是丝绸之路自西汉张骞与东汉班固凿空并拓展以来，两汉对西域之经略已经使得西域地区与中原连为一体，战乱与动荡无法阻止商旅驼铃与教士佛音往来其间。二是由于魏晋时期，"阻碍丝路贸易发展的匈奴贵族已经衰败远遁，代之而起的鲜卑贵族势力又没有匈奴那样强大，所以这时期西域与内地的交通，中亚以及欧洲与中国之间的来往，并未断绝"③。三是在魏晋时期亦有相对安定的统一时期，如曹魏、西晋、北魏、北周等政权依然保留了与西域之关系，丝绸之路在官方的政治与商业交往层面在一定时期依然通连。就西北地区而言，河西地区诸少数民族政权（如诸凉）与西域之关系虽偶有断绝，但大部分时间基本上保

---

① 魏收：《魏书》卷 120《西域传》，中华书局 2011 年版。
② 谷苞主编：《西北通史》第 2 卷，兰州大学出版社 2005 年版，第 239 页。
③ 杨建新、芦苇：《丝绸之路》，甘肃人民出版社 1988 年版，第 28 页。

持较为紧密的联络状态，而且两汉时期的丝绸之路在魏晋时期更有不同程度的拓展。

三国曹魏时期，丝绸之路有新的道路开辟，在张骞通西域开辟的南道与北道的基础上，开辟出第三条通道，即中道。史载：

> 从敦煌玉门关入西域，前有两道，今有三道。从玉门关西出，经婼羌转西，越葱领（岭），经县（悬）度，入大月氏，为南道。从玉门关西出，发都护井，回三陇沙北头，经居卢仓，从沙西井转西北，过龙堆，到故楼兰，转西诣龟兹，至葱领（岭），为中道。从玉门关西北出，经横坑，辟三陇沙及龙堆，出五船北，到车师界戊己校尉所治高昌，转西与中道合龟兹，为新道。①

这三条通道通连着西域诸多小国，丝路南道上分布着且末、小宛、精绝、楼兰、鄯善、捍弥、渠勒、于阗、戎卢、皮山等政权；丝路中道上点缀着龟兹、莎车、碣石、疏勒、姑墨、捐毒、满犁、西夜等政权；丝路北道上逶迤着车师（后部王）、单桓、东且弥、西且弥、毕陆、乌贪等政权。曹魏统一西北以后，疏通与西域的丝路交通，先后设置戊己校尉和西域长史管辖西域事务，保障丝绸之路的畅通。戊己校尉的设置由来已久，自西汉宣帝时期设置以后，几经废置，曹魏统一河西以后，再次打通丝路通道，重新设置戊己校尉，治高昌，"西域遂通，置戊己校尉"②。戊己校尉设立不久，曹魏又在丝路南道上的楼兰故地设置西域长史府，进一步加深了与西域之交往。③曹魏时期，通连西域有两大据点显得十分重要，一个是敦煌，以敦煌为据点，丝路三道皆发之敦煌，再出河西走廊通连西域；另一个是原

① 鱼豢：《魏略》卷22《西戎传》，转引自余太山《魏略·西戎传要注》，《中国边疆史地研究》2006年第6期。

② 陈寿：《三国志》卷2《魏书·文帝纪》，中华书局2011年版。

③ 周伟洲：《中国中世纪西北民族关系史》，西北大学出版社1992年版，第88页。

州，原州为丝绸之路东段北道的交通要道，实际上有两条丝路通道皆经过原州，原州之萧关作为关中北面之屏障，由此西入河西走廊而南下关中长安，再进入中原地区，成为丝绸之路名副其实的中转站，在丝路交往中起着举足轻重的作用。当然，曹魏与西域之交往频繁与亲密程度远逊两汉，史籍所载西域诸国往来曹魏贡使寥寥可数，西域数十国中仅有焉耆、龟兹、于阗、鄯善、大月氏等五国与曹魏有一两次官方层面的朝贡或者贸易往来，这种局面正契合了杜佑之言："爰自魏及晋，中原多故，西域朝贡多不过三数国焉。"[1]

司马氏取代曹魏以后，建立西晋政权，实现了暂时的南北统一，开始着手经略西域，其在西域延续曹魏之制，设置戊己校尉（治高昌）、西域长史（治楼兰），作为经略西域的两大政治机构，负责在西域地区的屯田戍守、民政事务以及诸国之交往事宜。西晋时期丝绸之路基本畅通，在丝路南北两道的诸多西域王国均与西晋建立朝贡贸易关系，如鄯善、焉耆、疏勒、龟兹等国均向西晋"贡献方物"，甚至有些西域王国纳子入质，"龟兹、焉耆国遣子入侍"[2]，以加强与西晋之关系。西晋亦册封西域王国之首领以"晋守侍中""奉晋大侯""大都尉"等官职，甚至中亚地区的大宛亦被西晋册封为"大宛王"之称号。通过这一系列政治层面的交往，充分说明西晋时期丝绸之路畅通，与各国往来频繁，丝路南北两道以及中亚部分地区受到西晋王朝的控制和影响。正如杨建新、芦苇在《丝绸之路》一书中所描述的。

西晋时期，河西、西域交通畅通，到内地的各地商人络绎不绝。现在新疆维吾尔自治区民丰县尼雅河下游一带，是当时丝路的一个重要关口，这里出土了许多西晋政府发给内地、西域和外

---

① 杜佑：《通典》卷191《边防七·西戎三》"西戎总序"条，中华书局1988年版。
② 房玄龄：《晋书》卷3《武帝纪》，中华书局2011年版。

国商人的"过所"，过所上注明持证人的姓名、年龄、面貌特征、服装、所带商品及商人的族别或国别。在这些发现的"过所"中，"月氏胡"（即今阿姆河流域一带的商人）所持的"过所"就有两件。还有一片"过所"残简记载："口人三百一十九匹今为住人买采四千三百廿六匹"。文中所说"三百一十九匹"可能是指丝绸，也可能是指马、骡等牲畜，"买采四千三百廿六匹"，显然是指带颜色的织物。在丝路上一次就可运输这样多的丝绸，可见当时丝绸贸易量之大，商人往来之多和丝路繁荣的景象了。[①]

西晋对于西域之经略十分短暂，在八王之乱前后，鲜卑秃发部在河陇、西域崛起，尤其是树机能在固原地区安定郡一带领导的起义爆发，实际上阻隔了中原地区与西域的丝绸之路通道，丝路交往暂时中断。但呈现的事实是，在少数民族控制的河陇之地，与西域之间的交往依然畅通无阻，这种状况一直存在于整个十六国时期。

十六国时期，西北地区割据政权林立，这些政权都在一定程度上保持着与西域之往来，丝绸之路虽时有断绝，但总体上依然保持畅通。前秦设置护羌校尉管理西域事务，并以吕光为大都督率大军远征西域，先后攻破高昌、焉耆、龟兹等国，兵锋所至，"诸国惮光威名，贡款属路……桀黠胡王昔所未宾者，不远万里皆来归附"[②]。吕光以河西为中心建立后凉政权以后，继续推行经略西域的政策，但唯其统治残暴，引起西域诸国强烈反抗，实际上对于西域的控制已经大大松弛，但丝绸之路通道依然没有完全断绝，与于阗等国颇有往来。西秦、后秦、南凉、西凉、北凉等政权皆在一定程度上维系了与西域之关系。而伴随着丝绸之路的畅通，在西北地区形成了几个重要的商贸据点，河西走廊上的敦煌、张掖、武威、酒

---

① 杨建新、芦苇：《丝绸之路》，甘肃人民出版社1988年版，第29页。
② 房玄龄：《晋书》卷122《吕光载记》，中华书局2011年版。

泉以及高平（今宁夏固原市）成为这一时期重要的商贸据点，尤其是固原地区演变而成通联关中、河西走廊、西域的中转站，商贸地位十分突出。丝绸之路的繁盛促进商业的繁荣，而商业之繁荣又促进社会多层面的变迁，尤其是民族方面，各民族间交往的深入自然而然地强化了民族之间融合。如北凉时期，葱岭以西的粟特等国（今阿姆河、锡尔河）商人沿着丝绸之路进入中国，大量粟特人定居于姑臧、高平等地，与当地人融合，逐渐华化，成为丝绸之路上民族交往与融合的典范。

北魏统一西北以后，加强了对西域之经略，丝绸之路承袭两汉传统，重新焕发荣光。丝绸之路在这一时期具有鲜明的四大特征：一是进一步拓展了西北地区与北方丝绸之路通道，尤其是草原丝绸之路在北魏时期与陆上丝绸之路逐渐连为一体，互相影响，互相促进，共同创造了繁盛的丝绸之路文明。二是丝绸之路恢复了两汉时期的贡赐双向交流与贸易，一方面，西域、中亚、西亚诸国贡使和商人沿着丝绸之路来到中国出使和经商，另一方面，北魏政府亦派遣使者出使西域，大大强化了中原与西域之交往，如435年、437年，北魏两次分别派遣王恩生、董琬出使西域和中亚各地，到达乌孙、破洛那（今乌兹别克斯坦费尔干纳）、者舌（今乌兹别克斯坦塔什干）等地区。三是北魏在其都城洛阳及其周围设置专门接待各地使者和商人的官方机构"四夷馆"：金陵、燕然、扶桑、崦嵫，专门处理外商事宜，说明西域和中亚来华使者和商人数量增加。事实上确实如此，北魏时期来华使者和商人数量十分庞大，远超前代。在当时的都城洛阳，来华商人云集，除了西域之外，大秦（罗马帝国）之商人亦经丝绸之路活跃在中土，"乐中国风土，因而宅者，不可胜数"[①]。而且在洛阳还设有专门供西域和外国商人买卖的市场，称为"四通市"，各种商品琳

---

① 杨衒之撰，周祖谟校释：《洛阳伽蓝记》第3卷，中华书局1963年版，第121页。

琅满目，"天下难得之货，咸悉在焉"①，商业贸易之繁华足见一斑。四是北魏时期丝绸之路形成了多处商业贸易中心，除了京都洛阳以外，河西走廊诸城镇和固原地区依然是当时重要的商贸集中地。尤其是固原地区，"当时有不少使者、商人是经由高平（今固原市）前往洛阳的"②，这充分说明固原地区当时是通联西域与中原的丝绸之路商业贸易中转站。北魏建义元年（528），波斯使者进贡北魏狮子一头，经高平被当时高平起义首领万俟丑奴截留，起义被镇压后，这头贡献的狮子由高平送往洛阳③，外商和使者往来中国的路线再次印证了固原地区在北魏处于丝绸之路中转站的事实。然而事实也确实如此，北魏时期固原地区作为中西交流的中转站，这里外国商人和使者往来不绝，推动了中西交往。自 20 世纪 80 年代以来固原地区的考古发现，亦有力证明了北魏时期固原地区是丝绸之路重镇和中外商业贸易中转站。1981 年考古工作者在固原市南郊发现北魏墓葬，墓葬中出土一枚银币，罗丰对这枚萨珊银币背面右侧铭文进行了识别考辨，认为这枚银币是波斯萨珊朝俾路斯王时（459—484）所铸造。④ 1983 年在固原市南郊深沟村发掘了北周李贤夫妇墓，在墓葬中发现来自伊朗高原萨珊玻璃器⑤、波斯鎏金壶⑥等物品。这些珍贵文物的发掘，是北魏、北周时期固原地区作为丝绸之路商贸中心的最好见证，亦是当时中国与中亚、西亚诸国通过丝绸之路友好往来的证明，充分说明固原地区在中西交往中的桥梁作用。

---

① 杨衒之撰，周祖谟校释：《洛阳伽蓝记》第 3 卷，中华书局 1963 年版，第 121 页。

② 陈育宁：《宁夏通史》，宁夏人民出版社 1993 年版，第 84 页。

③ 魏收：《魏书》卷 103《西域传》，中华书局 2011 年版；另见《洛阳伽蓝记》第 5 卷，中华书局 1963 年版，第 179 页。

④ 罗丰：《宁夏固原出土的外国金银币考述》，《故宫文物》1995 年第 4 期。

⑤ 安家瑶：《北周李贤墓出土的玻璃碗——萨珊玻璃器的发现与研究》，《考古》1986 年第 2 期。

⑥ 罗丰：《北周李贤墓出土的中亚风格鎏金银瓶——以巴克特里亚金属制品为中心》，《考古学报》2000 年第 3 期。

二 魏晋南北朝时期丝绸之路与固原地区经济开发

魏晋时期，丝绸之路的畅通促使西北和固原地区经济不断发展，而在经济领域最主要特征就是这一时期诸多政权对于西域、河陇之地的屯田开发、牧业开发以及移民实边，深刻地促进了西北以及固原地区历史与社会变迁。

伴随着丝绸之路的畅通，魏晋在西域诸国的屯田是十分普遍的行为，依据现已出土的木简及纸文书所反馈的信息，魏晋时期在西域之屯田主要集中在楼兰、高昌、尼雅等地。关于楼兰屯垦情况，根据侯灿的考证，魏晋时期反映在楼兰吏士屯垦戍守的木简有10件，这些木简涉及内容包括垦种、牧养、作工、戍卫等诸多方面。而且侯先生进一步认为：

1. 曹魏西晋时期，在楼兰遗址不但设置长史，而且设置都督。长史的主要任务是管理戍守屯垦，而都督之职可能是统帅管理西域诸国的军队。

2. 楼兰出土的许多魏晋时期的纪年简和中央朝廷的诏令文书，表明曹魏西晋对经营西域的重视，楼兰与当时的中原王朝有着不可分割的隶属关系。那种认为西晋时期中原王朝无力经营西域的看法，是缺乏根据的。

3. 楼兰地区的吏士，除了耕垦、牧养、作工、戍卫之外，也从事一些买卖活动，有的官吏还使用奴婢，出租土地。[①]

关于高昌屯田，相关汉文文书均有记载。[②] 唐长孺解读汉文文书认为："两部（屯田）是否包括高昌全境不可知，但已包括很大地区

---

① 侯灿：《楼兰新发现木简纸文书考释》，《文物》1988年第7期。
② 唐长孺主编：《吐鲁番出土文书》（第1册），文物出版社1988年版，第138页。

是可以肯定的"①。关于尼雅屯田虽然没有明确的记载，但根据斯坦因的解读，魏晋时期中原王朝在尼雅驻扎有军队，实行两套行政管理系统，屯田是显而易见的行为。

> 大量汉文文书记述这样一些非常琐碎的事务，它似乎说明，中国在这个时期对该地区的控制，不止单纯地限于军事占领。但中国设在像尼雅遗址这样一些地方的治所，与当地政府之间，在职能上有哪些划分，在细节上我们一直尚未探究明白。但无论如何，根据我们了解到的中国对西域的控制方法，使我们先验地推定，当地统治者和他的政府代理人，在有关当地居民直接事务的共同管理中占优势。那些古代垃圾堆中发掘出来的东西，似乎明显地例证了这一观点。根据佉卢文和汉文文书整个混杂在一起的情况判断，两套行政管理系统同时并行是毫无疑问的。然而佉卢文书在数量上的压倒多数表明，由本地政府管理的事务范围，应广泛得多。②

魏晋时期，中原王朝在西域设置有专门管理屯田的机构大司农，管理全国包括西域地区的仓储、农业、水利、屯田等事宜，当然对于西域屯田而言，除了受到大司农的管辖以外，还受到敦煌太守、戊己校尉、西域长史等直接管辖。

北魏统一以后，在西域地区广泛屯田，根据《吐鲁番出土文书》的记载，北魏在高昌之屯田尤其兴盛，通过对文书信息的解读，可以明确关于屯田管理人员具体情况。屯田管理人员有"屯田参军""屯田司马""屯田吏"等；关于屯田区域，涉及高昌王国的交河郡、南

---

① 唐长孺：《山居存稿》，中华书局1989年版，第383页。
② ［英］斯坦因：《尼雅河尽头以外的古遗址》，王庭恺译，载韩翔、王炳华、张临华主编《尼雅考古资料》（内部资料，1988年），第96页。

平郡、永安县等 7 个郡县，范围十分广泛；关于屯田分类，主要分为两大类，一类是军屯，另一类是民屯，"民屯由令尹总管，祠部及五威将军领导，侍郎、校郎、通事会史等负责组织，各地由城主、县令负责，屯田吏、田曹、水曹等进行管理。高昌王国设有屯田司马、屯田参军，说明有军屯，军屯也由令尹总管，祠部、兵部、虎威将军领导，屯田司马、屯田参军负责组织，各部队由部队长官负责。"①

　北魏在固原地区之屯田和屯牧具体状况虽史无明载，但从间接的史料记载依然可以一窥其基本状况。关于屯田，北魏太平真君七年（446），朝廷诏令安定、统万、高平、薄骨律四镇给沃野镇提供军粮五十万斛。② 太平真君九年（448），朝廷又准许征南将军刁雍奏请在河西"造城储谷，置兵备守"③ 之建议。这两件史实说明，在北魏时期，固原地区屯田获得了很好的成效，粮食不但能够自给，而且有能力提供余粮作为军粮，尤其是置兵备守的决策意味着在固原地区分布着较为广泛的军屯，唯惜关于固原地区有关屯田的直接史料尚无发现。此外，据《元和郡县图志》的记载，北魏曾于胡地城北设置弘静镇，"徙关东汉人以充屯田，俗谓之汉城"④，可见迁徙内地汉人至边疆屯田是北魏开发边疆的重要手段，亦充分说明北魏时期在广阔的边疆地区，包括固原地区移民屯田是普遍的事实。北魏分裂为北周、北齐以后，继续在固原地区推行屯田的基本政策。如武成帝河清三年（564）针对边疆重镇颁行屯田令，其曰："沿边城守之地，堪垦食者，皆营屯田，置都使，子使以统之。一子使当田 50 顷，岁考其收入，以论褒贬。"⑤ 这个诏令明确要求在边镇设置专门官员推行屯田，并且把官员屯田的成效纳入考核之中，在很大程度上促进了边镇屯田

① 赵予征：《丝绸之路屯垦研究》，新疆人民出版社 2010 年版，第 70 页。
② 魏收：《魏书》卷 38《刁雍传》，中华书局 2011 年版。
③ 魏收：《魏书》卷 38《刁雍传》，中华书局 2011 年版。
④ 李吉甫撰，贺次君点校：《元和郡县图志》卷 4，中华书局 1983 年版，第 91 页。
⑤ 魏徵：《隋书》卷 24《食货志》，中华书局 2011 年版。

事业的发展。固原地区作为边镇要塞，为解决戍守士兵给养问题而广泛屯田是理所当然之事。尤其是李贤主政固原地区之时，"乃大营屯田"，军粮能够自给，同时"多设斥候，以备寇戎"，震慑沿边少数民族，"羌浑敛迹，不敢向东"①。在屯田自给的同时，亦强化了边疆镇守的力量，为中原王朝经略边疆奠定了坚实的基础。北魏时期固原地区之屯田，首先加速了固原地区农业开发和种植水平的更新换代，大大提升了人们的生活水平；其次，屯田开发促进了农耕民族与游牧民族之融合，促使固原地区形成了独具特色的文化景观；最后，屯田开发大多是政府主导下的官方行为，管理屯田的机构亦管理当地民政，深刻地促进了固原地区的社会政治结构。

魏晋时期，对于固原地区的经济开发，除了屯田以外，最为重要的就是屯牧。自秦汉以后，固原地区就是中原王朝及少数民族在西北的重要屯牧基地，地位相当重要。尤其是在大动荡时代，固原地区演变成为多民族融合之所，鲜卑、匈奴、羌人、柔然等少数民族部族散居于固原地区，这些民族本身就擅长屯牧，再加上固原地区水草丰美，拥有天然的适宜发展畜牧业的自然环境，因而畜牧业发展十分迅速。史载，"世祖之平统万，定秦陇，以河西水草善，乃以为牧地"，"畜产滋息，马至二百余万匹，骆驼将半之，牛羊则无数。"②北魏孝文帝时，固原地区的畜牧业规模依然庞大，成为战马主要来源，"恒置戎马十万匹，以拟京师军警之备"，"每岁自河西徙牧并州，以渐南转，欲其习水土而无死伤也"，大批战马运输至南方，即便运输途中折损许多，但依然没能影响固原地区战马的繁殖，"而河西之牧弥滋矣"。③足见北魏时期固原地区畜牧业之发达。自20世纪80年代以来，在固原地区发现的多处北魏墓葬，如固原北魏漆棺画墓、彭阳新集北魏墓、固原寨科乡北魏墓等出土有

① 令狐德棻：《周书》卷25《李贤传》，中华书局2011年版。
② 魏收：《魏书》卷110《食货志》，中华书局2011年版。
③ 魏收：《魏书》卷110《食货志》，中华书局2011年版。

陶牛车等文物，进一步印证了固原地区畜牧业发展的繁荣状况。畜牧业之繁荣对于推动固原地区社会嬗变的影响十分明显：首先，进一步增强固原地区边疆重镇的地位，尤其在冷兵器时代战马的地位十分重要，固原地区成为官方重要的牧马基地，必然会促进其军事战略地位的上升，官方的统治势力亦不断加强，从而推动固原地区各项社会变革，使其与中原地区融为一体；其次，官营之牧马与民间之牧马同向发展，加速了固原地区经济发展以及经济结构的演变，形成独具特色的经济开发之路，从根本上改变了固原地区的经济发展模式；最后，固原地区畜牧业之开发亦大大推动了民族融合的趋向，大凡少数民族以畜牧见长，他们迁徙汇聚于固原地区，在中原王朝的统治下，各民族逐渐融合，意义非凡。

移民实边亦是魏晋时期开发固原地区的重要举措。从本质上言之，移民实边与屯田在性质上是一致的，但对于当时的固原地区而言又具有其独特性。魏晋时期，固原地区移民实边分为两类：一类是少数民族的迁徙与安置，这是移民实边的主要形式。固原地区在魏晋南北朝时期是典型的五胡争雄地，民族战争与民族迁徙十分频繁，从根本上改变了固原地区的民族成分与社会结构。这一时期固原地区先后处于前赵、后赵、前秦、后秦、大夏、北魏、北周、北齐诸少数民族政权的统治之下，同时亦爆发多次起义，如高平起义、鲜卑树机能起义。每一个少数民族政权的统治及每一次民族战争都毫无例外地促进了固原地区的民族迁徙与融合。史载：北魏攻破赫连昌，很多少数民族被安置在汉富平县（今宁夏永宁县南），因号"胡城"[1]，"赫连龙升七年，于是水之北，黑水之南，遣将作大匠梁公叱干阿利改筑大城，名曰统万城"[2]。为保障固原地区的军事与政治地位，北魏又迁徙敕勒三万家于河西诸地。[3] 皇兴四年（470），北魏收降柔然万户，

---

① 李吉甫撰，贺次君点校：《元和郡县图志》卷4，中华书局1983年版，第91页。
② 郦道元撰，陈桥驿译注：《水经注》卷3，中华书局2009年版，第21页。
③ 魏收：《魏书》卷28《刘洁传》，中华书局2011年版。

分徙其众于高平（今固原市）、薄骨律等重镇。① 6 世纪初，高车（敕勒）国破，北魏纳高车降众，安置于高平镇。② 因而言之，五胡十六国时期，固原地区之民族迁徙与安置十分频繁，成为这一时期固原地区的主旋律。另一类是内地汉人迁徙至固原地区，这一类徙民之数量相对而言较少，主要是中原王朝在边疆屯田开发而主导的移民实边行为。这些徙民把先进的农耕技术播撒到固原地区，迅速促进了固原地区农业发展，加速了固原地区民族融合。

三　魏晋南北朝时期丝绸之路与固原地区民族融合

魏晋南北朝时期，对于整个西北地区而言不啻是民族大融合的时代，固原地区作为当时的西北边疆重镇，亦是丝绸之路重镇，民族大融合之趋向首当其冲。纵观我国古代社会，丝绸之路推动了西北地区的历史变迁进程。换言之，丝绸之路成就了西北地区的历史，对于固原地区而言更是如此。丝绸之路甚至对于整个人类历史而言都产生了深远的影响，"自西亚经叙利亚连接欧洲及北非的丝绸之路，因为是连接三个大陆的道路，所以其领域辽阔而复杂，有无数的民族与这条道路发生了关系。其规模之宏大，要说整个人类的历史与之有关也毫不过分"③。

魏晋时期，对于固原地区而言，丝绸之路推动政治与军事改革，促进经济开发，但最持久最深刻的影响就是促进了民族大融合。

魏晋时期，固原地区居住着羌、匈奴、大月氏、氐等少数民族，与境内之汉民族融合程度甚高，伴随着民族战争，沿着丝绸之路，大量少数民族亦进入固原地区，更加深了固原地区民族大融合，形成了"西北诸郡皆成戎居"的鲜明格局。曹魏统一固原地区以后，凉州

---

① 魏收：《魏书》卷 58《杨播传》，中华书局 2011 年版。
② 魏收：《魏书》卷 103《高车传》，中华书局 2011 年版。
③ ［日］长泽和俊：《丝绸之路史研究》，钟美珠译，天津古籍出版社 1990 年版，第 2—3 页。

（今甘肃武威）匈奴休屠胡梁元碧率两千余户归附曹魏，时任雍州刺史的郭淮徙置其众于高平（今固原市），并置西川都尉监护之。① 两晋时期，固原地区的民族融合逐渐进入高潮，出现大规模民族迁徙的盛况，尤其是鲜卑的迁入，深刻地改变了固原地区历史进程，揭开了魏晋时期固原地区风云变幻的历史。史载，西晋泰始二年（266），鲜卑鹿结部七万余众徙至高平城。② 鲜卑鹿结部与原先迁入固原地区数量众多的"河西鲜卑""陇西鲜卑"互相斗争与融合，使得鲜卑族势力大增。西晋泰始年间，河西、陇右大旱，固原地区更甚，饿殍遍野，民不聊生。时任秦州刺史的胡烈屯兵高平，对饥民之反抗采取残酷的镇压，终于导致以树机能为首的鲜卑族大起义。鲜卑人的反抗斗争加速了西晋之灭亡，尤其在反抗过程中，包括汉民族在内的各民族贫苦人民都自觉地汇集到反抗大军中，客观上加速了固原地区民族大融合。十六国时期，固原地区是典型的"五胡争雄地"，匈奴、鲜卑、羯族、羌人、氐族先后以固原及其周边地区为核心建立少数民族政权。其中，前赵、后赵、前秦、后秦、大夏等政权直接统治固原地区，这些政权长期混战，使得固原地区社会残破，经济遭到严重破坏，但"各族统治者先后采用和实施汉化措施，以及统治者组织的数次人口大迁徙，缘此，宁夏南部大地上出现了格局更为复杂宏大的民族融合、文化融合"③。在这期间，迁入固原地区的鲜卑部族众多，除了"河西鲜卑""陇西鲜卑"，还有鲜卑秃发部和鲜卑乞伏部，其中秃发部建立了南凉政权，而起伏部建立了西秦政权。鲜卑乞伏部首领没奕于长期据有高平，史载："屯山（高平西）鲜卑别种破多兰部世传主部落，至木移于（没奕于）有武力壮勇，劫掠左右，西及金城（今甘肃兰州），东侵安定（今甘肃泾川北），数年间诸种患之。"④

① 陈寿：《三国志》卷26《郭淮传》，中华书局2011年版。
② 房玄龄：《晋书》卷38《乞伏国仁载记》，中华书局2011年版。
③ 徐兴亚：《西海固通史》，宁夏人民教育出版社2012年版，第99页。
④ 魏收：《魏书》卷103《高车传》，中华书局2011年版。

鲜卑没奕于部以高平为基地，长期与前秦、后秦等政权周旋，进一步促进了固原地区的民族融合。值得注意的是，十六国时期，匈奴铁勒部亦大量迁徙至固原地区清水河一带，并以高平为基地建立大夏政权。大夏政权之建立，正是在融合鲜卑乞伏部、鲜卑薛千部等诸多少数民族的基础上强大起来的。实际上，整个魏晋时期，民族融合主要以各民族在战争中相互兼并的复杂途径形成的。因而，对于十六国时期民族融合的历史进程而言，显而易见的历史事实是：

> 十六国时期，一方面生产遭到严重破坏，人民陷入水深火热之中；而另一方面，却引起各族人民进一步杂居，经济生活日趋一致，特别是与汉族人民的生活渐趋一致，中华各族的一体化意识加强，落后民族实现了民族过程的超越式发展，促进了我国西北社会的迅速进步。①

北魏统一以后，固原地区民族关系更趋向复杂化。北魏在统一过程中，在固原地区安置了诸多降服的少数民族，如柔然、敕勒等部族。这样，在固原地区杂居的少数民族有汉、鲜卑、匈奴、敕勒、柔然、氐、羌及其他杂胡，各民族交错杂居，互相交往，互相融合，形成蔚为壮观的民族大融合态势。在古代社会，战争是民族融合最直接、最有效、最彻底的方式。在北魏统治固原地区期间，由于政治之腐败，爆发了由胡琛和万俟丑奴领导的高平大起义，这次起义汇集了包括汉民族在内的诸多民族，各族人民在反抗北魏暴政的过程中，紧密团结，英勇战斗，极大地推动了民族融合。北魏分裂以后，在西魏、北周统治之下，统治阶级通过恢复社会经济、移民屯田等措施推动固原地区民族融合持续前进。

必须强调的是，三国魏晋南北朝时期，推动固原地区民族融合的

---

① 杨建新、马曼丽：《西北民族关系史》，民族出版社1990年版，第170页。

持久力量实际上源于各个少数民族政权推行的汉化政策。马克思言："野蛮的征服者总是被那些他们所征服的民族的较高文明所征服。"①魏晋乱世，五胡入主中原，先后建立少数民族政权，"而或崇尚儒术，建设学校，明饮射之礼，旌鸿硕之才"②。这些少数民族政权在统治过程中，大多数受到汉族先进的经济与文化影响，十分乐于遵从儒学、争为正统、推行汉化，从文化上推动了民族大融合。前凉统治河西之时，"课桑农，拔贤才"，"立学校以教之，春秋行乡射之礼"。③前秦苻坚统治时期，推行劝课农桑，广兴学校，招纳贤才，使得国力迅速强盛。后秦在姚兴统治时期，遵循汉官法制，广开言路，大兴儒学，形成"学者咸劝，儒风盛焉"④ 的繁荣局面。匈奴赫连氏以固原地区为中心建立大夏政权以后，虽然崇尚武力而轻慢儒学，但在沿袭传统的文官制度以及重用汉人方面颇有建树，这也是大夏政权能够强盛起来的基础。其后氏族建立的后凉政权、鲜卑秃发氏建立的南凉政权、沮渠氏建立的北凉政权都在一定程度上实施了汉化政策，加速了民族融合之趋向。而对于汉化政策之推行，最为彻底的当是北魏孝文帝之改革。北魏统治时期，不断吸收汉人先进的政治、经济、文化等各方面的制度建设，尤其在文化上重用汉族士人，一大批"德行清美，学优义博"⑤ 的儒学饱学之士受到重用，成为辅佐北魏推行汉化政策及北魏政权封建化进程的重要力量。西魏、北周统治固原地区时期，原州（今宁夏固原市）人李贤注意文化建设，力主推行汉化政策，深刻地推动了固原地区各民族的大融合。总而言之，魏晋南北朝时期，各个少数民族政权都在不同程度上推行汉化，以儒治国，彰显正统固疆安民，从本质上促进了各民族大融合，并为此后大一统时代

---

① 马克思：《不列颠在印度统治的未来结果》，《马克思恩格斯选集》第 2 卷，人民出版社 1972 年版，第 70 页。

② 王钦若：《册府元龟》卷 228，中华书局 1982 年版。

③ 汤球：《十六国春秋辑录补》卷 67《前凉录·张轨》，中华书局 1985 年版。

④ 房玄龄：《晋书》卷 117《姚兴载记》，中华书局 2011 年版。

⑤ 魏收：《魏书》卷 3《太宗纪》，中华书局 2011 年版。

的到来奠定坚实的基础。

四　魏晋南北朝时期丝绸之路与固原地区文化变迁

三国魏晋南北朝时期丝绸之路的畅通不断推动固原地区文化之变迁。在丝绸之路的影响下，固原地区演变为三种文化交流与融合之地：固原地区成为中西文化交流汇聚之地、多民族文化交流碰撞之地以及汉文化传承繁盛之地。

毫无疑问，固原地区是为关中之屏障，河陇之咽喉，丝路之重镇，在中西交通史上具有举足轻重的作用。尤其是丝绸之路，固原地区作为中原连接河西走廊最近的丝绸之路通道，自张骞开凿丝绸之路以来就是重要的枢纽与贸易集散地。魏晋之际，虽为乱世，但丝绸之路依然畅通，固原地区成为中西文化交流汇聚之地。由西域而来的使者、商人及传教士经由河西走廊进入固原地区，再由固原地区入关中至长安、越函谷关进入中原、穿武关进入南方，固原地区成为中西文化交流的中转站。

以考古发现的视角言之，魏晋时期丝绸之路成就了固原地区文化之变迁。

发掘于固原地区有关北朝、北周时期的墓葬达数十座，其中最为有名的是 1981 年发掘于固原西郊乡雷祖庙村的北魏漆棺画墓、1984年发掘于固原市彭阳县新集乡石洼村的北魏墓两座、1987 年和 1991年发掘于固原三营镇化平村和寨科乡李岔村的北魏墓、1983 年发掘于固原市南郊的李贤夫妇墓、1993 年发掘于固原市南郊的宇文猛墓、1996 年发掘于固原市南郊的田弘墓。这些墓地出土了大量珍贵的文物，总数愈千件。① 透过这些文物，能够十分清晰地见证魏晋时期固原地区文化之变迁。

---

① 马建军、周佩妮：《固原北朝文物考古的发现与研究》，《固原师专学报》2003 年第 3 期。

　　上述发掘的墓葬出土的墓葬品种类较多，且大多数来自中亚和波斯，说明固原地区在魏晋时期深受中亚和波斯文化之影响，而这种文化影响之传递正是通过丝绸之路实现的。北魏漆棺画上的漆画内容与风格受到了中亚地区萨珊贵族宴饮风尚的影响。① 出土的鎏金银壶，渲染着古希腊神话传说，融合希腊、罗马、萨珊波斯、印度以及中国多元文化因素，深刻反映了固原地区中西文化交流之盛况。② 出土的凸钉装饰玻璃碗，是典型的萨珊朝制品，意味着玻璃碗正是通过丝绸之路传入固原地区，具有强烈的文化交流之意义。③ 出土的陶俑和铁刀亦散发着浓郁的中西文化交流之特色，陶俑之制作完全保留了中原制陶工艺，而铁刀的双附耳佩戴法源于波斯萨珊王朝，魏晋时期传入中国，成为我国古代主要佩刀方式，一直沿用至明清时期。④ 出土的萨珊王朝卑路斯银币一枚和东罗马金银币五枚蕴含有更深刻的文化意象：这些金银币只有在丝绸之路的重要贸易中心才会发现，这说明魏晋时期固原地区就是丝绸之路贸易中心地，而且这些金银币的出土反映了西方文化在固原地区汇聚，与中原文化交流而形成独特的文化景观。⑤ 概而言之，魏晋时期，固原地区文化之变迁是深刻而富有时代意蕴的，中亚文化、西亚文化、欧洲文化、草原文化、游牧文化与中原文化、农耕文化相互汇聚、融合、映照、促进，进而融为一体，灿然夺目。

　　伴随着丝绸之路，魏晋时期佛教传入中国，亦传入固原地区，并在固原地区孕育了浓郁的佛教文化。佛教文化、儒家文化、各民族传统文化融为一体，构成了魏晋时期固原地区多元文化并存的现象。传

　　① 罗丰：《固原北魏漆棺画中的波斯风格——兼谈北朝时期高平至平城一段丝绸之路》，《宁夏文物》1993 年第 7 期。
　　② 吴焯：《北周李贤墓出土鎏金银壶考》，《文物》1987 年第 5 期。
　　③ 谷一尚：《西方凸雕玻璃容器的系统与传播》，载《原州古墓集成》，文物出版社1999 年版，第 188 页。
　　④ 杨泓：《略论北周李贤墓的陶俑和铁刀》，《宁夏文物》1989 年第 3 期。
　　⑤ 贺兴平译：《伟大的丝绸之路》，《西北史地》1987 年第 2 期。

入固原地区的佛教文化，是丝绸之路的产物，亦是中西文化交流的产物，以须弥山石窟为代表的原州众多佛教圣地以及出土的大量有关佛教的青铜造像，印证了佛教在固原地区之兴盛。须弥山石窟开凿于北魏时期，薛正昌认为其最早开凿于前秦和后秦时期，原因主要有：前秦苻坚尊崇佛教，佛教僧侣甚众，产生了释道安等高僧，他们广译佛经推动了佛教在中国的传播；前秦民族与宗教政策宽容，各种宗教自由发展，包容并放，为佛教沿着丝绸之路传入中国奠定了基础；前秦时期丝绸之路畅通，与西域的联系不断加强，为佛教的传入创造了条件；后秦姚兴更是尊崇佛教，产生了大批著名的佛学大师，再加之这一时期禅法流行，完美地与石窟的开凿融为一体。① 以须弥山为代表的众多佛教石窟之开凿，至少在北周时期已经相当成熟和流行了。固原地区佛教文化的传播，其重要的社会与历史意义体现在：首先，这确然印证了魏晋时期固原地区为丝绸之路重镇，使者、商贾、传教士穿梭于丝绸之路，汇集于固原地区，掀起了文化交流之高潮。其次，从石窟的造型和艺术形象观之，造型宏伟、雕刻细腻，反映出儒、释、道三种文化的融合，尤其是有些石窟的人物造型，在保留有民族特征的同时，明显有了汉化的标志，充分说明固原地区佛教文化、儒家文化与少数民族文化的相互影响与融合。最后，有些石窟人物佩有项圈等装饰品，透露出强烈的世俗化和浓郁的生活气息，说明佛教文化已经在民间广为传播，深刻影响到人们的日常生活中，推动人们生活方式和生活观念之深刻变迁。

魏晋时期，固原地区产生了很多杰出的军事、政治和文化名人，或长于军事，或善于理政，他们在治理固原地区过程中，维护一方之安定，践行传统文官制度，推动固原地区经济开发，管理丝绸贸易和商贾往来，描述固原地区风土人情，功莫大焉。概括而言，魏晋时期固原地区主要的历史人物如表 3-1 所示。

---

① 薛正昌：《固原历史地理与文化》，甘肃文化出版社 1998 年版，第 248—251 页。

表 3-1 　　　　　　　　　魏晋时期固原地区主要的历史人物①

宇文泰	以直阁将军行原州事，平万俟丑奴、关陇寇乱，抚以恩信，民皆悦服。后为周太祖
宇文导	为都督，镇原州
王盟	留后大都督，镇高平，寻为原州刺史
李弼	为大都督，镇原州
侯莫陈崇	生擒万俟丑奴，以崇行原州事，屡封至梁国公
李贤	为原州都督，屡迁威烈、殿中将军，颇娴政事，抚导乡里，甚得民和。后进爵西河郡公
李远	授都督、原州刺史
长孙邪利	永安中，行原州事
田弘	原州长城人，战功卓著，授原州刺史
窦炽	大统中，授原州刺史。抑挫豪右，劝民耕桑，甚有政绩
王谐	原州刺史，有治声
蔡祐	授平东将军，转原州刺史
达奚震	宣政中，为原州总管、三州二镇诸军事、原州刺史
李穆	建德初，拜太保，寻出为原州刺史
贺若谊	原州总管

　　在某种程度上言之，历史人物及其军事、政治、经济、文化等行为对于一方之历史、社会与文化变迁起着至关重要的推动作用。换言之，历史人物本就是一个时代社会的象征，文化变迁的有力推动者。因而言之，魏晋时期上述治理固原地区的历史人物及其实践活动推动了固原地区文化与社会之变迁，成为固原地区历史不可分割的一部分。

---

　　① 王学伊修，锡麒纂，韩超校注：《宣统新修固原直隶州志》，引自胡玉冰主编《宁夏珍稀方志丛刊》，上海古籍出版社 2018 年版，第 72—73 页。

第四章 丝绸之路的兴盛与隋唐时期固原地区之历史变迁

581 年隋朝的建立，结束了魏晋南北朝长达 370 年的分裂纷争的历史，南北复归统一。在这漫长的历史时期，由于战乱，北方社会遭到严重的破坏，发生了三次大规模的北方人口南移的事件①，北方人口大规模迁徙到南方之荆、扬、梁、益等地，达九十万之众②，约八分之一的北方人口迁徙至南方，北方社会步入异常凋敝的历史时期。隋唐时期，出于稳固统治的需要，隋唐王朝对西北地区实施休养生息政策，西北地区经济有了很大的恢复。对于固原地区而言，伴随着隋唐时期丝绸之路的兴盛，以原州为中心，辐射周边地区，社会经济获得了前所未有的大发展，在中国古代史上具有重要的地位。

第一节 隋唐王朝对固原地区之经略

有学者认为，在古代社会，隋唐时期为丝绸之路最为繁盛时期。③

---

① 东晋前后，有三次规模巨大的北民南迁的移民浪潮，一是西晋末年的"永嘉南渡"，即永嘉之乱以后，中原民族大规模迁徙到南方；二是石赵灭亡以后，北方大规模战乱，爆发了第二次北民南迁的浪潮；三是淝水之战以后，大量北方人迁徙到南方。参见唐长孺《魏晋南北朝隋唐史三论》，武汉大学出版社 1993 年版，第 83 页。

② 据谭其骧先生的估计，魏晋时期，北民南迁的数量达到九十万之众，约占当时北方人口的八分之一。参见谭其骧《晋永嘉丧乱后之民族迁徙》，《燕京学报》第 15 期，民国二十三年（1934）六月。

③ 徐兴亚：《西海固通史》，宁夏人民教育出版社 2012 年版，第 146 页。

这是因为，其一，大一统的政治格局为恢复北方和西北地区的社会、人口及其经济的发展奠定了坚实的基础；其二，在魏晋南北朝时期，少数民族政权对于西北的经营，为隋唐时期推动西北之地的进一步开发提供了较为便利的条件；其三，魏晋时期为我国历史上最为著名的民族大融合时期，尤其在西北地区，这种民族大融合的趋向更为凸显，在一定程度上促进中原地区与西域之交往，进而带动隋唐王朝与中亚、西亚诸国之交流，从而推动了丝绸之路的进一步繁盛。而正是伴随着丝绸之路的繁盛，隋唐王朝加快了对西北的经营，迅速推动了固原地区的整体发展进程。

一　隋王朝对固原地区之经略

在中国古代社会，大凡新朝之确立，往往首先实施新的行政区划制度，以整齐划一行政治理达到强化统治之目的；其次在结束战乱的基础上休养生息，发展经济，改革赋税，实行一系列让利于民的政策，以稳定社会秩序；最后厘定民族政策，促进内地与边疆之联系，强化边疆之安定。此三事，为新王朝奠定牢固统治政策之先行者。

（一）隋王朝对固原地区之行政区划

隋朝建立以后，首先在行政区划进行了革新，废除了魏晋时期混乱的行政区划之格局，诸如侨治州郡之制、遥领虚封之制、土断归民之制，整齐划一行政制度，以建立牢固的统治基础。尤其值得注意的是，有隋一代在行政区划上进行了十分明显的改革，改变了自汉代以来的地方行政区划制度，把州、郡、县三级制度改变为州、县两级制度，尽管有隋一代对于地方一级行政区划之名称时有更移，称州或郡，但始终没有改变二级地方行政制度的格局。在地方实行更为简洁的二级行政制度对于统治阶级而言有着十分明确的优势，尤其是在澄清吏治，让利于民，稳定社会等方面效果突出，这也是隋代社会和经济能够在短时间内迅速恢复的主要原因之一。

中国正式的地方行政区划制度始于秦代，秦统一全国以后，改变了商周时期以血缘为基建立的分封制度，实行郡县制度。汉承秦制，在地方实行郡国并行制度，即分封制度和郡县制度的融合体，直到西汉武帝时期，随着郡县数量的增加，把全国之领土划分为十三个监察区，此所谓"十三州刺史部"，但西汉时期州之职责唯有监察之权而无行政之实。至东汉时期，王室衰微，地方坐大，作为监察区的"州"，逐渐演变为实的行政区，由是地方行政制度演变为三级行政制度，即州、郡、县。魏晋时期，战乱纷起，行政区划陷入空前的混乱之中，地方行政制度，除了州、郡、县等常设的制度之外，还出现了独特的行政区划制度，侨治州郡制度为三国以后最为常见的行政区划制度，此外，"遥领""虚封"等行政区划制度亦常有设置，地方行政区划制度委实十分混乱，行政成本巨大而行政效果低下，这也与这一时期社会动荡相映射。隋代建立以后，首先着手解决十分混乱的行政区划制度之问题，开皇三年（583）十一月，隋文帝杨坚"罢天下诸郡"①，以州统县，实行州县两级制度。至隋炀帝大业三年（607）四月又"改州为郡"②，以郡领县。

隋代之郡县与人口，"大凡郡一百九十，县一千二百五十五，户八百九十万七千五百四十六，口四千六百一万九千九百五十六"③。其中属于西北地区的郡大约有三十六个，分别是：京兆、冯翊、扶风、安定、北地、雕阴、延安、弘化、平凉、朔方、盐川、灵武、榆林、五原、天水、陇西、金城、枹罕、浇河、西平、武威、张掖、敦煌、鄯善、且末、西海、河源、汉川、西城、汉阳、临洮、宕昌、武都、同昌、河池、顺政。三十六郡共统县一百七十八个，户口数目约为一百零三万六千二百，占全国人口数目的百分之十四左右。④

隋朝时期，固原地区之地位甚高，这从其对于固原地区的行政区

---

① 魏徵：《隋书》卷1《高祖纪》，中华书局2011年版。
② 魏徵：《隋书》卷3《炀帝纪》，中华书局2011年版。
③ 魏徵：《隋书》卷30《地理志》，中华书局2011年版。
④ 谷苞主编：《西北通史》第2卷，兰州大学出版社2005年版，第391页。

划可以一窥全貌。据《明万历固原州志》的记载，"隋大业初，废府，又别置平凉郡属之"①。《宣统固原州志》曰："平凉郡，雍州，又为平高县"②。相比较而言，《明嘉靖平凉府志》对于隋朝时期在固原地区的行政区划要详细许多，兹摘录如下。

> 安定郡旧置泾州，统县七，户七万六千二百八十一。安定附郡。鹑觚旧置赵平，后周废郡，并以宜禄入焉。大业初，置灵台县，二年废。阴槃后魏置平凉郡，开皇初郡废，有泸水。朝那魏置安定郡，及析囗　安县，开皇三年，郡县并废，入焉。良原大业初置。临洮大业初曰湫谷。临泾。华亭大业初置，有芮水。
>
> 平凉郡旧置原州，后周置总管府，大业初废。统县五，户二万七千九百九十五。平高元魏置太平郡，后改平高。开皇初郡废。大业初置平凉郡，有官关，有笄头山。百泉元魏置长城郡黄石县。西魏改黄石为长城。开皇初，废郡。大业初，县改百泉。平凉后周置，有可蓝山。
>
> 会宁西魏置会州。后周废。开皇十六年置县。今改属巩昌。默亭。③

由上述记载可知，隋代时期，固原地区的行政区划以平凉郡为核心地带，辐射至安定郡及其周边地带，地域广袤，人口众多，地位相当重要。实际上，隋文帝期间，承北周之制，仍设原州，原州之政治、军事乃至民族关系等方面之地位十分重要，初设原州总管府，节制诸州军事，彰显其重要的军事地位。开皇三年（583），隋朝鉴于

---

① 刘敏宽纂修，李作斌标点：《明万历固原州志》，载固原市地方志办公室编《明清固原州志》，宁夏回族自治区内部资料出版物2003年版，第69页。

② 王学伊总纂，李作斌标点：《宣统固原州志》，载固原市地方志办公室编《明清固原州志》，宁夏回族自治区内部资料出版物2003年版，第195页。

③ 赵时春撰，张维补校：《明嘉靖平凉府志》，载固原市地方志办公室编《明清固原州志》，宁夏回族自治区内部资料出版物2003年版，第593页。

郡制多为虚设，冗官严重，极大地影响了行政效率，因而废除郡，改行州、县两级制度，但原州之地位丝毫没有削弱，反而在与西北诸族的交往过程中得到进一步加强。隋炀帝大业元年（605），原州总管府撤销，随后不久又实行郡、县两级制度，改原州为平凉郡，统县五：平高、百泉、平凉、会宁、默亭，郡治平高。① 据统计，大业三年（607），平凉郡的户数已经达到近两万八千户，按照当时人口之估算，平均一户按 4 口人计算，总人口亦达到 11 万之多。这个数量相对于地广人稀的西北地区而言，人口密度已经很大了，充分说明隋代固原地区独特的地位。

（二）隋代固原地区之经济开发

三国魏晋以后，固原地区遭受战乱最为频仍，因而对经济的摧残亦是最为严重，虽然在这一历史时期各个割据王朝为稳固其统治在固原地区实施了一系列经济开发的措施，但由于战乱，再加之固原地区恶劣的自然环境，经济开发之措施往往收效甚微。

早在三国曹魏时期就在西北地区实行屯田制，分为军屯与民屯两类，固原地区大多属于军屯，间以民屯补充之，所谓"广开水田，募贫民佃之"②，取得了一定成效。隋朝建立以后，实行均田制，这对于西北地区经济的发展起到了一定的积极作用。实际上，均田制早在北魏孝文帝时期就已推行开来。均田制的推行对于北魏经济的发展和国力的增强毋庸置疑起到了重要的推动作用，因均田制是建立在三长制的基础之上，而三长制的基础又是严密的户口制度，按照户口授土地，无主荒田亦得到大规模开发，自耕农的数量增加，推动了经济的发展，因此至北魏孝明帝时期，"时国家殷富，库藏盈溢，钱绢露积于廊者，不可较数"③。但均田制对于固原地区而言，似乎没有起到

① 魏徵：《隋书》卷 30《地理志》，中华书局 2011 年版；另见李吉甫撰，贺次君点校《元和郡县图志》卷 4，中华书局 1983 年版，第 85 页。

② 陈寿：《三国志》卷 27《魏书·徐》，中华书局 2011 年版。

③ 杨衒之撰，周祖谟校释：《洛阳伽蓝记》第 4 卷，中华书局 1963 年版，第 144 页。

应有的效果，甚至在西北地区尤其是西北的边疆之地推行均田制的相关记载亦是十分匮乏，无法考证其具体的实施情况。隋朝亦继承前代实行均田制，但均田制的实施，就西北地区而言，主要在国都长安及其周边的关陇一带，而关陇以西地区，由于地广人稀，地处边陲，尚无均田制的相关记载。隋朝对于固原地区的经济开发主要表现在大力推行屯田制，如隋炀帝在平定吐谷浑后于河源之地及其周边一带"大开屯田"①，以恢复和发展当地之经济。但根据史料之记载，隋代即便是在固原地区实行屯田之制，其收效甚微，正如曾任凉州刺史的贺娄子干对隋文帝之建议。

> 陇西、河右，土旷民稀，边境未宁，不可广为田种。比见屯田之所，获少费多，虚役人功，卒逢残暴。屯田疏远者，请皆废省。但陇右之民以畜牧为事，若更屯聚，弥不获安。只可严谨斥候，岂容集人聚畜。②

贺娄子干之建议明确提到，在陇西、河右一带，包括固原地区，"土旷民稀"，而且与少数民族的战事连年，边境不安，自然环境恶劣，不适宜发展农业。这个建议为隋文帝所采纳，隋王朝在固原一带专注于畜牧事业而以屯田为辅，大大推动了固原地区畜牧业之发展。

依据现存史料，固原地区畜牧业的发展最早始于汉武帝时期，甚至最远可追溯于先秦以前，正如明人赵时春的《马政论》所言："穆王征西戎，责以不享。在今平凉之域，而八骏皆是物也……秦乌嬴谷量牛马，即乌氏人。而汉文景时，阡陌成群，六郡良家，驰射是利。马援之边郡，田牧数年，得畜产数万。"③ 这充分说明，固原地区之

---

① 魏徵：《隋书》卷63《刘权传》，《隋书》卷25《食货志》，中华书局2011年版。
② 魏徵：《隋书》卷53《贺娄子干传》，中华书局2011年版。
③ 王学伊总纂，李作斌标点：《宣统固原州志》，载固原市地方志办公室编《明清固原州志》，宁夏回族自治区内部资料出版物2003年版，第419页。

畜牧业有着十分悠久的历史。魏晋时期，固原地区的马政进一步发展，并专门设置了管理畜牧业的官员。至隋代，隋文帝在原州设置完整的官牧机构，"陇右牧，置总监、副监、丞，以统诸牧"①，作为统领诸牧的陇右牧，其官长品级颇高，意味其地位的重要性。在陇右牧之下设有更为完整的管理体系，计有骅骝牧、二十四军马牧、原州羊牧、原州驼牛牧、盐州牧监、沙苑羊牧等。由此可见，隋代之时，原州成为官方重要的畜牧业中心之地，这不仅促进了固原地区经济的发展，亦加强了隋代西北边疆军事基地的建设。

（三）隋代对原州道之军事经略

隋代统一，然固原地区战事仍然不断。固原地区作为隋代边疆重镇，一直肩负着抵御少数民族入侵的重任。其时，在西北边境之地，活跃着诸如吐谷浑、党项、西域诸族等少数民族，在隋朝统治的30年时间内，尚能与这些少数民族相安无事，这主要是源于这些少数民族在有隋一代并没有建立起强大的政权，因而与隋朝之关系尚能保守和平，互市往来。实际上，有隋一代，隋朝在西北之地最主要的敌人就是突厥，伴随着突厥政权之建立，国力之强大，固原地区成为突厥不断侵扰的对象。为此，隋朝与突厥在固原地区展开了长达数十年的争夺战。隋朝与突厥之战，亦是隋朝经略西北边疆之写照。

突厥之起源，按照《北史·突厥传》之记载，其渊源有三者：一曰突厥者，世居西海之右，是匈奴之别种，姓阿史那氏，其先祖与狼相伴，历数世，崛起于西海之右。二曰突厥是为"平凉杂胡"，最早游牧于固原一带，姓阿史那。至太武帝时期，因为躲避战乱，举族而迁至金山之阳，为蠕蠕铁工。三曰突厥之族源，起于索国，在匈奴之北，从母姓，与狼结伴，号为突厥。此三说，虽然神话色彩颇为浓郁，但亦可窥见突厥先祖之缘起痕迹。突厥先祖世居金山之阳，即今阿尔泰山西南、准噶尔盆地之北，后部分部族迁徙至高昌国北山，亦

---

① 魏徵：《隋书》卷28《百官志》，中华书局2011年版。

在宁夏南部散落一部，以狼为图腾。突厥部在游牧和迁徙过程中，于高昌国西北之博格达山一带学会了炼铁等先进的技术。[①] 冶炼技术对于突厥部而言至关重要，是为突厥部崛起的重要经济基础。

与西域其他少数民族勃兴与衰亡之轨迹一般无二，突厥亦是在各少数民族相互争斗的过程中，悄然壮大和崛起。北齐天保三年（552），经过长期的争斗，突厥终于彻底征服柔然，在西域之地四处征战建立突厥汗国，建牙于都金山（今蒙古国杭爱山）。突厥汗国建立以后，不断征服周边少数民族，至北周之初，突厥汗国之势力达到全盛时期，"控弦数十万"，完全控制了通往中亚、欧洲的草原丝绸之路。"突厥的兴起，对于我国中世纪西部的历史，特别是西域的历史发展有很大的影响"，对于当时我国的政治与军事格局亦产生了深远的社会影响，同时"突厥兴起，统有大漠，役属西域，虎视中原，成为东北亚最强大的国家，周围的许多国家无不受它的影响"。[②] 这个论断，当是一语中的。

突厥崛起之时，在中原正是东、西魏对峙十分激烈的时候，作为一支不可无视的力量，受到当时中原分裂诸国的拉拢，以减轻所受到的内外压力。自西魏宇文泰之时，就与突厥以和亲的方式维系两国之和平，据史料记载，为了羁縻突厥，周武帝娶木杆可汗之女为皇后，除大量的聘礼外，还每年送给突厥"缯絮锦彩十万段"[③]，北周亦将千金公主嫁给突厥他钵可汗。虽然和亲的方式在一定程度上能够起到缓和双方关系的作用，但更多的时候，国与国之间关系本质上依然是以利益为核心，和亲的作用是有限的，从本质上无法平稳或者维系双方长久的利益关系。北周与北齐之时，亦以大量财物并间以和亲，以笼络突厥，突厥上层坐享其成，再加之其从中原掠夺了大量的财物，由此积累了大量的财富，尤其是以这些手段拥

---

① 周伟洲：《中国中世纪西北民族关系研究》，西北大学出版社1992年版，第182页。
② 谷苞主编：《西北通史》第2卷，兰州大学出版社2005年版，第352页。
③ 令狐德棻：《周书》卷50《异域传·突厥》，中华书局2011年版。

有了大量的丝绸，"他们将多余的丝绸辗转运销到西亚、南欧、北非等各个地区和国家，转手贸易，迅速获得巨大财富，公元571年至590年，为改变波斯长期垄断丝绸贸易的局面，突厥与东罗马联手进攻波斯长达20年"①。

隋朝统一全国后，隋文帝杨坚一改北齐、北周时期对于突厥羁縻拉拢的国策，开始转向强硬的反击政策。究其原因有三，一是隋朝统一之后的力量强大，二是隋朝统一以后避免了腹背受敌的不利境地，三是源于政治和军事斗争的需要。在这种境况下，隋文帝杨坚禅位之时，隋与突厥之关系已然矛盾重重，突厥开始在西北地区四处骚扰隋朝边疆，并对隋朝发动大规模战争，一时之间，隋朝西北边疆危机四伏，战乱频起。

突厥对于隋之战争一般有两条路线，即西道和东道，西道为原州道，东道为山西道，而战争尤以原州道为频仍。据史料记载，有隋一代，突厥侵略原州道多达数十次，其中规模较大的一次是在开皇二年（582）四月，突厥入侵原州，隋朝以大将军韩僧寿为统帅，击破突厥于六盘山，这也是隋朝与突厥在原州道的第一次战争。② 同年五月，突厥对隋朝发动更大规模的战争，沙钵略可汗亲率40万大军，由木峡（固原城西南）、石门（固原西北须弥山）入侵，侵入临洮、幽州、安定（今甘肃泾川）、延安、上郡（今陕西富县）等地。面对来势汹汹的突厥大军，隋朝采取了一系列行之有效的措施进行防御和反击。第一，在军事防御上，隋朝在咸阳布下重兵防御，同时进一步加强原州军事防务能力，派遣卫王杨爽担任原州总管、大元帅率领大军防备突厥，并伺机反击。③ 同时，委派右仆射虞庆则为行军大元帅，出原州道与杨爽军互相呼应，以此牢固防御体系，以待时机，反戈一击。第二，采取抵抗突厥的两手

① 徐兴亚：《西海固通史》，宁夏人民出版社2012年版，第153页。
② 李延寿：《北史》卷99《突厥》，中华书局2011年版。
③ 魏徵：《隋书》卷1《高祖》，中华书局2011年版。

准备之策略。一方面昭告臣民，突厥之入侵，重要原因在于"去岁四时，受天雨雪，川枯蝗暴，卉木烧尽，饥疫死亡，人畜相伴"①，即天灾导致外敌之入侵，其目的在于掳掠粮食和财物，而无政治或者领土之要求，以此安抚和号召臣民；另一方面采取"远交近攻，分离相间"之政策，力图分化突厥，在战略上取得主动权。隋文帝时期的长孙晟与隋炀帝时期的裴矩分别提出分化突厥之建议，隋文帝和隋炀帝都采纳了他们的建议，正是在隋朝推行分化离间政策的基础上，随着战争之推进，突厥内部由于各部落利益分配的不均衡以及长期累积之矛盾，终于分化为东西突厥，很大程度上缓解了隋朝所面临的压力，为此后各个击破突厥奠定坚实的基础。当然，隋朝之分化离间突厥能够成功的根本原因还是在于突厥自身，"东西突厥的分裂当然是隋王朝离间政策的成功，更重要的，还应当看到，突厥汗国是建立在分散的游牧经济的基础之上的，这种经济不仅松散，而且具有很大的割据性"②。经济上浓郁的割据性必然导致政治和军事之上的分裂，尤其在外力的分化下，这种依靠单一而分散经济结构建立起来的政权很容易分崩离析。第三，隋王朝能够击败强大的突厥汗国，并在较长时间保守边疆的安定，除了上述原因之外，还采用怀柔与震慑相结合的策略，进一步瓦解了突厥汗国内部的力量。隋朝对于突厥在军事上的震慑是自始至终的一贯政策，而在怀柔方面主要采取和亲和互市的方式，极大地稳定了边疆的安定。

正是在隋王朝推行一系列行之有效的措施的基础上，突厥汗国这次规模宏大的入侵最终被隋朝所击破。开皇三年（583），强大的突厥汗国分裂为东西两部；开皇四年（584），沙钵略可汗向隋王朝求和，双方在西北边疆一带开设互市，加深经济上的交流。大业八年

---

① 魏徵：《隋书》卷2《高祖》，中华书局2011年版。
② 谷苞主编：《西北通史》第2卷，兰州大学出版社2005年版，第420页。

（612）正月，西突厥降隋，隋炀帝安置其部众万余人于会宁郡（甘肃靖远），包括当时固原地区的西吉、海原等地。

二　唐王朝对固原地区之经略

唐代是中国古代史上最为繁盛和强大的王朝之一，其在政治、军事、经济、文化、民族等多方面的建树别具一格，唐代统治政策的稳定与成熟，后世王朝很难有望其项背者。唐王朝自建立伊始就十分重视对于固原地区之经略，最具有王朝浩荡之风者亦有三项：一是对固原地区的政治与行政的有效控制，提升了固原地区边疆重镇的地位；二是对于固原地区的军事经略，尤其是与吐蕃对于固原地区之军事争夺最为激烈，是为唐代经略西北地区的历史写照；三是对于固原地区的经济开发，均田制与马政发展十分迅速，共同推进了固原地区的社会发展。此三者，构成了唐代固原地区社会变迁之基础，亦奠定了此后固原地区在中国古代史上的重要地位。

（一）唐王朝在固原的军事、政治与行政控制

隋王朝亡于遍及全国的农民起义和隋地方实力派坐大而离心的双重势力之下[①]。隋炀帝是中国历史上十分著名的暴君，其弑父杀兄、筑西苑、凿运河、修长城、伐高句丽，荒淫无度而穷兵黩武，尤其是三伐高句丽之战争，使得国家政治分裂，经济残破，人民饱受战争之苦，农民起义开始在全国此起彼伏，再加之隋王朝内部固有之矛盾，地方豪强趁机坐大，导致庞大的国家逐渐走向覆亡。

在隋末西北的反隋势力中呈现出十分明显的一大特征，即山东、河南、河北一带主要以农民起义军为主，因为这些地区农民所受压迫

---

① 据史学家岑仲勉的统计，隋末大大小小的农民起义军共计有一百二十八支，其中山东、河南、河北之起义军占有半数以上，因为这些地区伴随着隋炀帝三伐高句丽所受到的压榨最为深重，再加之天灾人祸，农民起义军的洪流席卷而起。而京畿及其周边地区共有十九支农民起义军，声势亦是浩大。此外，隋朝之灭亡也是由于地方豪强势力不断增强，乘势而为，成为隋王朝灭亡的重要力量。

最为深重，天灾人祸并起，农民为了生存铤而走险，揭竿而起乃为常态；而在西北地区，反隋的主要力量则大多是隋朝地方豪强，农民起义军则相对寂寥许多，导致这种局面出现的原因大概是西北地区人口稀少，农民起义军很难形成规模。除此之外，最为重要的原因是西北地区地方豪强势力强大，中央对于这些地区控制相对较为松散，而且借助于边疆地区独有的军事优势，地方豪强很容易成长为割据势力。正是在这样的条件下，西北地区反隋力量主要以地方豪强为主，如：夏州朔方之豪强梁师都，是地方府兵军府之将领，其于大业十三年（617）乘乱而起，自立为帝，并勾结突厥，在唐建都长安后，又屡为边患。薛举为边塞金城之豪强，任校尉，握有兵权，家业雄厚，喜结豪杰，据于边塞，势力强大，大业末年，人祸横起，天灾不断，全国各地农民起义此起彼伏，在这种状况下，薛举开仓赈灾，举起反隋义旗，声势一时不可抵挡，后与李渊争天下而败。李轨，武威之豪强，其"颇窥书籍，家富于财"，伴随着隋末农民起义，李轨依据河西有利地形，形成格局，后为李渊所败。李渊，祖上自北周时期便起家于陇西与陕西一带，长期为地方豪强，隋朝时期李渊为太原留守，手握重兵，"是当时最有实力的边疆大吏"①。李渊虽然起兵于太原，但其家族在成长的过程中，在西北尤其是关中地区积累了雄厚的势力，这为李渊最终击败其他隋末起义军奠定了坚实的基础。

在军事上，李渊父子相比较其他起义军而言有着更坚固的实力，同时他们采取了正确的战略策略。李渊父子起兵于太原，首先，进兵关中，占有长安，在政治上产生深远的影响，树立起一面具有绝对导向性的旗帜，能够更好地招纳义军，从而进一步扩大实力；其次，在战略策略上，优先实行稳固关中的策略，亦视关中为根据地，逐一消灭西北大小割据势力，统一西北；最后，在稳固西北的基础上，听凭中原群雄并争，集中力量先后击灭中原地区的大小起义军，进而据有

---

① 谷苞主编：《西北通史》第 2 卷，兰州大学出版社 2005 年版，第 449 页。

天下。因此，李渊父子占有关中以后，立隋炀帝之孙代王杨侑为帝，是为隋恭帝，李渊本人任大丞相，挟天子以令诸侯，待形势稳定以后，便废黜隋恭帝，自立为帝。李渊称帝以后，为了稳固关中地区，先后击败和消灭了盘踞于西北的隋末起义军，包括梁师都、薛举、李轨等地方实力派，统一了西北大部分地区。此后，李唐政权挥师中原，灭李密瓦岗军、击败王世充、扫荡窦建德，实现全国之统一。

唐王朝正式建立以后，为整齐划一，稳固统治，进行了行政区划之改革。唐代前期，在地方实行州县两级制度（玄宗时期曾改州为郡，实行郡县两级制度）。李世民即位以后，在贞观元年（627）六月，为进一步整顿吏治，对地方行政实行大幅度省并，依据山川之形便，划分全国为"十道"，即关内道、河南道、河东道、河北道、山南道、陇右道、淮南道、江南道、剑南道、岭南道。凡州府三百五十八，县一千五百五十一。唐代时期，"道"为虚之监察区而非实之行政区，其发展演变之轨迹如同两汉时期"州"之演变，从设立之初并无固定派出，亦无固定治所，为纯粹意义上之监察区，但随着中央对地方控制力的下降，在地方势力增强的情况下，"道"逐渐由虚的监察区演变为实的行政区，其标志是唐睿宗时期在边地设置"节度使"，节度使的设置使得"道"拥有了实际意义的行政权、财权以及军权，成为凌驾于州县之上的地方一级行政区划。唐代在西北地区分别设置关内道、陇右道、河西道以及山南西道（西北部分地区）进行监察，固原地区主要隶属于关内道，而部分州县也处于陇右道、河西道的监察之下。

唐代在固原地区之行政区划多有变化、蔚为复杂，这也反映了唐代固原地区之重要地位。唐代固原地区行政区划的大致轨迹是：唐高祖武德元年（618），改隋平凉郡为原州；贞观五年（631），在原州置都督府，是为一种以军事为重的特殊行政区划，彰显固原地区重要的军事价值；贞观六年（632），在原州都督府的基础上，设置原州行政区，专领突厥降户，隶属于原州都督府，这实际上是在"军府"

的辖区里开辟新的行政区，军政与民政合一，以更好地统辖内徙的少数民族；开元四年（716），从关内道之庆州析建都督府，亦隶属于原州都督府之统辖；咸亨三年（672），居于青海东部的吐谷浑故地为突厥所占领，吐谷浑部族数万人在其王诺曷钵率领下被迫内徙，内徙之吐谷浑被唐王朝安置于灵州南境，置安乐州（今宁夏同心以东）以安之，并任命诺曷钵为安乐州刺史；开元二十二年（734），安乐州划归原州都督府管辖；天宝元年（742）改原州都督府为平凉郡；乾元元年（758）复改称原州。此外，在唐高宗时期，曾一度增设他楼县，治他楼城，亦隶属于原州都督府。

以现存方志史料记载观之，唐代固原地区之行政区划依据情势多有调整。《明嘉靖固原州志》所载者寥寥数语，"唐武德初，复置原州，皆因大原之旧名"，"唐（真）贞元三年冬十月，吐蕃城故原州而屯之，'故原'之名始此，今名'固原'，音同而字不同也"①。《明万历固原州志》所载最为简洁，"唐复置原州"②。《宣统固原州志》所载固原地区之行政区划较为丰富，其曰："唐，原州、关内道，又为武州。贞元初，吐蕃据城。旋为故原州，复置萧关县、高平县、平凉县、白泉县、他楼县，旋改治。"③《清宣统甘肃全省新通志》对于唐代固原地区行政建置之渊源记载最为清晰，云：

> 唐武德（618 年又改平凉郡为原州）初复曰原州，天宝（742 年又改原州为平凉郡）初仍曰平凉郡。上元（674—676 年为唐高宗上元年间。查《唐书》，应为乾元元年废平凉郡复为原州）初复曰原州，属关内道。广德（763 年吐蕃陷原州）初没于

---

① 杨经编修，李作斌标点、校注：《明嘉靖固原州志》，载固原市地方志办公室编《明清固原州志》，宁夏回族自治区内部资料出版物 2003 年版，第 1 页。

② 刘敏宽纂修，李作斌标点、校注：《明万历固原州志》，载固原市地方志办公室编《明清固原州志》，宁夏回族自治区内部资料出版物 2003 年版，第 69 页。

③ 王学伊总纂，李作斌标点、校注：《宣统固原州志》，载固原市地方志办公室编《明清固原州志》，宁夏回族自治区内部资料出版物 2003 年版，第 195 页。

吐蕃。大中三年（849 年）收复（849 年一月，吐蕃将原州及石门、六盘、制胜、驿藏、木峡、木靖、石峡等 7 关归还唐朝），广明后复没于吐蕃（880 年黄巢起义，吐蕃乘机入寇，复陷原州）。[①]

对于唐代固原地区之行政区划记载最为翔实的当属《明嘉靖平凉府志》，据此志所载，唐代固原地区设置泾州保定郡与原州平凉郡，其曰：

> 泾州保定郡即隋安定郡。武德元年，讨平薛仁杲，改泾州。天宝元年，复为安定郡。贞观二年，析泾州、保定、灵台、新平之交置宜禄县，有浅水原、有长武城，今属西安府邠州也。
>
> 原州平凉郡本隋郡。武德元年，平薛仁杲置。贞观五年，置中都督府，管原、庆、会、银、亭、达、要等七州。十年省亭、达、要三州，唯督四州。天宝元年，改为平凉郡。至德元年，没吐蕃。节度使马璘徙置行原州于灵台之百里城。贞元十九年，徙置平凉。元和三年，又徙置临泾。大中三年收复。复归治平高，广明后，复陷吐蕃，又侨治临泾。[②]

依据唐代固原地区之行政区划，当时固原地区户口数大致是清晰的。贞观年间，原州有户数约为 2443 户，人口为 10512 人；唐玄宗时期，原州人口大大增加，有 7349 户，人口为 33146 人，户口数增加了约 3 倍；至唐天宝时期，户口数进一步增加，户数达到 7580 户，

---

① 升允、长庚监修，安维峻纂修，余贵孝标点、校注：《清宣统甘肃全省新通志》，载固原市地方志办公室编《明清固原州志》，宁夏回族自治区内部资料出版物 2003 年版，第 746 页。

② 赵时春撰，张维补校，李作斌标点、校注：《明嘉靖平凉府志》，载固原市地方志办公室编《明清固原州志》，宁夏回族自治区内部资料出版物 2003 年版，第 594 页。

人口达到 39122 人。① 这个户口数和唐代关内道其他各州之户口数相比较而言，依然显得十分稀少，但相对于隋代而言，户口数大大增加则是不争之事实。实际上，唐代固原地区的人口远不止《新唐书》和《旧唐书》所记载的数目。这是因为，唐代固原地区人口的族别成分复杂，"唐代，除汉族外，原州地区先后有粟特、铁勒、吐谷浑、吐蕃、回纥、党项等多民族居住和活动，并有白种人留居生息"②。如若加上少数民族之人口，唐代固原地区生息的人口当在十万上下，从这个视角看，唐代固原地区的人口数量十分可观，也映照了唐代固原地区地位的重要性。

唐代固原地区之行政区划最为鲜明之特点就是都督府的设置。唐代都督府袭自隋代总管府制度，而总管府起源于魏晋时期，其设立伊始，意图就十分明确，即以军事事务为主，大多设于边地，以固京师之防卫为其目的。唐王朝建立以后便在军事地位险要的边疆之地和裙带之地设置总管府，"以统军戎"③。唐武德七年（624），改总管府为都督府，并赋予其重要的军事职能，"督掌督诸州兵马、甲械、城隍、镇戍、粮禀，总判府事"④。从这个角度观之，唐代之都督府，在拥有军事权的同时，亦掌控行政与民政，具有名副其实的行政区划之色彩。唐代在原州设置都督府，除了管辖西北边疆之军务以外，也兼领原州之财政、行政和民政。

作为军政合一的地方组织机构，都督府设有完整的官吏体制。据《唐六典》《旧唐书》所载，一般都督府设有正三品上的都督一员，正四品下的别驾一员，正五品上的长史一员，正五品下的司马一员，从七品下的录事参军一员，从九品上的录事二员。另有功、仓、户、法、兵、士六曹、典狱、白直、市令、丞、佐、史、帅、仓督、经学

---

① 宋祁、欧阳修：《旧唐书》卷 38《地理志》，中华书局 2011 年版。
② 徐兴亚：《西海固通史》，宁夏人民出版社 2012 年版，第 162 页。
③ 宋祁、欧阳修：《旧唐书》卷 38《地理志》，中华书局 2011 年版。
④ 宋祁、欧阳修：《新唐书》卷 49《百官志》，中华书局 2011 年版。

博士、医学博士等设置，进而构成完整的官吏体系。州设刺史一员，副职有别驾、长史、司马等，其下又有数量不等的功、仓、户、兵、法、士六曹之设，这些官吏统称为"判司"，分管具体的军政、财政与民政。唐代县分等级，一般依据户口数和地位的重要性，分为八等，即京县、畿县、望县、紧县、上县、中县、中下县、下县，县设县令、县丞、主簿、录事、县尉，其下又设有一定数额的六曹，负担县衙日常一应事务。唐代原州属县在官吏的设置上更为集中，有些县只设有司户曹和司法曹，户曹与法曹为治理地方最为紧要的职能机构，前者主掌赋税杂役，后者维护地方安定。此外，县一级行政机构还设有博士和市令，用于监督和推动地方教育和经济之发展。

（二）唐代固原地区之经济状况

秦汉至隋唐时期，中国古代经济之发展趋向以北方为重心，而在北方又以关中为重心，"关中之地，于天下三分之一，而人众不过什三，然量其富，什居其六"①，关中以其雄厚的经济实力孕育了中国古代文明。魏晋时期为中国古代社会之大分裂时期，亦是北方社会经济遭到严重破坏的时期，伴随着移民南迁之浪潮，南方经济得到大开发，其发展速度十分惊人，时人言之，魏晋以后之"江南之为国盛矣"②，足见当时南方经济发展的程度。但就南北整个经济体量而言，北方虽然在魏晋时期遭到严重的破坏，但却在隋唐时期有了很大程度的恢复，即便经济重心自魏晋时期伴随着中原移民浪潮开始南移，但此过程需要一个漫长的时期才能完成。有学者认为，"经济重心南移到北宋后期已接近完成，至南宋时期则全面实现了"③，换言之，虽然北方遭到战争的破坏十分严重，而南方在这一时期发展迅速，但北方在隋唐时期依靠传统的政治中心之优势，在经济上得到很大程度的恢复，经济重心在隋唐时期依然在北方。因此这个论断认为经济中心

---

① 司马迁：《史记》卷129《货殖列传》，中华书局2011年版。
② 沈约：《宋书》卷54《孔季恭传·史臣曰》，中华书局2011年版。
③ 郑学檬：《中国古代经济重心南移和唐宋经济研究》，岳麓书社1996年版，第17页。

南移完成于两宋时期，应该是符合历史事实的。再如从人口的角度而言，以秦岭、淮河为南北分界线进行比较可知，当时北方的关内道、河南道、河北道、河东道、陇右道五道共有户数486万之多，占全国总户数的54.5%，南方的江南道、山南道、淮南道、剑南道、岭南道五道计有户数406万，占全国总户数的45.5%。[①] 如果从唐代南北赋税征收之数量而言，亦是北方多于南方，同样证明唐代经济重心依然在北方。[②]

中国古代社会经济以农业为中心，经济发展很大程度上取决于农业的发展水平。唐代就整个西北地区而言，农业的发展主要集中在关中及其周边地区，"唐代西北地区内部经济的经济状况亦同整个北方一样，是东富西贫，东部比西部发达"[③]。这是因为，农业的发展主要取决于自然环境之优劣，西北东部地区以关中为核心，沃野千里，降雨充沛，灌溉发达，自秦汉时期就是中国古代农业的重要基地，史书多有记载："关中自汧、雍以东至河华，膏壤沃野千里"[④] "唐都长安，而关中号称沃野"[⑤]。关中作为中国古代社会农业之基地，在汉唐时期无出其右者。而固原地区作为西北边陲之地，在地域上处于陇东黄土高原及陇南山地区域，自魏晋以降，战乱频仍，自然环境破坏严重，导致这些地区降水量少，旱灾多发，农耕经济往往受到自然环境的抑制。[⑥] 即便如此，唐代固原地区之经济在唐王朝的努力经营下，仍然获得了空前的发展。

唐代固原地区在经济上的特点依然是农牧并存，农业在固原地区

---

① 唐长孺：《魏晋南北朝隋唐史三论》，武汉大学出版社1996年版，第245页。

② 根据史念海的考证，天宝八年（749），唐代诸道粮食储存最多的是河南、河北、河东、关内四道，说明北方依然是唐代最主要的赋税来源。参见史念海《唐代历史地理研究》，中国社会科学出版社1998年版，第53页。

③ 谷苞主编：《西北通史》第2卷，兰州大学出版社2005年版，第505页。

④ 司马迁：《史记》卷129《货殖列传》，中华书局2011年版。

⑤ 宋祁、欧阳修：《新唐书》卷53《食货志》，中华书局2011年版。

⑥ 史念海：《唐代历史地理研究》，中国社会科学出版社1998年版，第187页。

经济中占有一定比重。唐代在经济上延续推行均田制度，而且对于均田制度在细节上进一步完善，并且放宽了对土地买卖之限制，很大程度上激活了农村社会，推动了农业的发展。唐代对于赋税制度也进行了较大规模的改革，实行租庸调制度。所谓租庸调，租指田税，以成丁为征收对象，按照唐制，每丁征粟二石或二斛；庸指用力役折纳田税；调指征收丝麻织物。这个赋税制度最大的特点就是实行以庸代役，对于调动农民的生产积极性，解放劳力均有着积极的作用，很大程度上推动了农村社会的发展。除却租庸调制度以外，唐代在赋税的征收上还有地税、户税、资课等类目，反映出农村社会依然承担着较为沉重的赋税压力。

　　均田制度和租庸调制度在一定程度上促进了农村社会的发展。然在唐代固原社会，尚无直接的证据说明固原地区均田制及其施行的概况，依据现存敦煌均田制相关文献，可以证明均田制度在西北边疆地区亦有推行。[1] 这对于安抚流民、稳定社会、推动生产均有积极意义。实际上，作为西北地区的边防重地，唐代在固原地区主要推行屯田制度，军屯与民屯相并而行，军屯为主，民屯为辅。在整个唐代，屯田规模十分庞大，且大多集中在西北地区，尤其以边疆地区为主。据《唐六典》《新唐书·食货志》《旧唐书·食货志》所载，开元之时，全国屯田总数达到九百九十二屯，其中西北地区屯田数目有五百六十六屯，占全国屯田总数之一半以上。[2] 这个数据足见唐代西北地区屯田之盛行状况。唐代屯田，大多集中在西北边疆地区，"唐代屯田，可以说遍布整个西北地区。而在西北这些屯田区中，规模比较大，文献记载比较具体的则只有甘凉屯田区和河湟屯田区"。[3] 据《唐六典》之记载，唐代开元年间原州地区有军屯四屯，其中每屯之规模约为五

---

① 武建国：《均田制研究》，云南人民出版社1992年版，第179页。
② 齐陈骏：《唐代西北的屯田》，《河西史研究》，甘肃教育出版社1989年版，第179页。
③ 谷苞主编：《西北通史》第2卷，兰州大学出版社2005年版，第509页。

十公顷，共有耕地二百余顷，由驻守的士兵耕种。[①] 原州之外的固原地区尚无具体的统计数据，但从与固原地区相邻或相近的甘凉、河湟屯田的状况观之，如"甘州诸屯，皆因水利，良沃不待天时，四十余屯并为奥壤，故每收获，常不减二十万"[②] "度开营田五千余顷，岁收百余万石"[③] 等，固原地区屯田之规模当可观。屯田之外，又有和籴之法。和籴之法，古已有之，然盛行于唐代之西北地区，后又推行于关辅之地，蔚然成势。[④] 和籴法之目的，"缘边数十州戍重兵，营田及地租不足以供军，于是初有和籴"[⑤]。由此可知，和籴之目的就是单纯供养边州军需，但其作用是显而易见的，"唐代前期在西北地区有实行和籴法，也间接地反映了西北农业发展的状况"[⑥]。

唐代固原地区社会经济发展最鲜明之特点当是畜牧业的发展，尤其是马政十分发达，而马政之区域亦十分广袤。据记载，"唐之牧地，西起陇右金城、平凉、天水、外暨河曲之野，内则歧、邠、泾、宁，东接银、夏，又东至娄烦"[⑦]。这些区域尤以固原地区马政为最。唐代马政之发达，亦体现在严密的制度体系，有"八坊"、四十八监等马政机构的设置。对于唐代马政之盛行的实际状况，明人赵时春之《马政论》有着翔实而生动的描述。

> 唐人养马，亦于泾、渭，近及同、华，置八坊，其地止千二百三十顷。树苜蓿、菽麦，用牧奚三千，官寮无几，衣食皮毛是资，不取诸官。盖合牧而散畜之，牧专其事，不杂以耕。而太仆

---

① 李林甫等撰，陈仲夫点校：《唐六典》卷5，中华书局1992年版，第489页。

② 陈子昂撰，彭庆生校注：《上西番边州安危事三条》，《陈子昂集》卷8，黄山书社2015年版，第353页。

③ 宋祁、欧阳修等撰：《旧唐书》卷97《郭元振传》，中华书局2011年版。

④ 陈寅恪：《隋唐制度渊源略论稿》，生活·读书·新知三联书店1954年版，第148—150页。

⑤ 宋祁、欧阳修等撰：《新唐书》卷58《食货志》，中华书局2011年版。

⑥ 谷苞主编：《西北通史》第2卷，兰州大学出版社2005年版，第510页。

⑦ 脱脱等撰：《宋史》卷198《兵志》，中华书局2011年版。

张万岁、王毛仲，官职虽尊，身本帝围，生长北方，贯历牧事，躬驰抚阅。无点集追呼之绕、科索之烦，顺天因地，马畜滋殖。万岁至七十万六千，毛仲至六十万五千六百有奇。色别为群，号称"云锦"。地狭不容，增置河西，史赞其盛，图传至今。①

唐代固原地区马政之盛，胜于前代，自贞观初年伊始，唐王朝以原州刺史兼都监牧使，以管辖西北地区之马政，形成了包括原州在内的秦、渭以北，会州以南，兰州、狄道以西十分广袤的官办牧马基地。② 以原州为中心的牧地十分重要，成为唐王朝战马供应基地，贞观二十年（646），唐太宗曾亲赴瓦亭，专门视察了瓦亭的马政。③ 唐麟德元年（664），又以陇右、金城、平凉、天水四郡增设牧监四十八所，设置八使，专事马政。牧马数量急剧增加，数量达到七十余万匹④，这是一个相当惊人的数据。此后，唐政府又于河曲之地设置八马监，进一步扩大牧马的区域和数量。马政之繁盛，预示了固原地区在唐代重要的军事地位，亦是固原地区社会经济发展的标志。

（三）唐王朝与吐蕃对固原地区之争夺

唐与吐蕃之和战贯穿于唐王朝始终，而且其影响在中国古代史上不可估量。正如谷苞主编《西北通史》所言：

吐蕃的强大和它不断的向北、向西扩展，对于我国西北部各族历史的发展，甚至于对强盛的唐王朝都产生重大而深远的影响。对西北各族而言，吐蕃北上攻灭吐谷浑，进入西域，同西突厥贵族勾结，与唐王朝争夺对西域的控制权……对唐王朝而言，

---

① 王学伊总纂，李作斌标点、校注：《宣统固原州志》，载固原市地方志办公室编《明清固原州志》，宁夏回族自治区内部资料出版物 2003 年版，第 421 页。

② 李吉甫撰，贺次君点校：《元和郡县图志》卷 3，中华书局 1983 年版，第 91 页。

③ 宋祁、欧阳修等撰：《新唐书》卷 2《太宗纪》，中华书局 2011 年版。

④ 李吉甫撰、贺次君点校：《元和郡县图志》卷 3，中华书局 1983 年版，第 91 页。

吐蕃不断侵扰唐西北的边郡，破坏生产，掠夺人畜，给唐王朝以极大的威胁……因此，吐蕃的兴起与强大，是我国中世纪西北历史上最重要的一章。①

吐蕃于 7 世纪兴起于西藏高原，是藏族之先祖。吐蕃崛起于弃宗弄赞（松赞干布）时期，其建都于拉萨，统一西藏高原，制定官制，颁行文字，发展经济，使得吐蕃迅速强大。弃宗弄赞时期，正值唐太宗贞观年间，贞观八年（634）吐蕃始遣使入朝于唐，开始两国之正式交往的历史。在松赞干布统治吐蕃之时，吐蕃与唐朝以和亲的方式维系了大致较为和平稳定的局势，尤其是文成公主入藏，成为唐蕃之间友好交往的象征，亦是我国古代社会和亲政策最为成功的典范。贞观二十三年，唐太宗驾崩，高宗即位。次年，弃宗弄赞去世，其孙莽论莽赞继立，因其年幼，大相禄东赞摄政，由此开始了吐蕃向北扩张的历史，唐蕃之间亦进入了长期对峙与战争的状态。

唐蕃战争，主要集中在河源地区、剑南西部、河西、西域等地。尤其是吐蕃东部，今甘肃、青海一带，包括固原地区是唐蕃战争最为频繁和激烈的地区。尤其是安史之乱以后，唐王朝与吐蕃对于固原地区的争夺呈现出十分复杂的态势，固原地区在双方之间数度易手，促使固原地区步入更为深刻的社会历史变迁之历程，如表 4-1 所示。

表 4-1　　　　　　　　　唐王朝与吐蕃对固原地区的争夺情况②

广德元年（763）	吐蕃陷秦、渭、河西、陇右，不久陷原州
永泰元年（765）	郭子仪率大军收复原州、灵州

① 谷苞主编：《西北通史》第 2 卷，兰州大学出版社 2005 年版，第 524 页。
② 根据《旧唐书·吐蕃上》《旧唐书·吐蕃下》《资治通鉴》《旧唐书·宪宗李忱》《全唐诗》等文献汇总。

大历元年（766）	唐蕃会盟。不久，吐蕃举大军破原州
大历二年（767）	唐蕃会盟于兴唐寺。不久吐蕃攻陷青石岭（今固原原州区开城东南），屯兵朝那城。在唐王朝的谴责下，吐蕃旋即退出青石岭和朝那城
大历八年（773）	郭子仪率军进驻朝那（今彭阳古城），盐州刺史呼应郭子仪，在安乐山（今同心县境内）驻扎大军，伺机进击吐蕃，杀吐蕃军士数千人，吐蕃因势而退，大军驻扎于摧沙堡（今固原原州区张易镇红庄境内），而对原州城"弃而不居"，原州城成为一座空城
大历十一年（776）	吐蕃攻陷石门关，进入长泽川（今固原原州北境内），并驻扎大军8万余人于原州北长泽牧监，攻占方渠（今甘肃环县）、灵州、盐州、夏州
大历十三年（778）	吐蕃万余骑兵攻占青石岭，进逼泾州，郭子仪率军击退吐蕃
建中四年（783）	唐蕃会盟于清水县，订立盟约，约定：泾州以西至弹筝峡（今固原瓦亭峡）西部、陇州（今陇县）以西至清水县为唐境；兰、渭、会等州，西至临洮为吐蕃境界。从此原州绝大部分地区正式划入吐蕃版图，一时之间出现了"西望原州胡天地"的局面
贞元二年（786）	吐蕃不守盟约，举大军进逼泾、邠、陇、宁等州，凤翔节度使李晟率军大破吐蕃军事要塞原州摧沙堡，并斩杀吐蕃酋长扈屈律设赞等七人，传首京师，震动吐蕃。遂后，吐蕃利用会盟之际，设计杀唐使数百人，吐蕃复占有原州城，并对原州城进行整修，作为主要的屯戍之所，原州自此长期处于吐蕃的控制之下
元和十三年（818）	平凉兵马使郝玭率军击破吐蕃两万人，收复原州，获羊马无数
长庆元年（821）	唐蕃会盟于长庆，是清水会盟之继约。自此后，唐蕃长期的对峙与战争基本结束
大中三年（849）	吐蕃内乱，唐王朝趁机取得原州、石门、木峡、六盘、制胜、驿藏、石峡、木靖、安乐州等地
广顺元年（951）	后周时期，原州大部分地区再次为吐蕃所有

　　唐与吐蕃之间长期的战争，其影响十分深远。对于唐王朝而言，为了抵制吐蕃之扩张，在边境地区设置"十节度"，在战事更为频繁

的西北地区设置了陇右、河西、安西、北庭四大节度使，四大节度使所统率军队数量达到 22 万余人。① 庞大的军费开支，再加之长期的战争使得节度使势力不断坐大，成为唐王朝灭亡的主要原因。对于吐蕃而言，长期的战争亦使得吐蕃社会经济遭到严重破坏，民不聊生，全面走向衰落；战争亦给唐王朝和吐蕃之民众带来巨大的灾难，损失不可估量；在战争频繁发生的固原地区，战争在带来一系列灾难后果之外，亦使得固原地区步入了前所未有之大变迁的历史进程中，尤其在文化上步入多元化进程，构筑而成固原地区绚烂多姿的边塞文化特色。

第二节　交相辉映中的丝绸之路与隋唐时期固原地区的经济、文化

隋唐时代丝绸之路的兴盛与繁华远超前代，亦越后世，成为隋唐史上最为亮丽的一道风景线。徐兴亚言：“隋唐，为（固原地区）丝绸之路最为繁荣时期。”② 谷苞主编的《西北通史》评价说：“唐代古丝路上的贸易比之于魏晋时期要繁荣得多，大一统局面和唐在西域势力的扩展为这种繁荣提供了先决条件。”③ 正是丝绸之路的鼎盛，成就了固原地区厚重之历史，推动隋唐时期的固原地区在经济、社会、文化、民族等多方面的发展达到古代社会的高峰。

一　隋唐时期固原地区丝绸之路概况

隋唐时期，丝绸之路的畅通不仅为中外交往开拓新的局面，更是促进了隋唐时期西北边疆经济、文化与社会的繁荣。丝绸之路自张骞

---

① 司马光等撰：《资治通鉴》卷215，“唐玄宗天宝元年春正月条”，中华书局2011年版。

② 徐兴亚：《西海固通史》，宁夏人民教育出版社2012年版，第180页。

③ 谷苞主编：《西北通史》第2卷，兰州大学出版社2005年版，第522页。

凿空西域以来，一直成为中西商业贸易、政治交往、文化交流与传播的要道。丝绸之路最初起自政治和军事目的，却发展成中国与西域地区乃至西方诸国商业贸易、政治交往、文化交流与传播的国际通道，非人为的意志所决定，而是历史发展的潮流和趋势所致。正是通过这条国际通道，以中国之丝绸为媒介，输出丝绸、冶铁、造纸、道教、儒家及其文官制度，而西域和西方之皮毛、籽种、香料、珠宝、乐舞、宗教亦通过这条通道传入中国，开创了中西文化交流之盛举，其历史价值俨然不可估量。自汉代至隋唐，丝绸之路虽然"或绝或通"①，但大部分时间，这条商业与文化通道基本上是畅通的。隋唐丝绸之路四通八达，依据《隋书·裴矩传》（其中保留了裴矩所撰《西域图记》之序言，较详细地记载了隋代丝绸之路通道状况）所载，隋朝时期，有通西域三道，余太山《西域通史》对这三道地名进行了详尽之考证。② 此三道分别为：北道——以敦煌为起点，至伊吾（今新疆哈密），途经蒲类海（今新疆巴里坤湖）铁勒部、突厥部，渡北流河水（今锡尔河），到达拂林国（今土耳其伊斯坦布尔），止于西海（今地中海）；中道——以敦煌为起点，至高昌（今新疆吐鲁番），经焉耆（今新疆焉耆）、龟兹（今新疆库车）、疏勒（今新疆喀什），越葱岭（今帕米尔高原），到达今乌兹别克斯坦、土库曼斯坦、伊朗，止于西海（今波斯湾）；南道——以敦煌为起点，至鄯善（今新疆若羌县），经于阗（今新疆和田）、朱俱波（今新疆叶城）、喝槃陀（今新疆塔什库尔干），越葱岭，经阿富汗，至印度北部，达于西海（今印度洋）。与隋朝相比较而言，唐代进一步凿通了通西域之道路，除了这三道以外，还开通了草原道、吐谷浑道、西南夷道。③大大拓展了唐代与西域地区、西方交流的规模与范围。

　　丝绸之路就整体而言，东起长安，西至东罗马帝国君士坦丁堡，

---

① 魏徵：《隋书》卷83《西域传》，中华书局2011年版。
② 余太山：《西域通史》，中州古籍出版社1996年版，第139页。
③ 李明伟：《丝绸之路与西北经济研究》，甘肃人民出版社1992年版，第27页。

横跨欧亚大陆，蔓延数千公里，其中在我国境内长达一千七百多公里。目前学界将丝绸之路总体划分为东段、中段与西段，中段与东段均在中国境内，其中东段分为南道、中道与北道。隋唐时期，固原地区以原州为中心，辐射周边地带，恰好处于东段北道的交通要道上，是丝绸之路最为重要的交通通道，原州成为中西商业与文化交流的丝路重镇。以原州为据点，其西进河西走廊，出嘉峪关控遏西域而通连中亚、西亚，其南进拱卫关中而辐射中原，其东联草原丝绸之路而沟通蒙古草原，地位十分重要。① 对于固原地区的丝绸之路及其地理位置，薛正昌有着十分详细的描述，兹摘录如下。

> 考察丝路走向，起点在长安（或洛阳），东段中途有几个点是约束丝路走向的关键。就东段北道看，要进抵河西武威，六盘山雄踞，黄河天堑阻隔，从长安到河西，无论走北道的哪一线，都要翻越六盘山，都要在景泰渡过黄河。这就规范和约束凡走北道者，除沿迁河、泾河、清水河谷主道抵河西外，包括前面提到的那两条线路，可能在不同的历史时期，各条道的负载亦有主次。但无论如何，千河、泾河、清水河三水南北纵跨陕、甘、宁，是丝绸之路东段北道的主体……唐代原州为西北重镇，七关拱卫，雄视河陇。七关控制数条通道，统属于固原。②

固原独特的地理位置决定了其在丝绸之路通道上的重要地位，由于地位之重要，隋唐时期为加强西北边疆之防御，从泾源县三关口到海原高崖一带设立了著名的原州七关，即制胜关（今泾源县城西北两

---

① 东道北段在固原地区境内的具体走向：以长安临皋驿站或咸阳驿站为起始点，向西北行经醴泉、奉天（今乾县东），到邠州治所新平县（今邠县），沿着泾水河谷而进，经过长武、泾川、平凉，西入弹筝峡（三关口），过瓦厅关，北上原州（固原）；沿着清水河谷，再向北经石门关，折向西北经海原，抵达黄河东岸的靖远，渡过黄河乌兰关（景泰县东），由景泰直达河西武威。

② 薛正昌：《固原历史地理与文化》，甘肃文化出版社1998年版，第230页。

公里）、木峡关（今固原原州区西南红庄乡）、六盘关（今六盘山）、石门关（今固原原州区须弥山寺口子）、石峡关（今海原县高崖乡）、木崝关（今固原原州区城西硝口）、驿藏关（今海原县黑城），七关并立，控遏边塞，拱卫京师，地位十分重要。七关之设置，有着完整的行政体系，一般每关都设有令、承、录事等，驻扎有一定数量的军队，来往商贾使者均要持有朝廷颁发的文书作为通行之凭据，控制十分严格。七关之设置最初目的是稳固边疆、拱卫京师，抑或地处边要形胜之处，军事意义重大。然七关设置以后，实际上亦逐渐发展成为控遏丝绸之路通道的关卡，这些关卡以原州为中心形成了丝路重镇，成为丝绸之路上的商业与文化交流的集结地，因此军事、政治意义之外，亦渗透各民族及国家之间经济、文化交往的浓郁色彩。

　　陆上丝绸之路以外，还有草原丝绸之路。所谓草原丝绸之路，目前学界较为一致的看法是从蒙古高原大致沿着欧亚草原进而延伸到西方的丝路通道，而且草原丝绸之路的开通从时间上观之应该不晚于张骞通西域所形成的陆上丝绸之路。有学者认为草原丝绸之路的开通不晚于殷商之际，是通连东西方交通的最早要道。① 秦汉以来，草原之路就成为西北民族及各国商旅往来的通道。自唐代伊始，草原之路基本上掌控在游牧民族之手，但草原丝绸之路一直没有中断过，直到清代，左宗棠经略新疆运输的粮道就是草原丝绸之路。② 草原丝绸之路与萧关古道丝绸之路有着天然的联系，"清水河流域的灵州道，是古萧关道的组成部分，早在西周时期，就是过萧关抵黄河的一条通道，即出宁夏固原既可沿丝绸之路而进，也可向西北与草原路相同。"③ 大致说来，以甘肃武威作为出发点，经原州，至银川及其周边，经包头、呼和浩特、大同，再行至古营州（今辽宁朝

---

　　① ［俄］E. N. 陆柏-列斯尼钦科：《伟大的草原之路》，贺信中译，《西北史地》1987年第 2 期。

　　② 蒋致洁：《左宗棠进军新疆运输路线考》，《甘肃社会科学》1987 年第 1 期。

　　③ 薛正昌：《固原历史地理与文化》，甘肃文化出版社 1998 年版，第 260 页。

阳市），就是草原路的大致走向。① 实际上，隋唐时期，北部草原和中原地区通西域的核心区域就是以原州为中心的固原地区，由固原至西域的路线至少有六条。②

总之，隋唐时期丝绸之路的繁盛对于固原地区而言其重要意义不言而喻。某种程度上言之，隋唐时期丝绸之路成就了固原之历史，促使固原社会与历史步入前所未有之大变革时代。正如薛正昌对此评价说："除了战乱等因素外（如吐蕃陷原州），经济贸易和文化交往这两个轮子，被历史推着不停地向前滚动，促进了丝绸之路的永久性发展。"③ 实际上，即便是吐蕃陷原州时期，依然没有停止丝绸之路的交往，而且在一定程度上更是促进了固原地区丝绸之路的交往，尤其是丝绸之路促进民族大融合的浪潮，亦不可低估。

二　丝绸之路与固原地区经济

隋唐时期，丝绸之路的繁盛，直接推动了固原地区经济之变迁。丝绸之路在汉代由张骞开凿，最初只是单纯的军事目的，只是为了联络西域诸国抗击匈奴，但这条通道一旦开通，其军事价值的光芒却被中西经济与文化交往所带来的良好社会效应所掩盖。作为丝绸之路东段北道上的重要集散地，固原地区伴随着丝绸之路的繁盛发生了重大的变迁。

早在隋代，丝绸之路的三条重要通道开通以后，中西经济交往步入了全新的时代，尤其是中外贸易发展十分迅速。为顺应中西交往迅速扩大的趋势，管理和经营中西之交往，隋炀帝设立"四方馆"，隶属于鸿胪寺，以接待西来使者。同时开通互市，设立专门管理中外贸易的官职互市监，互市监之设置，重要职能就是"掌互市"④，其外

---

① 吴焯：《北周李贤墓出土鎏金银壶考》，《文物》1987 年第 5 期。
② 吴焯：《北周李贤墓出土鎏金银壶考》，《文物》1987 年第 5 期。
③ 薛正昌：《固原历史地理与文化》，甘肃文化出版社 1998 年版，第 230 页。
④ 魏徵：《隋书》卷 28《百官志》，中华书局 2011 年版。

亦负有一定的管理地方的职权。四方馆及互市的设立，反映了隋代中西交往的盛况，亦是隋代丝绸之路繁盛的标志。史载，大业五年（609），隋炀帝在巡视河右之时，在张掖焉支山召开了著名的"二十七国交易会"，史称"焉支山盛会"。对于当时之盛况，《隋书·裴矩传》有着较为详细之描述。当时参加盛会的有高昌、伊吾、西域诸国使者、西来使者、商人等二十七国使者，皆"谒于道左"，旌旗招展，歌舞升平，"周亘数十里"，场面蔚为壮观，"以示中国之盛"①。这次盛会，名义上是"交易会"，实则为隋炀帝炫耀国威的面子工程，但确也反映了隋代丝绸之路开通所带来的经济与文化交流之盛况。当时固原地区作为丝绸之路的必经通道，过往商旅、使者络绎不绝，大大促进了固原地区经济贸易之发展。

至唐代，丝绸之路更为发达。固原地区处于丝绸之路东段北道的交通要道之上，来往商人、贡使、僧侣众多，他们亦往返或滞留于固原地区，由固原地区的原州为起始点，把中西文化通过固原地区传播于四海，形成了如唐代诗人张籍所言的"无数铃声遥过碛，应驮白练到安西"的壮观景象。唐代丝路贸易之盛况，虽在正史中记载较少，但在固原地区之考古发掘，为研究固原地区丝绸之路上的商贸情况提供了丰富的史料。20世纪80年代，在今固原市原州区西南六公里处的王涝坝发现唐代的两座古墓，墓主为史道德，墓葬中出土了大量价值极高的文物，如敛具、饰见、金币等。② 尤其是外国金币的发掘，说明唐代固原地区中外贸易十分频繁，外国金币不仅是中西交通贸易交往的遗物，亦是丝绸之路繁盛之标志。③ 唐代丝绸之路上除去数量不等的国使往来以外，亦有大量胡商，有些民间的贸易商队十分庞

---

① 魏徵：《隋书》卷67《裴矩传》，中华书局2011年版。

② 史道德，唐人，字万安，先祖徙高平。其父曾担任唐朝正议大夫、平凉县开国侯。龙朔三年（663），史道德任监牧之监正，总章二年（669），官拜给事中，任玉亭监牧之监正，仪凤三年（678）卒，享年六十六载。史道德墓葬的发掘，为研究隋唐时期固原地区的丝绸之路概况提供了较为翔实的考古资料。

③ 韩兆民、韩孔乐：《宁夏固原唐史道德墓清理简报》，《文物》1985年第11期。

大，往往携带家眷、奴婢及大量马匹。这些民间的商队过往丝绸之路的各个关卡需要唐政府诏准的文书，很多时候，以市券代替文书，以市券作为贸易之凭据。唐律规定："诸买奴婢、马牛驼骡驴，已过价，不立市券，过三日，笞三十。"① 可见对于市券之重视。目前在吐鲁番及固原地区已发现过所文书，用于规范中外之贸易。② 中外货币在丝绸之路上的流通当是丝绸之路上贸易繁荣的重要标志，根据已有考古发掘，在陇右、河西，包括固原地区发现大量的波斯萨珊朝银币，同时发现当时唐代流通的开元通宝。这些银币的发现，显而易见反映了唐代中外贸易的繁盛景象。③ 唐代丝绸之路中外商贸繁盛的又一重要佐证就是，唐政府为了管理中外贸易，实行过所制度。④ 对于过所制度，主要流行于西域，但作为丝绸之路东段北道的核心地带，在固原地区过所制度依然有效。所谓"过所"，就是通行的路证，主要针对中西贸易往来的民间商人而实施。过所制度的实行，从表面上观之是一种经济行为，实际上是唐王朝为了监视过往商旅，维护地方安定的一种政治制度。正如日本学者荒川正晴所言：

> 唐代对于西域的控制很难说是从经济观点出发的确保商路和保护贸易，八世纪商业活动的兴旺，无疑是由大量布帛每年通过客商的运输而转给西域镇守军的情况而促成的。⑤

---

① 长孙无忌等撰，刘俊文点校：《唐律疏议》卷26《杂律上》，中华书局1983年版，第500页。

② 如吐鲁番发现《唐开元二十一年（733）唐益谦、薛光泚、康大之请给过所案卷》中，附有《唐开元二十年（732）薛十五娘买婢市券》。参见《吐鲁番出土文书》第9册，文物出版社1990年版，第29—30页。

③ 夏鼐：《综述中国出土的波斯萨珊朝银币》，《考古学报》1974年第1期。

④ 关于"过所制度"，参见程喜霖《唐代的公验与过所》，《中国史研究》1985年第1期；又见谷苞主编《西北通史》第2卷，兰州大学出版社2005年版，第521页。

⑤ ［日］荒川正晴：《关于唐向西域输送布帛与客商的关系》，乐胜奎译、李少军校，《魏晋南北朝隋唐史资料》第16辑，武汉大学出版社1998年版，第342—353页。

即便如此，其对于在中西经济交往之层面的规范和引导力不应忽视，是丝绸之路繁盛的标志。原因在于，在中国古代社会，政治与军事的目的往往附带有强烈的经济与文化效应，正如丝绸之路之开凿渊源于政治与军事，受益于经济与文化。

隋唐时期，丝绸之路的繁盛，直接影响了丝路的核心通道固原地区。丝绸之路对于固原地区经济的促进和变迁是十分明确的，主要表现如下。

第一，改变了固原地区经济之格局。隋唐时期，固原地区经济之特质仍然是农牧并重，只是伴随着丝绸之路的繁盛，作为丝绸之路东段北道的交通要道，受丝绸之路商贸文化及民族交往之影响，固原地区社会经济之格局发生了重大的历史变迁。隋唐之时，作为军事重镇的固原驻扎着大量大军，为了解决军队的给养压力问题，隋唐政府在固原地区均实行开发经济等一系列措施，在固原地区之屯田，尤其是军屯，规模颇大，收效明显。由于地理位置的特殊性和军事位置的重要性，隋唐时期在固原地区大规模办理官办牧马基地，固原地区一度成为隋唐政府牧马中心。马政之发展至少带来两个重要的社会影响：一是昭示了固原地区重要的军事地位；二是深刻改变了固原地区经济之格局。对于前者，伴随着丝绸之路的兴盛，多民族间之交往日趋频繁，尤其是隋唐政府为了有效经略西域，首先要保障武力上的震慑，以固原地区为中心，控遏西域，建构与西方国家正常的交往关系，必然要强化固原地区军事之职能，进而疏通丝绸之路，强调对于西域的经略。对于后者，保障军事的必然是经济，固原地区由于气候之原因，农耕经济虽有发展，但发展有限，大力发展畜牧业成为发展固原地区经济的首要选择，再加之古代丝绸之路依靠畜力驮运，畜牧业之地位十分重要。换言之，隋唐时期，在丝绸之路繁盛的背景下，进一步促使固原地域畜牧业的发展，深刻改变了固原地区的经济格局。丝绸之路推动下的畜牧业获得了迅速的发展，而畜牧业的发展亦带动了固原地区以畜牧业为主的加工业的发展。史载，唐代原州制造的以畜牧产品为主的白毡、覆鞍毡、龙须席、布、麻等精美手工业品作为贡品进贡皇室。[①]实际上，隋唐时期，固原地区畜牧业发展及其衍生的手工业制品，融合了中西特色，颇受好评。在丝绸之路的影响下，畜牧业发展十分迅速，"除了国家设监养马以外，各地驻军及州县也多养马，王公贵戚养马、养牛、养羊"[②]。在养殖业种类扩大的同时，民间养殖业亦发展迅速，成为隋唐时期固原地区经济的一大特色。即便是在吐蕃占领原州的时期，吐蕃十数万大军，屯集于原州以北的长泽牧监，充分说明这一带水草丰美，畜牧发达。

第二，城市之繁荣。隋唐时期，在丝绸之路的影响下，西北边疆地区出现了一些重要的城市。对于西北地区而言，隋唐时期最为繁华的城市当然首推长安，长安之繁华原因有二：一是长安作为隋唐政治与行政中心，衙门众多，商贾云集，人口庞大，全国之资源通过陆路和水路集中于长安，其繁华情理之中；二是作为丝绸之路的起点和终点，外国贡使、商人、传教士皆驻留长安，成为长安繁华的重要原因。为了满足庞大的管理机构之运转，在长安官方设置了商业管理机构和手工业作坊。对于管理机构而言，"（少府监）掌百工技巧之政，总中尚、左尚、右尚、织染，掌治五署及诸冶、铸钱、互市等监"[③]，足见管理机构之臃肿和完整。至于官方建立的手工作坊，涉及各个部类，门类齐全，其数量十分庞大，而且制作工艺十分成熟，其他来自民间的各种小作坊更是数不胜数，诸如铁匠、皮匠、金银匠、酒肆、药店、茶叶店、衣肆、盐铺等一应齐全。尤其一个十分明显的特点就是在长安街上，充塞着来自西域和国外的各种"胡商"及其商铺，标志着长安城市的繁华状况。长安以外，唐代之凉州，亦是十分重要的城市。唐代玄奘西行经过凉

---

① 宋祁、欧阳修等撰：《新唐书》卷37《地理志》，中华书局2011年版。
② 谷苞主编：《西北通史》第2卷，兰州大学出版社2005年版，第515页。
③ 宋祁、欧阳修等撰：《新唐书》卷46《百官志》，中华书局2011年版。

州，其曰："凉州为河西都会，襟带西蕃、葱右诸国，商旅往来，无有停绝。"① 凉州商业贸易十分发达，街市林立，如谷麦行、布帛行、皮毛行、铁行、药行、牛马行等遍布其间。② 隋唐时期的固原地区，亦形成了较为繁华的小城镇，这些小城镇一般以原州为中心，以原州七关为支点，形成了以中外贸易为主的商业特色。原州之商业，从本质上而言以畜牧产品为主，手工业产品主要是皮毛加工业，当然，由于原州及其周边地区，生活着大量的普通民众，为满足日常生活，各种商铺集中于城镇的市场，如盐铺、药铺、皮毛铺、布帛铺、铁铺、马市、牛市等，构成原州地区商业中心。同凉州之商业相同的是，原州之商业最大的特色依然是"胡商"盛行。从现有考古发掘观之，所发现的遗物，十分雄辩地证明了隋唐时期固原地区胡商对于该地区的影响力。如在固原出土了大量的罗马金币、波斯银币、金覆面等，说明在隋唐时期固原地区胡商足迹遍及各地，极大地推动了固原地区中西文化和商业贸易的进程。

第三，多元经济融汇之格局建立。隋唐时期的固原地区，在经济上最为显著的一个特点就是多元经济特色交相辉映。虽然在唐诗中见到的固原地区一片荒凉萧条之景、战马鸣嘶之色，但透过这些诗家绝唱，依然可以一窥唐代固原地区"胡风"之盛。如唐代著名诗人岑参的《胡笳歌送颜真卿使赴河陇》云："君不闻胡笳声最悲，紫髯绿眼胡人吹。吹之一曲犹未了，愁杀楼兰征戍儿。凉秋八月萧关道，北风吹断天山草。昆仑山南月欲斜，胡人向月吹胡笳。胡笳怨兮将送君，秦山遥望陇山云。边城夜夜多愁梦，向月胡笳谁喜闻。"③ 透析这首诗之意境，对于萧关边塞生活之描述跃然纸上，同时也可窥见唐代固原多元经济融合之特色。唐代原州及其周边地区

---

① 慧立、彦悰撰，孙毓棠、谢方点校：《大慈恩寺三藏法师传》卷 1，中华书局 1983 年版，第 53 页。

② 徐伯夫：《唐代西域交河郡的商业》，《新疆历史研究》1985 年第 1 期。

③ 郭茂倩：《乐府诗集》卷 33，中华书局 1979 年版，第 484 页。

多元经济之建构，主要是融入了胡商特色，对此，徐兴亚言：

> 初唐、盛唐，除了凉州，当时的原州已成为唐王朝的第二国门，既距长安不远，又是边陲。原州成了其他民族的理想居留地。令人感兴趣的是在宁夏南部生活过的中世纪中亚游牧民族最为奇特，且有文字记载、文物保存在固原最多的民族为粟特人。经科学鉴定考证，固原隋唐墓地史姓人史道洛的头骨归属为西源的高加索人种。①

粟特人之留居固原，是伴随着丝绸之路的开通而进入固原地区，并与当地汉民族融合，对于当地的经济与文化交流做出了突出的贡献。隋唐时期的原州及其周边地区，"胡风"盛行首先是经济交往的结果，其次是文化之影响，再加之原州及其周边地区传统的畜牧并重的经济特征，构成了固原地区别具一格的多元经济格局，极大地影响了固原地区的历史进程。

三　丝绸之路与固原地区文化

文化，最能反映一地变迁之特征。伴随着丝绸之路之兴盛，隋唐时期的原州及其周边地区形成了独具特色的文化景观，与内地形成了鲜明的比照。在这一过程中，丝绸之路上重要的中转站——萧关古道（丝绸之路东段北道）成为多民族文化交流的中心地带，多民族交流、碰撞与融合的独特文化圈建立，构成了与内地迥然不同的文化体系。

第一，发达的石窟艺术。隋唐时期，固原及其周边地区石窟艺术的发达，直接得益于丝绸之路的繁盛。萧关古道作为丝绸之路东段北道上的中心，多民族文化交流最为频繁，构建了固原地区多彩多样的

---

① 徐兴亚：《西海固通史》，宁夏人民教育出版社 2012 年版，第 180—181 页。

民族文化，其中最为突出者首推石窟艺术——须弥山石窟。须弥山石窟位于今固原原州区西北 55 公里处，须弥山，意为"妙高"，是中心之山，为"天帝释迦所住金刚山也"①。石窟艺术在固原及其周边地区兴起于魏晋时期，繁荣于隋唐时期。石窟艺术之繁荣，皆源于丝绸之路的繁盛，丝绸之路成就了固原及其周边地区的石窟艺术，而石窟艺术正是经由丝绸之路经济、宗教、文化、民族等诸多因素交往和交流而促成。固原须弥山石窟经历了较为漫长的历史变迁过程。就其开凿过程而言，学界流行的观点是开凿于北魏太和年间（477—499），亦有学者认为，须弥山石窟之开凿最早可追溯到后秦以前。② 隋唐时期，石窟艺术进入空前繁荣时期，固原须弥山在这时期发展十分迅速。据统计，唐代在须弥山开凿佛像约为三十窟，占现存须弥山石窟一半以上。唐代之须弥山，就其位置而言，是为西出陇右之要道，唐代原州著名七关之一的石门关坐落在须弥山旁，其地理位置十分重要，不但是内地通往西域的必经之所，也是西域商旅往来的必经之地，实际上是丝绸之路的中转站，丝路之繁盛造就了原州及其周边地区中西文化汇聚之特色，因此须弥山石窟在唐代的进一步扩建正是中西文化交流的结果。唐代须弥山开凿了许多佛窟，其中最大最有影响的是须弥山大佛（第 5 窟），所开凿的弥勒大佛高 20.6 米，其造型奇特，工艺精美，气势宏伟，是我国唐代开凿的最大佛像，亦是现存全国的大佛之一。③ 而且唐代以须弥山第五窟大佛为中心，建造了规模宏大的景云寺，成为佛教圣地。就造像艺术而言，须弥山大佛既有西来文化的影响，又体现出强烈的传统文化之色彩，是中西文化、少数民族文化与汉民族文化交相辉映的结果，"在须弥山大佛的造像上……集中体现了唐代的审美观点、美学思想和艺术风格，同时也渗

---

① 《佛学大辞典·须弥山·迷楼》，文物出版社 1984 年版，第 75 页。

② 薛正昌：《固原历史地理与文化》，甘肃文化出版社 1998 年版，第 252 页。

③ 宁夏文物管理委员会：《须弥山石窟》，文物出版社 1988 年版，第 27 页。

透和体现了君权意识"①，这个评价是中肯的。隋唐时期固原地区石窟艺术之所以获得空前的发展，得益于丝绸之路的畅通，丝路的畅通为西域及中亚、西亚乃至欧洲的商旅往来、僧侣传教、经济与文化交流奠定了坚实的基础，从这个意义上讲，须弥山石窟象征着丝路文化繁盛的状况。再者唐代是一个包容并放的时代，各种宗教与文化通过丝绸之路纷纷传入中国内地，多民族文化之碰撞必然导致多元文化的崛起，须弥山石窟就是多元文化的代表。须弥山石窟的开凿，不仅仅是艺术上的成熟和多民族文化交流的结果，通过发达的石窟艺术，亦可以窥见当时固原地区经济发达的状况。原因其实很简单，铸造大佛是一个十分漫长而艰巨的任务，工艺水平是一个方面，经济实力的支撑更为重要，庞大的工程需要庞大的人力、物力与财力，唯有如此，才能实现这一浩大的工程，"须弥山大佛不仅是唐代佛教鼎盛的产物，而且应该是当时原州经济繁荣的一个象征"②。唐代前期原州之经济获得空前的发展，经济发展之态势也形成了多元化格局，农牧业并重，尤其是唐王朝以固原地区为基地，大力发展马政，使得固原地区牧业的发展十分迅速。在丝绸之路的推动下，以原州为中心，形成了别具一格的丝路经济特征，手工业、商业等都获得了前所未有的发展，影响亦十分深远。因此，唐代石窟艺术的发达，正是建立在固原地区经济发展的基础之上的。此外，隋唐王朝统治阶级崇佛，使得佛教文化盛行，促进了石窟艺术的发达。值得注意的是，吐蕃几番陷原州，统治原州长达 86 年之久，这期间固原地区的具体状况鲜有史载。很多学者据此认为，吐蕃陷原州以后，原州的政治、经济与文化全面走向衰落，包括石窟文化亦走向没落，丝绸之路的昔日辉煌已经不再。对于这个问题应该用历史的眼光观之，从两个方面推测：一是吐蕃陷原州以后，

---

① 薛正昌：《固原历史地理与文化》，甘肃文化出版社 1998 年版，第 272 页。
② 薛正昌：《固原历史地理与文化》，甘肃文化出版社 1998 年版，第 272 页。

丝绸之路实际上并没有中断，只是切断了与中原之交往的路线，丝绸之路所带来的实际效应要重新考量，况且吐蕃统治原州期间，原州经济与社会并没有停滞不前，只是经济之发展更加侧重于牧业，由于缺乏史料，具体状况不得而知；二是吐蕃陷原州以后，确实影响了与内地之联系，表面上观之，原州及其周边地带遭到较大破坏，但对于吐蕃而言，原州作为其重要的驻军所在地，以及原州本身的地理环境，再加之佛教的传入主要通道之一亦是由吐蕃境内而来，肯定对于须弥山石窟有一定的影响，但由于缺乏史料，这些只是历史的臆想，永久地湮没在历史的浪潮中了。

第二，多元宗教并行。隋唐时期是我国兼容并放、胸襟广阔的大一统时期，对外来文化的包容和吸收超越任何一个时代，正是在这样的社会背景下，多种宗教传入中国，对中国和世界的影响十分深远。这一时期，传入中国的宗教有佛教、景教、祆教、摩尼教、伊斯兰教等宗教，宗教文化一时盛行，构成隋唐时期多种宗教文化并行的独特的社会文化现象。值得注意的是，这些宗教传入中国的大致路线就是通过丝绸之路形成的，大多宗教沿着丝绸之路越过葱岭传入西域，再进入内地。由是而言，丝绸之路促成了隋唐时期多元宗教及其文化并行的辉煌格局。在传入中国的所有宗教中，影响最大的当属佛教，"魏晋至隋唐时期，是佛教由传入，进而兴盛、广为传播，并完成了其中国化过程，成为我国文化中重要部分的一个阶段，也是我国历史上思想最活跃，文化最丰富多彩的一段时间"。[①] 佛教自公元前5世纪由释迦牟尼创建以后，开始在印度恒河流域一带传播，至孔雀王朝阿育王统治时期，佛教被定为国教，开始向全世界传播。有学者认为，佛教越过葱岭传入我国西域地区的大致时间是在公元前1世纪的后半叶，在西域传播之路线，首先是于阗，其次传到龟兹和疏勒，再

---

① 谷苞主编：《西北通史》第2卷，兰州大学出版社2005年版，第573页。

次是西域东部的若羌、高昌①，再沿着这些地区进入凉州、长安，最后进入中原地区。佛教的传播路线显然是丝绸之路的走向，从这个意义上观之，丝绸之路是宗教文化的传播之路。佛教由西域传入内地是在两汉时期，魏晋时期获得初步发展，而在隋唐时期，佛教步入繁荣。佛教之所以在隋唐时期达到繁荣的局面，与隋唐王朝统治者对于佛教的遵从紧密相关。唐代帝王高宗崇佛，武则天更是为了其政治目的而广信佛法，推行佛教之传播，在武则天在位期间，全国各州建立大云寺、开凿各种大型的佛教石窟，包括龙门石窟、须弥山石窟等。玄宗时期亦是尊崇佛法，广修佛事，促使密宗之形成。据记载，当时天下各类寺庙总数有五千三百五十八座，僧尼总数为十二万六千余人。② 足见隋唐时期佛教传播之广，规模之宏大。佛教东传内地的首站便是凉州，随之是原州，再由凉州和原州传入长安，由长安传入中原，形成佛教在全国传播的格局。佛教由西域向东传入凉州和原州之后，开凿了众多佛窟，如莫高窟、敦煌西千佛洞、天水麦积山、须弥山石窟等数十座著名的佛窟。佛窟之开凿，其高超的造像工艺以及壁画所遗留的史料，是研究佛教及其中国化的宝贵资料。佛教文化在中国形成规模并逐渐中国化，是和佛教高僧辈出以及对佛教经典的译著分不开的，"凉州、关中很长一段时期成为佛教译经的中心，而且高僧辈出，对于弘扬佛法，加速佛教中国化的进程，起到了重要的作用"③，这是一语中的。此外，有学者认为，须弥山佛教经由草原之路东传日本，④ 对日本社会产生了较大的影响，由此可见，须弥山佛教之盛况。

隋唐之原州，在佛教流行的同时，中国本土成长起来的道教亦得到一定程度的传播。史载，原州人梁元珍有四子，其中一子信奉道

① 魏长洪：《西域佛教史》，新疆美术摄影出版社 1998 年版，第 18—21 页。
② 宋祁、欧阳修等撰：《新唐书》卷 49《百官志》，中华书局 2011 年版。
③ 谷苞主编：《西北通史》第 2 卷，兰州大学出版社 2005 年版，第 582 页。
④ 薛正昌：《固原历史地理与文化》，甘肃文化出版社 1998 年版，第 257—266 页。

教，其号曰白鹤观道士。唐代之时，伊斯兰教亦传入中国，对于伊斯兰教传入中国的路线，有海路和陆路之分。对于陆路而言，伴随着丝绸之路的开通，唐代伊斯兰教亦由西域传入长安，按照丝绸之路的线路，伊斯兰教应该也在凉州和原州有传播，但现有史料载记缺失，只能流于历史的想象。

第三，政治与文化上多民族之融合。兼容并放的唐代社会，在政治、宗教、文化乃至民族上都能够积极吸纳外来力量，组建强大的统治机器，这是我国古代任何一个王朝所企望不及的。隋唐时期，伴随着丝绸之路的繁盛，中外通连，各民族在文化上交流与交融，构成了隋唐时期独特的社会景观。就固原地区而言，当时在这片土地上生存着汉族、突厥、铁勒、吐谷浑、吐蕃、党项、回纥及中亚、西亚外来商旅和朝贡使臣，共同构筑了固原地区多民族文化体系，各民族在政治和文化上逐步融合成为一体。自隋唐以来，有外来民族居于原州，逐渐与当地居民融合，并参与唐王朝的政治统治秩序之中，成为唐王朝维护统治的新势力，同时这些外来民族亦是连通中外文化的使者，在中西文化交往的历史过程中做出了突出的贡献。尤其引人注目的是，在固原地区发现了粟特人之遗迹，粟特人不仅在隋唐时期的固原历史上占有很重要的地位，而且在我国古代社会中外交往史上和民族史上亦占有重要地位。正如徐兴亚所说：

> 粟特人是对东西方文明的交流做出贡献的民族，居民属伊朗语族，主要经营农牧业，商业亦发达，首都马拉坎达……与中国自汉以后有经济文化联系，为丝绸之路所经，其地即中国隋唐时的康国一带。"商贩之人甚多"，相当重财。定居在原州的中亚粟特人，与唐王朝汉族的融合程度相当高。[1]

———————————

[1]　徐兴亚：《西海固通史》，宁夏人民教育出版社 2012 年版，第 181 页。

目前而言，在固原发掘了几座唐代粟特人史姓墓葬群，包括史道洛、史索严、史诃耽、史铁棒、史道德等家族人士。根据墓志铭，史索严曾在隋唐两朝担任要职，官至四品，可谓身份显赫；史诃耽，隋开皇年间出仕，唐朝建立以后，先后任牧马监正，后入中书省，"翻译朝会"，协助朝廷处理少数民族事务，对唐代中外文化之交流起到了较大的促进作用；史铁棒，在唐代"敕授司驭寺右十七监"，因管理马政有方，受到朝廷之表彰；史道德，唐代任牧马监正，拜给事中，颇有政绩。作为"昭武九姓"的史氏家族，根植于固原，在隋唐时期长期担任官职，几与当地居民同化。这些墓葬群有大量价值极高的唐代壁画、石门、金银币、金覆面、东罗马金币等遗物。通过墓葬遗物的识别、整理与研究，为研究隋唐时期固原社会之变迁提供了丰富的史料。

第四，唐诗中别样景致的固原。诗以咏志，诗以寄情，诗以传史。唐诗是中国古代史上一道亮丽的风景线，唐代亦是我国古代史上诗歌创作的巅峰期。在这些诗歌中，描述唐代固原地区的诗歌亦有不少，且很多是诗家之绝唱，影响十分深远。抛却诗歌本身的意境不论，通过这些描述固原地区的诗歌，可以一窥当时固原地区的历史变迁，以弥补对隋唐时期固原地区史载不明之缺憾。首先，隋代及唐代前期，丝路畅通，萧关古道上商旅往来，络绎不绝，一片繁华景象，隋代诗人李德林的诗正是对这一景象的描述："至仁文教远，惟圣武功宣。太师观六义，诸侯问百年。玄览时乘隙，训旅次山川。镇象屯休气，华盖翼飞烟。鼓奏千人响，旗动七星连。峻岭戈回日，高峰马煦天。姑射神游罢，萧关猎骑旋。更待东山上，看君巡狩篇。"① 诗歌所蕴含的历史信息是：隋炀帝为了彰显武功，西征河陇，败吐谷浑，设西海四郡，于大业五年（609）三月西巡，至张掖，"高昌王曲伯雅及伊吾吐屯设等相率朝见，并后贿隋炀帝。隋炀帝以吐屯设所

① 李延寿等撰：《北史》卷46《董绍传》，中华书局2011年版。

献地盘增设西海四郡，同时开通西域之路，中西交流的大道畅通无阻，这在我国统一的多民族国家的发展史上具有重大的意义"。① 这首诗正是作者在途经固原时所作，萧关作为隋代重要的边地重镇，肩负着拱卫京师的重要职责，这首诗同样反映出在隋代凿通丝绸之路以后，萧关及其周边地区便成为天然的中转站，军事力量强大，社会稳定，四邻安宁，经济发展，呈现出一幅蓬勃景象。其次，唐代以萧关为中心的固原地区首先是胡汉交错和交融之地，与中原及南部相比较而言往往显得遥远、大气、凄凉、萧条、寂寥而辉煌，景致别具一格，这在许多描述萧关的诗句中多有呈现。如王昌龄之《塞下曲》云："蝉鸣空桑林，八月萧关道。出塞复入塞，处处黄芦草。从来幽并客，皆共沙场老。莫作游侠儿，矜夸紫骝好。饮马渡秋水，水寒风似刀。"正是对萧关苍凉景色的描绘，诗中"皆共沙场老"意味着萧关征战频繁，突出了边塞重镇之特色。再次，唐代以萧关为中心的固原地区是边疆之军事重镇，戎马与征战成为常态。这在唐诗中有着充分的体现，几乎成为唐诗中一个常见的景象。如诗人王建的《横吹曲辞·陇头水》云："陇水何年陇头别，不在山中亦呜咽。征人塞耳马不行，未到陇头闻水声。谓是西流入蒲海，还闻北海绕龙城。陇东陇西多屈曲，野麋饮水长簇簇。胡兵夜回水旁住，忆著来时磨剑处。向前无井复无泉，放马回看陇头树。"这首诗十分真切地描述了戎马生活，对于萧关及其周边地带的戎马场景描述得十分生动，意味着萧关常年被战争所笼罩。又如李涉的《奉使京西》："卢龙已复两河平，烽火楼边处处耕。何事书生走羸马，原州城下又添兵。"诗中十分简洁地描述了原州城战事的紧张状态，以及烽火与耕种相并而行，侧面说明了原州农耕业的状况。最后，唐代以萧关为中心的固原地区是民族大融合之地，胡人及其生活为这片土地增加了一抹沧桑之感。如司空图的《河湟有感》云："一自萧关起战尘，河湟隔断异乡春。汉儿

---

① 薛正昌：《固原历史地理与文化》，甘肃文化出版社1998年版，第297页。

尽作胡儿语，却向城头骂汉人。"长期的战争，使得原州汉胡之间在语言上互相熟悉，构成了别样的风景，"反映了民族间的交流与融合"①。再如沈佺期的《陇头水》："陇山飞落叶，陇雁度寒天。愁见三秋水，分为两地泉。西流入羌郡，东下向秦川。行客重回首，肝肠空自怜。"描述的是地理位置上胡汉相接的景象，以及胡汉对峙与战争的状况，民族战争是民族交往的消极形态，但依然蕴含着民族融合的因素。

---

① 薛正昌：《固原历史地理与文化》，甘肃文化出版社 1998 年版，第 303 页。

第五章　丝绸之路的拓展与宋元时期
固原地区之历史变迁

　　宋元时期，丝绸之路进一步拓展，固原地区的丝绸之路通道起着承上启下的作用，是通连中原与边疆地区，乃至中亚、西亚的丝路重镇。鉴于地位的重要，北宋与西夏对固原地区展开了激烈的争夺，固原地区在两种文化体系的影响和规范下，走出了一条独具特色的道路。至元代时，尤其重视对于固原地区之经略，固原地区成为元代在西北边地的军事战略要地，大量中亚、西亚及波斯人进入固原地区，民族大融合使得固原地区焕发出新的光彩。

第一节　宋元王朝对固原地区的治理

　　宋元时期，包括北宋、南宋、金、西夏、元等诸多政权，历经四百余年。在四个世纪的历史长河中固原地区作为经略西北的前沿重地，在这一时代成为各种势力争夺之对象，战乱与经营并行，促成了固原地区独特的社会景象。与此同时，这一时期丝绸之路在前代开发的基础上进一步拓展，以固原地区为中心，向内地和边疆进一步延伸，促进民族大融合的同时，创造了固原地区丰富多彩的边塞文化气象。

一　北宋对固原地区之经略

北宋对固原地区之经略，主要表现在对固原地区之行政控制、经济开发以及与各少数民族政权对固原地区之争夺。这些具体的措施，在一定程度上促使固原地区之社会发展，同时亦推动了丝绸之路在西北地区的畅通，促使固原地区多元社会、经济与文化结构之变革。

（一）北宋对固原地区的行政控制

宋太祖赵匡胤黄袍加身创立北宋以后，在地方行政区划上依然继承隋唐五代的州县两级制度。只是在具体的行政区划过程中，为了防止五代时期武人专权的局面出现，进而导致政权颠覆的威胁，遵循了"内重外轻"的统治原则。这一原则的根本内涵在于在地方上实行一系列相互监督和相互掣肘的行政制度，虽然北宋在地方上实行州县两级制度，但同时设置与州平级的府、军、监等地方行政制度，这些地方一级行政区划又同属不同数量的县，用于平衡地方权力，互相制约，防止地方坐大。同时又在府、州、军、监之上设置监察区的"路"，最初划分全国为十五路，后析为十八路，最多时设置二十三路。路一级的职官分"三司"，即安抚使、转运使、提点刑狱使，三司相互分权，互相制约，是为"监司制度"。北宋时期，在以原州为中心的固原地区设置"镇戎军"，凸显固原地区重要的军事价值。关于北宋镇戎军的设置，史有明载。《嘉靖固原州志》曰："宋改为镇戎军，金为镇戎州，而泾源之名不废。"[1]《明万历固原州志·地理志第一》曰："宋至道三年，建镇戎军。绍兴三年，没于金，金升军为州。"[2]《宣统固原州志》曰："陕西秦凤路镇戎军，又为西安州，又为灵平寨，又为古高平堡，又为天都寨，又为开远堡，又为怀远堡，又为惠民堡，又为镇羌堡，又为胜羌堡，又为荡羌寨，又为硖口堡，又为平夏城，又为张义堡。其时怀德军、德顺军亦兼隶州境，又为彭

---

① 杨经编修，李作斌标点、校注：《明嘉靖固原州志》，载固原市地方志办公室编《明清固原州志》，宁夏回族自治区内部资料出版物 2003 年版，第 1 页。

② 刘敏宽纂修，李作斌标点、校注：《明万历固原州志》，载固原市地方志办公室编《明清固原州志》，宁夏回族自治区内部资料出版物 2003 年版，第 69 页。

阳县，又为龙泉堡。"①《清宣统甘肃全省新通志》记载曰："宋至道初建镇戎军，隶秦凤路。"②对于宋代固原行政区划记载最为详细的是《明嘉靖平凉府志》，根据其志记载，固原地区实际上设有渭州、泾州、原州、德顺军、镇戎军。其中渭州隶属平凉节度使，统辖五州三军，州司所统五县（平凉、潘原、安化、崇信、华亭）一城（靖夏）一堡（甘泉），计有户数二万六千五百八十四，口总数无详载。泾州，初为安定郡，后隶属于彰化军节度，统县四（保定、灵台、良原、长武），户二万八千四百一十一，口八万八千六百九十九。原州，隶属于平凉军节度，统县二（临泾、彭阳）镇二（新城、柳泉）寨五（开边、西壕、平安、绥宁、靖安）堡二（安羌、新城），计有户数二万三千三十六，口六万三千四百九十九。宋代在固原地区除了州治的设置以外，重点设置军，以安边地，主要设置两军，分别是德顺军和镇戎军。其中德顺军设置于庆历三年，"以渭州陇干城建"，统县一（陇平）城一（水洛）寨六（静边、得胜、隆德、通边、治平、怀远）堡二（中安、威戎），户数总计二万九千二百六十九，人口总计一十二万六千二百四十一。宋时在固原地区最重要的设置就是镇戎军，其详细的设置如下。

镇戎军（同下州，本原州高平县之地，至道三年为军）。统城三、寨十三、堡十四。土贡：白毡。崇宁时，户五千九百六十一，口八千五十七。城：彭阳、平高、怀远。寨（治平四年置）：东山、乾兴、天圣、三川、高平、定川、熙宁、德静、静边、灵平（旧好水寨，绍圣四年赐名。大观二年，改属怀德军）、镇羌

① 王学伊总纂，李作斌标点：《宣统固原州志》，载固原市地方志办公室编《明清固原州志》，宁夏回族自治区内部资料出版物2003年版，第195页。
② 升允、长庚监修，安维峻纂修，余贵孝标点、校注：《清宣统甘肃全省新通志》，载固原市地方志办公室编《明清固原州志》，宁夏回族自治区内部资料出版物2003年版，第746页。

（绍兴四年赐名）、威川（政和七年赐名，密多台）、飞泉（政和七年赐名）。堡：开远、张义（熙宁四年，省安边堡入开远，五年置张义）、高平（元符元年修）、飞井、狼井、安远、窦信岔、梅谷、开疆、李家、肃远、凌地平、镇西、水口。①

北宋镇戎军之设置，裙带西北边疆，拱卫京师，尤其是在固原地区设置众多堡、寨，说明军事地位十分重要；同时镇戎军之设置又承担了疏通丝路通道，经略西域之重大责任，因而固原地区成为北宋经略西北边疆的核心地带。

由上述记载，及根据《宋史·地理志》之推断，北宋时固原地区人口众多，数量远超前代。仅就德顺军和镇戎军之人口言之，约为二万余户，每户人口按五口计算，总人口约为十一万之众，再加之渭州、泾州两州之人口，固原地区总人口数当不下二十五万，这在宋代西北边疆而言，人口数量是十分庞大的。固原地区人口众多之原因主要和宋代在西北边疆军事部署有关，终北宋一代，其与金、西夏、吐蕃之争，主要在固原地区，因而在其地部署大量的军队，无形中增加了固原地区人口之数量。

（二）北宋在固原地区的经济开发活动

北宋时期，固原地区作为重要的军事要地，驻扎军队数量庞大，为了满足军队之给养，实行了一系列行之有效的措施推动固原地区的经济开发。主要体现在农业、畜牧业、商业及与少数民族的贸易业四个方面。尤其是作为边疆要地，固原地区处于多民族的交融之地，丝绸之路经济带的构建，极大地推动了固原地区社会、经济与文化的发展。

首先是农业之开发。北宋时期，固原地区战事频繁，很多土地荒

---

① 赵时春撰，张维补校，李作斌标点、校注：《明嘉靖平凉府志》，载固原市地方志办公室编《明清固原州志》，宁夏回族自治区内部资料出版物 2003 年版，第 595—596 页。

芜，民间私人农业凋敝，很多地方即便是水草丰美之地亦因为战争而弃耕，如"镇戎、原、渭，地方数百里，旧皆民田"，但由于战争之缘故，"无复农事"。[①] 即便如此，北宋时期，固原地区私人农业亦有一定程度的发展。尤其是固原地区与少数民族交界之地，农业发展较为迅速。受汉民族之影响，再加之这些地区适宜农耕，吐蕃、党项等少数民族开始农耕和定居生活，甚至出现"沿边熟户蕃部比诸路最多，至秋成以来，禾稼牛羊满野"的繁荣局面。[②] 而且，当时汉民族与这些少数民族对于土地频繁地租赁、买卖为这些地区较为繁盛的农业亦提供了确凿的证据。对此情况，北宋政府出于维护民族关系的稳定及社会的安定之目的，曾明文规定不得租赁、买卖"蕃部"之土地，但禁令收效甚微，在民间汉蕃土地交易成为常态，说明农业经济的发展。实际上，作为北宋在西北最重要的防线，固原地区成为与辽、西夏、金战争的主战场，为了加强对固原地区之控制，北宋在固原地区部署了大量军队，同时为了解决军队的给养问题，北宋政府加强了对固原地区农业开发的力度，因此北宋时期固原地区农业的开发主要是官营农业的开发。北宋官府组织的农业，主要是军屯，军屯遍及西北边疆，"按现有的行政区划，大体上分布在陕西北部，甘肃东部和南部，宁夏部分地区和青海东北部"[③]。宋代在西北屯田见于史籍者，始于太宗至道元年（995），此后一直终宋一代，西北之屯田往复不绝。以原州为中心的固原地区，其军屯始于陕西转运使刘综之建议，镇戎军建立以后，于咸平五年（1002）开始在原州屯田。史载，北宋政府任命知军李继和为屯田制置使，以原州为中心，投入士卒两千余人，耕牛八百余头，开垦田地五千余顷，是为北宋时期固原地区军屯之始。此后屯田之人数和地域数量不断扩大，至大观元年（1107），北宋在渭州、镇戎军、平夏城、通峡寨、西安州等地均有

---

① 脱脱等撰：《宋史》卷176《食货志》，中华书局2011年版。
② 文彦博：《潞公文集》卷17，上海古籍出版社2016年版，第287页。
③ 谷苞主编：《西北通史》第3卷，兰州大学出版社2005年版，第164页。

屯田，并且在镇戎、平夏、通峡、西安州四地设置裕财、裕国、裕民、裕边四处都仓，作为粮食储存基地，以备军需和灾年。① 不断扩大的军屯，与北宋时期固原地区军事之变迁紧密相关，军屯的扩大说明战争的频繁。屯田之外，亦有营田。所谓营田，实际上就是军屯之补充，其目的依然是解决边地军队的给养问题，尤其是在战事紧迫之时，"度隙地置营田，以助边计"②，就成为北宋政府解决边地给养的主要途径。据谷苞主编的《西北通史》总结，宋代营田有三次高潮：第一次是北宋仁宗时期对夏战争期间；第二次是在熙河开边以后；第三次是在南宋绍兴年间。③ 营田之规模不断扩大，几乎波及西北所有地区，且取得很大的成果，是宋代西北边防军给养的主要形式。营田主要依靠军士和内附各少数民族以及政府招募的弓箭手耕种④，以军事化方式管理，故管理十分严格。北宋官营农业的弓箭手田数量较多，是迥异前代的一种独特的农业开发形式。所谓弓箭手，就是北宋政府招募西北边疆地区丁壮组建而成的民兵，他们亦兵亦民，与正式行伍有一定的区别，在战事紧张之时，同政府军队保卫镇寨堡。这些丁壮大多丧失土地，被政府组织起来，划给一定土地耕种，并按照约定上交赋税，以解决军需之困，战时亦有守戍之责，对无地边民而言，可以解决生计问题，而对政府而言为两全之策。弓箭手之设始于宋太祖开宝八年（975），宋真宗时正式出台相关措施，开始推行弓箭手田，亦作为边防军需之补充，其制度约定"人给田二顷，出甲士一人，及三顷者，出战马一匹。设堡戍，列部伍，补指挥使以下，据兵有功者，亦补军都指挥使，置巡检以统之"⑤，遂后成为定制。这个制度说明，宋代在边疆地区充分利用各种奖励和给予军功的方式，

---

① 脱脱等撰：《宋史》卷175《食货志》，中华书局2011年版。
② 脱脱等撰：《宋史》卷176《食货志》，中华书局2011年版。
③ 谷苞主编：《西北通史》第3卷，兰州大学出版社2005年版，第166—168页。
④ 马端临：《文献通考》卷7《田赋考》，中华书局1986年版，第794页。
⑤ 脱脱等撰：《宋史》卷190《兵志》，中华书局2011年版。

普遍发动民间力量参与戍边，亦说明戍边任务之重，战事之频繁。在固原地区，亦有大量的边民参与弓箭手行列，战时戍边，闲时耕田，两相兼顾。如渭州招募弓箭手三千人，马五百匹，开发弓箭手田，而镇戎军所在的原州，亦垦地二十四顷，招募弓箭手近千人以戍之。宋代西北之官田，除了屯田、营田和弓箭手田以外，还有数量不等的隶属于官府、各级官吏和豪强大族的田地，如职田、学田、官庄等。在西北边疆地区而言，尤其是固原地区，由于特殊的军事地位所限，职田和学田之数量甚少。[①] 相对而言，官庄的数量较多，但大多分布在相对安定的地区，而在战事频繁的边疆地区亦是少见。综而观之，宋代在西北边疆地区的农业开发以军事为基础而建构，具有明显的特殊性。不管是军屯、营田、弓箭手田，其设立之目的就是为千方百计解决边疆之军需，因而从农业经济开发的角度而言，这种开发显然是不充分的，带有强烈的随意性。但从宋代整个边防而言，这种农业开发又在很大程度上解决了西北边疆之军需问题，亦具有积极的一面，尤其是对于边民的发动，军民融为一体，这就使得积贫积弱的宋代尚有力量与周边少数民族政权相抗衡，在较长的时期内维护了边疆的安定和政权之稳固。

其次是畜牧业之发展。宋代西北边疆畜牧业发展空前，尤其是马政之发展呈现出多元化的趋势，马政之发达，远超前代。宋代马政之发达，与西北边疆频繁的战事紧密相关，亦与北宋政府"寓马于农"之政策相得益彰。正如明人赵时春所言："自宋以来，马藏民间。泾原为边重镇，日不暇给，然颇贸易番马以给战士。金、元悉从民政，兵兴随意取用，官以无事。"[②] 鉴于天然的地理环境，再加之西北边疆地区多民族的融合，西北地区自古就是畜牧业发展的沃土，尤其是

---

① 徐松辑录：《宋会要辑稿》，食货二之五，中华书局1957年版。

② 赵时春：《马政论》，王学伊总纂，李作斌标点、校注《宣统固原州志》卷8《艺文志》，载固原市地方志办公室编《明清固原州志》，宁夏回族自治区内部资料出版物2003年版，第421页。

马政业的发展更是源远流长。为了发展西北边疆之地的马政业，北宋政府制定了一整套制度以规范和引导，保障了马政业的兴盛。宋代马政业分为官营和私营两类，无论官营还是私营均受到政府直接或者间接的管辖。就官营而言，宋代在京师设置群牧司统一管辖，群牧司下设左右骐骥院，分掌左右天马四监和左右天厩坊。在官员的设置上，有提举、指挥使、副使、员僚、十将、节级、兽医等，一应俱全。在地方上，官营马政业一般由知州、通判兼管。① 宋代实行"马社"制度，以马社为基础，厘行保甲养马之法。② 所谓马社，就是以律令的形式招募民间养马，并给予民间养马一定的优惠政策，"岁免折变缘纳钱"，规定三等以上者，以十户为一保；四等以下者，以十户为一社。③ 同时对于保甲养马制定十分严格的惩罚制度，"保户马死，保户独偿之；社户马死，社户半偿之。岁一阅其肥瘠，禁苛留者"④，以此形成严密的管理马政之体系。有宋一代，马政业的兴盛主要体现在政府实施的"寓马于农"之政策的推行。从庆历时起，保甲养马法已经废止，取而代之的是政府鼓励民间养马，并制定"户马法"规范和引导，以满足战时战马之需。户马法推行伊始遭到民间的抵制，随后政府调整了户马法，规定以授田和免除课税的形式鼓励民间养马，如每户养马一匹，授田五十亩，同时蠲免苛捐杂税，这就调动了民间养马的积极性，取得了较大的社会效益。北宋繁盛的马匹贸易，大大促进了马政业之发展。尤其是在汉蕃交融程度最深的固原地区，马匹贸易十分发达，预示了宋代马政业之兴盛状况。在北宋固原地区，马匹贸易主要是与少数民族吐蕃、回纥、党项、羌人等展开，而马匹贸易之形式亦分为二类：一曰省马贸易。在镇戎军及其周边地带设置互市，与少数民族以物易马，再由殿侍部转运至京师，部分马

---

① 李焘撰：《续资治通鉴长编》卷104，天圣四年九月条，中华书局2004年版。
② 徐松辑录：《宋会要辑稿》，兵二二之五，中华书局1957年版。
③ 脱脱等撰：《宋史》卷198《马政》，中华书局2011年版。
④ 脱脱等撰：《宋史》卷198《马政》，中华书局2011年版。

匹用于边防驻军，所谓"边州置场，市蕃汉马团纲，遣殿侍部送赴阙，或就配诸军"①。省马贸易在固原地区规模甚大，史载：咸平元年（998）十一月，北宋政府在镇戎、原、环、庆等边地设置专门的市马机构，由估马司主持马匹贸易，以布帛、茶叶、食盐、丝绸等物换取良马五千余匹。②嘉祐七年（1062），由专门使臣负责，从原州、渭州、德顺军等地购买战马计八千余匹。③熙宁元年（1068），仍旧在沿边地区购买马匹，"仍嘉祐之制，置买马司于原、渭州、德顺军"④。其间，省马贸易虽然因与吐蕃、党项之战争时有中断，但总体上一直得以延续下来。二曰券马贸易。相比较省马贸易而言，券马贸易实际上是宋代马匹的主要贸易形式，其规模远超省马贸易。券马贸易主要是由民间商人运营，因而形式要灵活许多，"戎人驱马至边，总数十百为一券，一马预给钱千，有司售之，分隶诸监"⑤。券马贸易实际上由商人左右，蕃汉商人收集马匹，交与官府设置的马场，再由官府按照马匹之数量和质量给予商人"交引"（即马券），先期支付一定数量的定金，待商人凭借马券运送马匹至京师以后，再由群牧司收纳，结算余款。在马匹较为紧张的时候，政府采用种种优惠措施，如奖赏、免征路税、供给马料等鼓励商人券马。券马贸易不仅缓解了宋朝战马奇缺的压力，稳固了边防，更为重要的是促进了蕃汉两地的经济发展，加速了蕃汉两地民族与社会融合。

　　最后是商业与边地贸易业的进一步发展。有宋一代，西北地区的商业和边地贸易业主要以盐铁茶马贸易为主，以镇戎军为中心的固原地区盐铁茶马贸易十分繁荣。由于当时盐铁茶马日用品的属性，成为蕃汉民族居家必需之物品，因而这种贸易突破了官方的限制，即便是

---

① 脱脱等撰：《宋史》卷198《马政》，中华书局2011年版。
② 脱脱等撰：《宋史》卷198《马政》，中华书局2011年版。
③ 脱脱等撰：《宋史》卷198《马政》，中华书局2011年版。
④ 脱脱等撰：《宋史》卷198《马政》，中华书局2011年版。
⑤ 脱脱等撰：《宋史》卷198《马政》，中华书局2011年版。

在战争时期，北宋政府明令禁止双方之贸易，依然无法阻隔民间之交易。宋代以镇戎军为中心的固原地区地位独特，兼有军事和对外贸易之双重特色，既是宋夏决战之地，亦是宋夏贸易之所，地位十分重要。宋代固原地区商业贸易格局十分复杂，既有宋夏官方贸易，亦有民间贸易，贸易之主体既有宋夏双方的互市与榷场贸易，又有民间商人与个体民户之贸易。而且以盐铁茶马贸易为主体，形成了多边贸易形式，更为重要的是，围绕这些贸易形成了一系列显性的或者隐蔽的贸易制度，为贸易双方所遵循不悖，形成异常繁盛之景象。宋代固原地区贸易制度之兴废往往取决于宋夏之关系，这就使得官方之贸易时常具有很大的不确定性。宋真宗咸平五年（1002），西夏在灵、夏设置榷场；景德四年（1007），北宋在保安军（今陕西志丹县）设置榷场；宝元元年（1038），西夏建国以后，北宋政府关闭互市和榷场，中断了双边贸易；庆历四年（1044），宋夏罢战言和，双方在保安军、镇戎军高平寨（今固原头营马园）设置两处榷场，开展贸易；但不久伴随着双方战争的爆发，互市与榷场再次关闭，北宋政府诏令"禁陕西西路与西人贸易者"[①]，随后不久双方议和，又开放互市。官方互市与榷场随着宋夏双方关系转变而不断变化，而且作为边地贸易强势一方的北宋，不但控制互市与榷场的开放与关闭，而且牢牢把握着商品的流通，严厉打击民间贸易，屡禁"熟户"和"边民"与西夏贸易，对于民间走私之行为控制尤为严格。但需要指出的是，虽然北宋政府屡行禁令，禁止民间私人贸易，但收效甚微，"私贩不绝"[②]，固原地区的边地边民与夏国"私易，殊无畏惮"[③]，说明即便是宋夏双方在战争状态依然无法隔绝双方民间之贸易，经济上的紧密联系即便是残酷的战争亦无法隔断，这也是人类社会发展的共同趋向。

---

① 徐松辑录：《宋会要辑稿》，食货三八之三一，中华书局 1957 年版。
② 徐松辑录：《宋会要辑稿》，食货三八之三一，中华书局 1957 年版。
③ 徐松辑录：《宋会要辑稿》，食货三八之三三，中华书局 1957 年版。

就贸易制度而言，战时宋夏官方往往断绝贸易往来，和时双方在边界之地设置互市和榷场，互通有无。但无论哪种状态，双方民间之贸易始终潜移默化地延续着。通过互市与榷场，西夏输入北宋的主要货物有畜牧及其相关的手工业品，北宋输入西夏的主要有棉织品、粮食、茶叶、食盐等日用品，"榷场贸易有各种规定和限制，官府还要抽税，因此民间的走私贸易相当盛行。宋代，不论文武官弁、大小官吏都染指商业活动"①，民间私人贸易与官员的普遍参与是宋夏双边贸易的一大特色，说明双方商业贸易之盛。北宋与西夏的双边贸易实际上以马、粮食、食盐为主，分别形成了当时有名的马政制度、"入中"制度以及解盐贸易制度。对于马政之贸易状况前文已叙及，此处不再赘言。对于"入中"贸易制度，实际上主要是随着战事之紧迫，驻军增多，粮食供应成为首要的问题，为了解决北宋西北边地重镇，如镇戎军、德顺军等驻军的粮食给养问题而实施"入中"贸易。从这个意义上讲，"入中"贸易具有明显的战时色彩，但作为北宋边地的一项重要贸易制度，对北宋社会的影响又是深远的。按照宋制，所谓"入中"就是指"募商人输刍粟于边"②，就是招募商人从内地运送粮食交于西北沿边驻军，而政府发给商人有价证券，商人凭"交引"可以换取相同价值的盐、茶等物，显而易见这是政府与商人之间以物易物的贸易形式。对于北宋政府而言，利用"入中"贸易，可以解决西北沿边驻军的粮食给养问题，对于商人而言，通过"入中"贸易可以获得盐、茶之贸易特权，赚取差价，获得丰厚的利润。表面上观之，通过"入中"贸易制度，解决了政府的困境，商人亦获得应有的报酬，这是一项两厢获利的制度。实际上，因为"入中"贸易牵涉广泛，情况十分复杂。伴随着"入中"贸易的盛行，为了获取更大的利润，商人不断抬高粮食价格，通同作弊，耗费了京师大量

---

① 徐兴亚：《西海固通史》，宁夏人民教育出版社 2012 年版，第 190 页。
② 徐松辑录：《宋会要辑稿》，食货三八之三三，中华书局 1957 年版。

财富，出现了"商人入粟于边，率高其值而售以解盐，商利益博，国用日耗"① 之局面，北宋政府不断改革"入中"制度，结果导致粮食价格飞涨，而盐茶价格低廉，商人牟利越来越少，直至无利可图，不再贩运，"入中"制度也就推行不下去。北宋时期，与入中法相对应的就是盐钞法。"解盐之法，是为边备根本"，"量入计出，可助边备十分之八"②，足见食盐专卖在北宋时期边备之重要性。北宋时期，食盐为政府之专卖，管理尤为严格。固原地区的镇戎军、德顺军是为青白盐主要通商区，同时固原地区的西安州亦为宋代西北重要的产盐基地，是为"西安州定戎寨盐池"③，盐业贸易十分繁盛，尤其民间私贩猖獗，严重影响到朝廷和地方的利益，北宋政府为此提出十分严格的禁买私盐之诏令，"有敢私市戎人青白盐者皆坐死"④，即便如此，私盐贸易依然有增无减，此后北宋政府亦废止禁盐法。在入中法逐渐衰颓之时，曾任镇戎军通判的范祥提出盐钞法。其主要做法是"罢并边九州军人入粟，第令人实钱，以盐偿之。视入钱州军远近，及所指东南盐，第优其估"⑤，就是指废除各地之榷卖实行通商，边州九州之地禁止军人刍粟，以实钱偿以盐，凭券领盐，免除兵民运盐之劳役，禁止青白盐之贩卖，用改革后的盐税收入收购边州所需粮草，解决边州军需给养之问题。北宋推行范祥之盐钞法，"此法行之数年，黠商贪吏无所侥幸，关内之民得安其业，公私便之"⑥。盐钞法之实施，使得北宋政府盐课收入大增，在一定程度上解决了北宋政府边备之压力，收效颇丰。

（三）宋夏对固原地区之争夺

有宋一代，实行内重外轻之国策，对西北边疆采取"存而勿

---

① 徐松辑录：《宋会要辑稿》，食货三八之三三，中华书局 1957 年版。
② 徐松辑录：《宋会要辑稿》，食货二三之二三，中华书局 1957 年版。
③ 韩淲、陈鹄撰：《涧泉日记》，上海古籍出版社 1993 年版，第 184 页。
④ 徐松辑录：《宋会要辑稿》，食货二三之二三，中华书局 1957 年版。
⑤ 徐松辑录：《宋会要辑稿》，食货二三之二三，中华书局 1957 年版。
⑥ 谷苞主编：《西北通史》第 3 卷，兰州大学出版社 2005 年版，第 230 页。

论"① 的消极态度,在一定程度上助长了西北边疆各少数民族自立为政、分裂割据的野心。正是在这样的背景下,西北地区民族政权林立、征战不休,西北戍边问题成为困扰北宋最大的社会问题。其中与西夏对西北地区的争夺,尤其是固原地区之争夺尤为激烈,北宋与西夏之间战和不定,战事连绵,极大地影响了固原地区之社会变迁。

宋夏之战,长达 150 余年,几乎终北宋一代。而双方战争主要围绕对固原地区的争夺,镇戎军成为抗夏的前沿阵地,"镇戎军接贼界天都山止百余里,西北皆有三川、定川、刘璠等寨,与石门前、后峡连接,皆汉萧关故地,最为贼马奔突之路"②。作为汉萧关故地的固原地区,其地位十分重要,无论宋夏,对固原地区之控制,就意味着控制了丝绸之路的通道,进而经略西北地区,稳固变法,控制西域,皆有重大的战略意义。因此,有宋一代宋夏双方对于固原地区之争夺成为既定之国策。据统计,宋夏在固原地区的战争多达数十次,可见宋夏战争之惨烈。宋夏战况如表 5-1 所示。

表5-1 **宋夏对固原地区之争夺主要战况**③

雍熙三年至淳化五年（986—994）宋夏夏州（今陕西靖边县）之战	长达十年之久的夏州之战以北宋的胜利而告终。北宋崩毁夏州故城,其民内徙,所谓"夏州深在沙漠,本奸雄窃据之地……诏隳夏州故城,迁其民于绥、银等州"④
至道元年至宝元元年（995—1038）宋夏边疆拉锯战	在这长达四十余年的时间内,宋夏时战时和,北宋先后建立镇戎军,建立以镇戎军为核心的在固原地区的完整防御体系,其间寨堡林立,成为宋边疆防御体系的一大特色。西夏方面,逐渐拥有夏、银、绥、静、宥等州,并攻取瓜（甘肃安西）、沙（敦煌）、肃（酒泉）三州,正式建立与北宋对峙的大夏政权,并创立 12 监军司,部署重兵,防御北宋之环庆、镇戎、原州等地

① 李焘撰:《续资治通鉴长编》卷 24,太平兴国八年九月条,中华书局 2004 年版。
② 李焘撰:《续资治通鉴长编》卷 139,太平兴国八年九月条,中华书局 2004 年版。
③ 根据《宋史》《资治通鉴》《续资治通鉴长编》等相关文献史料统计。
④ 李焘撰:《续资治通鉴长编》卷 35,淳化五年四月条,中华书局 2004 年版。

康定元年至庆历二年（1040—1042）宋夏三川口、好水川、定川寨三大战役	宋夏先后在三川口（陕西安塞县东）、好水川（宁夏隆德县西北）、定川寨（宁夏泾源县）进行三次较大规模的战役，以西夏全胜告终，西夏据渭州（平凉）大掠而还。这三次战役的失败，引起了北宋对于西北边疆的检讨，"自景德以来，既与契丹盟，天下忘备，将不知兵，士不习战，民不知劳，殆三十年亦"。① 同时，三次较大规模的战役亦给宋夏双方带来严重的灾难，民不堪其苦，宋夏双方和议，从此奠定宋、西夏、辽三国鼎立的局面
治平四年至熙宁四年（1067—1071）宋夏横山之战	宋夏为争夺绥州（陕西绥德县）、顺安（绥德县南）、绥平（绥德县西南）、黑水（绥德县西）、罗兀城（陕西榆林）、横山（毛乌素沙漠以南）、庆州等地展开的战争，经过此战，北宋以绥德为中心修筑了八大防御城堡，控制了横山一带地区
元丰四年（1081）宋夏灵州之战	这是一次北宋主动发动的对夏战争，目的是夺取西夏控制的灵州之地。是年，北宋集结陕西、河东、镇戎、德顺等大军五十余万，兵分三路进攻灵州，其中刘昌祚之北路军在葫芦河大败夏军，兵临灵州城下，但因西夏实行避战的战术，宋军冻死者众，败归。东北路宋军粮草不继，"粮尽，士卒死亡者已二万"②，遂退兵入塞。西北路李宪率十万蕃汉联军，取得新城（甘肃榆中县）大捷，夺取兰州，挥师东进，占领固原地区的天都山（宁夏海原县），"焚夏之南牟内殿并其馆库，追袭其统军仁多咛丁"③，大胜而还
元丰五年（1082），宋夏永乐城之战	灵州之战后仅一年，北宋集结蕃汉八万余人，役夫十六万之众进驻绥德城，并于横山一线修筑了永乐城，以对抗西夏。西夏发兵三十余万，围困永乐城，断宋军之水源，城破。永乐城战役的惨败，使得北宋陷入了巨大的困境之中，士卒、役夫约二十余万丧生，损失粮钱数以万计④
元丰六年至元丰八年（1083—1085）宋夏兰州之战	元丰六年，西夏以十万之众攻兰州，遭到宋军坚决抵抗，遂败退。此后西夏又发动数次攻击兰州的军事行动，均无功而返。元丰八年三月，李宪率领宋军渡过黄河击败西夏八万余众，大获全胜⑤

① 李焘撰：《续资治通鉴长编》卷35，庆历元年三月丁卯条，中华书局2004年版。

② 脱脱等撰：《宋史》卷486《夏国下》，中华书局2011年版。

③ 脱脱等撰：《宋史》卷486《夏国下》，中华书局2011年版。

④ 脱脱等撰：《宋史》卷486《夏国下》，中华书局2011年版。

⑤ 李焘撰：《续资治通鉴长编》卷353，元丰八年三月壬寅条，中华书局2004年版。

续表

	是年三月，北宋在固原地区筑造平夏城（固原原州北）、灵平城（固原原州西北），以防御西夏。西夏闻悉，遂"举国十余万众骛来奔突"①，宋军将其击退。此后，北宋在固原地区相继修筑了镇羌寨（固原原州西北）、高平寨（固原原州北）、九羊寨（固原原州西北）、石门堡（固原原州北）、通峡寨（固原原州北）、荡羌寨（海原县东南）等六座堡寨。西夏聚集大军号五十万众进攻以平夏城为中心的固原地区，战事十分惨烈，"（夏人）数十万兵围平夏，疾攻十余日"②，然宋军防范严密，调度有方，终于击败西夏。这是北宋对夏战争最为成功的一次
绍圣四年至元符元年（1097—1098）宋夏平夏城之战	
政和四年至政和八年（1114—1118）宋夏统安城之战	这是终北宋一代宋夏之间的最后一次大规模的战役③。这次宋夏之战，双方各有胜败，但总体上而言，以宋军失败而告终

　　宋夏之间长达一个半世纪的战争，给双方均造成十分惨重的损失。但就战争本身而言，西夏获益较多，而北宋损失较大。就北宋的视角而言，实内虚外之国策是其在战争中失利的根源；从西夏的视角而言，其攻宋用兵之道飘忽不定，灵活性与机动性很强，北宋往往疲于应付。对于西夏用兵之特点，宋人有着相当明确的概括。

　　　故其来也，虽胜而不前，不败而自退，所以诱吾兵之劳也。或击吾之东，或击吾之西。乍出乍入所以使吾兵分备多而不得少息也。④

　　　何者彼逸我劳，彼整我嚣，彼人人自趋利，我畏死有遁心，又加以数倍之众，岂有不败哉。不独向时之役，是乃虏常胜而我常败也。⑤

① 李焘撰：《续资治通鉴长编》卷487，绍兴四年三月乙未条，中华书局2004年版。
② 脱脱等撰：《宋史》卷328《章粢传》，中华书局2011年版。
③ 参考李华瑞《宋夏关系史》，河北人民出版社1998年版。
④ 欧阳修：《宋朝诸臣奏议》卷第232《上仁宗论庙算三事》，上海古籍出版社1999年版。
⑤ 尹洙撰，时国强校注：《尹洙集编年校注》，中华书局2019年版，第128页。

夏人狡猾多诈而善谋，强则叛乱，弱则请和，叛则利于掳掠，侵犯边境，和则岁赐，金缯若固有之。以故数十年来，西鄙用师，叛服无常，莫能得其要领，而其深谋远虑，常为积年之计。①

学界对此也论及较多，而且不乏真知灼见者。如史金波等的《略论西夏前期的用兵特点》一文就概括了西夏能够战胜北宋的七大用兵之特点：扬长避短，采用运动战的形式；重在劫敌粮草，断敌水源之策略；诱敌深入，善于谋略；知己知彼；充分利用敌帅轻敌之情绪，善用诈降之策略；审时度势，攻守不定。② 李华瑞的《西夏关系史》总结出西夏作战方式具有运动迅速、灵活机动、风集云散、人自为战等特点。③ 王天顺的《西夏战史》总结出西夏用兵善于多兵种结合和互补，在战术上骑兵优先，善声东击西，设伏聚歼，使宋兵难以应付。④

宋夏之战主要战区是在以镇戎军为中心的固原地区，包括海原天都山一带，无论战争之结果如何，战争首先给这一地区带来严重的破坏，此外，亦推动了固原地区民族之融合进程，尤其多元民族文化的建构成为北宋时期固原地区一大显著特色。

二　西夏、金统治下的固原地区

宋代，固原地区不仅是三战之地，亦是三统之地。固原地区不仅长期处于北宋王朝的统治之下，部分地区亦处于西夏统治之下，而金对于固原地区之统治长达一个世纪之久，"三统之地"的固原地区融

---

① 李纲：《梁溪先生文集》第 2 册，凤凰出版社 2011 年版，第 492 页。
② 史金波、黄艾榕：《略论西夏前期的用兵特点》，载宁夏文物管理委员会办公室编《西夏文史论丛》（一），宁夏人民出版社 1992 年版，第 33 页。
③ 李华瑞：《宋夏关系史》，河北人民出版社 1998 年版，第 207 页。
④ 王天顺：《西夏战史》，宁夏人民出版社 1993 年版，第 83—85 页。

入了更为显明的民族融合色彩，推动了固原地区更为剧烈、持久和厚重的历史变迁进程。

（一）　西夏统治下的固原地区

西夏先厘其政而后立国，遂强盛。西夏在立国之前实行了一系列措施以固其政。政治建设上，首先，改兴州为兴庆府，定为首都。承袭唐、宋传统文官制度，中央设尚书令，置十六司，分理六司，以总理庶务，建立起一整套官制①；其次，改革行政区划，实行府州县制度，西夏立国前拥有十九州：夏、银、绥、宥、静、灵、盐、会、胜、甘、凉、瓜、沙、肃、洪、定、威、龙、兴。最后，仿照宋制，结合本民族之特征，改易服饰、改革礼乐，建立严密的封建统治秩序。在经济上，实行农牧结合的经济制度，畜牧业为西夏传统支柱产业，成为对宋、辽、金贸易的主要货物，西夏专设群牧监管理畜牧业，足见其在西夏经济中的重要作用。农业在西夏亦有相当的发展，西夏都城兴庆府及其周边地带处于河套地区，水利发达，境内有秦家渠、汉延渠、汉伯渠、艾山渠、唐徕渠以及李元昊时期开凿的昊王渠，② 构成发达的水利灌溉网络，大大促进了西夏农业之发展。此外，西夏设置专门的"农田司"管理农业事宜，说明西夏农业亦呈现出一派繁荣景象。在军事上，李元昊改革军事，在全国设立十二监军司，总兵力达五十余万之众，统筹分驻全国，分别防御河北之契丹、河南之北宋（以备环、庆、镇戎、原州）、左厢之西蕃、右厢之回纥、拱卫京畿。③ 由此形成完整的防御体系，为其日后的征伐奠定基础。文化上，大兴文教，建立国之根本。首先创制西夏文，"教国人纪事用蕃书"④。在教育上建立蕃学和汉学，"使蕃官子弟习之"⑤。同

---

① 李焘撰：《续资治通鉴长编》卷120，景祐四年十二月，中华书局2004年版。
② 徐保字撰：《平罗纪略》卷1《山川条》，宁夏人民出版社2003年版。
③ 脱脱等撰：《宋史》卷485《夏国上》，中华书局2011年版。
④ 李焘撰：《续资治通鉴长编》卷119，景祐三年十二月，中华书局2004年版。
⑤ 李焘撰：《续资治通鉴长编》卷119，景祐三年十二月，中华书局2004年版。

时，大力宣传佛教，在思想上巩固其专制统治。

西夏立国以后，对宋发动了一系列战争，目的是争夺固原地区。其中固原之会州、天都山地区（今海原县）长期处于西夏的控制之下，尤其是天都山地区成为西夏重要的统治区域，"西夏正式经营天都山地区，笔者以为在元昊时期"①，西夏在天都山地区长期驻有大军，天都山区政治、经济与文化深受西夏之影响。

（二）金统治下的固原地区

女真族起于白山黑水之间，其先祖为肃慎，元魏为勿吉，分七部（粟末、伯咄、安车骨、拂捏、号室、黑水、白山）。隋唐之时为靺鞨，分粟末与黑水二部，其中粟末靺鞨与汉民族杂居较早，深受汉文化之影响，社会发展较快，其在辽东曾经建立偏安一方的渤海国，传十余世，"有文字礼乐，官府制度"②。而黑水靺鞨长期附庸于高丽，唐败高丽又附庸于唐，其社会仍处于部落时代，较为落后。至五代时，靺鞨族始称女真。契丹兴起以后灭渤海国，臣服黑水靺鞨。女真遂分二部，南迁辽阳一带之女真编入辽户籍的被称为"熟女真"，流离于松花江以北地带的女真族被称为"生女真"。其中生女真之完颜部历经十世传至阿骨打，此时，女真各部政令统一，终于强盛起来。阿骨打于1115年仿照中国传统皇权制度称帝建国，号大金，都会宁（今黑龙江阿城南白城子），阿骨打为金太祖。金立国以后，改革政治与军事制度，国力迅速强盛，先后灭辽和北宋，在军事上成为当时最为强大的政权。

金在攻灭北宋的过程中，固原地区成为金与北宋的主战场，在金与北宋争夺固原地区的战争中，北宋虽有胜绩，但终究无法阻止军事强大的金，固原地区各州府城堡渐次被金所攻破，固原地区终于为金所有。史载：

---

① 徐兴亚：《西海固通史》，宁夏人民出版社2012年版，第231页。
② 脱脱等撰：《金史》卷1《本纪1》，中华书局2011年版。

　　绍兴元年正月，张仲孚以原州、泾原都监，李彦锜以镇戎军，皆叛降金。十二月，统制雷仲举兵复水洛城；复起陕西都统制吴玠为镇西军节度使。二年三月，金人陷水洛城，杨政等击败之。九年闰六月，金人犯泾州，守臣曲汲弃城道。经略使田晟率师御金人，败之。再逐北，金人归凤翔……闰月丙子，姚仲遣将复原州，攻德顺军，败金人于瓦亭寨。三月，吴璘复德顺军，还师河池。金人犯镇戎军。五月戊戌，姚仲遣兵救原州，数败金人。壬寅，又战于原州北，败绩。孝宗受禅，用史浩策，命吴璘班师，弃陕西。绍兴三十二年六月，金人屠原州，平凉归金矣。①

　　金据有原州地区以后，伴随着大规模军事行动的终结，首先在行政区划上对固原地区实行有效统治。金对固原地区行政区划在最初较为松散，基本上承袭了北宋的行政区划特色和传统的文官制度，这主要鉴于大规模的军事行动还没有终结，是为一种过渡的手段。但随着金、西夏、南宋三足鼎立之格局建立以后，大规模的军事行动有所收敛，金开始注重巩固对所占领地区的统治，对这些地区进行有效的行政区划。金对于固原地区的行政区划，史有明载。据《甘肃全省新通志》记载，"金大定二十二年（1182），升为镇戎州，隶凤翔路"②。《宣统固原州志》载，"凤翔路镇戎州开远县，又为怀远寨、德顺州，又为张义寨，又为灵平寨，又为彭阳堡，又为东山县"③。《明嘉靖平凉府志》记载，固原地区的行政区划包括德顺州、平凉府、镇戎州、原州、泾州。其中德顺州，统县六，寨四，堡一，户三万五千四百四

　　① 赵时春撰，张维补校，李作斌标点、校注：《明嘉靖平凉府志》，载固原市地方志办公室编《明清固原州志》，宁夏回族自治区内部资料出版物2003年版，第628页。
　　② 升允、长庚监修，安维峻纂修，余贵孝标点、校注：《清宣统甘肃全省新通志》，载固原市地方志办公室编《明清固原州志》，宁夏回族自治区内部资料出版物2003年版，第746页。
　　③ 王学伊总纂，李作斌标点、校注：《宣统固原州志》，载固原市地方志办公室编《明清固原州志》，宁夏回族自治区内部资料出版物2003年版，第195页。

十九；平凉府，统县五，镇五，寨一，户三万一千三十三；镇戎州，统县二，寨八，堡三，户一万四百四十七；原州，统县二，镇三，寨五，户一万七千八百；泾州，统县四，镇二，寨一，户两万六千二百九十。实际上，金时，固原地区分为三部分，一为凤翔路之大部分地区，二是庆原路部分地区；三是南牟会城及天都山地区（今海原县，时为西夏属地），实际上南牟会城及天都山区曾一度属金，后金夏和议，赐予夏，"皇统六年，以德威城、西安州、定边军等沿边地赐夏国，从所请也"①。具体情况如表5-2所示。

表5-2　　　　　　　　　　　　金代固原地区行政区划②

属路	府州	地位	辖区	户数
凤翔路	德顺州	上州	县：陇干、水洛、威戎、隆德、通边、治平 寨：静边、得胜、宁安、怀远 堡：中安	35449
	平凉府	散府，中府	县：平凉、潘原、崇信、华亭、华平 镇：西赤城、安化、安国、白岩河、耀武 寨：瓦亭	31033
	镇戎州	刺史州，下州	县：东山、三川 寨：天圣、飞泉、熙宁、灵平、通峡、荡羌、九羊、张义 堡：彭阳、乾兴、开远	10447
庆原路	原州	刺史州，上州	县：临泾、彭阳 镇：萧镇、柳泉、新城 寨：绥宁、平安、清安、开边、西壕	17800
	泾州	节度州，中州	县：泾川、长武、良原、灵台 镇：百里、邵寨 寨：官地	26290

---

① 脱脱等撰：《金史》卷26《地理下》，中华书局2011年版。
② 根据《金史·地理志》《嘉靖固原州志》等史料汇总。

　　从表5-2可以看出，金统治下的固原地区地域广袤，行政区划整齐划一，户数一度达到121019户，按照平均每户5口人估算，总人口达60余万，这个数据还不包括西夏统治的原属固原地区的南牟会城之人口。由此观之，金代人口数已经超过了北宋时期固原地区的人口数量，固原地区为宋金夏三战之地，激烈的战争必然导致人口之损耗，再加之金在灭北宋和南侵的过程中，对西北及中原地带的破坏巨大，"自靖康丙午岁（1126），金人之乱，六、七年间，山东（太行山以东）、京西、淮南等路，荆榛千里，斗米至数十千，且不可得；盗贼、官兵以至居民，更互相食，人肉价，贱于犬豕"①。但固原地区的人口在金代却不断增加，究其原因有四：一是伴随着金用兵西北，许多女真人协同家属、部曲及奴隶进入固原地区，增加了固原地区之人口；二是相比较而言，中原战乱更胜，而固原地区相对较为平稳，"宁夏南部归金统治是一种平稳的过渡，以汉文化为主的融合，没有产生改朝换代的大动荡、大阵痛"②，因此周边地区的人口不断流向南方的同时亦有相当数量的人口进入西北地区；三是由于固原地区重要的军事地位，金在其地驻扎大军，很多兵士家属随军，亦增加了固原地区的人口；四是金在固原地区屯有重兵，为了解决军队的给养问题，实行军屯，"使耕且战"，以耕养战，镇戎军首开金朝边郡军屯之先河。③ 在军屯的同时，招募大量民人屯田，亦增加固原地区之人口。

　　金代统治固原地区，除了军事和政治之控制外，亦在经济、文化乃至民族等方面实行了有效统治。经济上，农业获得了较大的发展，军屯与民屯互为补充，同时，金大力发展农业，尤其是实行了奖励垦荒的一系列举措，成效斐然，"请射荒地者，以最下第五等减半定租，

---

① 庄绰撰，萧鲁阳点校：《鸡肋编》，中华书局1997年版，第28页。
② 徐兴亚：《西海固通史》，宁夏人民出版社2012年版，第246页。
③ 脱脱等撰：《金史》卷116《石盏女鲁欢传》，中华书局2011年版。

八年始征之。作己业者以第七等减半为税，七年始征之"①。此外，金代实行的"计口受田，必令自耕"② 政策亦推动了固原地区农业之发展。在商业贸易方面，金仿效宋制，设榷场与互市，与西夏、南宋等开展贸易，所谓"自南北通和，始置榷场"③。金朝镇戎州与西夏交界，在此地设有"界壕"④，作为金与西夏之边境标志。以镇戎州为中心的固原地区成为金夏贸易的主场地。除了官方设置的榷场与互市外，两国民间私人贸易亦十分频繁。同北宋一样，西夏对金的贸易具有很大的依赖性，这和金占领中原地区掌握了大量资源有关，正如张博泉所言：

> 随着经济的恢复与发展，与北方和西北诸族的贸易和设置榷场，并通过榷场贸易以交换"北方畜牧"和西夏的马，有时也到西夏榷场去换马。金朝以换取畜牧作为与北方民族进行贸易的重点，这个与北方诸族盛产畜牧有关。西夏以及北方诸族愿意与金朝互市，也因为金朝占有了封建经济发达的中原北部地区，能以当时中原货物与他们交换，在这点上是当时北方其他民族想做而做不到的。⑤

有金一代，其在文化上之汉化痕迹较深，尤其是世宗、章宗时期，致力于儒家文化在金的建构，重儒学，建学校，兴科举，整礼乐，定舆服，一时之间，"治平日久，宇内小康，乃正礼乐，修刑法，

---

① 脱脱等撰：《金史》卷47《食货》，中华书局2011年版。
② 宇文懋昭等撰，李西宁点校：《大金国志》卷12《熙宗帝纪》，齐鲁书社2000年版。
③ 宇文懋昭等撰、李西宁点校：《大金国志》卷17《世宗帝纪》，齐鲁书社2000年版。
④ 脱脱等撰：《金史》卷26《地理志》，中华书局2011年版。
⑤ 张博泉：《金代经济史略》，辽宁人民出版社1981年版，第85页。

定官制,典章文物粲然成一代治规"①。这些发展儒学文教的措施亦在固原地区推行,进一步推动了固原地区各民族之间的融合和汉化趋向。宗教作为文化的一种最为直接的体现,具有深刻的社会影响。金代时佛教文化十分发达,佛教国家化倾向十分浓郁,反映出金对于佛教的重视。金代佛教在固原地区发展十分迅速,在德顺州建有广济禅院、净安寺、普照寺三处寺院,同时须弥山佛教寺院进一步修葺和发展。②

三 元代对固原地区的倚重

从中国古史发展演变的视角观之,元代结束了自中唐以来多个割据的对峙与分裂,重归大一统,"(元朝)奄有诸夏,朔南漠北,东海西凉,异轨殊同,咸归统一"③。元代之疆域甚为辽阔,其统治区域之广袤震烁古今,"北逾阴山,西极流沙,东尽辽左,南越海表……东南所至不下汉、唐,而西北则过之"。④元朝统一固原地区经历了一个十分复杂而有条不紊的过程。1206年,成吉思汗在统一草原诸部的基础上建立了大蒙古汗国,开始进行大规模的南征北讨。元朝统一的战略分为三个步骤:一是武力经略北方及西北,同时进行大规模的西征。首先,攻取金统治的北方及中原地区,拥有辽东、河北、山东、山西;其次,西征灭西辽及花剌子模等政权,控制黑海、高加索、里海以北地区;最后,1227年灭西夏,1234年灭金,军事征服北方及西北地区。二是武力经略南方,臣服吐蕃、大理,1271年,忽必烈建立元朝,是为元世祖,1279年灭南宋,统一中国南方地区。三是元朝在灭南宋以后,继续开始一系列征服邻国的战争,继

---

① 脱脱等撰:《金史》卷8《世宗纪赞》,中华书局2011年版。
② 徐兴亚:《西海固通史》,宁夏人民出版社2012年版,第247页。
③ 姬志真:《知常先生云山集》卷4《京兆普济孤魂碑》,北京图书馆古籍珍本丛刊(91册),第113页上。
④ 宋濂等撰:《元史》卷58《地理志》,中华书局2011年版。

续扩大元帝国之版图。

　　蒙古帝国在武力经略西北的过程中于 1243 年统一了固原地区，任命金降将汪世显为便宜都总帅，军事节制平凉、镇戎、德顺、原州等地，标志着固原地区正式由蒙古帝国统治。① 蒙古帝国统治固原地区之时，在固原地区设置镇戎州、德顺州，隶属陕西行省巩昌路。② 元朝正式建立以后，重新厘定了固原地区的行政区划，以便维护其在西北之统治。史载："元初，仍为原州，至元十年，立开城府，以为安西王行都治，王诛，寻降州"③、"陕西省开城州，又为开城府，又为开城县，又为广元县，又为安西王行都"④。据《明嘉靖平凉府志》所载，固原地区完整的行政区划为：平凉府，辖平凉县、崇信县、华亭县；泾州，辖泾川县、灵台县；开城州，本宋代镇戎军故地，皇子安西王之行都，辖开城县；广安州，是为原州故地，隶属安西王都开城路；庄浪州，元初为路置，后降为州；镇原州，唐代之原州故地，辖临泾、彭阳、东山、三川四县；静宁州，金德顺州故地，辖隆德县。⑤ 此外，固原地区之海原县在元代置海喇都堡，隶属开城路。元代对于固原地区的行政区划实际上执行了两套体制，除了路府州县之划分，亦为王室之封地。固原地区为忽必烈第三子忙哥之封地，其于至元九年（1272）敕封为安西王，"赐京兆为分地，驻兵六盘山"⑥，管辖包括固原地区的河西之地、吐蕃及四川部分地区的军政和民政。元代蒙古之亲王在其封地

---

　　① 屠寄：《蒙兀儿史记卷六十四》，《汪世显传》，内蒙古人民出版社 2010 年版，第1269 页。

　　② 宋濂等撰：《元史》卷 60《地理》，中华书局 2011 年版。

　　③ 刘敏宽纂修，李作斌标点、校注：《明万历固原州志》，载固原市地方志办公室编《明清固原州志》，宁夏回族自治区内部资料出版物 2003 年版，第 69 页。

　　④ 王学伊总纂，李作斌标点、校注：《宣统固原州志》，载固原市地方志办公室编《明清固原州志》，宁夏回族自治区内部资料出版物 2003 年版，第 195 页。

　　⑤ 赵时春撰，张维补校，李作斌标点、校注：《明嘉靖平凉府志》，载固原市地方志办公室编《明清固原州志》，宁夏回族自治区内部资料出版物 2003 年版，第 597 页。

　　⑥ 宋濂等撰：《元史》卷 7《世祖纪》，卷 108《诸王表》，中华书局 2011 年版。

拥有征收赋税之权、统并之权和部分行政之权，同时亲王封地又受到地方路府州县之制约以及元朝中枢机构之节制。

元代时，一方面，蒙古帝国之征服战争对包括固原地区在内的广大西北地区造成巨大破坏，如蒙古帝国在征服西夏的战争中，给整个宁夏带来前所未有的破坏，出现了"民至穿凿土石避之，免者百无一二，白骨蔽野，数千里几成赤地"[①] 的残酷现状。再如发生在西北地区元朝内部诸王纷争导致的战争对于西北地区的破坏更为严重。如时驻扎于六盘山的秃鲁叛乱，虽然被镇压，但战争对固原地区乃至整个西北造成巨大的迫害，几乎出现"人不聊生"[②] 的局面。因此，战后经济恢复问题成为社会安定的首要问题。另一方面，固原地区不但是丝绸之路的必经之地，在军事上的价值亦十分重要，作为安西王之封地，在六盘山驻扎大军，以防范西北，拱卫中央。同时，固原地区在元代时更是多民族的交融之地，民族成分复杂，社会安定问题突出。地位的重要性，促使元政府加强对固原地区的经济开发。元朝对于固原地区的经济开发手段灵活多样，且收效颇丰。

实际上，元政府对于西北经济之经略体现在元统治者的治国理念中。西北是建立大蒙古国战略的核心地带，而固原地区又是蒙古经略西北的重点。早在成吉思汗时期，他就致力于打通蒙古草原—陕甘宁—新疆—花刺子模—中亚、西亚这条商业通道，通过东西贸易的手段，解决蒙古大军的给养和蒙古帝国经济基础问题，这从蒙古帝国两次西征过程中可以窥见端倪。如成吉思汗在第一次西征之前就派遣使团到花刺子模，并告诫花刺子模"将（两国之间）道路安全地维护好，避免发生险情，以使团频繁的贸易往来而关系到世界福利的商人们得以安然通过"[③]，这足以看出成吉思汗对于东西贸易的重视，并

---

① 吴广成：《西夏书事校证》卷 42，甘肃文化出版社 1995 年版，第 498 页。
② 解缙等编：《永乐大典》卷 1941《站赤》，中华书局 1986 年版，第 7200 页下。
③ ［波斯］拉施特主编，余大钧、周建奇译：《史集》第 1 卷第 2 分册，商务印书馆 1983 年版，第 259 页。

将中西贸易作为构建大蒙古战略的首要任务。此外，蒙古帝国致力于寻找一条更为便捷的东西交通商路，在成功找到和修建了"汗之路"以后，更加便利了东西之贸易。正如《世界征服者史》所言，成吉思汗致力于商路之畅通，缔造了一个十分安定的、充满生机的商路，促进了世界各国之商业贸易，壮大了蒙古帝国的经济实力。① 忽必烈建立元朝以后，在治国理念上依然继承成吉思汗的大蒙古国思想，在开发西北经济方面，实行一系列措施推动西北与中原、南方的经济互补，力图建构南北经济一体化的道路，以此来维护大一统的统治。

元代时，固原地区作为西北的交通中枢地带，无论在军事上还是经济上都具有十分重要的地位。元代对于固原地区之经济经略具有十分鲜明的特征，开发包括固原在内的西北地区之手段多元化、制度系统化。

第一，实行括户。蒙古帝国的征服战争造成了西北的荒芜，人口锐减，但蒙古贵族为了利益最大化，利用各种手段隐匿人口，而元朝政府为了增加西北的劳动力，恢复西北社会经济，增加中央财政收入，实行括户之政策。史载，世祖朝之时括户规模最大，至元七年（1270）九月，括河西户口；至元十年（1273）括西夏世官户口；至元十六年（1279）六月和十二月，分别括河西、西蕃、甘州户口；至元十七年（1280）六月括沙州户口；至元二十九年（1292），"括唐兀秃鲁花所部阔象赤及河西逃人入蛮地者"②。这几次大规模的括户运动清算出王公贵胄所隐匿的大量人口，元政府直接控制的人口数在一定程度上得到增加，中央财政收入亦有所保障。但战乱使得西北地区十分凋敝，人丁稀少，括户的人口毕竟有限，依然无法满足开发西北之需要。

---

① 志费尼：《世界征服者史》，何高济译，翁独健校订，内蒙古人民出版社 1980 年版，第 90 页。

② 宋濂等撰：《元史》卷 7、8、10、11、17《世祖纪》，中华书局 2011 年版。

第二，实行移民回迁与屯田。① 有元一代，移民回迁西北之政策执行范围最广、力度最大。西北作为元朝经略的重点，首先驻扎大量军队，自贺兰山至六盘山，军队数量庞大，为解决军队的给养问题，元政府采取了移民西北的政策。而移民的路线往往是从中原一带迁徙军民，开展规模宏大的军屯与民屯，以充实西北。作为元政府在西北的军事重地——六盘山区，既是庞大军队的驻扎所在地，亦是安西王之行都，地位十分重要。因此在六盘山区军屯的数量十分庞大。《元史》对于在固原地区军屯的记载较为详细，见表5-3。

表5-3　　　　　　　元代固原六盘山区屯田情况②

至元十五年（1278）十月	武略将军李进率屯田军二千余人由中兴（宁夏北部）进驻六盘山，开展屯田事宜③
至元十五年（1278）十二月	元政府在开城路设置屯田总管府，全面管理固原地区屯田事宜
至元十八年（1281）十月	朝廷命安西王府协济户及南山隘口军屯田六盘山
至元十九年（1282）六月	元廷于镇原、彭原设置屯田所，督民屯垦

---

① 学界关于元代屯田之研究，已经十分成熟，产生了一批较为严谨之论著，仅仅就论文而言，就有50余篇，其中具有代表性的有：李干的《元代屯田的发展和演变》（《中南民族学院学报》1984年第1期）；周继中的《元代江南江北行省的屯田》（《安徽史学》1984年第10期）；秦新林的《试论元代边疆的屯田与灌溉》（《殷都学刊》1987年第4期）；何天明的《元代屯田若干问题探讨》（《内蒙古社会科学》1987年第6期）；陈广恩的《元代西北经济开发研究》（博士学位论文，暨南大学，2003年）；李蔚的《试论元代西北屯田的若干问题》（《兰州大学学报》1993年第7期）；李宇峰的《从考古发现略述元代在东北的屯田》（《辽海文物学刊》1995年第5期）；白晓清的《元代黑龙江地区的屯田》（《黑龙江民族丛刊》1994年第12期）；马建春的《元代东迁西域人屯田述论》（《西域研究》2001年第12期）；蔡志纯的《略论元代屯田与民族迁徙》（《民族研究》2002年第7期）；周松的《元代黄河漕运考》（《中国史研究》2011年第5期）；吴文武的《元代两淮地区屯田考》（《史学月刊》2005年第8期）；李倩的《试论〈元史·兵志〉中关于元代屯田的漏载》（《江汉论坛》2003年第12期）。

② 根据《元史》相关内容整理、汇总。

③ 宋濂等撰：《元史》卷154《李进传》，中华书局2011年版。

至元二十一年（1284）二月	别速所部逃兵七百余人交付安西王府屯田
至元二十一年（1284）八月	原戍守燕京新附军四百八十三户，调往德顺州屯田
至元二十四年（1287）十月	调四川军五千余人屯田六盘，家属随同
至元二十五年（1288）四月	原戍守陕西巩昌五千兵丁调往六盘山屯田①
至元二十九年（1292）三月	延安、凤翔、京兆三路军三千余人屯田六盘山②

由表 5-3 观之，元代十分重视在固原地区的军屯，军屯之外，亦有较大规模的民屯作为补充，很好地解决了元代固原地区驻军的给养和民众的生存问题。元代在移民西北和屯田方面获得了较大的成功，究其原因有三者：一是屯田事业与移民、行政区划建设、军事、赈灾等融为一体，力图建构大一统的经济模式。二是成立专门的屯田管理机构，厉行严格的屯田奖罚制度，进一步刺激了屯田在全国范围内的展开。如成立专门管理屯田的机构屯田总管府、屯田万户府、屯田千户府等，其又受到中央与地方行政部门的节制和管辖，体系十分严密。在严密的管理之外，亦制定一系列奖惩制度，推进屯田事业的发展。对屯田的主导官员而言，屯田成功与否成为其政绩考核的重要指标，如固原地区率军屯田的李进就因为屯田有功受到朝廷的嘉奖，"升其官脱儿赤"③。对从事屯田的军民而言，惩罚尤其严苛：如对于戍守屯所之军民，随意逃脱者"杖一百七"，而对于再次逃脱者，直接处以极刑，"再犯者处死"④。三是由政府提供屯田之耕牛、种粒及其他必需的农具，有序推进了屯田事业的发展。史载，元朝廷多次提供屯田之农具给屯户，给他们创造基本的屯田条件。如中统二年绥德

---

① 宋濂等撰：《元史》卷 14、15《世祖纪》，中华书局 2011 年版。
② 宋濂等撰：《元史》卷 17《世祖纪》，中华书局 2011 年版。
③ 宋濂等撰：《元史》卷 17《世祖纪》，中华书局 2011 年版。
④ 宋濂等撰：《元史》卷 103《刑法志》，中华书局 2011 年版。

军屯田、至元十一年京兆屯田、至元十六年河西屯田、至元二十三年甘肃屯田、大德元年沙州、瓜州屯田、至大四年甘肃川军屯田，元朝廷都提供了基本的农具①，用于具体的屯田事业。

第三，大力发展固原地区的畜牧业。史载，"西北马多天下……盖其沙漠万里，牧养蕃息，太仆之马，殆不可以数计"②。畜牧业自古以来在西北地区占有十分重要的地位，而固原地区之畜牧业亦十分发达，是历代马政之中心，元代也不例外。据《元文类》记载，"（元代）牧马之地，越耽罗，北逾火里秃麻，西至甘肃，南暨云南，凡十有四所"③。其中固原地区不仅是传统的畜牧业基地，也是亲王封地，水草丰美，适宜放牧，具有天然优势。史载，1226 年，蒙古在征战德顺、镇戎等地的过程中，"得牧马五千匹"④，足见固原地区畜牧业之盛。元朝建立以后，更是大力发展固原地区的畜牧业，设置"和市"，主要用于牛马羊之交易。和市十分繁荣，如至元七年（1270）"敕西夏中兴市马五百匹"⑤。而且元廷在固原地区的征税主要是征收牛马羊，成宗元贞二年（1296）诏曰："民家马羊百取一，羊不满百亦取之，唯色目人及数方取。"⑥ 元廷还实行一系列措施保护西北地区的畜牧业，主要包括：重视对于草地和牧场的保护、禁止随意扑杀牲畜、打击牛马走私等。通过这些具体的措施，进一步促进了西北地区，包括固原地区的畜牧业。畜牧业的繁盛既保障了元代军事给养，也推动了固原地区的社会发展。

第四，手工业与商业大发展。元朝统治阶级十分重视手工业，在征服战争中，往往掳掠具有能工技巧者，史载，元统治阶级每破一

---

① 宋濂等撰：《元史》卷 4、15、17《世祖纪》，中华书局 2011 年版。

② 宋濂等撰：《元史》卷 100《兵志》，中华书局 2011 年版。

③ 苏天爵撰：《元文类》卷 41《经世大典序录·政典·马政》，商务印书馆 1958 年版，第 66 页。

④ 宋濂等撰：《元史》卷 121《速不台传》，中华书局 2011 年版。

⑤ 宋濂等撰：《元史》卷 7《世祖纪》，中华书局 2011 年版。

⑥ 魏源：《元史新编》卷 7，江苏广陵古籍刻印社 1990 年版，第 369 页。

城，则"除工匠外，尽屠其居民"①。元统治者将掳掠而来的工匠、技师、学者等大量遣送至西北地区，从事各种手工业生产，满足元统治阶级的需要。同时，元统治阶级为了规范和促进手工业之发展，制定了一整套行之有效的制度，设立管理手工业的各种机构，如元政府在西北设置各种织染提举司、毛子匠提举司、民匠总管府等，管理和掌控手工业。② 更为重要的是，元制，工匠、技师等有专门户籍，且均为世袭。元代对于工匠与技师的户籍改革，见于史册记载的有三次，即太宗七年（1235）执行的乙未年籍、宪宗二年（1252）大力推行的壬子年籍以及至元八年（1271）力行推行的户籍改革，将工匠与技师单独列户，分门别类地进行管理，反映出元政府对于手工业的重视。③ 元代固原地区的手工业亦较为发达，具有代表性的是酿酒和陶制品。《黑城出土文书》记载了元代西北及固原地区酿酒的一些具体情况，这些文书既记载了具体的酿酒过程，又明确记载酿酒往往由政府提供所需原料，所酿造的酒归政府分派，当地政府供应"分例杯酒"，用于政府接待来往使臣，而且设置有专门酿酒的机构，形成严密的酿酒制度。④ 此外，固原地区手工业的代表者陶器烧制业亦较为繁荣，"据考察开城有元代烧窑遗址，残存有大量琉璃制品"⑤。元代对于西北手工业之重视，以及不遗余力地掳掠大量能工技师之原因有三：增加国家税收的需要、征服战争的需要以及满足统治阶级自身的生活需要。

元代商业之发展具有独特的个性，元政府在西北地区发展商业的主要举措有：一是发行纸币，便利商业活动，促进西北地区与内地商

---

① 道森编，吕浦译，周良霄注：《出使蒙古记》，中国社会科学出版社1980年版，第79页。

② 宋濂等撰：《元史》卷89《百官志》，中华书局2011年版。

③ 李景林：《元代的工匠》，南京大学历史系编《元史及北方民族史研究集刊》第5辑，南京大学出版社1981年版，第112页。

④ 李逸友编：《黑城出土文书》（汉文文书卷），科学出版社1991年版，第143页。

⑤ 徐兴亚：《西海固通史》，宁夏人民出版社2012年版，第272页。

贸一体化进程。早在 1253 年，元廷就在京兆设立纸币发行机构交钞提举司，"印钞以佐经用"①。至元二十四年（1287），"立陕西宝钞提举司"②。二是遍及全国繁荣兴盛的商贸活动。元代商贸遍天下，由于丝绸之路的通达和进一步扩展，元代商贸十分发达，其具有四大特色：一曰官方商贸繁荣。元代在西北及固原地区设置较为完整的商业管理机构，如在甘州设置和籴提举司③，主要负责元政府对于粮食的贸易和调用。元代，官方贸易主要包括马匹贸易、粮食贸易以及贡赐贸易，遍及南北。二曰民间贸易昌盛。尤其是民间经济作物之贸易更为兴盛，固原地区之物产，除了粮食以外，还有药材、大黄、甘草、红花等经济作物，史载，"宁夏户口繁多，而土田半艺红花"④"（西夏地区）诸州山中，产大黄甚富，商人来此购买，贩售世界"⑤。固原地区之食盐贸易亦相当可观，所产红盐味甘而价贱，"百姓私相贩易，不可禁约"⑥。此外，固原地区几乎所有的城镇集市均设有"马市""牛市""羊市"，畜牧产品之贸易十分繁荣。三曰色目商人贸易成就了元代商业贸易的独特个性。元代色目商人遍及天下，"回鹘有田姓者饶于财，商贩巨万，往来于山东、河北间"⑦，他们善于经商，在全国各地都建有经商之据点，"据其津要，专其膏腴"⑧。而且色目商人在元代具有很高的地位，拥有"持玺书，佩虎符，乘驿马"⑨以及南北自由经商之特权。元代色目商人联通了东西商业之贸

---

① 宋濂等撰：《元史》卷 4《世祖纪》，中华书局 2011 年版。

② 宋濂等撰：《元史》卷 14《世祖纪》，中华书局 2011 年版。

③ 钟庚起撰，张志纯等点校：《乾隆甘州府志》卷 2，甘肃文化出版社 1995 年版，第46 页。

④ 宋濂等撰：《元史》卷 17《世祖纪》，中华书局 2011 年版。

⑤ 冯承钧译：《马克波罗行记》，上海书店出版社 2001 年版，第 79 页。

⑥ 宋濂等撰：《元史》卷 97《食货志》，中华书局 2011 年版。

⑦ 王国维：《蒙鞑备录笺证》，《王国维遗书》（13），上海古籍书店 1983 年版，第14 页。

⑧ 许有壬：《西域使者哈只哈心碑》，《至正集》卷 53，载王德毅、潘柏澄主编《元人文集珍本丛刊》第 7 册，台北新文丰出版公司 1985 年版，第 251 页。

⑨ 宋濂等撰：《元史》卷 22《武宗纪》，中华书局 2011 年版。

易，沟通大漠南北，拓宽了草原丝绸之路，成为元代商业贸易繁荣的标志。在元代，固原地区作为通连陆上丝绸之路和草原丝绸之路的必经之路，色目商人的活动亦十分频繁，大大促进了固原地区的商业发展。四曰商贸秩序井然。元代，繁荣的商业建立在井然有序的商贸秩序基础之上。元政府为了维护商业之发展，采取一系列行之有效之措施，打击违反商业秩序的行为，厘定商业贸易秩序。主要表现在：惩治破坏商业贸易的不法行为，保障商路通道之安全，缔造良好的商业贸易环境；打击制造假钞和走私行为以及重视对于商业贸易腐败的惩治。

第二节　多元融合中的丝绸之路与宋元时期固原地区的社会风貌

宋元时期，西北丝绸之路依然延续着汉唐以后的繁华，尤其在大一统的元代，丝绸之路承袭前代并在一定程度上得到拓展——有元一代加强了西北陆上丝绸之路与草原丝绸之路的通连与互补，促使丝绸之路焕发出新的气象。而固原地区作为宋元时期丝绸之路的必经通道，西北边疆重镇的地位进一步提升。正是在这样的时代大背景下，丝绸之路推动固原地区步入更为深刻的历史变迁进程中。固原地区从政治、经济、文化、民族、宗教及社会风貌等各方面都迥异于前代，融入更为厚重的多元文化色彩，焕发着沧桑古朴的气息，悄然矗立在风霜雪雨的历史长河中。

一　宋元时期西北丝绸之路

隋唐以后，历经五代十国、北宋、辽、西夏、金、西辽，至元代完成南北大一统，历经四个多世纪的漫长历史进程中，陆上丝绸之路似乎沉寂许多，尤其是宋元海上丝绸之路进入鼎盛时期，再加之中国经济重心南移的格局在此时已经确立，进一步造成了西北陆上丝绸之路的落寞。但实际上，五代、两宋、元时期是西北陆上丝绸之路的延续期，并在一定程度上突破了前代丝绸之路的规模，使得西北丝绸之路焕然进入一个全新的时期，并从政治、经济、社会、文化、民族等多方面促进了西北社会的大变迁进程。正如杨蕤所言：

自唐末、五代以来，"无数铃声遥过碛，应驼白练到安西"陆上丝路盛况不复存在，致使学术界曾有唐末、五代以后陆上丝绸之路断绝的观点。事实上，五代、宋、辽时期是陆上丝绸之路重要发展时期。在贸易路线、贸易方式、贸易主体等方面都发生了不同程度的变化，中西方的陆上交流通道不但尚未断绝，同时体现出一些新的特点和内容。①

（一）宋代西北丝绸之路

两宋时期，陆上丝绸之路贸易在隋唐陆上丝绸之路的基础上进一步拓展，丝路之走向大致反映了两宋时期西北边疆军事、政治、经济之经略的概况。关于两宋时期陆上丝绸之路的走向及其重要的据点，如表5-4所示。

表5-4　　　　　　两宋时期陆上丝绸之路走向、具体线路②

主要丝路通道	具体线路
开封道	自五代伊始，很多政权建都于开封，北宋亦建都于此，古丝绸之路以长安为起点和终点，再延续到洛阳、开封，由此形成了此条丝路通道的三个重要据地：长安、洛阳、开封。由此通道延续至南方，与海上丝绸之路相汇聚

---

① 杨蕤：《宋代陆上丝绸之路贸易三论》，《新疆大学学报》2009年第5期。

② 本表主要内容参考《宋史》《续资治通鉴长编》《明清固原州志》等史料汇总，同时参考谷苞主编《西北通史》第3卷（兰州大学出版社2005年版，第215—218页）、郭厚安主编《甘肃古代史》（兰州大学出版社1989年版，第419—420页）相关内容。

续表

主要丝路通道	具体线路
青塘道东段	位于河西道之南，由甘肃陇西县沿着渭水至渭源城，经康乐寨、当川堡至定羌城（今广河），踏西而上，越南阳坡、牛精谷到河州，再由炳灵寺渡河而上，经杨塔到邈川（今青海乐都），循着湟水流域达青塘，是为青塘道东段
青塘道西段	由青塘之西约四十里的林金城出发，翻越日月山到青海湖南面的大非川，循昆仑山北麓、柴达木盆地南侧，向西而行至茫崖镇，越阿尔金山，抵达新疆之若羌、且末直达于阗，在于阗之西与古丝绸古道相通。因西夏占领河西道，这条通道一度成为北宋连西域的主要通道，所谓"东自西大食及于阗、回纥、青塘，乃抵中国"①，就是指青塘道西段
夏州道	从开封出发，经洛阳、长安，北上经延州至夏州，再北上至乌审旗，越过毛乌素沙漠，渡过黄河，穿越乌兰布和沙漠，傍阴山，经巴丹吉林至居延，向西经哈密，达高昌。由夏州达西域之通道较为僻静，沿途多为少数民族故地，交通不甚便利，间或有北宋宣抚使团途经此道，如北宋王朝于太平兴国五年（980）派遣王延德为首的宣抚使团就曾走夏州道达高昌。② 抑或有商旅通过此道，但较为稀少
灵州道东段	由开封为出发点，经过洛阳、长安，沿着泾河抵达邠州，循泾河支流马水岭北上，经过甘肃宁县、庆阳、马岭、方渠，以达环县（宋通远军），由环县北上，出青岗峡，经过环县甜水堡（清远军）进入宁夏境内，过溥乐寨、耀德寨以达灵州。灵州道东段作为北宋时期重要的丝绸之路通道，起着重要的作用，这里"皆吐蕃熟户"③，往来商旅频繁，建有完整之商舍，是为宋代中西重要通道
灵州道	据郭厚安主编的《甘肃古代史》考证，灵州道西段大致走向是自灵州出发，渡过黄河，出贺兰山口（三关口），折向西北行，经锡林郭勒、和屯盐池至四度井，再转向西南，到达今甘肃民勤县的五托井，由五托井再南行达白亭海至白亭河，渡过白亭河到达凉州，再走河西古道④
固原道	又称泾源道。以镇戎军（今固原）为中心，东南至渭州（今平凉）、泾州（今泾川）以达内地，西北至凉州（今武威）以通西域，是为汉唐古丝绸之通道。固原道是宋代西北丝绸之路通连西域的主要通道，尤其是在夏州道、灵州道为西夏所有以后，固原道的地位十分凸显，以镇戎军为中心构建起西北丝路交通枢纽，成为通连河西西凉、甘州回鹘、瓜州归义军、高昌回鹘、于阗等国的主要丝路通道⑤

---

① 脱脱等撰：《宋史》卷490《拂菻国传》，中华书局2011年版。
② 李焘撰：《续资治通鉴长编》卷25，太平兴国五年条，中华书局2004年版。
③ 李焘撰：《续资治通鉴长编》卷35，淳化五年正月条，中华书局2004年版。
④ 郭厚安：《甘肃古代史》，兰州大学出版社1989年版，第419—420页。
⑤ 郭厚安：《甘肃古代史》，兰州大学出版社1989年版，第419—420页。

由表5-4述及，宋代西北丝绸之路在汉唐丝绸之路的基础上进一步扩展，即便是西夏、金统治西北丝绸之路的主要通道以后，宋王朝与西域及中亚、西亚之联络依然有其他丝路可以通连，构成了宋代繁荣的丝路经济与文化。此外，西夏与金统治西北部分地区以后，丝绸之路在西夏和金统治之下依然得以延续。正是通过丝绸之路，西夏和金大力构建外交格局与发展商业，促使西北地区步入更为剧烈的社会变迁过程。

宋代西北丝绸之路与汉唐相比较而言，具有自身的鲜明特点，并带来广泛的社会影响，具体表现在以下方面。

第一，受军事影响开通多条丝路通道，形成复杂的丝路通道网络。北宋在西北开通了多条丝绸之路通道，并且有些丝路通道路途艰难而遥远，之所以舍近求远皆因宋、夏、金之战争。北宋开通西北的丝绸之路通道多达七条，但很多丝绸之路通道由于主要据点及路途被西夏或金所占领，北宋政府为了拓展生存空间，联络西域及中亚、西亚诸国，抑或为了解决边州军队给养之困而发展商业贸易，不得不致力于军事手段争夺丝绸之路，在军事受挫的时候往往通过绕道而行，探求新的丝绸之路通道，因而在宋代形成了蔚为复杂的丝绸之路通道。北宋立国之处，西夏实力尚微，是北宋中央政府控制下的地方政权，当时最为便捷而重要的夏州道畅通，外来使者与商旅络绎不绝，呈现一派繁荣气息。太平兴国七年（982），西夏叛宋，控遏夏州，此丝绸之路通道被截断，北宋不得不寻找其他丝绸之路通道。灵州道在夏州道被西夏隔断以后成为北宋主要的丝路通道，"由于北宋初期，河西地区的瓜州归义军曹氏政权、甘州的回鹘政权、凉州以刘谷族为主体的蕃汉联合政权，都积极向宋朝靠拢，贡使不断，保证了此道的畅通"[1]。灵州道之繁盛还表现在大批佛僧携带宋朝之国书由此道入

---

① 郭厚安：《甘肃古代史》，兰州大学出版社1989年版，第421页。

西域达波斯、大食，大食贡使亦沿着这条通道来到中国。① 但自真宗咸平五年（1002），西夏陷灵州，隔绝了北宋与西域通连的重要通道。夏州道与灵州道相继阻隔以后，宋朝在西北最为坚固的镇戎军道成为丝绸之路的主要通道。宋朝为了保护镇戎军道与西夏展开长期的争夺战，北宋以镇戎军为中心，驻扎大军，构筑了诸多堡寨，开通了三条主要丝绸之路干道，与外界保持了较长时间的通连，至大中祥符七年（1014），西夏攻占西凉，这条通道亦被隔绝。此后宋夏双方随着战争之胜负先后控遏了这条通道，但由于频繁的战争导致这条丝绸之路通道已经失去往昔的繁荣。有宋一代，丝绸之路通道通连时间最长、影响最大的是青塘道。宋朝对于青塘（今青海西宁地区）之军事经略，前有王赡后有王厚，终于占有青塘地区。宋王朝对于河湟地区之经略，尤其对于丝绸之路的疏通意义重大，"当时河西走廊被西夏遮断，但内地经由河湟地区通往西域的道路，终北宋之世，保持畅通。不仅于阗、西州回鹘、黑汗王朝与内地始终进行着经济文化上的交流，即大食等国的商队、使者，亦往来不绝"②。北宋多条丝绸之路通道的开通，间接促进了中国与西方之通连，亦促进了丝绸之路通道上西北民族大融合的进程，巩固了多民族国家政权。

第二，朝贡贸易及其作用。朝贡贸易，亦称之为贡赐贸易。两宋之际，朝贡贸易是西北丝绸之路上最主要的贸易形式。终北宋一代，与诸蕃的朝贡贸易十分频繁。据统计，北宋分别与甘州回鹘、黑汗王朝、西州回鹘、西凉六谷、瓜沙曹氏政权、于阗、龟兹、唃厮啰、鞑靼、大食、南亚等诸蕃朝贡贸易达 230 次以上③，其中仅与西北诸蕃的朝贡贸易达 127 次④，可谓盛况空前。实际上，北宋与诸蕃的朝贡贸易也经历了一个由繁盛到衰落的过程，尤其是西夏据有河西之后，

---

① 脱脱等撰：《宋史》490《天竺传》，中华书局 2011 年版。
② 郭厚安：《甘肃古代史》，兰州大学出版社 1989 年版，第 418 页。
③ 谷苞主编：《西北通史》第 3 卷，兰州大学出版社 2005 年版，第 219 页。
④ 杨蕤：《宋代陆上丝绸之路贸易三论》，《新疆大学学报》2009 年第 5 期。

以固原地区为战略据点，切断了关中、中原与河西走廊的丝路通道，北宋与西域诸国的朝贡贸易次数骤减，对西域的政治影响力与军事震慑力大大减弱，从根本上改变了北宋的西北战略，其损失不可估量。北宋与西夏争夺河西之地失败的结局，对于北宋而言，还有更深层次的社会影响。最大的影响在于，失去最为有利的丝绸之路通道，意味着不仅彻底中断了与西域、中西亚之间的经济与文化交流，此后在与西夏对西北地区的争夺中全面处于守势，疲于应付少数民族政权的威胁，糜资甚巨而收效甚微。而党项民族对于河西走廊的控制，一方面增强了西夏王朝的军事力量，提升了其不断劫掠西北边疆的野心，从而导致战争更为频繁；另一方面西夏据河西走廊却又无力经营西域地区，导致西域诸国纷争分裂，加剧了西北边疆的混乱趋势。此外，北宋失去对河西走廊的控制，更是加剧北宋"虚外实内"的政治与军事倾向——为其日后之灭亡埋下沉重的伏笔。

北宋控制固原地区和河西走廊之时，丝路畅通，与诸蕃的朝贡贸易十分发达，在最盛时，次数多而规模大，少则几十人，多则几百人。就贡赐的物品而言，西北诸蕃贡使进贡的物品主要是以马为主的畜牧及奇珍异兽、美玉、珠宝、象牙、香料、佛骨，而北宋政府回赐诸蕃的物品主要是茶、绢、锦以及铜钱等实物。关于北宋时期西北丝绸之路主要朝贡贸易的概况，如表5-5所示。

表5-5　　　　　　北宋西北丝绸之路主要朝贡贸易概况①

时间	概况
乾德三年（965）十月	甘州回鹘"贡马千匹，驼五百"②
咸平元年（998）十一月	河西军左厢副使折逋游龙钵献马两千匹③

---

① 根据《宋史》《宋会要辑稿》相关资料汇总。
② 徐松辑录：《宋会要辑稿》，中华书局1957年版，第7855页。
③ 徐松辑录：《宋会要辑稿》，中华书局1957年版，第7776页。

续表

时间	概况
咸平五年（1002）十一月	西凉六谷贡马千匹①
景德元年（1004）九月	甘州回鹘一行二百九十人朝贡②
景德四年（1007）五月	瓜、沙州等三十五人来贡，贡品为玉团、乳香、名马等物③
大中祥符元年（1008）十一月	回鹘等十二人来贡④
天圣二年（1024）五月	甘州回鹘遣使十四人来贡方物⑤
元丰二年（1079）十月	于阗国遣使朝贡，贡献方物⑥
元丰三年（1080）十月	于阗国进贡乳香杂物十万余斤⑦

由表 5-5 观之，北宋时期西北丝绸之路上的朝贡贸易成为北宋与西北诸蕃之间经济交流的主要形式，而且"由于进贡是一种有利可图而又安全的政治、经济活动，故陇右、西域少数民族和葱岭以西国家的进贡使臣相率来宋"⑧。朝贡贸易之作用是显而易见的，对于北宋而言，通过朝贡贸易的方式，可以进一步开通丝绸之路的通道，以远略教化的方式影响和规范丝绸之路通道上的西域诸蕃以及中亚、西亚等国，在促进民族融合，推动中西文化的交流，安定边疆，减轻经略边疆地区之压力等方面均有着十分重要的意义。对于丝绸通道上的西域诸国而言，朝贡贸易首先在经济上使其获益颇丰，茶叶、丝绸、瓷器、铜钱等用品源源不断地输入西域，促进西域社会经济的发展，而

---

① 徐松辑录：《宋会要辑稿》，中华书局 1957 年版，第 7758 页。
② 徐松辑录：《宋会要辑稿》，中华书局 1957 年版，第 7715 页。
③ 徐松辑录：《宋会要辑稿》，中华书局 1957 年版，第 7768 页。
④ 徐松辑录：《宋会要辑稿》，中华书局 1957 年版，第 7715 页。
⑤ 徐松辑录：《宋会要辑稿》，中华书局 1957 年版，第 7717 页。
⑥ 徐松辑录：《宋会要辑稿》，中华书局 1957 年版，第 7857 页。
⑦ 徐松辑录：《宋会要辑稿》，中华书局 1957 年版，第 7857 页。
⑧ 谷苞主编：《西北通史》第 3 卷，兰州大学出版社 2005 年版，第 220 页。

且通过朝贡贸易，很多贡使和商人积累了大量财富，"家秦陇间"①，一时蔚然成风。更为重要的是，通过朝贡贸易，对于西北地区商品经济之发展、交通之拓展，进而建构中国古代政治、经济与文化一体化格局奠定了坚实的基础。

第三，民间贸易繁盛。有宋一代，西北丝绸之路上的民间贸易意义十分凸显，成为宋代丝绸之路的一大鲜明特点。越是割据政权林立的时代，越是战争频繁的时代，各个割据政权之间的民间贸易就越是活跃。互市与榷场是北宋时期具有鲜明政治与军事特色的商业贸易场所，但促进其繁荣的则往往是民间贸易。如史载：

> 回鹘、于阗皆遣使来贡方物。回鹘使者道由灵州，交易于市，知州段思恭遣吏市绸纱，纱吏与使者争直忿竞，思恭释吏不问，械系使者数日始贳之。使者归，愬于其国，回鹘汗遣使赍牒诣灵州询械系之由，思恭自知理屈，不敢报。自是数年，回鹘不复入贡。②

这则史料说明回鹘之贡使在灵州互市交易商品的过程，由此可见，贡使在西北丝绸之路通道上所设的互市与榷场交易商品是当时一种常见的现象，这显然超越了朝贡贸易，而成为私人贸易，属于典型的民间贸易。北宋时期，西北丝绸之路上民间贸易涉及范围十分广泛，涉及商品品类齐全，民间贸易随处可见，"在西北边界地区，从各州军治所道各县、城、寨、堡乃至水陆交通要道，交易市场星罗棋布，商旅萃止，贷利凑集，呈现出一片兴旺繁荣的景象"③。民间贸易货物几乎无所不包，主要有粮食、皮毛、马匹、珠宝、食盐、茶、

---

① 杨恩纂修，纪元补辑，定西市政协文史资料委员会、政协陇西县委员会校注：康熙《巩昌府志》卷21，中国文史出版社2014年版，第147页。

② 李焘：《续资治通鉴长编》卷59，景德二年乙巳条，中华书局2004年版。

③ 谷苞主编：《西北通史》第3卷，兰州大学出版社2005年版，第235页。

酒、香料等。宋代以四通八达的丝绸之路为纽带，沿途各民族之间的民间贸易往来所带来的社会影响是十分深远的。首先就商品贸易本身而言是一个双重骤变的过程，一方面，通过民间交往，内地的商品诸如茶叶、丝绸、瓷器、铜钱等物进入西域地区和中亚、西亚地区，深刻影响了诸蕃地区，推动了内地与这些地区的经济联系，甚至在经济层面创造了经济一体化的关系；另一方面，丝绸之路沿途的诸蕃商品经济亦逐渐渗透于内地，这个"渗透"亦包括两个层面，即贸易者进入内地和诸蕃商品渗透于内地。无论从哪个层面观之，均对内地遗留下明显的痕迹，如北宋西北社会的"胡化"，"宋朝似乎缺乏开拓陆上丝绸之路的强烈意识和雄心壮志，不过由于陆上丝绸之路继续发挥着它的作用，加之受到唐代胡风盛行'余绪'的影响，西域及中亚地区的'胡文化'在宋代民间社会中尚有一些气息"①。经济相互通连的力量是强大的，不断促进商品经济繁盛的地区民间之交往日趋紧密，从而推动民族、文化、政治的融合。

第四，民族融合与文化交流。宋代，在西北丝绸之路上的民族融合往往伴随着商品贸易的深入而强化，"西北地区与中原在政治上或有短时期的隔绝和对立，但在经济上却无法隔断它们之间的联系，民族贸易就像一条金色的带子，将西北与内地紧紧地联结在一起"②。无论朝贡贸易还是民间贸易，内地与西北丝绸之路沿途的诸蕃间不仅仅是单纯的经济联系加强，更重要的是，各民族通过丝绸之路的交往，逐渐融为一体，为元代的大一统奠定坚实的基础。以历史的眼光观之，宋代以丝绸之路为纽带，民族融合迥然超越前代，究其原因有三：一曰人口流动规模大。由于丝绸之路的四通八达，各民族之间深刻的经济交往，再加之频繁的战争使得宋代各民族之间的人口流动规模非常大，大规模的人口流动态势迅速推动了各民族之间的融合。如

---

① 杨蕤：《宋代陆上丝绸之路贸易三论》，《新疆大学学报》2009年第5期。
② 谷苞主编：《西北通史》第3卷，兰州大学出版社2005年版，第238页。

北宋初期在宋夏边疆党项族十余万人内附宋王朝①，北宋时期，总数一百五十万左右的吐蕃居民纳入北宋统治之下。② 二曰民族杂居程度高。大规模的民族人口流动必然带来各民族之间的杂居态势。宋代在西北地区的民族杂居已经形成了犬牙交错的杂居态势，相互包容的聚居格局在漫长的丝绸之路沿线已经形成，如汤开建的《五代辽宋时期党项部落的分布》一文考述了北宋时期西北边疆党项族人与契丹、汉人杂居态势。③ 蔡家艺的《辽宋金夏境内的沙陀族遗民》一文明确指出，自沙陀族解体后，其族人大都散入辽、宋、夏、金境内。④ 三曰族际通婚现象普遍。北宋虽然禁止蕃汉通婚，并制定了一系列相关的律法以约束之，但往往禁而难止，在民间蕃汉通婚现象十分普遍，如唐宋时期经由丝绸之路东来中国的大食及阿拉伯人久居中国，与中国当地居民相互通婚，形成了十分明显的蕃汉通婚现象。⑤ 宋代鲜卑折掘氏与党项折氏之部族，先后通过民族交往和族际通婚的方式大多数融入汉民族之中。⑥ 民族与文化历来不可分割，民族融合的过程就是文化融合的过程。北宋时期，民族文化的交流涉及政治、经济、文化、民族、宗教等诸多领域，尤其是在建筑、饮食、服饰、语言、音乐、礼俗、宗教等方面的融合程度颇高，一方面，传统文化对于少数民族的影响和规范日趋增强，另一方面，少数民族的文化艺术亦对汉民族产生了较为深刻的影响。

（二）元代西北丝绸之路

自 13 世纪蒙古铁骑兴起，发动了一系列震惊中外的征服战争，

---

① 杨蕤：《北宋初期党项内附初探》，《民族研究》2005 年第 4 期。

② 陈武强：《北宋前中期吐蕃内附族账考》，《西藏大学学报》2010 年第 3 期；《北宋后期吐蕃内附族账考》，《西藏研究》2012 年第 2 期。

③ 汤开建：《五代辽宋时期党项部落的分布》，《西北民研究》1993 年第 1 期。

④ 蔡家艺：《辽宋金夏境内的沙陀族遗民》，《民族研究》2004 年第 5 期。

⑤ 鲁忠慧：《试析唐宋时期色目先民的国际婚姻：蕃汉通婚》，《宁夏社会科学》2001 年第 5 期。

⑥ 赵海霞：《鲜卑折掘氏与党项折氏》，《西北民族研究》2011 年第 2 期。

建立起一个亘古未见的横跨欧亚大陆的蒙古帝国，而元朝就是蒙古帝国分裂基础上建立起来的。元朝之建立，结束了我国自五代十国以后分裂割据的历史，实现了全国的大一统。元朝中西文化交流进入全盛时期，中国与亚、非、欧许多国家都有往来，而西北之丝绸之路在元代亦呈现出焕然一新的面貌，"我国对外的陆上丝绸之路，到了元朝时，情况为之一变，不仅对外海上交通空前繁荣，对外陆路交通也无比畅通，不仅恢复了昔日唐代陆上丝绸之路的'黄金'时期，并有新的发展"①。

元代西北丝绸之路的开凿是伴随着蒙古帝国的三次西征而渐次形成的，主要有三条丝绸之路通道：北道、中道、南道。其中北道的基本走向是：

> 北道主要是经过天山以北地区，再通过钦察汗国与西方发生联系，其具体走向是由天山以北的别失八里（今吉木莎尔）、阿力麻里（今霍城西北）经楚河流域，循锡尔河以北，再沿里海北岸和黑海北岸往西，达多瑙河流域。中经许多大河、戈壁、草原，这是大蒙古国时期许多使臣、商旅东西往来的路线。②

实际上，"阿尔泰山到天山以北的道路，早在唐代时就由突厥及其后的回纥开出了，成吉思汗及其后裔西征时，开拓和整修了阿尔泰山到和林的通道。元朝建立后，又恢复了别失八里经巴里坤到河西走廊这一段"③。总而言之，就西北丝绸之路北道而言，元代由其都城大都出发达河西走廊的丝绸之路通道有两条：一条是由大都南下经过保定路、真定路到太原路，再经过平阳、绛州至丰元（今陕西西

---

① 芦苇：《中外关系史》，兰州大学出版社 1996 年版，第 247 页。
② 芦苇：《中外关系史》，兰州大学出版社 1996 年版，第 248 页。
③ 谷苞主编：《西北通史》第 3 卷，兰州大学出版社 2005 年版，第 296 页。

安），并由丰元路经兴平北上乾州、邠州、宁州、庆阳、环州到达宁夏萌井驿，过灵州而入河西走廊的永昌路。另一条是由大都向西而行，途经大同，渡黄河至东胜（今内蒙古托克托），经河套地区至中兴（今宁夏银川），由此向西行至永昌路，再由永昌向西北通向亦集乃路。[①] 元代之亦集乃路成为西北丝绸之路北道上的重要中转站，中西商业荟萃于此，十分繁华。此外，由大都至亦集乃路的丝绸通道在军事上亦占有十分重要的地位，元代称之为"专备军情急务"的纳岭栈道，可见其地位的重要性。

元代通连中西交往的另一条通道就是中道，由天山以南通往中亚、西亚和欧洲地区，此道是一条古老的丝绸之路通道，尤其在唐代繁盛异常，但到元代时，这条丝绸古道虽有开通，但显得沉寂许多，远远不及北道和南道之繁盛，大概和元代政治与军事防卫及部署有关。中道的基本走向是：西出河西走廊，经天山以南的高昌过阴山道至焉耆，再西行至龟兹，翻越勃达岭入热海道，途经昭武九姓地区进入西亚波斯境内，再经两河流域到地中海东岸。这条丝绸之路通道，即唐代"安西入西域道"，是古丝绸之路的重要通道。

元代最为繁盛的西北丝绸之路通道就是南道，其基本走向是：西出河西走廊之沙州，由罗布淖尔南至昆仑山以北，往西经罗卜（今若羌县）、阇廓（今且末县）、斡端（今和田县）、鸭儿看（今莎车县），到达可失哈儿（今喀什市），再越葱岭，由阿姆河、里海以南西行至两河流域，直达地中海东岸。[②] 南道之所以繁盛，源于该道较为稳定安全，较少发生战乱，意大利著名的旅行家马可·波罗东来中国走的正是这条通道。

西北丝绸之路的繁盛得益于元代在丝绸之路沿途及周边建立起来的完整的驿站制度，驿站制度对于维护元代西北丝绸之路起到了重要

---

① 芦苇：《中外关系史》，兰州大学出版社 1996 年版，第 250 页。
② 芦苇：《中外关系史》，兰州大学出版社 1996 年版，第 251 页。

的作用，这是元代西北丝绸之路的一大特色。元代之驿站，从形制和类别上而言有站赤、寄递铺和递运站之别，亦分为陆站和水站，陆站中亦有马站、牛站、车站之分，尤以马站为盛。元代以大都为中心，在全国各地遍设驿站，形成了四通八达的交通网络。据统计，元朝政府建立的驿站总数有一千五百处之多，由内地直通边疆地区。驿站设置的最初目的十分明确，即"通达边情、布宣号令"，军事色彩十分浓郁，通过驿站实行军事控制，加强对全国的有效统治。但驿站一旦构成有效的交通网络以后，在军事功能之外，又附加了政治、经济、文化与民族交流之功能，对于加强全国之联系以及政治、经济、文化与民族交流起到了重要的作用。① 元代之驿站是在融合前代尤其是两宋驿站的基础之上建立起来的，其始于成吉思汗三次西征的过程中，肇盛于窝阔台时期，成熟于忽必烈正式建立元朝以后。尤其是窝阔台，被元人视为驿站制度的创立者，"己丑（1229）八月二十四日，诸王、驸马、百官大会于怯绿连河曲雕阿兰，共册太宗皇帝登极。太宗遂议征收金国、助贫乏、置仓庾、创驿站。"② 驿站创制以后，形成了一系列严格的管理法令，形成严密的驿站管理系统。在中央管理驿站的机构是通政院，在地方上则由路府州县衙门抽调专门的官吏进行管辖。

随着元朝统治地域的扩大和政权的逐渐稳固，其驿站管理制度也在不断调整以适应形势变化的要求：由单一官员发展成专门机构，通政院官员多由蒙古、色目人充任，带有鲜明的民族等级色彩。通政院、兵部分别担负着驿站管理的事务与政务，但由于元朝政府部门分工模糊，二者的界限并不十分清晰。中书省、御

---

① 陈高华：《陈高华说元朝》，上海科学技术文献出版社 2009 年版，第 79 页。
② 王国维：《圣武亲征录校注》，载党宝海《蒙元驿站交通研究》，昆仑出版社 2006 年版，第 27 页。

史台、枢密院等机构也参与驿站的管理、监督。①

而在驿站中承担直接管理职能的就是站户，站户不与民同籍，站户的数量亦十分庞大，据统计，元代站户超过了三十万。② 元代站户负担沉重但作用十分重要，它是连接中央与地方的基本纽带，"站户问题不但直接关系到国家的政治运转，还会对元朝经济、社会的方方面面产生深远的影响"③。与驿站相辅相成的就是牌符制度，通俗地讲就是元朝政府发放驿站通行的相关证件和文书。牌符制度早在大蒙古国成吉思汗时期就已经实现，在元朝建立以后牌符制度得到进一步的完善，"元朝政府先后使用的乘驿牌符有海青牌、蒙古字牌、金银字圆牌；使用的主要乘驿文书先后为铺马札子、铺马圣旨"④，以此控制驿站正常的运转，便于更好地统治全国。

就西北地区而言，元朝的驿站制度与丝绸之路的主干道及其重要据点相辅相成，共同构成中西交通的要道，成为元代西北丝绸之路的一大特色。元代在西北之驿站主要隶属于陕西行省和甘肃行省管辖，在西北境内驿站往往与丝绸之路重合，成为通连西域、中西亚、欧洲的主要通道。如甘肃行省驿站主要走向是：

> 从陕西来的道路由萌井站（甘宁交界处萌城堡）开始，即属甘肃行省驿站。由萌井可到灵州（今宁夏灵武），从灵州分出两条道路，一条经鸣沙（宁夏中宁），自黄河九过河，经应理州（中卫）、野马泉（甘肃古浪县北野马墩）、永昌府（武威）、辛汜（武威西营）、青寺（山丹绣花庙），可达甘州（张掖）。另一

---

① 党宝海：《蒙元驿站交通研究》，昆仑出版社 2006 年版，第 113 页。
② 冯承钧译：《马可波罗行记》，上海书店出版社 2001 年版，第 188 页。
③ 党宝海：《蒙元驿站交通研究》，昆仑出版社 2006 年版，第 158 页。
④ 党宝海：《蒙元驿站交通研究》，昆仑出版社 2006 年版，第 230 页。

条从灵州沿黄河北行到中兴府（宁夏银川）。①

　　这和元代西北丝绸之路北道的路线基本吻合。而且元代亦在今新疆境内设置了许多驿站，这些驿站就散布在丝绸之路沿线，是丝绸之路上的灯塔，如至元十一年（1274）正月，元代在于阗、鸭儿看等地设置十三个驿站。② 至元十八年（1281），元代又在别失八里一带设置三十个驿站。③ 至元二十三年（1286），元代在畏兀尔地区设置六座驿站。④ 驿站之设置成为元代交通的标志，丝绸之路与驿站共同保障了元代时期的中西交往。

　　元代丝绸之路的畅通，带来了深刻的社会影响。在政治与军事上，元代正是凭借四通八达的丝绸之路通道，纵横欧亚大陆，建立起一个庞大的帝国。同时，统一的大帝国之建立，又进一步促进了丝绸之路的开凿和发展，这显然是一个双重促动的历史过程。元代丝绸之路畅通所带来的中西文化交流及其社会影响尤其深远。主要表现在：一是内附色目人及其华化。元代时由于大一统所带来的丝绸之路的畅通，大大促进了中西文化交流，由丝绸之路通道而来并长期留居中国的外国人，其数量远超前代，其中内附色目人及其华化尤其瞩目。元代之色目人实际上包括中西亚人、波斯人、阿拉伯人，色目人来华主要是成吉思汗及其后裔在西征的过程中，强征而来的大批丁壮、技工、教师等，他们在元代攻灭南宋的征战中被编入军队，成为元代"探马赤军"。战争结束后，这些数量庞大的军队又被元政府征发戍守边疆，开垦屯田，他们与当地居民通婚，繁衍后代，逐渐华化。此外，沿丝绸之路而来的大批商贾、宗教人士，有些甚至举家迁徙，滞留中国，娶妻成家，逐渐华化。元时，实行四等人制，色目人处于统

---

① 党宝海：《蒙元驿站交通研究》，昆仑出版社2006年版，第295页。
② 宋濂等撰：《元史》卷8《世祖世五》，中华书局2011年版。
③ 宋濂等撰：《元史》卷11《世祖世八》，中华书局2011年版。
④ 宋濂等撰：《元史》卷14《世祖世十一》，中华书局2011年版。

治地位，地位甚高，成为蒙古人统治中国的助手，如元朝命令"各道廉访司必择蒙古人为使，或缺，则以色目世臣子孙为之"①，崇高的政治地位在一定程度上强化了色目人内附中国的趋向。"大批来华的西域人，有的在华经商，有的从政，他们在中国娶妻生子，安家落户，不仅适应了中国的习俗，甚至有不少人学习中国学术文化而成为有相当成就的著名人士"②，如赛典赤·赡思丁、丁鹤年等。二是多元宗教之传播。元朝之国策，对于各种宗教持有包容的态度，因而有元一代，各种宗教随着丝绸之路的开通，渐次传入中国，在中国形成多元宗教并存的盛况。其时，犹太教、基督教、祆教、摩尼教、伊斯兰教、佛教均在元代获得进一步的传播。犹太教具体传入中国的时间虽不可考，但大批犹太人来华则是在元代，"中国史籍记载犹太人和犹太教情况，是从元朝开始的"③。祆教和摩尼教早在唐代以前或者唐代传入中国，但其影响不大，即便是在元代，也只在民间有零星的散布和传播。基督教在唐代传入中国，至元代时得到进一步传播，而且基督教的分支景教和天主教均在这一时期得到较为广泛的传播。蒙古贵族中曾经流行信奉景教，如忽必烈的母亲唆鲁忽帖尼即别吉太后就是一个虔诚的景教徒。④ 据张星烺的记载，天主教在元代传播迅速，接受洗礼者达三万余人。⑤ 至于元代之佛教，尤其是藏传佛教得到了广泛的传播，与内地佛教互相影响，加速了中国化的进程。综合而言，在元代传播最广的、影响最大的当属伊斯兰教。伊斯兰教在元代的广泛传播，至明代时促成一个新民族——回族的形成，正如周密所

① 宋濂等撰：《元史》卷19《成宗纪》，中华书局2011年版。
② 芦苇：《中外关系史》，兰州大学出版社1996年版，第287页。
③ 芦苇：《中外关系史》，兰州大学出版社1996年版，第291页。
④ 宋濂等撰：《元史》卷38《顺帝纪》，中华书局2011年版。
⑤ 张星烺编著，朱杰勤校订：《中西交通史料汇编》（第1册），中华书局1978年版，第219页。

言，"（东来的色目人）皆以中原为家，江南尤多，不复回道故国也"①。元代在中央专门设立管理色目人的机构——色目哈的司，可见元代色目人及其伊斯兰教之影响，"（色目人）文化在中国的影响远远超出宗教的范围"②。三是中西文化交流开创新局面。元代中西文化之交流从官方到民间无所不在，四大发明沿着丝绸古道传入欧洲，天文、历法、数学、医学、建筑及其他工艺技术均承载和铭刻了中西文化交流的痕迹，促成多元文化在中国的发酵与融合，其影响不可估量。正如姚大力所言：

> 元代中国的统一有力地促进了整个旧大陆经济文化交流的历史走向。多元文化在这个"世界体系"的最东部分展示它五光十色的风采，其意义甚至已超越中国文化本身，而体现了旧大陆上人类"大历史"的脉动。③

二 宋元时期固原地区丝绸之路及其社会影响

宋元时期固原地区地位十分重要，其境内丝绸之路总体而言基本畅通。不过由于固原部分地区先后为北宋、南宋、辽、金、吐蕃、西夏所有，因此其境内的丝绸之路状况又十分复杂，而探究这一时期固原地区丝绸之路走向及其社会影响，显然要涉及以上诸政权的相互关系及其外交状况。大一统的元代建立以后，东西交通畅通，固原地区作为汉唐丝绸之路通道的咽喉之地，亦在元代发挥了重要作用，而且有元一代进一步拓展了丝绸之路通道，固原地区的丝绸之路通道蔚为壮观。除了传统的陆上丝绸之路通道以外，元代的草原丝绸之路亦十分昌盛，固原地区处于草原丝绸之路与河西走廊的交界地带，是草原

---

① 周密：《癸辛杂识续集》上集，《回回沙碛》，上海古籍出版社 2012 年版，第158 页。
② 姚大力：《"天马"南牧——元朝的社会与文化》，长春出版社 2008 年版，第 35 页。
③ 姚大力：《"天马"南牧——元朝的社会与文化》，长春出版社 2008 年版，第 41 页。

丝绸之路通道的必经之路，为元代经略广阔的西域地区发挥了重要的作用。

（一）宋代固原地区丝绸之路及其社会影响

唐末五代时期，固原地区长期为吐蕃所有，由内地连通西域的丝绸之路通道被迫改道。至宋元时期，固原地区丝绸之路的脉络是十分清晰的。北宋初年，丝绸之路通道再次畅通。南宋绘制的《舆地图》较为详细地记载了宋代诸路情况，亦绘制了周边地区如蒙古高原、西夏、契丹乃至西亚、南亚等国家名称，唯惜原本已佚，其刻石拓本现藏于日本京都栗棘庵，通过《舆地图》刻石拓本仍能清晰地分辨出北宋时期西北丝绸之路通道的大致状况。概括而言，宋代固原地区的丝绸之路通道为灵州道和固原道。

严格意义上言之，灵州道不属于固原地区，但灵州道又与固原地区有着十分密切的关系，自唐、五代、北宋初期以后，灵州道与固原道互相呼应，成为西北丝绸之路的重要通道。

> 宁夏境内的丝绸之路走向：唐以前的和平时期是原州萧关道，宋以后战时是灵州道。萧关道通则灵州道畅，原州失陷则灵州道就受阻。当然，灵州向北与草原道也是相通的，但和平年代走丝绸之路长安凉州道，捷便且基本为绿洲，基本不走北方草原道。①

关于灵州道（今宁夏灵武西南），地处宁夏北部之黄河东岸，自宋代伊始便成为通连长安、关中、固原地区、河西凉州、漠北草原的重要丝绸之路，发展成为宁夏北部政治、经济与文化中心，亦是重要的军事重镇，地位十分重要。灵州道早在战国时期就已经开通，汉代

---

① 薛正昌：《宁夏境内丝绸之路文化研究》，甘肃教育出版社 2014 年版，第 31 页。

地位就十分突出，"汉代以后，它连接着原州与灵州两个政治、军事中心"①，为丝绸之路东段北道必经之地。唐代灵州道进入极盛时期。贞观十七年（643），唐太宗与薛延陀汗会盟于灵州（有学者认为会盟地点为宁夏吴忠而非宁夏灵武），此后又于贞观二十年（646），与漠北诸部再次会盟于灵州，在这次盟会上，唐太宗被尊为"天可汗"，大大促进了中国西北地区民族融合的进程，历史意义十分重大。由此观之，灵州是唐代最为重要的丝绸之路通道，由灵州穿越河西走廊而向漠北，由灵州南行横跨原州，通向西域的丝绸之路通道十分昌盛，往来商贾、使节以及传教士络绎不绝，成就了固原地区在中国古代的历史地位。安史之乱爆发以后，吐蕃乘机入侵，占有固原地区，穿越河西走廊的丝绸之路通道受阻，此后一直到北宋初期，灵州道肩负着丝绸之路通道的使命，西域、漠北与中原各地使者往来、经商乃至民间交往都集中于灵州道，灵州道成为通连内地与西北地区以及北部地区重要中转站。

固原道又称为泾源道。固原道以镇戎军（今固原）为中心，东南方向通向渭州（今平凉）、泾州（今泾川）以达内地，西北方向至凉州（今武威），以此为据点通西域、中亚、西亚诸地，这条通道也是汉唐古丝绸之路通道，具有悠久的历史意蕴。毋庸置疑，固原道是宋代西北丝绸之路通连西域的主要通道，尤其是在夏州道、灵州道先后为西夏所有以后，固原道的地位十分凸显，以镇戎军为中心构建起西北丝路交通枢纽，成为通连河西西凉、甘州回鹘、瓜州归义军、高昌回鹘、于阗等国的主要丝路通道。

宋代固原地区境内的丝绸之路通道大致走向是：从长安出发直抵固原，再以固原为丝绸之路据点向北而行，到达三营口再折向西行，经石门关（固原北），到达宋平夏城（固原西北黄铎堡村），出须弥山寺口子，到达海原县境内。再沿着海原县南部的红羊乡折而向北

---

① 薛正昌：《宁夏境内丝绸之路文化研究》，甘肃教育出版社 2014 年版，第 29 页。

行，途经海原县的树台、西安州。在西安州丝绸之路分为两路，一路由西安州到兴仁，再到靖远；另一路由西安州到打拉池，进入靖远县，与汉唐古丝绸之路交汇。

两宋时期，民族政权林立，北宋和南宋分别与西夏、吐蕃、辽、金、渤海、大理等政权对峙，在西北地区，西夏、吐蕃、辽、金、渤海等民族政权先后控制了传统的丝绸之路，为这一时期草原丝绸之路的兴盛奠定了坚实的基础。草原丝绸之路历史源远流长，早在旧石器时代就已经开通，成为蒙古高原与中亚、西亚交流的重要通道。唐代草原丝绸之路获得空前的发展，尤其是渤海国建立以后，伴随着日本道的开通，草原丝绸之路与东方海上丝绸之路相连，渤海国、唐王朝均通过日本道，与日本进行商贸往来，呈现一派繁荣景象。两宋时期，辽对于草原丝绸之路的经略意义尤其重大，辽代草原丝绸之路分为北线和南线。① 北线的大致走向是：以辽上京为起始，西北而行，到达今天的内蒙古境内，再折向西行，穿越沙漠到达西域诸国，由西域通连中亚、西亚等地。而南线的大致走向是：以辽中京或南京为起始，经辽西京，越过阴山及河套地区，向北而行到达漠北地区，与北线相会合。河西之地为西夏所有以后，为了保护草原丝绸之路南线不受西夏的阻挠，辽与西夏展开了激烈的争夺，为此，辽于太祖神册元年（916）设置西南路征讨司②，以防备西夏，从而更好地控遏草原丝绸之路。如辽兴宗时期，先后两次征伐西夏。③ 这两次战争，除了军事上的震慑以外，更重要之目的就是保护和控制丝绸之路贸易。④除却战争的手段以外，辽还采用和亲与互市的方式与西夏通好，其目的还是保障草原丝绸之路之畅通，如辽太平十一年（1031），"以兴

---

① 项春松：《辽代历史与考古》，内蒙古人民出版社 1996 年版，第 202 页；王大方：《论草原丝绸之路》，《鄂尔多斯文化》2006 年第 2 期。

② 何天明：《辽代西南面招讨司探讨》，《内蒙古社会科学》1990 年第 6 期。

③ 脱脱等撰：《辽史》卷 19、20《兴宗纪》，中华书局 2011 年版。

④ 杨蕤：《历史上的夏辽疆界考》，《内蒙古社会科学》2003 年第 6 期。

平公主下嫁夏国王李德昭子元昊，以元昊为夏国公，驸马都尉"①。由于固原地区既是西北传统丝绸之路东段北道的必经之地，亦是连接草原丝绸之路的中转站，因此辽对于草原丝绸之路的经略使得草原丝绸之路与传统丝绸之路有效地连接起来，草原文化与西北传统丝路文化相互影响，促进了固原地区的历史变迁进程。除辽之外，西夏、吐蕃、金等少数民族政权在统治固原地区之时，亦采用各种行之有效的措施，维护和发展丝绸之路，为民族经济与文化的交流做出了重要的贡献。除辽以外，西夏对于固原地区丝绸之路的发展亦做出突出贡献。西夏与北宋对于固原地区展开了长期的争夺，先后拥有灵州道和固原道部分地区，尤其拥有了陇山以西的海原天都山地区，成为西夏重要的军事据点，随着对海原天都山地区统治的稳固，西夏元昊称帝以后，在海原县和天都山地区建立著名的东会城和南牟会城。尤其南牟会城成为西夏元昊的行宫，建筑尤其恢宏，"内建七殿，极壮丽，府库官设皆备"②。而南牟会城的军事地位同样十分重要，"有地曰天都者，介五路间。羌人入寇，必先至彼点集，然后议所向，每一至则五路皆竦"③。元昊因天都与泾原路接，山川平易，劲骑疾驰渭州，旦暮可至，特营宫室居之"④，可见南牟会城之地理位置重要，成为西夏重要的军事战略要地。西夏对于灵州道和天都山区的控制，在一定程度上促进了丝绸之路的发展。西夏与北宋在宋夏边界之交易十分频繁，保障了丝绸之路的畅通，而对于天都山区的有效控制则推动了该地区丝绸之路文化之融合。如发现于海原县境内的大型陶器作坊，发掘出陶器艺术品百件，其造型独特，渗透着多元文化之特色，反映出伴随着丝绸之路的畅通，中原文化、西夏文化、藏文化及西域文化

---

① 脱脱等撰：《辽史》卷 18《兴宗纪》，中华书局 2011 年版。
② 吴广成撰：《西夏书事》卷 16，山东泰安出版社 2000 年版，第 117 页。
③ 脱脱等撰：《宋史》卷 353《张叔夜传》，中华书局 2011 年版。
④ 李进兴：《西夏陶模》，宁夏人民出版社 1998 年版，第 187 页。

在此地的交融。① 金攻灭北宋以后，对于固原地区的统治长达百年之久，在这期间，金致力于维护西北丝绸之路，在固原地区承袭北宋之统治方式，建立镇戎州，倡导汉文化，开科取士，发展边境贸易，传播佛教文化，进一步促进了固原地区多民族经济与文化交流的趋向，使得固原地区获得相对安定的发展。总而言之，宋代固原地区的丝绸之路在隋唐丝绸之路的基础上获得了进一步的发展，对固原地区带来了深刻的历史变迁与社会影响，主要表现如下。

其一，由于处于丝绸之路的核心地带，使得固原地区军事地位十分突出，固原地区成为宋、夏、金三方争夺之地，频繁的战争给固原地区带来巨大的破坏。自秦汉以后，固原地区因为地处丝绸之路东段北道的必经之地，就以突出的军事地位享誉西北边疆，至宋代之时，民族政权林立，战乱频仍，作为宋王朝及其他少数民族经略西北的战略要地，固原地区的军事地位更为突出。无论北宋、西夏，还是辽、金、吐蕃，对于固原地区十分重视，相互间展开了长期的争夺。各个政权对于固原地区的相继统治，融入了本民族的性格特征，使得固原地区步入前所未有的时代变迁之历程。宋夏相争期间，北宋在固原地区广建寨堡，形成军、城、寨、堡、关一体化的军事防御体系。② 西夏与北宋在固原地区的争夺中亦建立堡寨，作为重要的军事据点，而且西夏长期据有固原地区的天都山区，在天都山区设立了众多堡寨，如林羌寨（今海原县贾塘乡马营村）、荡羌寨（今海原县郑旗乡撒台村）、天都寨（今海原县海城镇黎庄村）、绥戎寨（今海原县关桥村）等，构成严密的军事防御体系。宋夏以堡寨为军事据点，展开了长期的战争，据史料统计，宋夏之间围绕争夺固原地区共发生战争二十九

---

① 李进兴：《西夏陶模》，宁夏人民出版社1998年版，第187页。

② 据《明嘉靖固原州志》《宣统固原州志》《明嘉靖平凉府志》等方志史料的记载，北宋在宁夏境内共设置镇戎军、德顺军、怀德军三军；设彭阳（今彭阳城）、怀远（今西吉偏城镇）、平夏（今固原黄铎堡）、南牟会城（今海原县西安乡）、笼竿（今隆德）、靖夏（今同心南）等六城；设堡寨三十四，此外，亦有数量不等的关隘，构成严密的军事防御体系。

次之多①，著名的有三川寨之战、好水川之战、定川寨之战等。宋夏之堡寨，其基本功能显然是突出军事色彩，但亦包含了丰富的民族文化交流之特色。因为这些堡寨除了在战时承担军事战略要地的功能以外，在和平时期又成为宋夏双方蕃汉人民进行商业贸易的重要据点，对于民族融合起到了较大的促进作用。金统治固原地区期间，基本上承袭了北宋对于固原地区统治特色，一方面进一步强化堡寨之军事功能，防备西夏的军事进攻；另一方面在与西夏交界之处设立互市与榷场，开展商业贸易，镇戎州和天都山区成为金夏重要的贸易中转站，尤其是民间贸易十分繁荣。② 不可否认的是，两宋时期，宋夏、宋金、金夏等三方战争十分频繁，对于固原地区的破坏是显而易见的。从国家层面而言，无论宋、夏、金都为战争付出了惨重的代价，如在元昊建国以后，对宋发动一系列战争，这些战争虽然在一定程度上取得了胜利，但战争不仅使得固原地区破坏十分严重，而且导致西夏国内土地荒芜、民不聊生，一片破败景象，"元昊虽数胜，然死亡创痍者相半，人困于点集，财力不给"③。对于北宋而言，长期陷入边疆战争的旋涡中，为了应付频繁的战争，北宋政府横征暴敛，苛捐杂税名目繁多，"古者刻剥之法，本朝皆备"④，"凡百所有，无一不征"⑤，面对政府深重的剥削，民不堪其苦，在一定程度上为北宋的灭亡埋下了伏笔。作为兵家必争之地的固原地区，承载战争苦难的同时，亦演变成为全民皆兵的社会现状。据统计，北宋政府在固原地区长期驻兵在十万人以上，再加上万余人的蕃兵，数量十分庞大。此外，为了补充兵员之不足，政府招募三万余人的弓箭手，为后备军。而在修筑堡寨的过程中，又征发了大量的民夫，如仅修筑平夏城和灵平寨时，"雇

① 据《宋史》《宋会要辑稿》《续资治通鉴长编》等资料统计。
② 徐兴亚：《西海固通史》，黄河出版传媒集团2012年版，第245页。
③ 脱脱等撰：《宋史》卷485《夏国上》，中华书局2011年版。
④ 黎靖德撰：《朱子语类》卷110《朱子七》，中华书局1986年版。
⑤ 李焘撰：《续资治通鉴长编》卷124，宝元二年乙卯条，中华书局2004年版。

到大车三千七百多辆，小车数千辆，人夫一万人，头口一万六千"①，足见规模之大。金天会九年（1131），占有固原地区②，皇统二年（1142）升德顺军为州，金大定二十二年（1182）升镇戎军为州。③在金统治固原地区时期，宋金之间由于和议，战争次数大大减少，从而获得了一个相对安定的发展时期。不过，即便如此，在固原地区宋金和金夏之间的战争仍然时有发生，战争对于底层广大民众而言，不啻是最为无法忍受的灾难，正如《金史·食货志》所言："兵威所加，民多流亡，土多旷闲，遗黎惴惴，何求不获。"④由是而言，固原地区由于地位的重要，既是丝绸之路的必经之路，又是历代兵家必争之地，两宋之际，无论宋、西夏、金都围绕争夺固原地区展开了长期的战争，战争对于固原地区的破坏是巨大的，促使固原地区步入十分缓慢的社会历史变迁过程中，亦使得固原地区整个社会风格中注入了厚重、坚韧与苍凉之色彩，对固原地区的社会风貌、移风易俗都起到了潜移默化的影响。

其二，固原地区多元经济结构的建立。作为丝绸之路东段北道的必经之地，固原地区自秦汉以后就是中原王朝经略西北的边塞重地，这里水草丰美，尤其适宜发展畜牧业，"原州当西塞之口，接陇山之固，草肥水甘"⑤。自汉唐以降，固原地区虽然饱受战乱之害，但畜牧业之发展经久不衰，尤其自宋代以后，畜牧业发展更是呈现一派繁荣景象，出现了"马藏民间"⑥之盛况。金统治固原地区80年间，仍然承袭北宋之国策，因地制宜，大力发展固原地区之畜牧业，形成了"悉从民牧""兵兴随宜取用"⑦的农牧业发展局面。畜牧业之外，

---

① 李焘撰：《续资治通鉴长编》卷485，绍圣四年丁丑条，中华书局2004年版。
② 脱脱等撰：《金史》卷3《太宗纪》，中华书局2011年版。
③ 脱脱等撰：《金史》卷24《地理志》，中华书局2011年版。
④ 脱脱等撰：《金史》卷3《太宗纪》，中华书局2011年版。
⑤ 宋祁，欧阳修：《旧唐书》卷118《元载传》，中华书局2011年版。
⑥ 李元春撰：《关中两朝文钞》卷8，清道光十二年刻本。
⑦ 李元春撰：《关中两朝文钞》卷8，清道光十二年刻本。

农业在固原地区亦获得了进一步的发展。对于西北边疆地区农业之发展，往往取决于两大因素，一是统治阶级施行的农业发展举措，二是人口数量的增加。对于前者，无论北宋、西夏，抑或金在统治固原地区时，都施行了一系列发展农业的措施，这些措施虽然往往被激烈的战争所破坏，但依然在严酷的环境下取得了发展农业的重要成绩。北宋时期，太祖、太宗两朝，采用招抚流民，奖励垦荒的政策，规定开垦荒田者，"只纳旧租，永不通检"，或者免除三年赋税，所垦之田"便为永业"。[①] 而且，咸平四年（1001）宋真宗准许陕西转运使刘综之建议，在固原地区实行了"屯田"之策略。

> 今古原州建镇戎军，宜置屯田。今本军一岁给刍粮四十余万石束，约费茶盐五十余万尝。更令远民输运，其费益多，请予军城四面立屯田务，开田五百顷，置下军两千人，牛八百头耕种之。又于军城前后及北至木峡口，各置堡寨，分居其人，无寇则耕，寇来则战。就命知军为屯田置制使，自择使臣充四寨监押，每寨五百人充屯戍。[②]

这一切中时弊、因地制宜之建议得到宋神宗的允许，耕战相守、亦兵亦民成为固原地区的一大特色，既解决了北宋政府边疆兵力匮乏的问题，亦在一定程度上解决了驻军的粮草供应问题，而且对于固原地区农业经济的开发起到了显而易见的促进作用。金统治时期，同样采用了一系列行之有效的举措发展畜牧业和农业，如推行招抚流民屯田，减免赋税，"并令归业，及时农种"[③] 等举措，使得农业获得了

---

① 《宋大诏令集》卷182《劝栽植开垦诏》《募民耕旷土诏》，转引自周宝珠、陈振主编《简明宋史》，人民出版社1985年版，第245页。

② 杨经纂修，韩超校注：《嘉靖固原州志》，引自胡玉冰主编《宁夏珍稀方志丛刊》，上海古籍出版社2018年版，第68页。

③ 脱脱等撰：《金史》卷6《世宗纪》，中华书局2011年版。

较快的发展。金代统治固原之时，战争较少，使得固原地区的发展拥有了一个珍贵的和平安定时期，出现了"上下相安，家给人足，仓廪有余"①的繁荣局面。两宋时期，相比较畜牧业和农业的发展，固原地区之商业贸易最具有地域特色，呈现出多民族商业贸易相互交融和相互渗透的地域特色，促使固原地区步入前所未有的社会历史嬗变过程中。尤其是宋夏之贸易，宋夏沿着丝绸之路通道之重要的城镇堡寨设立了互市和榷场，成为通连宋夏两国商业贸易的纽带，多元经济交流的态势促使固原地区的社会经济具有强烈的多元化色彩。

其三，民族与文化交流盛于往昔。两宋时期，为了争夺对于丝绸之路通道之控制，宋、辽、金、夏、吐蕃均对固原地区实施过或长或短的统治，多个政权相继统治下的固原地区，一个十分明显的社会影响就是民族与文化交流十分广泛，影响十分深远。在两宋固原地区社会层面，首先是民族文化交流与民族融合十分凸显。作为丝绸之路的重要通道，固原地区成为多民族融合的重要场所，汉人、契丹、羌人、党项、藏人等通过战争、和亲、互市、民间交往等多种方式相互融合，建构了中华民族多元一体格局，促使西北边疆地区与内地连为一体，推进了中国历史的不可分割的历史进程。民族融合带来民族文化的大交流，在两宋时期，民族文化交流盛于往昔，无论西夏、辽、金、吐蕃都在这一时期大力推行儒学，如西夏仿照北宋之文官制度，结合党项民族的特色建构起完整的文官体系，金统治固原地区以后，积极倡导汉文化，以儒治国，大大推动了固原地区少数民族的儒化进程。而北宋亦在与各民族的文化交流过程中，积极吸取了少数民族文化，推动了中国古代文化的一体化进程。此外，各少数民族之间，如党项、契丹、女真、藏人等相互之间民族文化交流频繁，亦加速了这些民族在文化层面的一体化进程。如金灭辽以后，契丹人归附于金的统治之下，"但作为辽国遗民他们在金代的历史舞台上依然十分活跃，

① 脱脱等撰：《金史》卷7《世宗纪》，中华书局2011年版。

特别是在金朝的外交活动中，契丹人扮演了重要角色，为维护金朝的外交秩序和'国际'地位做出了重要贡献"①。据史料统计，金代出使宋朝共127次，其中有26位契丹族外交使节，这个数量是十分庞大的，充分说明契丹和女真两大民族的融合及其文化交流程度颇高。②两宋时期，在固原地区，各民族政权依据丝绸之路的便捷条件，加强域外文化交流，域外文化与内地文化共同构筑而成丰富多彩的固原地区文化，尤其是在世俗文化及宗教文化层面，这种交流所带来的社会影响是十分深远的，如世俗方面，固原地区多民族风俗得以保留和传承；而在宗教方面，固原地区融汇中原道教文化和西域佛教文化，深刻促进了固原地区的社会与历史变迁。

（二）元代固原地区丝绸之路及其社会影响

元代以后，大一统带来丝绸之路的进一步拓展。在固原地区境内，丝绸之路的基本走向改为由西安到平凉，再到固原的瓦亭，在和尚铺西越六盘山，过隆德，再经甘肃的会宁、定西抵兰州，由兰州过黄河进入河西走廊。这条线路比前两种要近得多。据薛正昌的研究，以北道为主轴，还有两条道路。一条是由长安西行陇州后，不再攀越大震关，而是沿陇山东麓过华亭县，至泾源，穿制胜关的鸡头山（今六盘山），过六盘山，抵达陇西郡。秦始皇于前220年出巡陇西即走此道。过鸡头道向西北行，或沿祖庵河而下，在靖远北石门黄河东岸渡河，进入河西。或者沿泾河至平凉，由峻恫山东进入泾源，走鸡头道。汉武帝元封元年（前110）十月巡狩西北，"西临祖庵河而还"，也是走这条道路。另一条是由咸阳至宁州（今宁县），沿茹河进入固原。汉代班彪前往安定固原就是走这条道路。③

横跨欧亚大陆的元帝国建国以后，元代的交通四通八达，远盛于

① 夏宇旭：《论金代契丹族官员的外交活动及作用》，《史学集刊》2013年第3期。

② 据《金史》《三朝北盟会编》《大金吊伐录》等史料统计。

③ 薛正昌：《丝绸之路与固原——申报世界文化遗产宁夏段四处文化遗存》，《陕西师范大学学报》2012年第6期。

前代，丝绸之路继承汉唐两宋以后的态势，并在此基础上进一步扩展，固原地区在元代发展成为丝绸之路的主要中转站，与漠北的亦集乃路互相呼应，通连传统丝绸之路与草原丝绸之路，成为西北丝绸之路的两大重要据点。元代凡是在交通要道之处均设有驿站，以维护丝绸之路的畅通，促进内地与边疆地区的经济与文化交流。据统计，元代在宁夏境内设置的驿站，包括水路驿站和陆路驿站共二十余个。①驿站的遍布成为元代交通的一大特色。元代固原地区的丝绸之路，开通了六盘山道，使得六盘山与河西走廊连接起来，大大促进了西北交通的发展，亦是西北丝绸之路的重大开拓和传统丝绸之路的延续。正如徐兴亚所言：

> 由于六盘山道路的开通，丝绸之路出现了新干线，沿原来的北线（经唐原州至凉州）行至瓦亭（今泾源县瓦亭）后，改由西越六盘山，然后经德顺州（今隆德县），至会宁再分道兰州或至靖远渡黄河至武威。原来的北线、南线（沿渭水西行）的作用下降。②

相比较两宋时期，元代基于大一统的政治格局，使得西北交通更为畅通，丝绸之路承袭汉唐以后的局面，有着更为广阔的开凿，尤其在固原地区，陆上丝绸之路与草原丝绸之路相互通连，大大促进了固原地区的社会与历史变迁。

第一，安西王府③的设置与固原地区社会与历史变迁。安西王府

---

① 陈育宁主编：《宁夏通史》，宁夏人民出版社 1993 年版，第 230 页。
② 徐兴亚：《西海固通史》，黄河出版传媒集团 2012 年版，第 273 页。
③ 学界对于安西王府的研究目前尚处于起步阶段，主要成果有：章巽的《西安元代"安西王府"的创建年代》（《考古》1960 年第 5 期）、夏鼐的《元安西王府址和阿拉伯数码幻方》（《考古》1960 年第 4 期）、余贵孝的《元代安西王府及路、州建制与职官》（《固原师专学报》1994 年第 5 期）、薛正昌的《元代六盘山与开城安西王府》（《内蒙古社会科学》1995 年第 2 期）、冯国富的《蒙元帝国时期安西王府与六盘山军事活动》（《宁夏师范学院学报》2008 年第 2 期）等。

为忽必烈之嫡子忙哥剌之封地，安西王府在忙哥剌时期为一藩两印，京兆（长安）与开城（固原）并立，其继任者阿难答主要驻守开城王府。据夏鼐的考证，安西王府建立于至元十年（1273），"安西王府的宫室的修筑大概是至元十年（1273）开始的"①。章巽亦认同此说，"其实这座王府确系至元十年创建。据元人骆天骧所著'类编长安志'（抄本）自序中说：'圣元皇子安西王胙土关中，至元癸酉，创建王府，选长安之胜地，王相兼营司大使赵，以仆长安旧人，相从遍访周、秦、汉、唐故宫废苑遗踪古迹。'"② 六盘山开城安西王府修建的时间应该与长安安西王府修建的时间相同，据《元史》载：至元九年（1272），"封皇子忙哥剌为安西王，赐京兆为封地，驻兵六盘山"③。次年，"诏安西王益封秦王，别赐金印，其府在长安者为安西，在六盘者为开城，皆听为宫邸"④。实际上早在成吉思汗统治时期，六盘山就成为蒙古军事指挥中枢之地。南宋宝庆三年（1227）四月，成吉思汗率领大军入驻固原地区的隆德县，五月避暑六盘山，"尝置老营"⑤，为灭南宋统一中国做军事部署。在攻灭南宋前夕，固原地区（包括六盘山）一带驻扎数量庞大的蒙古大军，使得固原地区军事与政治地位迅速提升，深刻改变了固原地区的社会结构。安西王府设置以后，大量蒙古贵族迁徙至固原地区，为了维护王府的运转以及浩繁的开支，安西王府开始大规模开发固原地区之经济，在发展畜牧业的同时亦十分重视固原地区的屯田事宜，招募流民在固原地区屯垦，"募民居止，未几户口繁夥"⑥。安西王府统治固原地区之时，尤其商业的发展十分迅速，元代之固原地区仍是丝绸之路的中转站，丝绸之路贸易在固原地区汇聚，推动固原地区商业的发展。元代对于

---

① 夏鼐：《安西王府址和阿拉伯数码幻方》，《考古》1991 年第 5 期。
② 章巽：《西安元代"安西王府"的创建年代》，《考古》1996 年第 5 期。
③ 宋濂等撰：《元史》卷 7《世祖纪》，中华书局 2011 年版。
④ 宋濂等撰：《元史》卷 108《诸王表》，中华书局 2011 年版。
⑤ 屠寄撰：《蒙兀儿史记》卷 76《安西王忙哥剌传》，中国书店出版社 1984 年版。
⑥ 宋濂等撰：《元史》卷 7《世祖纪》，中华书局 2011 年版。

固原地区的经济开发措施，进一步改变了固原地区的经济结构，推动了固原地区经济发展。概而言之，安西王府在固原地区设置以后，全面推动了固原地区社会与历史之变迁：首先，固原地区在元代的军事与政治地位十分凸显。在蒙古国发生的几件重要的政治与军事政变中，安西王府均起到至关重要的作用，在某种程度上，几乎改变了元代政治及军事走向，可见其影响力之庞大。其次，伴随着安西王府的设置，固原地区迁入大量蒙古贵族以及招募而来的屯垦流民，再加之固原地区原来的土著居民，使得固原地区民族结构更为复杂，民族融合的态势亦更加明显。最后，安西王府的设置，推动了固原地区社会经济的发展，改变了固原地区社会文化、宗教信仰与风俗习惯，使得固原地区文化更加呈现出多元化的趋向，潜移默化地改变着固原地区社会结构与文化理念。

第二，元代固原地区的民族融合。元代，伴随着大一统王朝的建立以及丝绸之路的畅通，固原地区的民族及其民族关系呈现出独特的趋向。两宋时期，固原地区境内的居民主要是汉、党项、吐蕃、回鹘等族。元代建立以后，固原地区又加入新的民族成分：首先是蒙古族。成吉思汗的蒙古国时代以及元代立国之初的固原地区，是蒙古人在西北的政治、军事中枢，地位十分重要，尤其是元代安西王府的建立，进一步提升了固原地区的政治、军事、经济地位，在此基础上大量蒙古人进入固原地区。蒙古人迁徙、入居固原地区途径有二。一是庞大的蒙古驻军。史载，当时常驻六盘山的浑都海部大军约4万人[①]，倘若再加上其他蒙古驻军，其数量十分可观。这些常驻六盘山的蒙古大军在统一大业完成以后基本上留居固原地区，成为元代固原地区蒙古人的主要来源。二是安西王府建立以后，大量蒙古贵族迁徙至固原地区。这些蒙古贵族大多是安西王府的内室、官员、幕僚、卫兵、杂

---

① 王宗维：《元代安西王及其与伊斯兰教的关系》，兰州大学出版社1993年版，第72页。

役等，人数亦较为庞大。如大德十年（1306），开城路地震，王府5000余人葬身地震①，足见安西王府人数之众。元朝覆亡以后，部分蒙古人随元朝皇室退回蒙古高原，部分蒙古人定居于固原地区，成为当地居民。定居于固原地区的蒙古人数量不在少数，这部分蒙古人在明代称之为"土达"，明代成化四年（1468）爆发了以土达首领满俊领导的起义，充分证明了固原地区蒙古人数量众多。其次是回族。回族的正式形成应该是元末明初之际，当然对于回族形成的具体时间问题学术界尚存在争议，但可以肯定的是，元代是回族形成的关键时期。元代首次出现了"色目人"之称呼，但此时的"色目人"并非回族，而是一个泛称，指信仰伊斯兰教的中亚、西亚及西域诸族，除此之外，这一称呼应该还包括自唐代以后定居中国的中亚、西亚等地的穆斯林群体。成吉思汗之西征中亚诸国，掳掠数十万人至中国②，这些信仰伊斯兰教的人大都编入"探马赤军"，伴随蒙古铁骑统一中国。元代统一中国以后，这些人大多"随地入籍"，成为元政府治下的编户齐民，他们或戍卫或屯田，而上层人士亦有很多在元朝政府担任各级官吏，协助蒙古人管理元朝政治、经济、文化诸事宜。固原地区作为蒙古人统一中国的军事与政治基地，伴随蒙古人入驻固原地区的"色目人"亦不在少数，是以后回族形成的重要区域。元代，亦有数量不少的高昌回鹘的畏兀儿人归附蒙古大军，这些畏兀儿人大多被编入"探马赤军"，跟随成吉思汗西征，成吉思汗驻扎六盘山时，这些畏兀儿人在六盘山以西驻扎。③ 元代统一后，这些畏兀儿人亦随地入籍，定居于固原地区，逐渐与当地居民融合。

第三，元代固原地区的宗教传播及其影响。如前文所述，元代伴随着丝绸之路的畅通，多元文化交流十分频繁，尤其是宗教文化交流

---

① 宋濂等撰：《元史》卷21《成宗纪》，中华书局2011年版。
② 王钟翰主编：《中国民族史》，中国社会科学出版社1994年版，第638页。
③ 王宗维：《元代安西王及其与伊斯兰教的关系》，兰州大学出版社1993年版，第82页。

盛况空前，影响十分深远。"元朝实行宗教信仰自由的政策"①，多种宗教得到元政府的保护，因而传播十分迅速。首先，固原地区的佛教在元代进一步传播。元廷设置专门管理佛教的机构总管府、天赋提举司、香户提举司等，对于僧尼等信众给予保护和优待，尤其在经济上给予较为丰厚的供养，加速了佛教及其文化的传播。固原地区自魏晋以后就是佛教文化十分兴盛之地，元代获得进一步的发展，汉传佛教、藏传佛教、西夏佛教、高昌佛教等佛教支派在固原地区交流荟萃，逐渐融为一体，而且进一步世俗化。其次，元代道教在固原地区同样获得迅速的传播。固原地区之道教的传播源远流长，秦汉时期道教就已经在固原地区开始传播，魏晋时期是固原地区道教传播的黄金时期，两宋时期固原地区的道教及其文化已经十分成熟，至元代在元廷的保护下获得进一步传播，而且糅入了神秘主义色彩，深刻地影响着固原地区的社会风尚。最后，佛教与道教之外，元代固原地区的伊斯兰教传播十分迅速，占据十分重要的地位。元代固原地区定居大量信仰伊斯兰教的色目人，尤其丝绸之路的畅通，中亚、西亚地区的穆斯林商人络绎不绝地来到中国，这些穆斯林商人与成吉思汗西征掳掠而来的穆斯林共同传播伊斯兰教，使得伊斯兰教在元代的传播达到空前的高度，大批蒙古人开始皈依伊斯兰教，如驻扎在六盘山的忽必烈的孙子阿难答皈依伊斯兰教，其部卒 15 万人，"闻从而信教者居其大半"②，迅速推动了伊斯兰教在固原地区乃至整个西北地区的传播。概而言之，元代固原地区，在丝绸之路的推动下，各种宗教文化诸如佛教、道教、伊斯兰教等均获得了前所未有的传播，这些宗教文化在相互传播、交流与融合过程中，均走向中国化的历史进程。

---

① 谷苞主编：《西北通史》第 3 卷，兰州大学出版社 2005 年版，第 512 页。
② ［瑞典］多桑：《多桑蒙古史》（上册），冯承钧译，中华书局 1962 年版，第 116 页。

第六章　丝绸之路的衰落与明清时期
固原地区之历史变迁

明清时期，以固原地区为中心的西北丝绸之路依然畅通，甚至在前代的基础上开拓了新的丝路通道，如六盘山道、三关口、古瓦亭关、和尚铺、六盘关为主体的丝绸之路的开通，使得固原境内丝绸之路四通八达，形成了以"六盘山道"为主体的新的丝路通道。六盘山道实际上在元代已经疏通，只是到了明清时期，在前代基础上不断扩展，"六盘山古道已经成为关中西去北上的主要通道"①。但由于诸多原因，尤其是伴随着明代以后海上丝绸之路的兴起，西北陆上丝绸之路在时代的变迁中不可逆转地走向沉寂，明清时期固原地区的丝绸之路也逐渐走向衰落。伴随着丝绸之路的衰落，固原地区在明清时期长期陷入落后的状态，丝绸之路昔日的辉煌成为历史。

第一节　明清时期对固原地区的统治

明代，固原地区作为明王朝固守西北边疆的中枢之地，其军事地位之高达到历史顶峰，朱元璋以武力平定固原地区以后，进一步改革行政区划，突出固原地区的军事地位，同时亦大力开发固原地

① 薛正昌：《宁夏境内丝绸之路文化研究》，甘肃教育出版社 2014 年版，第 43 页。

区的社会经济，发展文化教育，以丝绸之路为纽带加强与少数民族地区的联系，促进文化交流与商业的发展，促使固原地区步入深刻的历史变迁历程。清代肇基立极以后，伴随着清王朝对西北边疆的统一，尤其是对于新疆地区的直接统治，固原地区重要的军事地位逐渐丧失，再加之固原地区丝绸之路在清代的全面衰落，导致固原地区社会政治、经济、文化、教育等多方面发展滞后，成为清代以来被遗忘的土地。

一　明王朝对固原地区的多元经营

作为边疆重镇，明王朝对于固原地区向来十分重视。有明一代，对于固原地区之经略主要体现在军事、行政、经济开发、发展文化教育事业等方面。这些经略措施对于固原地区历史变迁产生了十分深远之影响。

（一）明王朝对固原地区的军事经略

固原地区的统一是伴随着明王朝对于西北地区的统一而完成的。元末由于政治腐败，官吏贪污腐化成风，皇室内部争权斗争激烈，阶级矛盾与民族矛盾交织并行，再加之天灾频繁，民不聊生。正是在此种社会背景下，农民起义此起彼伏。而以朱元璋为首的农民起义军逐渐壮大起来，朱元璋于至正二十八年（1368）正月在南京称帝，拉开了统一全国的军事帷幕。首先以徐达、常遇春为正副统帅，率兵25万余众，攻克元大都，再平定山西，后挥师陕甘地区，历时十余年平定西北地区，完成对全国的统一（见表6-1）。

明朝经过近十余年的征战，逐渐统一了西北地区，包括对固原地区的统一。明廷鉴于固原地区突出的军事地位，进一步加强对于固原地区的军事部署，希冀以固原地区为西北边疆的有效据点，实现通联西域、巩固西北边防之目的。

表6-1 明王朝统一西北地区的具体过程①

时间	过程
洪武二年（1369）	正月，首先攻克陕西鹿胎（陕西高陵县西南），再占领丰元，改丰元路为西安府，后攻克凤翔； 四月，先后在徐达的率领下攻占陇州（陕西陇县）、秦州（甘肃天水市）、宁远（武山县）、巩昌（陇西）、兰州、临洮、安定（定西县）、会州（会宁县）、静宁州（静宁县）、隆德（隆德县）； 五月，明军在徐达率领下翻越六盘山至开城（宁夏固原南），进据萧关，攻占平凉，克延安，围攻庆阳； 六月，常遇春克开平（元上都，内蒙古多伦南），并与元军对固原地区展开反复争夺战； 八月，原州、泾州、庆阳先后为明军所攻克，陕西平定
洪武三年（1370）	正月，徐达为征虏大将军，李文忠为左副将军，冯胜为右副将军，以陕西为据点分道北征； 四月，明军攻克定西西北之地，进军兴元（陕西汉中市），并分遣邓愈招谕吐蕃； 五月，李文忠克应昌（内蒙古克什克腾旗西北）； 七月，明军与占据川蜀之地的明玉珍对兴元展开争夺战，明玉珍败退
洪武五年（1372）	正月，明军以徐达、李文忠、冯胜为统帅，兵分三路进击以扩廓帖木儿数为统帅的元军，攻克西凉； 六月，明军进军亦集乃路（内蒙古额济纳旗），克之，后攻占瓜州（安西县）、沙洲（敦煌），进军至阿鲁浑河（蒙古鄂尔浑河）
洪武十年（1377）	四月，明廷命邓愈为征西将军，沐英为副将军，率领大军征伐吐蕃，明廷在吐蕃之地设置朵甘卫、乌斯藏二卫，实现了对吐蕃地区的有效统治
洪武十一年（1378）	八月，洮州等地少数民族叛乱，明廷命沐英、蓝玉率领大军征讨，稳固了河州、临洮、巩昌等地的军事地位，进一步部署以原州为核心的固原地区军事力量，以打通西域通道

（二）明代时期固原地区行政区划之变迁

明朝统一西北以后，在西北地区设置了若干统治机构，采取因地制宜的统治方式，在此基础上整齐西北之行政区划，强化明王朝对于西北边疆之经略。大体而言，鉴于西北独特的情势，明廷往往施行三种统治机构，三种统治机构交相辉映，共同维护明王朝在西北的牢固

---

① 根据《明史》《明嘉靖固原州志》《明万历固原直隶州志》相关资料整理汇总。

统治。首先，在一般地区设置地方三司：布政使司、都指挥使司、提刑按察使司，构成地方严密的统治体系；其次，在军事地位比较重要的边地设置军事色彩较为浓郁的都司卫所，以突出军事功能，襄卫边疆；最后，在少数民族地区则设置羁縻卫所和土司制度，以羁縻思想实现对少数民族地区的有效统治。这三种不同的统治机构之设置，构成了明王朝对于西北经略的主要政治策略。而固原地区正是隶属于这三种统治机构的管辖，成为明王朝经略西北的边疆重地。

明代在西北设置的统治机构最重要的是陕西布政使司，设置于洪武二年（1369）二月，下辖8府21州96县，其中固原属于平凉府，而固原地区则分属于平凉府、巩昌府、临洮府及庆阳府。布政使司之外又有都督府之设，都督府后改称都指挥使司，下辖若干卫和千户所，当时固原初为千户所，后升卫，弘治十五年（1502）设置州。与陕西布政使司相对应的是陕西行都指挥使司，下辖包括固原在内的26卫，遍及陕西、甘肃、宁夏及青海部分地区，主要履行军事职能。此外，明政府在西北少数民族地区设置羁縻卫所，各级官吏主要由少数民族首领担任，具有世袭的特征，并在此基础上形成了土司制度。

明代统一西北以后，固原及其周边地区由于战略地位的重要性，明政府施行了严格的行政区划制度，透过明廷对固原地区的行政区划，可以一窥明代固原地区之历史变迁轨迹。

明代始立，全国行政划一，最初固原地区分属陕西布政使司所管辖。据杨经纂修《嘉靖固原州志》记载："洪武初，设立陕西等处承宣布政使，司西安等八府并所属州县。其在北边者，自西至东，亘千余里：有曰兰州，曰金城，则属于临洮府；曰安定县，曰会宁县，则属巩昌府；曰静宁州，曰隆德县，曰开城县（今改固原州），则属平凉府；曰环县，则属庆阳府。"[①] 此时固原由"开城"改名为"固原

---

① 杨经纂修，韩超校注：《嘉靖固原州志》，引自胡玉冰主编《宁夏珍稀方志丛刊》，上海古籍出版社2018年版，第18页。

州"，属于平凉府的管辖。据王学伊所纂修的《宣统固原州志》所载，"陕西省平凉府开城县，又为固原卫。景泰初，筑固原州城。州北境、西境有肃、楚、韩、穆四藩牧地，弘治间废开城县，徙民置州城，即今治"。① 固原之行政区划经历了开城县、固原卫、固原州的更迭演变，行政地位不断上升。固原地区在明代地位的重要性，从行政区划的演变一览无余。刘敏宽纂修的《明万历固原州志》较为翔实地记载了固原地区行政区划演变的轨迹：

> 国初，设巡检司，以为平凉卫右所屯地，续设广宁苑。正统间，套虏阿渠入寇。景泰元年，城固原，改设守御千户所。天顺中，增设守备。成化二年，虏陷开城。四年平石城土达满之乱，因集兵立固原卫，统左、右、中三千户所。六年，增设兵备。弘历十五年，用廷议开置制阃，秦公纮者乃请徙开城之版，为今州治。②

由这段记载观之，明代固原地区成为明王朝在西北与少数民族争夺的主要地区，战争时有爆发，因而在行政区划上偏重于军事性质。实际上，有明一代，固原地区作为西北边防重镇，明政府历来重视对于固原地区之军事经略，这从明廷对于固原地区的建置和兵制之设置可以一窥其详。

明代对于固原地区之建置，体系完备，包括城堡、边隘、公署、行署等一应俱全，而且其建置侧重于军事色彩，反映了明代固原地区是西北边疆之重镇，肩负着襄守边疆、拱卫王室之重任。如表6-2所示。

---

① 王学伊修，锡麒纂，韩超校注：《宣统新修固原直隶州志》，引自胡玉冰主编《宁夏珍稀方志丛刊》，上海古籍出版社2018年版，第52页。

② 刘敏宽、董国光纂修，韩超校注：《明万历固原州志》，引自胡玉冰主编《宁夏珍稀方志丛刊》，上海古籍出版社2018年版，第100页。

表 6-2 　　　　　　　　　　　明代固原地区建置①

城堡（所）	边（关）隘	公署	行署
州城、白马城堡、海喇都堡（楚藩牧地）、下马关堡（庆藩牧地）、红古城大湾川堡（肃藩牧地）、镇戎所、平虏所、西安州（楚藩牧地）、开城堡、马家硖堡、马祥堡、满受堡、马连川堡、扯木硖堡、高窑子堡、彭阳堡、马圈堡、杨见堡、甘礼堡、庙山堡、高山堡、李庄堡、毛家硖堡、苏什堡、张洪堡、魏信堡、观音堡、李景玉堡、张义堡、沐家堡、古城堡、张玄堡、杨名堡、蔡祥堡、李俊堡、平满堡、双峰台堡、臭水堡、山城堡、杨郎中堡、胡大堡、黑石头堡、马刚堡、任宏寨堡	北自下马关左右，铲削险隘，修筑大边，东西长五百余里。弘治十八年，总制杨公一清修四十余里，唐公龙接修四十里，王公琼修一百三十里，王公宪继修五十七里。嘉靖十六年，总制刘公天和修乾沟乾涧六十余里，挑筑壕堤各一道，复自徐斌水迄鸣沙州黄河岸，修一百二十五里，增葺女墙，始险峻。张公珩添修敌台、墩铺，防御益固云	州治（位于州城，弘治十五年，知州岳思忠建造；嘉靖五年，知州赵承祖重修）、儒学馆、制府、兵备道、监收厅、广宁监、镇守府、副将府、左游击衙、右游击衙、固原卫、经历司、永宁驿、批验所、固原州仓、神机库、草场、样济院、急递铺	中察院、西察院（分司三）、鼓楼、演武场、望军楼

　　由表 6-2 可知，明代在固原共设置有城堡（所）计 44 座，边（关）隘修葺总长达 400 余里，公署和行署总体侧重于军事设置，充分说明了固原及其周边地区在明代重要的军事地位。作为明代西北边疆之重地，明廷自立国伊始就十分重视对于固原地区的军事经略，在固原地区长期驻扎大军，以防范少数民族的袭扰。据史料记载，固原地区的军事部署十分严密，在地位重要的地区均驻扎军队，形成了

---

　　①　根据《明史》《明嘉靖固原州志》《明万历固原直隶州志》《明嘉靖平凉府志》《明嘉靖九边考》等史料汇总。

"余惟帅府握兵，中权四镇，规制斯全"①。如表 6-3 所示。

表 6-3　　　　　　　　　　明代固原地区驻军状况②

牌马司	掌号旗鼓官二员，马步兵三百二十三名，马二百七十七匹，军火器械九百八十八件
团练营	千、把总官三员，有马（家丁）（步军丁）九百二十一名，马骡一千二十七匹头，军火器械四千二十四件
正兵营	坐营千、把总官十员，马步军丁四千八十四名，内土达九百六十九名，地军四百七十四名，马骡三千九百三十二匹头，军火器械一万九千四百九十八件
左游击营	千、把总官八员，马步军丁二千七百三十九名，内土达四十二名，地军一千一百一十六名，马骡二千六百七十七匹头，军火器械一万二千七十四件
右游击营	千、把总官八员，马步军丁二千八百四十九名，内土达五十二名，地军一千二百二十七名，马骡二千五百三十四匹头，军火器械一万四千六百件
下马关参将营	中军、把总官五员，马步军丁二千一百八十名，马骡一千八百二十七匹头，军火器械一万五百五十件
西路游击营	中军、把总官三员，马步军一千四百六十七名，马骡一千一百八十二匹头，军火器械八千二百二十三件
镇戎	操守官一员，马步军五百三十八名，马骡一百一十匹头，军火器械五百七十九件
平虏	操守官一员，马步军二百二十六名，马骡八十匹头，军火器械五百四十五件
白马城	操守官一员，马步军一百七十四名，马骡八十一匹头，军火器械四百二十四件
海喇都	操守官一员，马步军二百二名，马骡八十三匹头，军火器械六百三十六件
红古城	操守官一员，马步军四百四十五名，马骡五千五匹头，军火器械一千一百件
西安州	操守官一员，马步军二百一十九名，马骡六千九匹头，军火器械五百八十三件

---

① 刘敏宽、董国光纂修，韩超校注：《明万历固原州志》，引自胡玉冰主编《宁夏珍稀方志丛刊》，上海古籍出版社 2018 年版，第 110 页。

② 根据《明史》《明嘉靖固原州志》《明万历固原直隶州志》《明嘉靖平凉府志》《明嘉靖九边考》等史料汇总。

总体而言，明代在固原地区常驻军总数约在一万五千左右，马骡总计约在一万余匹头，再加之内土、地军、家丁、护卫，总数不少于三万余人，而在战时，加上其他地区临时抽调的军队以及数量庞大的雇佣军，军队总数应该不少于十余万，这显然是明代驻防西北，襄卫西北边疆的一支劲旅，突出反映了明廷对于西北边疆以及固原地区的重视。明人魏焕《九边考·固原镇考》详细记载了固原镇兵员之数量（见表6-4）。

表6-4 固原镇兵员数量统计① （单位：人）

名称	合计	其中实在兵员	公差等项	事故等项
全镇总计	67294	23743	24096	19451
陕西城	5051	2565	1486	1000
西安各卫	5387	4080	198	1109
兰州等卫所	1098	927	0	171
固原卫所	11993	5852	2460	3681
靖虏卫所	5580	1753	767	3055
庆阳卫所	3378	1832	1053	493
甘肃等卫所	6966	2356	2848	1763
洮州卫	6422	815	1661	3946
河州卫	9801	560	5941	3300
岷州卫	5909	657	4555	697
西固城所	1220	425	778	17
阶文二所	4489	1921	2349	219

由表6-4可知，明代固原镇常备兵员总数近七万人，包括马步官军、土达、地军、民壮、向导、义勇、招募、抽选、舍余等。由此观之，固原镇驻兵数量是庞大的，反映了明代固原西北边疆的重要性。

---

① 根据《明史》《明嘉靖固原州志》《明万历固原直隶州志》《明嘉靖平凉府志》《明嘉靖九边考》等史料汇总。

作为九边重镇之一的固原，军事地位历代都十分重要，成为历代兵家必争之地。明代立国以后，固原地区战争时有发生，这些战争大多为流寇的叛乱与袭扰，也包含明廷与少数民族对固原地区的争夺战争。这是因为，从地理位置而言，固原是通往关中的咽喉之地，战略地位十分重要，"固原所辖，则有黑水、镇戎、平虏、红古、板井、彭阳等城，西安州、海喇都等营……处处可以通贼"，"固原在宁夏之南，实番胡要害之地"①。有明一代，发生在固原地区的战争主要有：

> 明太祖洪武二年（1369 年），徐达克庆阳，自临洮下兰州。袭走元豫王，尽收其部落辎重。还出萧关，克平凉，擒张良臣，斩之。明宪宗成化三年（1467 年），敌犯固原，官兵拒于甘州郡牧所，不克。遂陷开城县，杀掠甚众。明宪宗成化四年（1468 年）冬十一月，都督刘玉与项忠等，讨开城叛首酋满俊，平之。明武宗正德二年（1507 年）六月，总制杨一清奏：由花马池至灵州，地势平坦，寇每从此入固原、平凉。请修墙堑，增卫所以御之。明世宗嘉靖十九年（1540 年）秋，济农寇边，总督刘天和、总兵周尚文与寇战于黑水苑。斩济农子锡沙王。明世宗四十五年（1566 年）冬，寇犯固原，总兵郭江败死之。明庄烈帝崇祯二年（1629 年）三月，固原逃兵周大旺等肆掠。以杨鹤总督三边军务，捕流贼。明庄烈帝崇祯三年（1630 年）六月，流贼陷府谷。以总兵杜文焕亲督固原兵，便宜讨贼。明庄烈帝崇祯七年（1634 年）冬，流贼聚陕西至二十余万，蹂巩昌、平凉诸府数十州、县，败贺人龙、张天礼军。固原道陆梦龙被围，为贼所杀。②

---

① 魏焕撰，余贵孝校注：《九边考·固原镇考》，载固原市地方志办公室编《明清固原州志》，宁夏回族自治区内部资料出版物，第 776 页。

② 王学伊修，锡麒纂，韩超校注：《宣统新修固原直隶州志》，引自胡玉冰主编《宁夏珍稀方志丛刊》，上海古籍出版社 2018 年版，第 142—143 页。

由于地缘之关系，再加之固原地区"实番胡要害之地"，"固原、靖虏（甘肃靖远）、洮、岷、河、兰等处北通胡虏，南近番夷，实西北要冲之地"①，战乱频仍，明代对于固原地区之行政区划必然侧重于军事性质，以达到拱卫关中之目的。以固原为核心，包括当时的平凉府，北连朔方，南襟陇、蜀，东抵豳、岐，西距安、会，构成了明代广袤的固原地区。具体而言，固原之行政区划包括：平凉府、泾州、灵台县、静宁州、固原州（元开城北四十里，景泰三年以故原州城置固原守御千户所，成化四年升为卫，弘治十五年置州，属府）、镇原县、华亭县、崇信县、庄浪县（元州，属凤翔，洪武三年，改县）、隆德县（原属静宁州，嘉靖三十八年，改隶府）。②

据《嘉靖固原州志》记载，固原镇之人口总数："原额七百七十三户，逃绝八十六户，见在六百八十七户。男子三千三百三十八丁。凡十里：在城里、东山里、南川里、石仁里、新舆里、榆林里、固原里、底堡里、彭阳里、新增里。"③ 这个记载显然只是固原镇的总人口，而且仅是在籍的普通民人，倘若算上家丁、夫役、屯丁等各色人等，仅就固原镇的总人口也较为可观。但从这个记载可知，固原地区因为战乱频仍，灾荒严重，时有民人携带家眷逃亡外地的情况发生。至万历年间，固原地区的人口有了一定程度的增加，如据《明万历固原州志》的记载：

> 州原设九里，嘉靖间增一里，凡十，曰在城，曰东山，曰南川，曰石仁，曰新舆，曰榆林，曰固原，曰底堡，曰彭阳，曰新增。原额民匠杂役户一千一百六十七户，口五千三百八十八

---

① 黄彰健校勘：《明宪宗实录》卷269，中华书局2016年版。

② 赵时春撰，张维补校，李作斌标点：《嘉靖平凉府志·固原资料辑录》，载固原市地方志办公室编《明清固原州志》，宁夏回族自治区内部资料出版物，第598页。

③ 杨经纂修，韩超校注：《嘉靖固原州志》，引自胡玉冰主编《宁夏珍稀方志丛刊》，上海古籍出版社2018年版，第23页。

丁······固原卫原额屯丁一千三百一十三丁。[①]

    在籍人口与屯丁数量两项总计有人口约为七千，当然这只是固原镇的人口数量，倘若加上整个固原地区的人口，应该不会低于五万人，再加之常驻固原地区的兵丁，总人口不下十余万，这个数字是较为庞大的，反映了明代固原地区人口数量相对于地广人稀的西北地区而言其实是较高的。再如《中国人口·宁夏分册》对于明代固原地区人口之统计如表6-5所示。

表6-5   明代宁夏南部人口分布

	天顺五年（1461）		嘉靖二十一年（1542）			
	里数（里）	估计户数（户）	户数（户）	人数（人）	占合计人数比（%）	每户平均人数（人）
宁夏南部合计	18	1980	8257	52921	100	6.4
固原州	9	990	2366	24111	45.6	10.2
固原州军卫			2112	4981	9.4	2.4
隆德县	5	550	1942	13843	26.2	7.1
镇戎所			650	5780	10.9	8.9
西安州所			480	720	1.3	1.5
平虏所			707	3486	6.6	4.9
华亭县（半数）	4	440				

---

    ① 刘敏宽、董国光纂修，韩超校注：《明万历固原州志》，引自胡玉冰主编《宁夏珍稀方志丛刊》，上海古籍出版社2018年版，第108页。

表6-5反映出明代嘉靖时期固原地区的人口总数为五万二千九百二十一，这个数字显然是一个十分保守的数字，如若算上隐匿的人口，再加上常驻固原地区的军丁、屯丁等，人口应该在十万左右。而且这种人口分布之态势，充分说明了明代的固原地区军事地位和战略地位是十分重要的。

（三）明代对固原地区之经济开发

明代，固原及其周边地区是西北边防重地，作为"陕西三边"之一的固原地区，肩负着襄守边疆，拱卫中央的重任。为此，明廷于弘治十年（1497）设置著名的陕西三边总督，三边制府驻固原，为三镇之要害之地，共同构筑成西北牢固的军事防御体系。[①] 作为西北边疆防御的重地，明代长期在固原地区驻扎大军，为了解决庞大军队的给养问题以及战备物资的供应，明政府采取了一系列行之有效的措施推动固原地区的经济开发。明代对于固原地区的经济开发主要呈现在四个方面，一是农业，二是畜牧业，三是屯田，四是商业和域外交往。

在农业方面，明初采取了轻徭薄赋，大兴水利，军民屯田，劝课农桑等措施，使得西北地区的农业获得了一定的发展。明朝建立以后，明太祖朱元璋诏令："陕西、河东、山东、北平等处，民间田土，听所在民尽力开垦永为业，毋起科。"[②] 而且明太祖本布衣出生，对民间疾苦有着更为深刻的体验，因而他一再告诫各级官员"天下初定，百姓财力俱困，譬犹初飞之鸟不可拔其羽，新植之木不可摇其根，要在安养生息之"[③]。在明政府的鼓励下，全国范围内兴起了开垦荒田的热潮，西北地区亦在一定程度上增加了开垦荒

---

① 《明史·王越传》及《明纪》卷10，皆言三边总督之设，自成化十年（1474）王越任总兵官始。

② 徐光启撰，石声汉校注：《农政全书》卷3《国朝重农考》，上海古籍出版社1979年版，第74页。

③ 黄彰健校勘：《明太祖实录》卷25，中华书局2016年版。

田的数量，恢复了农业经济。如万历十九年（1591）五月，宁夏巡抚党馨奏言："宁夏应垦荒地一千一百一十倾六十五亩，今实垦过四百四十三倾八十四亩。"① 这个垦田数字不一定准确，但从侧面反映了垦田数量的增加。开垦荒田需要发展水利事业，水利是农业的命脉。"洪武末，遣国子生人才，分诣天下郡县，凡四万九百八十七处，河四千一百六十二处，坡渠堤岸五千四十处。"② 在此种背景下，明初西北地区水利事业亦有一定的开发。西北之水利事业的发展，主要集中在关中以及宁夏平原一带，如陕西巡抚罗汝敬曾就宁夏水利状况上奏朝廷曰："臣见宁夏地滨黄河，资其灌溉，旱涝俱收，米贱而物贵。"③ 但在干旱的宁夏南部山区，尤其是固原地区、甘肃大部分地区，基本无水利可兴修，这些地区大多以修筑堤坝，打井灌溉为主，如正德十一年（1516），在固原镇总兵赵文以及兵备副使景佐的主导下，组织兵丁修渠引水，"乃使都指挥陶文、指挥施范，帅卒作渠，期月而成。襟街带巷，出达南河；过入州学，汇为泮池。池以石甃，面起三梁。于是农作于野，卒振于伍，商贾奔藏于肆，士诵于庠"④。在固原其他地区，尤其是水源便利的地区亦有修渠引水工程，方便了军民引水和灌溉田地。由于固原地区十分干旱，水源十分缺乏，引渠灌溉是较为少见的，因而固原地区的水利工程较为稀少，社会效应较弱。虽然固原地区灌溉引水收效甚微，但对农业的发展亦起到了一定的推动作用。如固原地区的土产十分丰富，主要种植耐旱的植物，谷类有大麦、小麦、荞麦、豌豆、扁豆、大豆、黑豆、糜子、胡麻、麻子、菜籽等作物，蔬类主要有葱、韭菜、芥菜、白菜、小蒜、白萝卜、胡萝卜等

---

① 黄彰健校勘：《明神宗实录》卷 236，中华书局 2016 年版。
② 顾炎武撰，黄汝成集释：《日知录集释》卷 12，上海古籍出版社 2005 年版。
③ 黄彰健校勘：《明英宗正统实录》卷 33，中华书局 2016 年版。
④ 杨经纂修，韩超校注：《嘉靖固原州志》，引自胡玉冰主编《宁夏珍稀方志丛刊》，上海古籍出版社 2018 年版，第 64 页。

作物，果类主要有桃子、李子、苹果、花红、樱桃、杏子、梨、冬果等果树，林类主要有松树、柏树、槐树、杨柳、青杨、白杨、榆树等树木。①

　　明代固原地区依然以畜牧业为主。"西北地区农业虽然发展缓慢，但畜牧业却具有颇为优越的条件，因而获得了较好的成绩。马、牛、羊、骡、驴等大牲畜各处盛产，高寒地区还饲养牦牛、犏牛，骆驼则产于河西各地。"②明代固原地区之畜牧业十分发达，这主要缘于地理环境，"平凉（固原州隶属于平凉府）多旷土，宜畜牧"③，"宁夏南部为全国的养马基地，韩、楚、庆、肃等藩王及黔国公沐英的牧地集中在宁夏南部一带"④。概括而言，明代固原地区的畜牧业主要分为三类，即官办监苑畜牧业、军队及藩王所属牧地畜牧业、民间畜牧业。⑤明代对于固原地区的畜牧业开发力度很大，首先体现在对于官办监苑畜牧业的重视。这是源于固原地区自汉代伊始就是西北边疆之重镇，在此地往往驻扎有大军，而在冷兵器时代，马政之作用十分重要，因而养马成为历代王朝经略边疆的重要基础。在中国古代社会，所谓"国之大事在戎，戎之大政在马"⑥，"古者掌兵政谓之司马，问国君之富，数以马对"⑦，足见马政之重要。明统治者十分重视马政，大力发展官办监苑马政，用于满足军队用马的需求。因此，在各地渐次设置了较为完整的牧马和管理马政之机构，如表6-6所示。

---

① 刘敏宽、董国光纂修，韩超校注：《明万历固原州志》，引自胡玉冰主编《宁夏珍稀方志丛刊》，上海古籍出版社2018年版，第22页。
② 谷苞主编：《西北通史》第3卷，兰州大学出版社2005年版，第422页。
③ 黄彰健校勘：《明宪宗实录》卷66，中华书局2016年版。
④ 徐兴亚：《西海固通史》，宁夏人民教育出版社2012年版，第312页。
⑤ 吕卓民：《明代西北地区的畜牧业生产》，《中国农史》1995年第3期。
⑥ 胡汝砺撰：《嘉靖宁夏新志》卷1《宁夏总镇》，宁夏人民出版社1982年版，第25页。
⑦ 黄彰健校勘：《明太宗实录》卷15，中华书局2016年版。

表 6-6 明代马政机构设置及马政状况①

时间	机构名称	职能及演变状况
洪武六年（1373）	始设太仆寺	中央官办监苑，全国马政的最高管理机构
洪武三十一年（1398）	设北平、辽东、山西、甘肃行太仆寺	作为地方最高马政管理机构，同时规定了各地具体的牧马草场
永乐四年（1406）	在陕西、甘肃设苑马寺	陕西苑马寺统长乐监、灵武监，长乐监置开城（固原）、灵武二苑，灵武监置清平、万安二苑。苑马寺之管理人员卿、少卿、寺承，而牧监的管理人为监正、监副等
永乐六年（1408）	增设陕西苑马寺威远、同川、熙春、顺宁四监，并长乐、灵武共六监	陕西苑马寺六监二十四苑至此齐备。其中在宁夏境内者，有隶属于长乐监（在固原城内）的开城苑（固原头营）、广宁苑（固原城内）、安定苑（盐池安定堡），隶属于灵武监的清平苑（彭阳城），隶属于同川监的武安苑（灵武县境）
正统四年（1439）	明廷将灵武监清平、万安二苑内迁开城县（固原市开城县），同时裁撤威远、同川、熙春、顺宁四监十六苑	新增黑水苑（固原黑城），隶属长乐监。几经裁撤增设，陕西苑马寺形成了二监六苑的格局，与前期相比较，西北官办马政走向衰落
弘治十六年（1503）	杨一清担任陕西副都御使督理陕西马政	杨一清对陕西苑马寺二监六苑进行较有成效的整顿，陕西马政得到一定程度的发展。但至万历年间，陕西马政进一步颓废，终于失去往昔之光彩，预示着明朝全面走向衰落

明代自立国伊始就十分重视对西北边疆之经略，军事经略往往是明廷对西北边疆经略的重点，而军事的核心就是马政。概而言之，明

---

① 根据《明史》《明太祖实录》《明太宗实录》《明孝宗实录》《明神宗实录》《明英宗实录》等相关资料汇总整理。

代西北之马政经历了一个由繁盛到衰落的过程,对明廷的政治走向产生了深远的影响。除官办监苑马政之外,固原地区马政之状况还反映在军队马政和藩王马政两个层面。实际上,官办监马苑在一定程度上等同于军队马政,但由于固原地区大多属于藩王属地,因而也成为各藩王马政的势力范围,藩王与朝廷在固原地区对于牧场的争夺往往呈现出蔚为复杂的态势。如固原地区的下马关、同心城和韦州属于庆王属地,在此地设置的宁夏群牧千户所实际上归庆王管辖①;西安州和海喇都等地为楚王之封地;肃王的封地在大湾川一带,设甘州群牧千户所;黔宁王沐英之封地在西吉县一带;韩王封地在开城北一带,设开城群牧所。② 正是由于固原地区朝廷马政与藩王封地犬牙交错,"(固原州)内韩、肃、楚三藩牧地,与广宁、开城、黑水、清平等苑监,咸错壤焉。大较藩牧军屯,什居七八,租赋不给于公,而当制镇之冲,士马蚁屯,供亿猬集。旧志称市井繁而闾阎衰,盖尽之已。"③ 藩王不断侵蚀朝廷之马政,导致明廷马政之衰落。明代固原地区之畜牧业发达,不仅体现在官方与藩王之马政,更体现在传统的民间畜牧业之发达。自汉代以后固原地区就以民间畜牧业之发达著称于世,固原地区"重巫释,尚耕牧"④ "地方延袤千里……畜牧番多"⑤。明代,民间畜牧业更是迥异前代而超越前代。这是由于,首先,固原地区作为明代重要的边防重地,驻扎大军,为解决军队的战马给养问题,明廷进一步强化了该地区的畜牧业;其次,固原地区历来是少数民族聚居地,"内为土达巢穴之所,外为北虏出没之场"⑥,

---

① 鲁人勇、吴忠礼、徐庄:《宁夏历史地理考》,宁夏人民出版社 1993 年版,第253 页。

② 陈育宁主编:《宁夏通史》,宁夏人民出版社 1993 年版,第 275 页。

③ 刘敏宽、董国光纂修,韩超校注:《明万历固原州志》,引自胡玉冰主编《宁夏珍稀方志丛刊》,上海古籍出版社 2018 年版,第 100 页。

④ 胡汝砺撰:《嘉靖宁夏新志》卷 3《所属各地》,宁夏人民出版社 1982 年版,第55 页。

⑤ 黄彰健校勘:《明宪宗实录》卷 63,中华书局 2016 年版。

⑥ 黄彰健校勘:《明宪宗实录》卷 63,中华书局 2016 年版。

少数民族重视畜牧业的发展，因而固原地区有畜牧业传统之优势，使得明代固原地区民间之畜牧业更上一层楼；最后，明代固原大部分地区为藩王之封地，因地制宜发展畜牧业成为常态。

明代在固原地区之屯田，亦十分引人瞩目。明代西北之屯田，最早始于洪武三年（1370），以西安、平凉、凤翔等地为试点。洪武八年（1375）设立陕西行都司，作为西北最高军政管理机构，下设十二卫、四守御千户所，隶属于中央右军都督府。[①] 陕西行都司的设立，既是西北最高的军政机构，亦是西北屯田的最高管理机构。洪武十三年（1380）九月，朱元璋诏令：“陕西诸卫军士留三分之一守御城池，余皆屯田为食，以省转输。”[②] 洪武十五年（1382）八月，明太祖诏令延安侯胜宗、长兴侯耿炳文督军陕西屯田，并向整个西北开始推广屯田。洪武十八年（1385），朱元璋接受宋讷之建议，“以东西五百里为制，立法分屯，布列要害”[③]，在西北全面推行屯田。至洪武二十四年（1391），西北大部分地区，包括陕西之西安、凤翔、延安等地，甘肃之河州、凉州、临洮等地，宁夏中卫、左右卫、固原等地，均全面推行屯田，而且取得很大成效，出现了“累岁丰熟”[④] 的丰收景象，形成了西北地区“米价日减”[⑤] 的现实状况。永乐年间，西北屯田进一步发展。宣德以后，西北屯田开始走向衰落。万历时期，固原卫的屯田状况是：“固原卫原额屯丁一千三百一十三丁，屯田四千八百一十五顷五十九亩三分四厘九毫，屯粮六千五百一十一石七斗九合九抄九撮。”[⑥] 这个数字在西北而言，还是比较客观的，说明明代固原地区的军屯发展十分迅速。明代对于西北边疆之屯田十分

---

① 申时行等纂修：《明会典》卷 124《兵部七》，中华书局 1989 年版，第 638 页。
② 黄彰健校勘：《明太祖实录》卷 133，中华书局 2016 年版。
③ 张廷玉等撰：《明史》卷 137《宋讷传》，中华书局 2011 年版。
④ 黄彰健校勘：《明太祖实录》卷 249，中华书局 2016 年版。
⑤ 黄彰健校勘：《明太祖实录》卷 195，中华书局 2016 年版。
⑥ 刘敏宽、董国光纂修，韩超校注：《明万历固原州志》，引自胡玉冰主编《宁夏珍稀方志丛刊》，上海古籍出版社 2018 年版，第 22 页。

重视，尤其是军屯，建立了一整套严密的管理系统，以督促西北边疆屯田的发展。概括而言，明代管理屯田的官僚体系基本上沿用了军队的管理系统。洪武三十五年（1402）九月，明太祖朱元璋诏令"卫所屯田如旧制。卫指挥一人，所千户一人专提调，都指挥督查之"①。实际上，明代行政系统的官员，上自户部尚书，下至各布政使及左右参政、参议、府同知、通判等，对于军屯都负有直接或间接的管理，甚至监察御史、提刑按察使亦或多或少参与军屯之管理，由此形成严密的管理体系。但具体管理屯田事宜的官员主要有右军都督府都督金书、行都指挥金书、卫指挥金书、千户、百户及其下设的总旗、小旗，构成了"屯田百户所"（屯所），直接从事军屯事务（见表6-7）。

表6-7　　　　　　　　　　明代军屯管理体系②

具体官员	管理人数
右军都督府都督金书	中央最高管理军屯之机构
行都指挥金书	管理所属各卫之军屯
卫指挥金书	掌管若干千户，一般有五千户、三千户或二千户
百户所	掌两总旗，人数最高112人最低70人
总旗	掌十小旗，50人至60人不等
小旗	每小旗掌5人到6人

明代重视在西北推行军屯，其目的十分明确，就是给军屯提供充足的军饷，加强军队自给自足的能力，减轻人民和国家之负担，推动地方之屯垦，发展地方经济。有明一代，在西北之军屯确实取得了一些成效，如据记载，陕西三边之屯田原额，固原、延绥二镇为26118.21顷，宁夏为5527.92顷，甘肃为11691.50顷，三者共计

---

① 黄彰健校勘：《明太祖实录》卷12，中华书局2016年版。
② 根据《明史》《明实录》《明万历固原州志》《明嘉靖固原州志》等资料汇总。

43337.73 顷。① 可见军屯对于西北地区农业的发展、军队的稳定、国家财政支出的节俭、民间负担的减轻等均发挥了较明显的作用。

明代固原地区的商业和手工业亦获得了较大的发展。明代西北包括固原地区商业主要是盐业、茶叶、皮毛、布匹等贸易，在一定程度上带动了西北乃至固原地区的商业发展。明代食盐仍是政府专卖，明政府建立之初，盐业实行"开中"政策，即为了解决西北边疆军队粮食的给养问题，规定只有商人将粮食运往边地仓库，才可以凭借"盐引"到产盐地支盐贩卖，很多商人据此获得了巨额利润。明代固原地区作为西北边防重地，亦是重要的盐业贸易基地，盐业对于推动固原地区商业的发展有着十分明显的作用。明代固原地区盐业贸易状况如表 6-8 所示。

表 6-8 　　　　　　　　　　明代固原地区盐业贸易状况②

洪武三年（1370）	明廷实行盐业"开中"政策，以盐业充实边疆。固原始设盐引批验所，管理本地盐业之贸易。规定本地商人交米七斗或以等价畜牧产品，即可在灵州换取一引盐之凭证，据此行盐业之贸易③
永乐二年（1404）	规定盐每引纳米四斗五升，因为盐业贸易仅限平凉、庆阳两地，导致贸易量较少，商旅遂稀，不利盐业之贸易
正统三年（1438）	时因宁夏镇战马匮乏，明廷规定民间可用私马换盐，上马一匹可换盐百引，中马八十引，在一定程度上促进了固原地区的盐马贸易，但贸易仅限于陕西境内，又抑制了宁夏境内盐马贸易之规模
弘治十六年（1503）	总制军务尚书秦纮上奏明廷，在固原地区设置五盐场，以备军需。五盐场分别是东盐场、南盐场、西盐场、北盐场、中盐场，分别位于固原东西南北中四个方位。五盐场之设置，使得固原地区成为西北盐业贸易的重要据点，极大促进了固原地区的商业贸易④

---

① 孙承泽：《春明梦余录》卷 30，北京古籍出版社 1992 年版，第 454 页。
② 根据《明史》、《明实录》《明万历固原州志》《明嘉靖固原州志》等资料汇总。
③ 黄彰健校勘：《太祖高皇帝实录》卷 65，中华书局 2016 年版。
④ 杨经纂修，韩超校注：《嘉靖固原州志》，引自胡玉冰主编《宁夏珍稀方志丛刊》，上海古籍出版社 2018 年版，第 24 页；黄彰健校勘：《孝宗敬皇帝实录》卷 196，中华书局 2016 年版。

成化四年（1468）	因固原地区战事频起，军饷需求增加，明廷决定入中两淮、两浙、长芦等地盐十万引，以充实固原地区军需
嘉靖三十五年（1556）	明廷开始以招商纳银的方式经营盐业贸易，由于弊端丛生，商人薄利，出现"殊损于官"的局面，终于导致明代盐业贸易走向衰落

除盐业贸易之外，明代固原地区还盛行布匹、毛皮、茶叶等的贸易。对于布匹的贸易，主要是为了满足驻防官兵的需求，此外民间对于布匹的需求量也很大，固原地区的布匹主要由关中各地供给，但往往供不应求，更多的商人则从东南地区贩运布匹，以供军民之需。固原地区畜牧业较为发达，"西北之利，莫大于绒褐毡裘，而关中为最"①，许多畜牧业产品被贩卖到川广一带，有效地沟通了西北与东南地区的贸易往来。明代西北地区对茶叶的需求也很旺盛，茶叶同食盐一样为明廷之专卖，抑制了茶叶贸易的进一步发展。但一旦政府放开对于茶叶的专卖，则民间私贩便十分猖獗，甚至严重影响到明廷的财政与军政："迩因私茶出境，马之入互市者少，于是彼马日贵，中国之茶日贱，而彼玩侮之心渐生矣。"② 面对此种境况，明廷又开始严禁私人贩卖茶叶，"茶粮既有误易马，其暂停之"③，"此后勿再招商中茶"④，由于明廷严禁私人买卖茶叶，茶叶之贸易亦逐渐走向衰落。明代固原地区的手工业，尤其是手工铸造业获得了很大的发展。明制，将手工业者编入"匠籍"，与普通民人统称为"民匠杂役户"。据记载，明代固原州"原额民匠杂役户一千一百六十七户"⑤，这个数字显然包含了手工业者，说明在明代固原地区存在一定数量的手工

① 张瀚撰：《松窗梦语》卷4，上海古籍出版社1980年版，第52页。
② 黄彰健校勘：《明太祖实录》卷250，中华书局2016年版。
③ 黄彰健校勘：《明孝宗实录》卷151，中华书局2016年版。
④ 黄彰健校勘：《明孝宗实录》卷194，中华书局2016年版。
⑤ 刘敏宽、董国光纂修，韩超校注：《明万历固原州志》，引自胡玉冰主编《宁夏珍稀方志丛刊》，上海古籍出版社2018年版，第108页。

业者。此外，明廷在固原地区设置名为"固原工所"的官方机构，专门管理手工业生产，而且具备一定规模。

二 清王朝对固原地区的疏通开发

清代是西北地区社会、政治、经济、文化乃至民族关系新陈代谢的重要时期，在中国历史上具有重要的地位。清代肇基立极以后，逐渐实现了对全国的大一统，伴随着对新疆地区的直接统治，固原地区之边患开始消弭，但作为历代边疆重地之作用如故。有清一代对于固原地区之经略，主要体现在军事之经略、整齐划一固原地区之行政区划、大兴屯垦及移民实边、发展商业、振兴教育等，大大推动了固原地区的社会发展。但清代之时，固原地区作为多民族杂居的地区，由于清代民族政策带来的社会动荡时有发生，在一定程度上又阻碍了固原地区的进一步发展。

（一）清代对于固原地区的军事经略

清代肇基立极以后，便开始着手推进对全国的统一大业。在西北地区，清政府经历了一个较为漫长而复杂的进程才逐渐扫平西北各势力，最终实现了对西北地区的统一。清军在西北之关中地区与大顺政权残余势力展开了激烈的争斗，即便是在清朝消灭大顺农民起义军，统一陕甘宁以后，西北各势力在而后的历史进程中对于清政府的态度是叛服无常，尤其是清朝统治阶级强制推行剃发易服政策，引起了甘州地区米喇印、丁国栋的反抗以及延安一带王永强领导的抗清斗争。"三藩之乱"爆发以后，西北地区又爆发了王辅臣领导的抗清斗争。因此，在清初，西北战火纷飞，无有片刻安宁之时。直到清王朝统一了天山南路、平定了青海和硕特蒙古罗卜藏丹津之乱，西北地区才真正统一在清政府的旗帜之下。

清代对固原地区的军事经略正是在上述历史背景下而渐次完成的。显而易见，清代对于固原地区之军事经略十分艰苦，凸显了清代固原地区的复杂性（见表6-9）。

表 6-9　　　　　　　清代对固原地区军事经略概况①

时间	描述
顺治元年（1644）	明朝覆亡，清军入关，李自成农民起义军以西安为据点，构筑抗清战线，但终因农民起义军内讧频繁，元气大伤，已无力抵挡八旗骑兵的铁骑。在固原地区形成了三股势力，一是原明朝军队，二是李自成农民起义军，三是清军。三股势力在固原地区展开激烈争夺②
顺治二年（1645）	清设立固原镇，绿营军驻扎固原镇，章京何世元为都督金使，掌陕西固原总兵官事，康振邦为陕西固原副将，吕鸣夏为固原兵备道，强化固原镇军事机构建置。四月，清颁布"恩诏"于陕西等地，同年因颁布剃发易服令，原已降清的武大定叛清，杀固原镇总兵何世元、兵备道吕鸣夏③
顺治四年（1647）	清平定武大定之叛乱，复攻占固原，清三边总督孟乔芳进驻固原，重建固原军备机构④
顺治五年（1648）	凉州回民米喇印、丁国栋起兵反清，先后攻破凉州、洮州、岷州、甘州、固原扰动，清总督孟乔芳、总兵张勇克之⑤
康熙十三年（1674）	固原王辅臣反清，据有宁羌、凉州，与陈彭定联合，"踞城以叛"，陇东尽陷。提督赵良栋率兵由宁夏先平固原。大将军图海由西安督师以进。王辅臣乃献吴三桂所授印札以降⑥
乾隆十一年（1746）	固原中营兵童文耀、贾世忠等，纠各营以索粮叛，右营兵张文才等为内应。参将任举手刃十余级，擒四十余贼。贼破东门，举力御之。游击铁保以手铳轰贼散，事遂寝
乾隆四十六年（1781）	循化回民苏四十三叛清。固原属鸭儿湾回民马四阿訇，纠众乱掠，积三年之久。官兵追剿至盐关，始就抚，而其教酋马明心伏诛⑦

① 根据《清史稿》《清实录》《宣统固原州志》《光绪甘肃新通志》等资料汇总。

② 《清世祖实录》卷 5，顺治元年甲申条，中华书局 2008 年版。

③ 《清世祖实录》卷 15，顺治二年乙酉条，中华书局 2008 年版。

④ 《清世祖实录》卷 22，顺治四年辛巳条，中华书局 2008 年版。

⑤ 王学伊修，锡麒纂，韩超校注：《宣统新修固原直隶州志》，引自胡玉冰主编《宁夏珍稀方志丛刊》，上海古籍出版社 2018 年版，第 143 页。

⑥ 王学伊修，锡麒纂，韩超校注：《宣统新修固原直隶州志》，引自胡玉冰主编《宁夏珍稀方志丛刊》，上海古籍出版社 2018 年版，第 143 页。

⑦ 王学伊修，锡麒纂，韩超校注：《宣统新修固原直隶州志》，引自胡玉冰主编《宁夏珍稀方志丛刊》，上海古籍出版社 2018 年版，第 143 页。

续表

时间	描述
乾隆四十九年（1784）	田五、张阿訇等由隆德、静宁等地叛清，固原受到牵连，大学士阿桂先破田五于通渭之石峰堡，后节次肃清①
咸丰十一年（1861）	逆回某阿訇等，借机陕西回民叛乱，迭次蠢动，焚杀掳掠，时有所闻，秋季遂围攻七营堡。时固原道万金镛一意祖回，不为备御，乃招同治初年之浩劫，悲哉②
同治元年（1862）至七年（1868）	这期间由于多种原因，发生七八次回民反清事件，固原地区兵戈四起，居民惨遭杀戮，社会残破，为固原历史上大不幸时期③
光绪二十一年至二十六年（1895—1900）	固原海城发生两次回民叛乱事件，祸乱延伸到固原七营。这两次叛乱很快被平定，但对于固原地区而言，不啻又是一场浩劫④

由表 6-9 可知，几乎终清一代，固原地区时有战争发生。清初主要是清军、李自成农民起义军以及固原地区地方农民起义军这三股势力之间的战争。清中期以后，固原地区战争往往是民族问题而导致的战争，回民反清运动此起彼伏，成为清代固原地区的显著特征。这充分说明，对于清代固原地区，民族问题是始终困扰清政府经略西北的重大问题。

清代对于固原地区之经略还体现在军事机构的建置，主要是营制的建置（见表 6-10）。

---

① 王学伊修，锡麒纂，韩超校注：《宣统新修固原直隶州志》，引自胡玉冰主编《宁夏珍稀方志丛刊》，上海古籍出版社 2018 年版，第 143 页。
② 王学伊修，锡麒纂，韩超校注：《宣统新修固原直隶州志》，引自胡玉冰主编《宁夏珍稀方志丛刊》，上海古籍出版社 2018 年版，第 143 页。
③ 王学伊修，锡麒纂，韩超校注：《宣统新修固原直隶州志》，引自胡玉冰主编《宁夏珍稀方志丛刊》，上海古籍出版社 2018 年版，第 143 页。
④ 王学伊修，锡麒纂，韩超校注：《宣统新修固原直隶州志》，引自胡玉冰主编《宁夏珍稀方志丛刊》，上海古籍出版社 2018 年版，第 143 页。

表 6-10 **清代固原地区军事建置①**

名称	详情
陕西固原提督	提督，明代为陕西右提督，驻平凉，而固原以总兵镇守之。清代移总督于兰州，总兵于河州，而以提督驻此。今提督领四镇：曰河州、曰陕西、曰汉中、曰延绥，其余副、参、游等官，均如例
提标中军	参将一员、守备一员、千总两员、把总四员、经制外委七员、额外外委及马兵共一百二名、步兵二十四名
提标左营	游击一员、守备一员、千总两员、把总三员、经制外委六员、额外外委及马兵六十名、步兵二十七名、守兵一名
提标右营	游击一员、守备一员、千总两员、把总三员、经制外委七员、额外外委及马兵六十名、步兵二十七名、守兵一名
提标前营	游击一员、守备一员、千总一员、把总三员、经制外委五员、额外外委及马兵六十名、步兵二十七名、守兵二名
提标后营	游击一员、守备一员、千总一员、把总三员、经制外委五员、额外外委及马兵六十名、步兵二十七名、守兵二名
固原城守营	游击一员、守备一员、千总一员、经制外委三员、额外外委及马兵六十名、步兵二十七名、守兵一名
固原城守营分防蒿店汛	千总一名、额外外委及马、步守兵共十六名
固原城守营分防硝河城汛	千总一员、马、步守兵共一百四名
固原城守营分防黑城汛	把总一员、马、步守兵共二十名
固原城守营分防镇原汛	经制一员、马、步守兵共二十名
固原城守营分防新营汛	经制一员、马、步守兵共八名
固原城守营兼辖瓦亭营	守备一员（系由八营驻防）
分防八营汛	千总一员、经制外委一员
瓦亭营	额外外委及马、步守兵共四十八名
八营汛	额外外委及马、步守兵共三十二名

———————

① 王学伊修，锡麒纂，韩超校注：《宣统新修固原直隶州志》，引自胡玉冰主编《宁夏珍稀方志丛刊》，上海古籍出版社 2018 年版，第 143 页。

清代固原军事机构的建置，除了营制以外，还包括防营、塘汛以及马厂。防营之功能往往是协助固原地区的军事行动，兼有监督地方军队之职权，与固原营制共同构成了固原地区军队的主要部分。塘汛往往归城守营游击管辖，分南路塘汛、北路塘汛、分防镇原汛、分防新营汛、分防硝河城汛等处。至于马厂之设置，自古以来就是固原地区的传统特色，在清代有了进一步发展，为军队建置的重要组成部分。

清代固原军事建置具有三个较为鲜明的特点：一是机构设置完备。包括设置八旗驻防军队和绿营驻防军队。按照清代驻防军队之原则，"兵可百年不用，不可一日不备"①，因此清代在全国各地的驻防军数量庞大，建置完备，具有很强的战斗力。二是固原地区驻防绿营军，基本取自本地青年丁壮，其目的是便于管理，而且绿营军的数量庞大，形成了"兵多民少"之格局，"马上取功名，重武轻文，成为宁夏南部社会时尚"②，绿营兵以军饷养家糊口，成为固原地区的特色。三是伴随着清代对于新疆的统一，固原地区作为历代边防重地的角色似乎发生了变迁，演变为清王朝之腹地，但实际上，固原地区重要的军事地位在清代并没有改变，反而在一定程度上强化了其重要的军事职能。这是因为清代固原地区成为西北反清起义的重地，尤其以西北回民反清起义为甚，几乎伴随清王朝之始终，使得清政府对于固原地区十分重视，进一步强化了固原地区的军事地位。

（二）清代固原地区之行政建制

清代因袭明制，在地方行政区划上借鉴明代，在地方设置承宣布政使司，但一般均以省或行省相称。康熙十五年，划分全国为17省，嘉庆时，为18省。后又增设新疆和东北3省，这样全国共有22省。清代，省级地方最高的文职官员有总督和巡抚。总督为统辖一省或数

① 昇允修，长庚纂：《光绪甘肃新通志》卷41《兵防志》，广陵古籍刻印社1987年版。
② 徐兴亚：《西海固通史》，宁夏人民教育出版社2012年版，第369页。

省的封疆大吏，为正二品，凡加尚书衔者为从一品，其所辖省的巡抚、提督等一应官员，均受其节制，为地方最高之军政长官，权势显赫，地位尊贵。巡抚者，地位仅次于总督，为一省最高行政长官，一般为从二品，凡加兵部侍郎衔者为正二品。有清一代，大部分时间全国设置有 8 总督，17 巡抚，原则上总督专主军政，巡抚掌控行政，但他们的实际职权却往往互有交叉，直接向皇帝负责。各省总督、巡抚之下设有布政使、按察使。所谓布政使，一般掌地方行政、财赋，而按察使掌地方刑名。无论布政使还是按察使均为总督之属官，直接向总督负责。其下设置各道，一般为分守道和分巡道，分守道为布政使之属官，而分巡道为按察使之属官，分理地方行政、财权与监察等事务。此外，清代还设有较大数量的专职道，掌控涉及国计民生的一些重要事务，如盐茶道、粮储道、河道、驿传道等。按照清制，省为一级地方行政区划，府为二级行政区划，各府设有知府一员，总理府一级行政、财政、治安、刑名等一应事宜，其副职有府同知、通判，协助知府管理粮道赋税、社会治安等具体事宜，各地无定员，按照实际需要增设或者削减其职。与府同级的有直隶厅和直隶州，往往设置在边疆之地或者较为重要的腹地。直隶厅设同知一员，其属官主要有经历、知事、照磨、司狱等，无定员。直隶州设知州一员，其属官有州同、州判，分管府一级的钱粮、水道与刑名，无定员，因地制宜而设。清代地方第三级行政区划是县，设有知县一员，大多为府辖县，有些直隶州亦辖县，但数量较少。知县的副职有二，分别是县丞、主簿，协助知县掌管县一级的钱粮、户口、治安及刑名等具体事务，无定员，视其县实际状况而设。与县同级的地方行政区划有厅和州，其职官设置同直隶厅和直隶州。因此，清代地方行政区划主要是省、府（直隶厅、直隶州）、县（散厅、散州）三级制度，此外在有些地区设置"道"一级行政区划，但不是常设机构，具有特殊性。至北洋军阀时期，道才演变为行政区。

清初陕西省辖今甘肃和宁夏两省，但随后有所变化：康熙二年

（1663），诏令陕西布政使移驻巩昌（今甘肃陇西县），康熙七年（1668），改名为甘肃布政使，移其驻所至兰州，陕西与甘肃自此分治亦标志着甘肃正式建省之始。清初，固原地区大部分隶属于陕西省平凉府管辖，自陕西甘肃分治以后，固原地区主要属于甘肃省管辖。甘肃省正式设立之初，当时主要辖有临洮、巩昌、平凉、庆阳四府，以陕西左右布政使治之，康熙七年（1668），改为甘肃布政使，徙治兰州之后，甘肃省所辖有一定的拓展。雍正三年（1725）清政府改革甘肃省之设置，裁撤行都指挥使司及诸卫所，设置甘州、凉州、宁夏、西宁四府，升肃州、秦州、阶州为直隶州。乾隆时期，进一步改革兰州省之行政区划：首先，裁撤临洮府，设置兰州府，治所为皋兰县，同时设置安西府（后又降为直隶州）；其次，裁撤巡抚，以陕甘总督治兰州，在巴里坤设置镇西府，在乌鲁木齐设置迪化直隶州；最后，升泾州为泾州直隶州。同治时期，设置华平川直隶厅，升固原州为固原直隶州。光绪时期，迪化、镇西隶属于新疆省管辖。总体而言，清代甘肃省共辖有8府、6直隶州、1直隶厅、8厅、6州、47县（见表6-11）。

表6-11　　　　　　　　**清代甘肃行政区划概况**①

名称	详情
兰州府	辖狄道州、河州二州，皋兰县、金县、渭源县、靖远县
平凉府	静宁州，平凉县、华亭县、隆德县
巩昌府	岷州，陇西县、安定县、会宁县、通渭县、宁远县、伏羌县、西和县，洮州厅
庆阳府	宁州，安化县、合水县、正宁县、环县
宁夏府	灵州，宁夏县、宁朔县、平罗县、中卫县，宁灵厅

---

① 根据《清史稿》《大清会典》《宣统新修固原直隶州志》等资料汇总而成。

续表

名称	详情
西宁府	西宁县、大通县、碾伯县，贵德厅、丹噶尔厅、循化厅、巴燕戎格厅
凉州府	武威县、镇番县、永昌县、古浪县、平番县，庄浪厅
甘州府	张掖县、山丹县，抚彝厅
泾州直隶州	崇信县、镇原县、灵台县
固原直隶州	平远县、海城县
阶州直隶州	文县、成县
秦州直隶州	秦安县、清水县、徽县、两当县、礼县
肃州直隶州	高台县
安西直隶州	敦煌县、玉门县
华平川直隶厅	辖平凉、隆德、固原、华亭部分地区置华平川直隶厅①

清代，甘肃省所辖范围也包括今新疆的一部分地区，如哈密、巴里坤、乌鲁木齐，均归甘肃布政使管辖，伴随着移民的扩大、人口之增长，乾隆时期开始对于原有行政区划进行调整，以便政务更加畅通。

顺治初年（1644），固原属陕西省平凉府辖，名为固原州。康熙四年（1665），分隶甘肃，仍然属于平凉府直辖。同治年间，固原州升为直隶州，辖平远、海城二县，同时设置"州判一，驻硝河城；县丞一，驻打拉池；巡检一，驻同心城。其余学正一员、吏目一员。各县训导、典史，均如例"②。具体而言，清代固原地区行政区划演变之轨迹如下。

---

① 清同治十年（1871）划分出平凉、固原、华亭、隆德部分地区置华平川直隶厅，治所华平（今泾源县城），中华民国成立后废止。

② 王学伊修，锡麒纂，韩超校注：《宣统新修固原直隶州志》，引自胡玉冰主编《宁夏珍稀方志丛刊》，上海古籍出版社2018年版，第52页。

顺治初，三边总督与固原道、盐茶同知，均驻州城。陕西提督驻平凉。武职与州同城者，有固原总兵、固原卫各员。康熙初，总督迁驻兰州。建甘肃省，州始隶于甘。旋以大将军图海奏迁陕西提督驻固原，而总兵亦以廷臣议迁河州。雍正初，以巡抚石文焯疏请裁固原卫。乾隆初，以固原道为平庆泾道驻于此；盐茶同知移于海喇都，即今海城县治。同治中，升州为直隶州；改道为平庆泾固化道，移驻平凉；改盐茶同知为县，曰海城；改下马关为县，曰平远。①

综合而言，清代大部分时间，固原地区在行政区划上主要包括固原州、隆德县、盐茶厅（今海原县）、华亭县部分地区、瓦亭、同心、甘肃环县、靖远等地区。同治事变以后，清廷强化了对于固原地区的管理，尤其是在左宗棠经略西北边疆的过程中，采用分化、削弱固原地区行政级别，分割辖区，增加军事设置等手段，强化对固原地区的控制，因而在行政区划上显得较为混乱。

据史料记载，康熙二年（1663），隆德县人口为 437 户，1715人；乾隆元年（1736），固原州之人口为 4502 户；乾隆十七年（1752），盐茶厅有 29603 户，188839 口②；光绪三十四年（1908），固原直隶州之人口状况如表 6-12 所示。

表 6-12　　　　　　　　光绪三十四年固原直隶州人口详情③

行政区划	村数（单位：个）	户数（单位：户）	民族结构
总计	一千一百二十五	一万四千九百一十二	

---

① 王学伊修，锡麒纂，韩超校注：《宣统新修固原直隶州志》，引自胡玉冰主编《宁夏珍稀方志丛刊》，上海古籍出版社 2018 年版，第 143 页。

② 杨金庚等纂修：《海城县志》，成文出版有限公司 1971 年影印本。

③ 根据《清史稿》《光绪三十四年户房丁粮红册》《宣统新修固原直隶州志》《海城厅志》等资料汇总。

行政区划	村数（单位：个）	户数（单位：户）	民族结构
本城		汉民共七百八十五户（内有弁兵、商民）	
南关		汉、回共四百七十五户（内有商民）	
东乡所属者	共计四百九十四	共计三千四百二十七	计汉七、回三之谱
兴上里	四十四	汉、回共四百六十五	
兴下里	一百六十二	汉、回共六百六十三	
固原县	七十一	汉、回共三百八十一	
清平监	一百一十九	汉、回共九百七十	
东昌里	二十七	汉、回共三百二十七	
万安监	七十一	汉、回共六百二十一	
南乡所属者	共计一百六十六	共计一千六百八十五	计汉五、回五之谱
县归州堡	一百零七	汉、回共一千三百二十六	
永丰里	五十九	汉、回共三百五十九	
西乡所属者	共计二百二十七	共计三千九百五十	计汉四、回六之谱
厅川堡	七十	汉、回共一千三百二十四	
厅山堡	五十八	汉、回共一千零四十三	
在城里	四十一	汉、回共六百一十三	
固原屯	五十八	汉、回共九百七十	
北乡所属者	共计二百三十八	共计四千五百九十	计汉五、回五之谱
黑水监	八十三	汉、回共一千二百五十七	
开城监	八十六	汉、回共一千八百六十一	
广宁监	六十九	汉、回共一千四百七十二	

由表6-12统计可知，光绪年间，仅固原直隶州之户数达14912户，倘若按一户5口人计算，总人口达9万多人，当时加上硝河城、海城县、打拉池、华平厅、隆德县、平远县等地之人口，整个固原地

区总人口可推测不少于 30 万之众，可以说这个人口数量达到了古代固原地区人口之顶峰。此后，随着固原地区战乱之频仍，人口有所下降，至民国时期，固原地区人口才有所恢复。清代固原地区人口增加十分迅速之原因和清代对于固原地区之开发有着密切关系。除此之外，还与固原地区人口流动有着直接的关系。"清代，宁夏南部人口的流徙迁移最为频繁、广泛，为历史之最，有时规模甚大"，"由于战事、屯戍等原因，西至新疆，南至云贵川湖广，东至浙江都有宁夏南部人迁移定居，或外地人来宁夏南部定居，省内其他县份与宁夏南部人口之间的人口流动迁徙更为常见"①。尤其是自同治变乱以后，外地人迁入宁夏者数量众多，"固原自兵燹后，川、楚、皖、陕民人，多有寄籍"②，充分说明了这一时期外省人口迁徙至固原者十分频繁。清代固原地区之人口一大显著之特点是回族人口占有较大比重，有些地区甚至出现了回族人口多于汉族人口的情况，这在中国历史上也是十分少见的，说明清代固原地区成为西北回族迁徙和繁衍的主要地区之一，对于固原地区社会与民族关系等都产生了深刻的影响。

（三）清代对固原地区之经济开发

清代立国伊始就十分注重对于全国经济之开发，以经济发展建构社会稳定，实现对全国各民族的有效统治是清代的基本国策。清代对于西北地区的经济开发主要体现在三个方面：一曰政策转变。施行一系列行之有效的统治政策，以减轻人民负担为基本出发点，缓和解决矛盾，恢复社会秩序，发展社会经济，十分重视以经济立国的思想，开展全国范围内的经济开发活动，以此达到稳固满族贵族阶层统治之目的。二曰轻徭薄赋、推行屯田与发展水利事业。清代前期之"轻徭薄赋"确实收到了良好的社会效应，而且往往与清廷之"蠲免"政策相互映照，构成了清代经济开发之独特一面。在

---

① 徐兴亚：《西海固通史》，宁夏人民教育出版社 2012 年版，第 366 页。
② 王学伊修，锡麒纂，韩超校注：《宣统新修固原直隶州志》，引自胡玉冰主编《宁夏珍稀方志丛刊》，上海古籍出版社 2018 年版，第 78 页。

此基础上广泛推行屯田，包括军屯和民屯，使得全国范围内垦田之数量大幅度增加，开创了著名的"康乾盛世"。三曰因地制宜发展畜牧业、手工业、商业，尤其是固原地区的马政、盐业、茶叶贸易繁荣，发展十分迅速。

清代对于开发西北经济反映在对于西北经济政策之转变。与明代不同，清代对于开发西北经济的政策有着十分明显的变化。主要体现在：首先，施行有针对性的统治措施，由入关之初施行野蛮掠夺、暴力屠杀政策转变为安抚与怀柔为主，推行相对宽松的经济政策。正如《西北通史》所言，"清朝统治者将各族上层的叛乱与普通民众相区别，采取完全不同的政策措施，这在政治上是一个巨大的进步。"①有清一代，对于各民族之防范尤为严厉。如在各地建立驻防八旗，禁止旗人与民人相互交往，保障旗人之独特地位；"在青海和甘肃交界的地方安置了一部分少数民族牧民……再次以国家法令的形式，将各族民众限制在他们划定的界限内"②。在新疆地区，清政府之举措是禁止汉族及其他民族迁入新疆维吾尔族聚居区，亦禁止维吾尔族迁入内地；在东北，作为满族之"龙兴之地"，禁止其他民族迁入东北，以维护满族贵族之利益。其次，实行一系列行之有效的措施发展西北地区的社会经济，主要有奖励生产，在政策上保障各地农业的开发；轻徭薄赋与推行蠲免政策，清代尤其在蠲免粮草方面力度甚大，远超前代，这对于安抚民众、休养生息有着良好的社会效果；建立完整的赈济灾荒的体系，这项措施对于维护社会之稳定居功至伟。最后，改革赋税制度，注重让利于民，明代以后施行的一些苛捐杂税，如辽饷、新饷、练饷、召买等项苛捐杂税一律被废除，大大减轻了民众的负担，对于安定社会起到了积极的作用。

清代对于西北经济开发效果最为显著的措施首推大规模的垦荒屯

---

① 谷苞主编：《西北通史》第4卷，兰州大学出版社2005年版，第211页。
② 谷苞主编：《西北通史》第4卷，兰州大学出版社2005年版，第212页。

田政策。有清一代，对于西北的垦荒与屯田远超以往，"清朝前期的移民垦荒，使陕甘河湟地区、嘉峪关外、天山北部一些地方的大片荒地变为良田，不仅有益于大乱之后农业生产的恢复发展和边防军需的供应，也大大缓解了已经出现的农民耕地不足的矛盾"①。清代之屯田遍布西北地区，屯田分为军屯与民屯，清廷采取有效手段奖励垦荒是西北地区屯田迅速发展的主要原因。军屯分为绿营屯田和八旗屯田，主要分布在广阔的西域地区。天山北路绿营兵的主要屯田有塔尔纳沁、蔡巴什湖、牛毛湖、朴城子、古城、木垒奇台、吉布库、五堡、昌吉、罗克伦、玛纳斯、吉木萨、库尔喀喇乌苏、精河、塔尔巴哈台、伊犁等十六处，垦田总面积达二十四万余亩；而天山南路绿营兵屯田主要有辟展、哈喇和卓、托克三、哈喇沙尔、乌什、阿克苏等处，总计垦田约四万余亩。② 旗兵屯田数量相对绿营兵而言较少，主要分布在察哈尔、锡伯、索伦、厄鲁特等处。兵士屯田，不论绿营兵还是八旗兵，所屯垦田亩不得世袭和买卖③，反映了清廷对于西北兵士屯田的严格控制，以此作为解决军需、稳固西北边疆的主要举措。此外，清代西北兵屯还有少量内地遣犯从事屯田，以作为对罪犯惩罚的手段和补充边疆屯田人数之目的。至于清代遣发罪犯之数量，据统计，仅乾隆二十三年至乾隆三十二年（1758—1767）九年期间，"每年各省改发不下六七百名"④，倘若加上随行的家眷，这个数字相对而言还是较为庞大的。这些遣发的罪犯成为补充西北边疆屯垦的重要力量，亦增加了清代边疆移民的趋向，对于民族融合起到了间接的作用。西北之屯田，兵屯之外，亦有规模庞大的民屯。相对于兵屯的整齐划一，清代西北边疆之民屯却要复杂许多。

---

① 谷苞主编：《西北通史》第 4 卷，兰州大学出版社 2005 年版，第 216 页。
② 傅恒等纂，钟兴麒等校注：《西域图志》，新疆人民出版社 2002 年版，第 220 页。
③ 王希隆：《清代西北屯田研究》，兰州大学出版社 1990 年版，第 102 页。
④ 《清高宗实录》卷 556，乾隆二十三年戊寅条，中华书局 2008 年版。

　　清代西北之屯田，散布于陕、甘、新疆各地。屯田人员的身份相当复杂，以乌鲁木齐为例，当地屯田民户的来源，就有从内地遣送来的犯人及其家属，从内省和塞外招募来的民户，还有报名屯田的商户，有军队子弟认垦的兵户以及原拟边外为民的安插户等。①

　　具体而言，清代西北边疆民屯主要集中在河西一带及新疆地区。河西为清代西北民屯规模最大者，主要分布在九家窑、三清湾、柔远堡、毛目城、双树墩、九坝、平川堡、柳树湖等地，共计垦田约三万余亩。② 在新疆地区，民屯主要有哈密回屯、吐鲁番瓜州回屯以及伊犁回屯③，清政府给予新疆回屯更为优惠的政策，如供给籽种、农具，免除赋税等，并且在灾年推行蠲免政策，鼓励新疆维吾尔族进行屯田，大大推动了新疆地区与内地之经济交流，亦强化了清政府对于新疆地区之经略。与屯田相伴而行的就是水利工程的大发展，清代对于西北水利工程的开发尤为重视，突出表现在对于水利工程重要性的认识、水利设施的建设与管理、灌溉技术的改进等方面。伴随着西北屯垦的不断扩大，清代西北水利工程遍布陕西、甘肃、宁夏、新疆等地，大大促进了西北地区农业的发展。

　　清代对于西北经济开发还突出表现在大力发展畜牧业、手工业和商业。对于畜牧业而言，作为少数民族聚居区，西北地区具有传统之优势。清代西北地区畜牧业主要集中于关陇、河西、河套以及南疆地区，这些地区由于地理条件之缘故以及历史之传统，虽然开垦了大量荒田用于农耕，但依然以畜牧业为主，尤其在少数民族地

---

　　① 谷苞主编：《西北通史》第4卷，兰州大学出版社2005年版，第222页。

　　② 参见《清世宗实录》卷123、《清高宗实录》卷703、《敦煌随笔·屯田》《甘肃通志稿·军政·屯田》等史料。

　　③ 参见《清宣宗实录》卷169、《清圣祖实录》卷281、《清高宗实录》卷165、《清世宗实录》卷99、《重修肃州新志·西陲纪略·哈密户口、城堡、土田类》《敦煌随笔·屯田》等史料。

区，"番族十九皆从事畜牧"①"地皆不毛，惟借打牲度日"②。而且畜牧业确实对于这些地区而言，成为解决生计问题和向清廷缴纳赋税的主要途径。据记载，清前期，凉州、甘州、肃州等地区以贡马或者服兵役作为向朝廷缴纳赋税的主要手段。③ 为了适应军需及屯田之需要，清廷还在西北地区设置了牧马监和马厂，亦在一定程度上促进了西北地区畜牧业之发展。清代西北地区的手工业获得了前所未有的发展，这取决于清代由于大一统的政治格局，强化了西北各民族之间的交往，西北传统手工业有了普及性传播，而且民间手工技艺得到广泛传播，诸如服饰、木工、农具、手工营造器具、舟车兵器、皮革制品、玉器等均有质的飞跃，极大地提升了人们的生活质量和水平，尤其是纺织品和皮革制造业十分发达，推动了西北地区社会经济的发展。如清代盛产于兰州的"绒褐"行销全国，"岁数万金"④；临洮、天水等地的土布以及陕西紫阳、大荔等地的丝、绢、纱等纺织品亦十分有名，远销全国各地；而新疆的棉布产量丰盛，行销于全国各地。至于皮革制造业对于西北地区而言更是具有天然的优势，清代西北的河陇、西宁、宁夏等地的皮革制造业工艺成熟，品类齐全，质地良好，而且形成了较大规模的皮革手工加工厂，皮革产品远销南方各地。畜牧业和手工业的成熟推动了西北地区商业的繁荣，清代西北地区商业之突出特点是形成了规模不等的集贸市场，其中农村集贸市场规模小、分布广泛、经营灵活，对于促进民间商业之发展起到了中流砥柱的作用。而国内贸易则是专门的商业活动，伴随着商业的繁荣，私人商业集团化模式开始形成，它们以"商帮"的形式活跃于国内贸易的舞台上，大大促进了西北地区与全国之商业联系，促使西北社会的新陈代谢。

---

① 周希武：《玉树调查记》，吴均校释，青海人民出版社1986年版，第36页。
② 《清高宗实录》卷189，乾隆八年癸亥条，中华书局2008年版。
③ 参见《五凉全志》《甘州府志》《重修肃州新志·肃州·属夷》等史料。
④ 慕寿祺：《甘宁青史略》卷19，广文书局1972年版，第227页。

伴随着对西北地区经济开发的进程，清代固原地区经济开发亦取得了一定成效，主要体现在农业、畜牧业、手工业、商业等领域。

关于农业。清初固原地区战乱尤甚，为了恢复生产，安定社会，清政府首先采取了"轻徭薄赋"的政策，力图恢复和发展固原地区的农业，为维护对于西北边疆的稳固统治奠定基本的经济基础。实际上，清政府在固原地区推行的"轻徭薄赋"政策几乎贯穿于整个清代的始终，即便是在康熙五十一年（1712）在全国范围内推行"摊丁入亩"政策以后，对于固原地区"轻徭薄赋"的政策仍然没有改变，这其中最为直接的方式是大力推行蠲免政策（见表 6-13）。史载，有清一代对于固原地区的蠲免政策，从顺治二年（1645）开始，一直持续到宣统元年（1909）。

表 6-13　　　　　　　清代对固原地区主要蠲免[①]

时间	详情
顺治二年（1645）	陕西通省地亩钱粮，自顺治二年正月为始，止征正额，凡加派辽饷、新饷、练饷、召买等项，悉行蠲免等因，固原与焉（固原当顺治初，仍隶陕西省。自康熙五年，始归甘肃布政使）
顺治七年（1650）	豁免固原荒地一千四百六十五顷三十五亩有奇，粮、草尽蠲
康熙二年（1663）	直、省顺治十五年以前拖欠各项银米、药材、绸绢、布匹等项钱粮，概行豁免。固原与焉
康熙十年（1671）	蠲免直、省康熙四、五、六年旧欠地丁等项钱粮。固原与焉
康熙三十九年（1700）	免湖广、甘肃等省租银各一年。固原与焉
康熙四十二年（1703）	陕、甘两省四十二年以前积欠银数、草束，尽行蠲免。固原与焉
康熙五十七年（1718）	以西边军兴，征泽旺阿喇布坦，免陕、甘两省地丁一百八十余万。固原与焉（按王氏《政纪》或作策妄阿喇坦布）

---

① 王学伊修，锡麒纂，韩超校注：《宣统新修固原直隶州志》，引自胡玉冰主编《宁夏珍稀方志丛刊》，上海古籍出版社 2018 年版，第 259 页。

续表

时间	详情
雍正七年（1729）	甘肃地瘠，又值军兴，应免八、九两年地丁，并次年粮草。又次年免额赋二十七万以赡之。固原与焉
乾隆二年（1737）	全免甘肃钱粮，陕西半之。固原与焉
乾隆十年（1745）	北方五省，甘肃尤为瘠贫，特将十一年直、省钱粮通行豁免。固原与焉
乾隆三十一年（1766）	以京通仓储有余，遵康熙三十年庆典，次第免各省钱粮五年而遍。固原与焉
嘉庆四年（1799）	免各省积欠、缓征各款。固原与焉
道光十七年（1837）	固原旱灾，将钱粮、草束分别蠲免
咸丰元年（1851）	免各省历年积逋。固原与焉
同治元年（1862）	免各省丁银、粮草历年民欠。固原与焉
光绪二十一年（1895）	固原禾苗被灾，钱粮分别缓征
光绪二十三年（1897）	固原人民被难，钱粮、草束分别缓征
光绪二十五年（1899）	固原禾苗被雹，兼有回衅，银粮分别缓征
宣统元年（1909）	各省民欠历年带征银粮，应行豁免。固原与焉

  清政府的"轻徭薄赋"政策以大规模蠲免的形式惠及固原地区，对于减轻固原地区人民之负担，恢复本地社会经济有着积极的作用。清代对于固原地区经济开发最为有效的手段就是大力开展屯田，如采用提供籽种与农具、奖励垦荒、蠲免田租等有效手段大规模屯田，以解决边防驻军军需和本地居民基本的生活需求。清代在固原地区的屯田依然分为军屯和民屯，军屯方面，顺治三年（1646）在固原地区建立完整的屯田官制，设守备一员，兼营屯田，下有千总、百总分理卫事，改卫军为屯丁，专门从事屯田事宜，此后化兵为民，所屯之田地亦演化为民田，"照卫地一律起科"，军屯与民屯至此合二为一。民屯方面，规模最大的是在固原地区实行"更名田"。所谓"更名

田"指的是清初将明代固原地区藩王的封地，改为民地，造册起科，永为世业。清初将楚、沐、韩、肃诸藩王之封地改为牧地，设盐茶厅，招民垦荒，使得盐茶厅迅速发展起来，所垦之荒田达十余万亩，而盐茶厅之人口亦迅速增加至 19 万余人，对于宁夏南部社会和经济的发展起到了重要的推动作用。① 而在固原直隶州，据统计，共有民地 6740 亩，道光入额 2540 亩，屯地 32448 亩，更名地 265212 亩，监牧地 12032 亩。② 这个数量相对于明代而言大大增加，足见清代固原地区屯田数量之庞大。另外一个值得注意的事实是，清代固原地区屯田之规模与清廷对固原地区征收赋税的数量相互印证。史载，光绪三十四年（1908）对固原直隶州额征之数量如下。

> 原额民屯、更监、养廉租等项地，共一万二千一百零九顷二十八亩一分。除荒芜外，实垦熟地七千三百零六顷二十二亩零三厘。原额应征起存银一万零七百八十七两九钱五分二厘。除荒芜外，实征银六千二百九十四两五钱三分一厘。原额应征耗羡银一千六百一十六两五钱七分九厘。除荒芜外，实征银九百四十三两二千六分八厘。原额应征起存粮五千三百四十一石六斗二升六合六勺。除荒芜外，实征粮一千六百八十八石零七勺。原额应征耗羡粮八百零一石二斗四升四合。除荒芜外，实征粮二百五十二石零二勺。③

从上文可知，清代对于固原直隶州额征还是沉重的，这也预示着固原直隶州的屯田数量是较为庞大的，倘若整个固原地区，这个数值还会迅速增加。屯田的不断扩大，在增加粮食产量，满足当地民人生

---

① 徐兴亚：《西海固通史》，宁夏人民教育出版社 2012 年版，第 374 页。

② 昇允修，长庚纂：《光绪甘肃新通志》卷 38《天赋》，广陵古籍刻印社 1987 年版。

③ 王学伊修，锡麒纂，韩超校注：《宣统新修固原直隶州志》，引自胡玉冰主编《宁夏珍稀方志丛刊》，上海古籍出版社 2018 年版，第 117—118 页。

活的同时，亦导致一个消极的后果，即农耕不断扩张，游牧逐渐萎缩，农牧业比重失衡，造成固原地区生态环境的恶化，实际上加速了清代以后固原地区的贫瘠与落后。清代对于固原地区农业之开发，除轻徭薄赋、奖励屯田之外，还十分注重对于农产品种植种类和技艺的提升，农作物种类齐全。如本地之物产计有谷类、豆类、蔬类、瓜类、果类共50余种，经济类农作物主要有蜂蜜、胡麻油、野茶、棉花等数十种①，物产相当丰富。值得一提的是，清代在固原地区因地制宜地发展林业，并且采取了一系列积极应对的举措，起到了良好的社会效应。"固原自同治兵燹后，几成荒墟，非讲求林政，不足以兴地利"②，固原地区开发林业正是在此种背景下。甘肃总督陶模的《种树兴利示》一文提出种植树木的"七大利"，"以故中外通人，纂富国之策，首推树艺"③；固原直隶州知州王学伊的《劝种树株示》则强调"劝种官树，以兴地利事"，并提出了种植树木具体方法和详细的保护措施。④ 清代对于固原地区林业之开发源于战乱而导致的荒芜状态，但大规模开发林业的措施确实对于固原地区生态环境的改善起到了重大的作用，值得肯定。

关于畜牧业。清承明制，对于西北之马政十分重视，设置陕西苑马寺七监。顺治时期，任命宋炳为陕西苑马寺卿兼按察司金事，专理西北马政。清代初期，十分重视西北之马政，对民间养马亦是给予较为丰厚的奖励政策，迅速推动了西北马政的发展。康熙三年（1664）鉴于西北地区军事形势的变化，清廷重新划定西北马政，废除河陇监

---

① 王学伊修，锡麒纂，韩超校注：《宣统新修固原直隶州志》，引自胡玉冰主编《宁夏珍稀方志丛刊》，上海古籍出版社2018年版，第119页。

② 王学伊修，锡麒纂，韩超校注：《宣统新修固原直隶州志》，引自胡玉冰主编《宁夏珍稀方志丛刊》，上海古籍出版社2018年版，第357页。

③ 王学伊修，锡麒纂，韩超校注：《宣统新修固原直隶州志》，引自胡玉冰主编《宁夏珍稀方志丛刊》，上海古籍出版社2018年版，第298页。

④ 王学伊修，锡麒纂，韩超校注：《宣统新修固原直隶州志》，引自胡玉冰主编《宁夏珍稀方志丛刊》，上海古籍出版社2018年版，第299页。

苑；康熙四年（1665），清廷开始裁撤陕西苑马寺七监；康熙十二年（1673）十二月，由于西北形势趋向稳定，开始禁止民间养马，固原地区马政随之趋向寂寥。雍正时期，西北战事重新紧迫，为了应对形势，清廷重新重视西北之马政，在固原地区设置马厂七处，以解决战事用马之需。《宣统固原州志》详细记载了这七处马厂的名称及位置，唯惜无养马之数量及其他具体信息。

> 提标中营参将马厂：在土窑子，距城二十五里；提标左营游击马厂：在王家套子，距城七十里；提标右营游击马厂：在东山坡，距城一百二十里；右营小马厂：在白鸾池，距城五十里；提标前营游击马厂：在盐泥沟，距城七十里；提标后营游击马厂：在磨河庄，距城二十二里；提标城守营游击马厂：在二壕，距城四十里。[1]

在中国古代社会，固原地区历来作为西北马政之中心，畜牧业较为发达，"固原山深草丰，本游牧所"[2]，是为本地之传统。清代固原地区游牧经济经历了较为复杂的变迁过程，尤其是在同治变乱以后，固原地区之畜牧业遭到较为严重的打击，尤其是在有清一代奖励垦荒政策的刺激下，农耕经济不断扩张，游牧经济不断萎缩，再加之频繁的战乱，固原地区之生态遭到巨大破坏，至近代以后，固原地区终于演化为贫瘠与落后的代名词。即便如此，在有清一代，固原地区的游牧经济依然作为支柱产业而存在。史载，光绪三十四年（1908）固原直隶州额征种类就包括"本色草"和"畜税银"两项，其中"原

---

① 王学伊修，锡麒纂，韩超校注：《宣统新修固原直隶州志》，引自胡玉冰主编《宁夏珍稀方志丛刊》，上海古籍出版社 2018 年版，第 139—140 页。
② 王学伊修，锡麒纂，韩超校注：《宣统新修固原直隶州志》，引自胡玉冰主编《宁夏珍稀方志丛刊》，上海古籍出版社 2018 年版，第 139 页。

额应征本色草五千七百三十一束二分二厘"①，这个征收的数量相对而言还是比较庞大的，说明固原直隶州畜牧业较为发达。而最值得注意的是对于"畜税银"的征收很能说明问题："原额畜税银一百一十五两六钱二分"，"新增畜税银八百二十四两三钱八分"。② 新增加的"畜税银"是原额的近八倍，充分说明固原直隶州的畜牧业确实作为重要的支柱产业而存在，即便是同治兵燹以后，畜牧业亦有微弱之发展趋向。

关于手工业与商业。有清一代，有关固原地区手工业状况的方志史料记载甚少，这一方面说明对于手工业的轻视，另一方面则预示清代固原地区手工业十分落后。但从少量的史料记载中，尚可一窥固原地区手工业的大致状况。清代固原地区民间手工业有了一定程度的发展，出现了一些较为重要的家庭手工小作坊，主要是畜产品的加工（如皮毛）以及初级经济作物的加工和售卖（如胡麻油）；还有零星的"女工机织"，用于简易布匹的织造。从清廷对于固原地区"额征"的情况来看，有"磨课银"的征收，"原额磨课银七十二两六钱四分，除歇业无存外，实照新章征银二十二两一钱六分"。③ 这显然是针对手工业的征税，但征收的数量较少，而且有些已经"歇业无存"，说明了手工业的凋敝状况。除此之外，固原地区亦有一定规模的官办手工业。史载：

> 按习艺一事，所以恤困而宏实业也。在州署东偏院。光绪三十二年，知州王学伊捐廉开办。内设织绒毡、织褐布各机架，制宽窄花带、髻网各手机，造得胜袋机床。举凡军流皆得肆业于期

① 王学伊修，锡麒纂，韩超校注：《宣统新修固原直隶州志》，引自胡玉冰主编《宁夏珍稀方志丛刊》，上海古籍出版社 2018 年版，第 117 页。
② 王学伊修，锡麒纂，韩超校注：《宣统新修固原直隶州志》，引自胡玉冰主编《宁夏珍稀方志丛刊》，上海古籍出版社 2018 年版，第 117 页。
③ 王学伊修，锡麒纂，韩超校注：《宣统新修固原直隶州志》，引自胡玉冰主编《宁夏珍稀方志丛刊》，上海古籍出版社 2018 年版，第 118 页。

间。所出物产，迭经分别等次，赍省考验。前平凉道宪胡公玉畴，特颁奖励以董劝之。①

这个官办习艺所主要针对"军流"而设，虽然其创办的遵旨是"恤囚而宏实业"，但由于规模小，产品有限，实际上对推动实业的发展是十分有限的。清代在固原地区亦设有矿务局，虽然"产煤不旺，悉用土法开采"②，但毕竟使得矿务业有了初步之发展。相对于手工业的凋敝状况，清代固原地区的商业却相对显得较为活跃。据《宣统新修固原直隶州志》的记载，在清代中期之际，固原地区的商业十分活跃，各种商业会馆在固原地区建立起来，昭示着固原地区商业之繁荣状况。如张义堡之西城根下建有山西会馆，其曰"当乾隆时，商贾辐辏，晋人甚多"，"此馆盖当商议事处"③。再如在固原地区还建有秦晋会馆和四川会馆，分别位于"前营守备署西侧""州城大南市巷"④。这些商业会馆的建立，说明当时固原地区商业较为繁荣，晋商、陕商、川商交汇期间，构筑成了固原地区商业的根基。清代固原地区商业以食盐运销为主，官方与民间皆以盐业为重。官方设立各种食盐运销卡所，计有局卡处所、本城大局（东城分卡、西城分卡、南城分卡、硝河城分卡、同心城分卡、中水河分卡、毛居士井分卡）、甘盐池卡、小红沟卡等处，以垄断食盐之运销，"固原卡始于道光初年，以征阿拉善旗之蒙盐、惠安堡

---

① 王学伊修，锡麒纂，韩超校注：《宣统新修固原直隶州志》，引自胡玉冰主编《宁夏珍稀方志丛刊》，上海古籍出版社 2018 年版，第 37 页。

② 王学伊修，锡麒纂，韩超校注：《宣统新修固原直隶州志》，引自胡玉冰主编《宁夏珍稀方志丛刊》，上海古籍出版社 2018 年版，第 355 页。

③ 王学伊修，锡麒纂，韩超校注：《宣统新修固原直隶州志》，引自胡玉冰主编《宁夏珍稀方志丛刊》，上海古籍出版社 2018 年版，第 328 页。

④ 王学伊修，锡麒纂，韩超校注：《宣统新修固原直隶州志》，引自胡玉冰主编《宁夏珍稀方志丛刊》，上海古籍出版社 2018 年版，第 58 页。

之土盐，而花马池土盐偶有之"①。对于食盐之运销，无论历代官方管理如何严格，依然无法禁止民间之私盐贸易。清代固原地区私盐贸易依然兴盛，这从额征盐课银可见一斑："原额应解盐课银二千三百八十四两七钱六分六厘一毫。除荒芜外，实解银一千三百九十两零一钱一分五厘。"② 清代固原地区民间商业较为兴盛，"咸丰时，固原州有集市 18 个……州城内有白米市、米粮市、碳窝子、过店街、布店街、山货市，可窥商业规模及布局"③。而且，民间从事商业活动者亦卓有成果，如据《宣统新修固原直隶州志》记载，固原何氏者"精习筹算……教其子尚才，以商业兴其家"④，经商兴家成为固原地区民间商业发展的重要途径，亦间接说明清代固原地区民间商业发展之概况。概而言之，清代固原地区商业虽然有较大的发展，但总体上还很脆弱。

> 按固原土产，仅羊皮、羊毛为大宗，华商运至津、沪，转售洋商。然较宁夏各属，究成弩末。至民间需用布匹，来至三原，产于鄂省。从前销场尚称踊跃，近年盐务衰，百货因之减色。若夫典当，以全郡之大，只下则一所。举此可概其余已。⑤

由此可见，清代固原地区商业虽有发展，但限于地域之关系、战乱之频仍、民风之糜后、历史之缘故，商业之发展依然十分缓慢。

---

① 王学伊修，锡麒纂，韩超校注：《宣统新修固原直隶州志》，引自胡玉冰主编《宁夏珍稀方志丛刊》，上海古籍出版社 2018 年版，第 357 页。

② 王学伊修，锡麒纂，韩超校注：《宣统新修固原直隶州志》，引自胡玉冰主编《宁夏珍稀方志丛刊》，上海古籍出版社 2018 年版，第 118 页。

③ 徐兴亚：《西海固通史》，宁夏人民教育出版社 2012 年版，第 377 页。

④ 王学伊修，锡麒纂，韩超校注：《宣统新修固原直隶州志》，引自胡玉冰主编《宁夏珍稀方志丛刊》，上海古籍出版社 2018 年版，第 204 页。

⑤ 王学伊修，锡麒纂，韩超校注：《宣统新修固原直隶州志》，引自胡玉冰主编《宁夏珍稀方志丛刊》，上海古籍出版社 2018 年版，第 356 页。

第二节　走向式微中的丝绸之路与明清时期
固原地区的缓慢发展

明清时期，固原地区丝绸之路并未延续隋唐两宋元时期的繁盛状况，终究不可避免地走向了衰落。明代，固原作为九边重镇之一，军事地位凸显，但王朝的内敛造成了丝绸之路步入没落；而清代大一统之后，固原地区作为丝绸之路重镇的地位有所削弱，在左宗棠经略西北之时，固原丝绸之路在一定程度上有所恢复，但依然无法掩盖其颓势。概而言之，明清时期西北丝绸之路虽然在商业贸易、文化交流以及民族融合诸方面仍发挥着不可替代的作用，但对比海上丝绸之路的繁荣昌盛而言，确实是在走向衰落，"有清一代，西北陆上丝绸之路已经丧失中西交通主干道地位，加上受自然条件变迁、战乱频繁以及中国政治商贸中心东移的影响和政府管理不善，基础建设落后等原因，而日趋衰败没落。"[1] 即便如此，明清时期，固原地区仍然是明清王朝经略西北的重要基地，丝绸之路依然潜移默化地推动了固原地区社会及历史之变迁。

一　明清时期固原地区丝绸之路概况

"明代丝绸之路进入新的发展时期。"[2] 但这主要是指海上丝绸之路进一步拓展，并趋向成熟，而传统的西北陆上丝绸之路虽继续发挥着重要的作用，但整体趋向衰落是不争的事实。正如万明所言：

丝绸之路是一条中外经济文化交往的通道，是中国通向世界

---

① 王晓秋：《林则徐笔下的清代西北丝绸之路》，《明清论丛》第 17 辑，故宫出版社 2017 年版，第 247 页。

② 万明：《明代永宁寺碑新探——基于整体丝绸之路的思考》，《明清史研究》2019 年第 1 期。

之路……明朝建立以后，15世纪是一个海洋的世纪，世纪之初，郑和七下西洋，海上交往极大拓展，超越了陆上交往，世纪之末，西方葡萄牙人扩张东来，大航海的发展，遂使海路逐渐成为中外交往主要渠道的时代到来。①

可见，明代海上丝绸之路发展十分迅速。而陆上丝绸之路则遭到冲击，尤其是郑和七下西洋，明朝对外交流之重点逐渐转移到南洋及非洲东海岸一带，东南沿海地区亦成为对外交流的主要区域。概而言之，自明代伊始，海上丝绸之路的昌盛导致西北陆上丝绸之路的衰落，但西北陆上丝绸之路并没有完全中断。这是因为陆上丝绸之路是中国古代社会传统的对外交流通道，尤其源于地缘关系，由西北边地（固原、平凉）越河西走廊，出嘉峪关而达西域，再跨入中亚、西亚、南亚等国家和地区，这条陆上丝绸之路历来为便捷的交通要道，不可轻易废弃。再加之明政府的许多限制和规定，以及贸易交往携带货物适应气候的特性等，使得西北陆上丝绸之路在明代依然得以延续。但需要指出的是，明代西北陆上丝绸之路虽然没有完全中断，但终究不可避免地走向衰落，究其原因有三。一是西北地区自然环境恶劣，经过频仍战火之蹂躏更加趋向荒凉，自明代以后逐渐步入落后之境地，尤其是农业基础薄弱，人口稀少，文化滞后，商业没落，成为西北社会之常态。② 二是自明代伊始，伴随着海上丝绸之路的兴盛，通过传统的陆上丝绸之路展开的对外交流趋向内敛，远失去往昔之繁华。三是明代立国以后，对西北地区采取守势，其在西北推行的各种政策的出发点是保持边疆之稳定，非以经略西域为主要目的，尤其是明廷对外交流的中心已经转向东南沿海地区，导致陆上丝绸之路时畅时阻，终究不能重铸陆上丝绸之路的辉煌。即便如此，亦有学者对明

① 万明：《试论明代海陆丝绸之路的变迁——从葡萄牙耶稣会修士鄂本笃自陆路来华谈起》，《中外关系史论丛》第6辑，香港社会科学出版社有限公司2005年版，第400页。
② 谷苞主编：《西北通史》第3卷，兰州大学出版社2005年版，第437页。

代传统陆上丝绸之路给予很高的评价。

> 明代的中西交通，因郑和的七下西洋、远航西亚东非的盛举，多少使陆路交通显得有些黯然失色……其实，有明一代，域内域外交通的繁荣活跃，岂止南海一路。丝绸古道虽曾遭受战乱破坏，但也经历了蒙元大帝国的开拓扩展，迄明初近百年间，仍不减汉唐气象。漠北的鞑靼、瓦剌，尽管与明王朝不时处于战争状态，然相互奉使不绝，政治联系与贸易往来始终在曲折地推进。[①]

大体而言，明代西北丝绸之路的走向基本继承了汉唐以后的丝路古道，主要路线有两条。一条是天山北道，其基本走向是：由陕西西安出发，出关中、至酒泉、经过嘉峪关，过敦煌，折向西行，进入西域地区，途经哈密、赤亭、必残、鲁陈、火州、吐鲁番、托克逊、博脱秃山、纳剌秃、孔葛思、忒勒哈剌、亦力麻力（今新疆霍城），再向西南而行，穿越伊塞克湖到达喀什噶尔，沿着吉尔吉斯山麓至养夷（今哈萨克斯坦江布尔城），并西南行进入中亚，至赛蓝（今哈萨克斯坦奇姆肯特）、达失干（乌兹别克斯坦哈什干）、乞那思、沙鹿海牙，再进入西亚的撒马尔罕、碣石、铁门关、忒耳迷、巴里黑，再到达哈烈（又名黑鲁或黑娄，今阿富汗赫拉特城）。这一路线就是明代陈诚出使西域所走过的路线，是明代通连西域，与西域诸国以及中亚、西亚等行使往来的主要路线，亦是明代主要的丝绸之路通道。按照陈诚之《西域行程记》的记载，其与副使李暹率团出行西域及中亚、西亚的时间是永乐十二年（1414），"永乐十二年正月十三日巳时，出行。由陕西行都司肃州卫城北门外，过涧水八九处，约行五

---

① 王继光：《关于陈诚西使及其西域行程记、西域番国志——代前言》，载陈诚著，周连宽校注《西域行程记·西域番国志》，中华书局1991年版，第1页。

里，度一大溪，北岸祭西域应祀之神，以求道途人马平安"①。陈诚西使，最远达哈烈，所经之地达几十处。严格意义上说，这次通西域所经过的道路与汉唐古道有所不同。汉唐以后，由内地至西域之通道大致可分为三条线路，即南道、北道与中道。由《西域行程记》所载线路观之，使团从肃州出发沿着汉唐北道前行，至吐鲁番转入中道，在吐鲁番附近的崖儿城则分二路西行，北路由李达率领，沿着汉唐古道之中北道而行；南路由陈诚和李暹率领，其西行之道路，既不走汉唐古道之北道，亦不走汉唐古道之中道，而是另开辟新道，沿着汉唐古道之北道和中道之间西行。② 其间，两路使团曾两度会合，最终到达西使之目的地——帖木儿帝国沙哈鲁王庭所在地哈烈。作为回应，永乐十七年（1419），哈烈使臣率领 510 人的庞大商团出使明朝，其所行之路线与陈诚西使之路线基本一致。这条由陈诚所开通的西域通道是明代经略西域的主要陆上通道，显然是汉唐古道的拓展。实际上，据《西域行程记》所载，通过这条丝路通道与明朝建立关系的西域诸蕃国，包括哈烈在内共计 16 个之多，分别是：哈烈、撒马尔罕、八剌黑、迭里迷城、赛蓝、迭失干、卜花儿、碣石、养夷、别失八里、土而番、崖儿城、盐泽城、火州、鲁陈、哈密。③ 其中除了哈烈，明朝尤其重视与别失八里建立友好的外交关系。史载，永乐五年（1407）四月，别失八里王沙迷查始遣使入明，请求明朝帮别失八里收复其撒马尔罕之故地；④ 永乐十五年（1417），别失八里再遣使入明，请求明朝为其嫁女赠送嫁妆。⑤ 有明一代，基本保持了和别失八里的友好交往关系，"终明之世，别失八里（后为亦力把里）始终与明王朝保持着频繁的外交关系"⑥。概而言之，明代与哈烈、

---

① 陈诚：《西域行程记·西域番国志》，周连宽校注，中华书局 1991 年版，第 33 页。
② 王继光：《西域行程记与别失八里西迁考》，《西域研究》2007 年第 2 期。
③ 陈诚著，周连宽校注：《西域行程记·西域番国志》，中华书局 1991 年版，第 46 页。
④ 张廷玉等撰：《明史》卷 332《西域四·别失八里》，中华书局 2011 年版。
⑤ 张廷玉等撰：《明史》卷 332《西域四·别失八里》，中华书局 2011 年版。
⑥ 王继光：《西域行程记与别失八里西迁考》，《西域研究》2007 年第 2 期。

别失八里等蕃国正是通过西北陆上丝绸之路而展开交往，这充分说明了明代传统丝路古道依然在发挥着重要的作用。

　　明代古丝绸之路除了天山北道以外，还有一条丝路通道就是天山南道，时葡萄牙人鄂本笃正是经由这条丝路通道进入中国，这条丝绸古道实际上就是汉唐古道之南道，只不过在几个具体的地点稍有不同。具体而言，鄂本笃之天山南道的行程路线大致分为四部分：一是由印度出发，经过今天的巴基斯坦、阿富汗，到达中国新疆境内；二是从中国新疆至嘉峪关；三是从嘉峪关至甘肃酒泉；四是从甘肃酒泉、陕西至北京。据万明之考证，鄂本笃行程主要线路为：从印度亚格拉（Agra，莫卧儿王公首都）出发进入今巴基斯坦境内，经过今巴基斯坦的拉合尔（Laor，莫卧儿王国陪都）、阿塔克（Atock，今巴基斯坦境内）、配夏哇（Peschavar，今巴基斯坦白沙瓦）等地，由配夏哇行至今阿富汗境内，依次经过贾拉勒阿巴德城（Jalalabad，今阿富汗境内）、可不理（Cabul，今阿富汗喀布尔）、八鲁湾（Parvan，今阿富汗境内）、兴都库什山（Hindu Kuch，今阿富汗境内）、塔里寒（Talhan，今阿富汗境内），再越过帕米尔（Pamir，即葱岭）进入中国新疆境内，穿过撒里库尔（Sarcil，今新疆塔什库尔干）、雅尔干（Yarkand，今新疆莎车）、于阗（Chotan，今新疆和田）、齐兰（Zilan，今新疆阿瓦提）、阿苏（Acsu，今新疆阿克苏）、苦先（Cucha，今新疆库车）、叉力失（Chalis，今新疆焉耆）、吐鲁番（Turfan，今新疆吐鲁番）、哈密（Camul，今新疆哈密），然后由嘉峪关进入甘肃境内的肃州（Sucheu，今甘肃酒泉）。[①] 鄂本笃率领500余人的庞大使团以肃州及其周边地区为据点，再前往北京。这条丝路古道因为鄂本笃之贡使和商队重新焕发出耀眼的光芒，有明一代，通过这条丝绸之路通道，不仅加强了与西域、中亚、西亚等国的交流，更是极大地推动了西北地区的社会与历史变

---

　　① 万明：《试论明代海陆丝绸之路的变迁——从葡萄牙耶稣会修士鄂本笃自陆路来华谈起》，《中外关系史论丛》第6辑，香港社会科学出版社有限公司2005年版，第408页。

迁。从官方层面而言，"鄂本笃的经历说明了自莫卧儿王国到哈实哈儿王国，均与明朝有着朝贡关系"①，明王朝对于西域之经略以及与中亚、西亚之联系十分重视。通过丝路古道，明代除了设立哈密卫以外，还在西域大肆封王，所谓"效臣职，奉表笺，稽首阙下者多至七八十部"②，实现对西域地区的羁縻统治。而以民间视野而言，这条丝路古道不仅加强了内地与西域的交往，亦加强了内地与中亚、西亚以及西域与西北地区之交往，尤其是丝路古道往来的使团更多的是以商业贸易和文化传播为主要使命，显然推动了西北地区商业贸易、民族融合和文化发展，促使西北地区步入深远的社会与历史变迁。

明代，固原地区作为丝绸古道的重镇，是天山北道与南道的中转站之一。明太祖定都南京之时，往来使者和商贾由中亚、西亚、西域等地而来，穿越嘉峪关至兰州、安定、会宁、平凉、固原、西安、洛阳、郑州，再进入南京。明成祖定都北京以后，贡使从嘉峪关入关以后，进入甘肃境内的酒泉，沿着各个驿站到达北京。据杨正泰的考证，贡使入嘉峪关后，先后经过了甘州驿、山丹驿、水泉儿驿、凉州驿、苦水湾驿、沙井驿、延寿驿、保宁驿、隆城驿、高平驿、京兆驿、潼关驿、周南驿、河阳驿、覃怀驿、武安驿、卫源驿、邺城驿、丛台驿、恒山驿、金台驿、涿鹿驿等二十二处驿站。③ 这些驿站构成了明代境内主要丝绸之路通道，各个驿站既是接待贡使之处，亦是往来商贾贸易交流之所，意义非凡。明代固原及其周边地区正是两条主要丝绸之路通道的必经之地，繁荣的经济交流与文化交流促进了固原地区的社会变迁。就固原地区而言，明代承袭元代之旧制，在元代驿站的基础上进一步拓展固原地区的丝绸之路通道，虽然在大多数时候，固原及其周边地区之地位在明代主要以军事特征而凸显，但由于

① 万明：《试论明代海陆丝绸之路的变迁——从葡萄牙耶稣会修士鄂本笃自陆路来华谈起》，《中外关系史论丛》第 6 辑，香港社会科学出版社有限公司 2005 年版，第 400 页。

② 张廷玉等撰：《明史》卷 332《西域四·别失八里》，中华书局 2011 年版。

③ 杨正泰：《明代驿站考》（增订本），上海古籍出版社 2006 年版，第 8—134 页。

其形胜方位之重要，使得固原及其周边地区亦成为丝路重镇。

> 固原长壕大堑，连山峻极，四塞之接而襟带之固也……宁夏环灵武之境，延绥引朔方之圻，甘凉接皇州之垒，共阻三面，以扼南牧之虏。而元戎甲士利剑劲锻，罔不聚焉。然延袤不啻数千余里，山川纠缪而迤逦焉。烽火不接，声势斯携，固原居中而执其枢，左顾则赴援绥、灵，右顾则迎应甘、凉，击常山之蛇以合左右之节，逐中野之鹿以成掎角之形，固原实有也。①

在固原境内，丝绸之路北达河套地区，西通甘、凉、肃，与嘉峪关遥相呼应，而南下明王朝统治核心区域的关中地区就有"官衢通道"② 相互通连。实际上，自明代伊始，固原地区境内的"官衢通道"四通八达，有史可考的通道达到十条之多，构筑了固原地区境内丝路通道的完整交通网络，成为通连汉唐丝路古道的主要交通要道。"官衢通道"的开发，既是军事补给线，亦是商业与文化交流据点，意义十分重大。明代之官衢通道主要是迭烈孙道。

史载，迭烈孙道开通于西夏时期，"迭烈孙堡在靖远北，夏所置"③、"靖虏隘口有迭烈孙口"④。迭烈孙道自开通以后，成为西夏境内主要的丝路通道，往来商贾络绎不绝，呈现出一派繁华景象。具体而言，迭烈孙道之走向为：从固原州开城县（今固原南开城乡）出发向西北而行，经过古原州城、须弥山、海原、干盐池等地，到达靖

---

① 杨经纂修，韩超校注：《嘉靖固原州志》，引自胡玉冰主编《宁夏珍稀方志丛刊》，上海古籍出版社 2018 年版，第 65—66 页。

② 所谓"官衢通道"指的是自明代开始固原地区丝路通道的主道，史志称之为"官衢通道"，以区别于"民间小道"。实际上，明清时期"官衢通道"遍布全国各地，并非固原地区所特有。

③ 马冠群撰：《甘肃地略》（影印本），宁夏回族自治区交通厅编写组《宁夏交通史》，宁夏人民出版社 1988 年版，第 109 页。

④ 陈炳光：《清代边政通考》，南天书局有限公司 1936 年版，第 217 页。

远，至迭烈孙堡越黄河，进入甘肃境内之武威、山丹、张掖等河西各州和卫所，融入汉唐丝绸通道，延伸至西域诸地，然后由西域而入中亚、西亚，构成完整的丝绸之路通道。迭烈孙道的开通源于军事需要，洪武至嘉靖时期，作为明代之边防前哨之地，河西地区军事地位尤为突出，明廷在此地常年驻有大军，每年需要大量粮草，均由陕西关中及中原地区补给粮草。最初，明廷将粮草先从内地运送至平凉，再由平凉辗转各驿站，跨越六盘山运往河西之地，以资驻防军队粮草之糜，"西安靖府州，岁运粮饷赴甘州、凉州、山丹、永昌诸卫，皆经平凉府隆德县六盘山蝎晰岭"，但这条通道由于跨越六盘山，"山涧陡绝，人力艰难"，运输粮草极为不便，因而寻找更为便利的交通要道成为迫切的现实需要。时任陕西参政的杨善奏言："开城县旧有路，经迭烈孙黄河，平坦径直，抵甘州诸卫，近五百余里。洪武中，官置渡船，平凉拨军造济，人以为便，既乃罢之。今请如旧开通，以利民。"① 明廷采纳了杨善之建议，于宣德七年（1432），开通迭烈孙道。此道之开通，不仅拓展了明代河西之粮道，更是疏通了明代固原地区之商业通道，意义十分重大。

有清一代，西北传统的丝绸之路实际上得到了进一步拓展，只是相对于更为繁荣昌盛的海上丝绸之路而言，显得更为寂寥。西北传统丝路古道之拓展，得益于清代在西北的军事战略。清初用兵西北首先肃清陕、甘、宁、青地区的反抗势力，于顺治二年（1645）六月，平定在西北的李自成农民起义军，稳定陕甘地区的社会秩序，随后又陆续镇压了米喇印和丁国栋之起义、王永强的抗清斗争以及王辅臣之叛乱；其次用兵新疆，历时近百年，先后肃清蒙古准噶尔部之叛乱，实现了对新疆地区的大一统。伴随着清廷西北军事战略的渐次推进，丝路古道逐渐畅通。在平定西北的过程中，清廷十分重视对于道路的开拓和驿站的设置，道路建设往往依据传统的丝绸之路而进一步拓

---

① 龙文斌撰：《明会要》卷75《方域五·道路》，中华书局1998年版。

展，主要以修建马车道为其标志，陕甘境内马车道纵横交错，蔚为壮观，共有六条马车道横亘其间，构筑了西北地区独具特色的网状交通线路。其中：长安至西域道，这条马车道是传统的丝路古道之延伸。其具体路线为：以长安为起始点，经长武而入甘肃境内，翻越固原地区之六盘山至皋兰（今兰州），西行至敦煌，进入新疆境内。皋兰通向四川之马车道，从皋兰始，经过安定，西行至陇西分为两道，左道经岷州、阶州（今武都）、文县，从碧口入四川境内；右道经秦州（今天水市）、成县，东南行至白马关抵达陕西略阳，由此进入四川境内。由皋兰至宁夏北部的马车道，由皋兰为起始点，东北方向行至靖远，经过中卫至宁夏北部；平凉至石嘴子（今宁夏石嘴山市）马车道，此路出平凉，西行至瓦亭，再折向北行，经固原，沿着清水河北上，渡过黄河至宁夏北部，再继续北行到达石嘴山。皋兰至陕西关中的马车道，此路由皋兰为起始点，东南方向行至安定，穿越陇西，经伏羌，过秦州再分两路，一路渡过清水河，折向东北行至陕西陇县，继续东行到达长安；另一路由秦州至宝鸡，再由泾川之邠县到达长安。皋兰通向西藏的马车道，由皋兰行至西藏境内，亦分为大小两条通道，小路由皋兰西行至新城营，渡过黄河，沿着湟水至西宁，由西宁进入西藏境内；大路则皋兰北行，渡过黄河，经平番（今永登县）、碾伯（今青海海东市）到达西宁，再由西宁翻越日月山，溯青海湖向西南而行，到达西藏境内。[1]

另外，清代西北丝绸之路的概况可以通过林则徐的《壬寅日记》[2]一窥其详。林则徐的行程历时125天，总行程达到8000余里，大致分为三段。第一段：由陕西西安出发，越过渭河流域，途经陕西咸阳县、醴泉县至乾州，由乾州经永寿县至邠州，再渡过泾河，过长

---

① 谷苞主编：《西北通史》第4卷，兰州大学出版社2005年版，第283页。

② 林则徐因虎门销烟被投降派诬陷，再加之清政府迫于英国压力，决定对林则徐"从重治罪"，于1841年6月28日流放新疆伊犁。1842年8月11日，林则徐从西安出发前往伊犁，其详细行程记载在《壬寅日记》中，这条路线正是西北传统丝路古道。

武县到甘肃泾州，由甘肃泾州达平凉府，越过六盘山，经固原市隆德县，经宁静州、会宁县，到达甘肃兰州。行程第二段：由兰州出发，渡过黄河，经平番县，越过乌稍岑，经过古浪县，到达凉州府城（今甘肃武威市），再先后经过山丹县、甘州府城（今张掖市）、扶彝、高台，到达肃州（今酒泉市），然后出嘉峪关，经玉门县至安西古镇，越过素有新疆"门户第一重镇"之称的星星峡，进入新疆境内的哈密城。行程第三段：由哈密出发，西行近三百里抵达瞭墩驿，再折向北行，入奇台县，经阜康县，抵达乌鲁木齐，再先后经过昌吉县、绥来县，越过玛纳斯河，抵达乌兰乌苏驿（今新疆沙湾县东），沿着库尔喀喇乌苏（今新疆额林哈必尔噶山北麓），入精河县，再经托霍木图，渡过赛里木湖，翻越塔尔齐山（今新疆拜城县西北），抵达伊犁。① 林则徐之行程，除了个别地区因为环境恶劣等原因改走他途，大部分线路基本上与汉唐以后西北的丝路古道相吻合，预示着清代西北丝绸之路依然承载着其独特的历史使命。

概而言之，清代西北丝绸之路的畅通与清廷对于西北陆上马车道和驿站的建设紧密相关。清初为了便利用兵西北，尤其重视对于西北的交通通道之建设，陆路交通之建设主要以马车道和驿站为主，马车通道与驿站的设置主要依据前代丝绸之路的据点而设置，并在此基础上得到较大的拓展，尤其驿站之设置四通八达，构筑成严密的交通网络。史载，有清一代在西北设置的驿站，陕西境内达到 130 多处，铺递共 563 处。② 在甘肃、青海、宁夏境内驿站之数目达到 140 多处，铺递则 100 多处。③ 在新疆境内，驿站和铺递之数量亦达到 270 余处。④ 另外，清代在北方草原地区亦设置大量的驿站，如仅在今内蒙

---

① 林则徐：《林则徐集·日记卷》，中华书局 1962 年版，第 169 页。

② 杨虎城、邵力子修，宋伯鲁、吴廷锡纂：《续修陕西通志稿》卷 53《交通一》，影印本。

③ 昇允修，长庚纂：《光绪甘肃新通志》卷 19《建置志·驿递》，广陵古籍刻印社1987 年版。

④ 钟广生撰：《民国新疆志稿》卷 3《驿站》，民国十九年铅印本。

古地区先后设置喜峰口驿站 16 个、杀虎口驿站 6 个、古北口驿站 7 个、独石口驿站 16 个、张家口驿站 7 个，共计 50 多个驿站。① 驿站之设置，最初是为了实现单纯的军事目的，即实现大一统，加强对这些地区的政治控制，但随着军事目的渐次实现，交通亦得到大大拓展，其承载的历史使命由军事转变为经济，进而促进丝路沿线各族群商业之发展、文化之交流、民族之融合。以马车道和驿站为基础，西北和北部地区传统丝绸之路与草原丝绸之路相互通连、交相辉映，促进了西北和北部地区社会之发展。

　　清代固原地区的丝绸之路主要以马车通道和驿站为主。主要有：一是固原至下马关、韦州等地的军塘路。固原境内最为畅通的马车通道就是军塘路，军塘之设置一般位于重要据点，"自宁夏至固原，军塘皆设惠安、韦州、下马关、预旺城一路"②。明代在西北设置了较多的军塘，至清代时以驿站取代军塘，但二者性质基本相同。军塘的设置主要是为了军邮邸报之传递，但在一定时期内承载了商业通道的使命。二是静宁至固原、隆德至固原、固原至靖远、固原至宁夏城等数条马车通道。③ 固原境内的马车通道大多是依据前代已经开通的丝绸之路而拓展，基本上辐射了整个固原地区，对于固原地区政治、军事、经济、文化以及民族融合均具有深远的社会价值。三是隆德至平凉、固原至环县、固原至红崖等地的骑行路。清代之骑行路一般位于形胜险要之地，仅能骑马通行，但其辐射范围广，是西北陆路交通的重要组成部分。④ 四是六盘山马车通道。实际上，六盘山马车通道是清代在"六盘山道"的基础上扩建而成。六盘山是形胜险要之地，历代均重视对于六盘山之经营。如唐代建置六盘关；蒙古国长期控制

---

　　① 内蒙古公路交通史志编委会：《内蒙古古代道路交通史》，人民交通出版社 1997 年版，第 190 页。

　　② 欧阳莲等撰：《平远县志》，台湾成文出版社 1973 年版，第 209 页。

　　③ 刘郁芬等修，杨思壬等纂：《民国甘肃通志稿》卷 58—61《交通》，影印本。

　　④ 马冠群撰：《甘肃地略》，宁夏回族自治区交通厅编写组《宁夏交通史》，宁夏人民出版社 1988 年版，第 112—113 页。

六盘山并驻扎大军，为攻宋灭西夏之军事基地，亦是安西王府所在地；明代多次用兵六盘山，并建有军事重镇，成为经略西北之军事要地。清人谓六盘山为"六盘鸟道"。所谓"六盘鸟道"，是为"洛畔、络盘之沿说也"，"是山峻嶒奥曲，跋涉恒艰，洵为天堑"，山腰屹立关帝庙，其景逶迤神奇，"谓为鸟道"①。六盘山通道早在元代就已经开通，至清代之时先后经过两次较大规模的修建。第一次是同治八年（1869），左宗棠进军新疆时，为了解决军需问题，开始整饬拓展陆路交通，疏通了六盘山马车通道，这条通道被尊称为"左公大道"，此道之开通不仅大大便利了用兵西北进而维护西北地区之统一和稳定，而且促进了固原地区交通的发展，推动了固原地区丝绸之路的变迁历程。第二次是光绪元年（1875），为了确保粮道之疏通，时任平凉观察使魏光焘对于六盘山马车通道进一步整饬拓宽，重点是对最为险峻的三关口进行整修，依据其《增修三关口车路记》所载，三关口位于六盘车道的险要之地，"削壁夹流，石径耸立"，而地位却相当重要，"而地当冲要，往来如织"，但行路之难犹为苦焉，"马蹄车轮，辄事倾陷，是以行者苦之"②。正是在这种状况下，魏光焘主持修建了三关口车路。

> 光绪乙亥春，余捐廉庀具，督勇鸠工。自安国镇南岸西上，凿石辟山，陀者坦修，陉者突平，蜿蜒而达关口者三十里。频堰水道，踵修至瓦亭而至……爰于关口循北傍南，辟其石根，叠石为栏，顺其水性，依水成洁，而是路将成康庄焉。以总兵朱正和任其事，龙恩思副之。役勇雇匠，通力合作。始事于仲春，竣工于孟冬。费白金千两，悉取俸钱助之。路长二百寻，高及二寻，

① 王学伊修，锡麒纂，韩超校注：《宣统新修固原直隶州志》，引自胡玉冰主编《宁夏珍稀方志丛刊》，上海古籍出版社 2018 年版，第 44 页。

② 王学伊修，锡麒纂，韩超校注：《宣统新修固原直隶州志》，引自胡玉冰主编《宁夏珍稀方志丛刊》，上海古籍出版社 2018 年版，第 289—290 页。

沟深逾四尺。缭以护垣，两轨并驱裕如也。①

三关口马车路的修筑使得六盘鸟道畅通无阻，成为固原地区通往甘肃西北部进入新疆地区的主要通道，亦是清代固原地区最为重要的丝路通道之一。围绕六盘山马车通道，固原境内的三关口、瓦亭关等与其相连，构筑成完整的丝绸之路通道，"无论从哪个角度看三关口、瓦亭关、六盘山一线的交通，都与丝绸之路结缘"②。

二　丝绸之路与明清时期固原地区的缓慢发展

明清时期，固原地区之交通获得了前所未有的发展，如迭烈孙道的开凿、军塘路的扩展、六盘鸟道的疏通、三关口的修建、数条马车通道和马骑路的开通，标志着明清时期固原地区交通得到显著发展。汉唐以后的古丝绸之路至明清时期融入四通八达的交通网络中，陆上交通与丝绸之路完全吻合，预示着明清时期丝绸之路的进一步扩展。对于固原地区而言，丝绸之路于明、清两代呈现出截然不同的社会效应。明代，固原地区以原州为核心为明王朝之边疆重镇，伴随着军事形势的进展，明王朝不断加强对固原地区的控制，丝绸之路时禁时开，丝路贸易与文化交流亦附着了更多的军事与政治色彩，在一定程度上抑制了丝绸之路上的商业贸易与文化交流；清代，伴随着清廷对西北地区大一统的完成，清廷亦把经略西北的重点转移到新疆地区，固原地区作为传统的边疆重镇之色彩开始黯然失色，由此导致的社会效应是固原地区丝绸之路不可避免地走向衰落。换言之，明清时期，固原地区伴随着交通的发展，丝路文明反而开始沉寂，充分说明了明清时期固原地区丝绸之路的军事属性与政治属性掩盖了其商业属性和

---

① 王学伊修，锡麒纂，韩超校注：《宣统新修固原直隶州志》，引自胡玉冰主编《宁夏珍稀方志丛刊》，上海古籍出版社 2018 年版，第 290 页。
② 薛正昌：《宁夏境内丝绸之路文化研究》，甘肃教育出版社 2014 年版，第 54 页。

文化属性，丝绸之路的衰落应是时代发展的必然结果。但即便如此，明清时期固原地区丝绸之路所承载的政治、军事、经济、文化、民族、宗教等显著因素潜移默化地推动了固原地区的社会与历史变迁。

明清时期丝绸之路对于固原地区之影响十分深刻，促使固原地区步入复杂的社会变迁历程之中。

（一）丝绸之路与固原地区政治、军事及行政区划变迁

明清时期，固原地区丝绸之路承袭汉唐以后形成的古丝绸之路，并在此基础上伴随着交通的拓展而进一步延伸。丝绸之路对于固原地区的影响与汉唐宋元不同的是，虽然丝绸之路进一步拓展，但由于明末清初以后政府对于固原地区政治与军事关注的逐渐降低，导致丝绸之路商贸及文化交流中心据点开始转移，固原地区的地位有一定程度之下降。即便如此，明清时期丝绸之路依然深深影响着固原地区的社会变迁，其中最为重要的就是在丝绸之路的规范和引导下，固原地区的政治、军事及行政区划步入了深刻的历史变迁历程。

作为丝绸之路的重要据点，明廷为了加强对西北边疆的控制，并以固原地区作为经略西北、通连西域及中亚、西亚诸国之军事据点，因此有明一代固原地区的政治、军事与行政区划往往融为一体，共同促进固原地区的社会变迁。从这个意义上观之，明代固原地区以军事为核心，而且政治与行政区划诸多层面都是围绕军事及其设置而形成。对于明代固原地区重要的军事地位，首先体现在其军事设置和军事防御层面。明代，固原作为著名的九边重镇之一而闻名于世。但固原镇之设置经历了较为漫长的历史演变过程，且与明廷对于西北地区的政治与军事控制力强弱有着直接的关系。实际上，从军事防御的眼光观之，明代固原镇的设置脱胎于陕西镇，其间出于对蒙古军事防御的需要，由陕西镇向固原镇的转换经历了相当复杂的历史变迁过程。明代是在攻灭元代的基础上建立起来的大一统王朝，但明军攻破元都城大都以后，元顺帝率部退居漠北，元朝虽然灭亡，但其实力尚存，"引弓之士不下百万众"，而且自退居至漠北以后，进一步招揽旧部，

统一蒙古各部落，"归附之部落，不下数千里也"，至于军械、铠仗、战马一等装备齐全，"尚赖而用也。"① 因此，有明一代，蒙古始终是明朝边疆之心腹大患，在明代建立伊始就制定了针对蒙古的防御政策，所谓筑壕固堑，以守为攻，"固守疆圉"②。明代中前期，明廷边疆防御之重点区域在东北部边疆，而非西北地区，"国初，敌遁河外，居漠北，延绥无事"③。然自洪武末年开始，蒙古活动中心逐渐转移至西部地区，开始频频活动于甘肃一带，对明代西北边疆之威胁逐渐加深。与此同时，中亚帖木儿帝国统一西域诸国，其东进步伐加快，西北边疆之危机进一步激化。为了应对日益严峻的西北边疆危机，明廷开始重视对于西北边疆重镇的建构。在此种背景下，甘肃、宁夏、延绥三镇之设置正是应对西北边疆危机的产物。此后，伴随着蒙古在河套地区活动的加剧，并开始以六盘山为屏障，屡次南下不断侵扰陕西庆阳，甘肃平凉、固原、临洮等地。④ 明廷为强化西北边疆之防御，于天顺元年（1457）增设陕西镇，协同甘肃、宁夏、延绥三镇共同防御蒙古。天顺以后，西北边防区域中固原地区的军事地位日益重要，成化五年（1469），在固原守备的基础上设置固原兵备道，不久又升固原千户所为固原卫，而且在固原地区同时设置西安守御千户所和镇戎守御千户所，与固原卫形成掎角之势，共同构筑防御蒙古的牢固防线。自成化至正德时期，蒙古以河套为基地，数次突破六盘山，入侵固原地区，造成明代严峻的西北边防危机，"虏酋犯顺，屡害地方"，"其辽东、宣府、大同、延绥、陕西、宁夏、甘肃尤为要甚"⑤。因此，镇守西北边疆之各级官吏不断提出固原防备蒙古的重要性，

---

① 谷应泰：《明史纪事本末》卷10《故元遗兵》，中华书局1977年版，第149页。
② 黄彰健校勘：《明太祖实录》卷78，洪武六年正月壬子，中华书局2016年版。
③ 章潢：《图书编》卷46《河套叙》，上海古籍出版社1992年版，第59页。
④ 黄彰健校勘：《明英宗实录》卷190，景泰元年三月癸丑，中华书局2016年版。王琼：《北虏事迹》，薄音湖主编《明代蒙古汉籍史料汇编》第1辑，内蒙古大学出版社2006年版，第130页。
⑤ 黄彰健校勘：《明武宗实录》卷164，正德十三年七月己亥，中华书局2016年版。

"固原为防胡重地，乃陕西根本之地"①，并建议"宜令陕西巡抚、总兵驻扎固原，以扼其吭"②。实际上，由陕西移驻固原之建议早在成化时期就有朝臣提出。

> 巡按陕西监察御史朱瓒奏："固原、靖虏、洮、岷、河、兰等处北通胡虏，南近番夷，实西北要冲之地，每河冰冻合，虽日调兵防守，至春复还，猝难策应，宜令总兵白玘专驻固原等处"，兵部行陕西守臣议可否。巡抚都御使郑时等言瓒所奏诚备边远虑，但终南汉中距陕西千余里，僻居西南万山之中，流移啸聚，关系匪轻，亦难无备，宜令玘先冬而往，春尽始还。兵部覆奏，玘居陕西，道里适均，可以节制终南等处。若僻守固原、靖虏，脱内郡有警，咎将安归？况屯兵既众，饷馈难继，不若仍旧以便。上是之，命白玘如旧节制防守。③

虽然明廷否决了陕西总兵移驻固原的建议，但事实上，伴随着蒙古对于固原地区的侵扰不断加深，为强化对西北边疆之防御，明廷最终决定以陕西镇守官移驻固原，大幅度提升固原之军事地位。嘉靖初期，陕西总兵开始移驻固原，"镇守陕西总兵官，驻扎固原城"④，并逐渐形成定制。

军事地位的重要及其复杂的变迁历程亦促使明代在固原地区行政区划之变迁。前文叙及，有明一代在固原地区的行政区划变迁蔚为复杂，其与军事地位之变迁相互契合，反映了固原地区在明代西北边防

---

① 杨一清：《为咨访群策以裨边务事》，《明经世文编》卷117《杨石淙文集》，中华书局1962年版，第1111页。

② 王琼：《为计处边务事》，《明经世文编》卷110《王晋溪本兵敷奏二》，中华书局1962年版，第1001页。

③ 黄彰健校勘：《明宪宗实录》卷269，成化二十一年八月甲午，中华书局2016年版。

④ 魏焕：《九边考》卷10《固原镇·责任考》，薄音湖主编《明代蒙古汉籍史料汇编》第6辑，内蒙古大学出版社2009年版，第310页。

体系中独特的社会地位。明代立国之初，固原曰开城，隶属于陕西布政使司管辖之下；为防御蒙古之侵扰，景泰年间修筑固原城，设守御千户所，天顺年间增设固原守备；成化年间，蒙古攻陷开城，不久又爆发平石城土达满四之乱，明廷意识到固原地区重要的军事地位，"因集兵立固原卫，统左、右、中三千户所"①，并增设兵备；弘治十五年（1502），改开城县为固原州，进一步强化固原地区的军事防务。据统计，明代固原地区吏目众多，其中先后担任总制边务大臣的有秦纮、杨一清、才宽、张泰、邓璋、李钺、王宪、王琼、唐龙等八人；镇守固原武职大臣的有曹雄、韩玉、杨英、侯勋、赵文、刘淮、郑卿、张凤、鲁经、刘文等十人；分守固原参将于嘉靖年间设，余四年旋又废除，担任此职的有刘文、李佐、苗金等三人；固原等处游击将军设置于弘治年间，计有陈善、姚振、李佐、张雄、张镐、张环、雍斌、陶文、夏钦、彭城十人；②整饬固原兵备宪臣于成化五年（1469）设置，"专一在于固原、高桥、靖虏等处往来巡历，抚安土达。仍整饬固、靖、甘、兰兵备，操练军马，修理城池、墩台、关堡，防御贼寇，兼理词讼、粮储"③，共有杨勉、严宪、边完等二十二人；固原守备设于天顺五年（1461），其主要职责是操练军马、修理城池、抚恤土达、防御贼寇，共计有荣福、哈昭、马杰、樊盛等十九人担任此职，强化固原地区之军事；其余诸如固原知州共计有八人、同知二人、吏目五人、学正及训导计有二十人、固原卫并守御千户所官共计一百〇六人。以上述不完全统计，明代固原官吏名目繁多，体系庞大，大多为武职，昭示了固原地区军事地位之重要，而固原地区之行政区划倾向于军事色彩者较多。概而言之，明代固原地区

---

① 刘敏宽、董国光纂修，韩超校注：《明万历固原州志》，引自胡玉冰主编《宁夏珍稀方志丛刊》，上海古籍出版社 2018 年版，第 100 页。

② 杨经纂修，韩超校注：《嘉靖固原州志》，引自胡玉冰主编《宁夏珍稀方志丛刊》，上海古籍出版社 2018 年版，第 28—35 页。

③ 杨经纂修，韩超校注：《嘉靖固原州志》，引自胡玉冰主编《宁夏珍稀方志丛刊》，上海古籍出版社 2018 年版，第 31 页。

行政区划的整齐划一和军事机构的体系完备，促使固原地区社会整体趋向粗犷、尚武及文化的多元化。总体上而言，政治与军事之特色与丝绸重镇融为一体，彰显了固原地区别具一格的边塞特色。

明代自固原以西，延伸至嘉峪关，再由嘉峪关西行一千六百余里便是广袤的西域地带，亦是汉唐以后传统的丝路古道，固原地区作为这条丝路古道的主要中转站在明代依然发挥着不可替代的重要作用。明代在固原地区不断强化军事职能之缘由有两方面：襄守边疆、拱卫中央是其重要的目的；但另一方面以固原地区建构牢固的军事防线，进而经略广阔的西域地区亦是明代经略固原地区的重要目的。对于前者，前文多有论及，不再赘言。明代强化对于西北丝绸之路的经略一直是有明一代的基本国策，这一基本国策的施行依然以畅通西域丝绸之路为基础，而畅通西域丝绸之路必先处理好与蒙古国之关系，正如田澍所言：

> 面对广大西域地区的蒙古势力，明朝则通过丝绸之路来加强联系，以和平的手段确保双方的友好关系，尽可能减轻北方的军事压力。这是明代丝绸之路的基本格局，并因此决定着该时期沙漠丝绸之路的基本走向。作为当时的世界大国特别是丝绸之路上的核心国家，明朝有权力根据国力的变化和形势的需要来调整丝绸之路的交往频率，对某些政治体采取限制或禁止贸易的方式只是为了达到某一政治目的的临时之举，而非常态，属于明朝管控对外交往的正常权力。所以说，明朝根本不可能将自己封闭起来，更不会与世隔绝。终明之世，以丝绸之路为代表的对外交往一直在进行着，未曾中断。[①]

在经略西北地区的过程中，明廷先后在嘉峪关以西至新疆境内设

---

① 田澍：《国家安全视阈下的明代绿洲丝绸之路》，《中国史研究》2017 年第 4 期。

置"关西七卫"①，其目的十分明确："内附肃州，外捍达贼。"② 实
际上，关西七卫之设置，其第一要务就是以军事经略西域地区，而其
潜在的目的亦体现在通过畅通古丝路通道，拓展与西北少数民族及其
政权之交往，达到羁縻而治之目的。因此，从这个意义上观之，明代
以固原地区为核心的丝绸之路向西连接嘉峪关以西、河西走廊及通往
西域的陆上丝路通道，向北则通联北方蒙古草原丝绸之路，丝绸之路
之变迁首先促使固原地区政治、军事及行政区划之变迁，而此种变迁
之突出特征就是丝绸之路与政治、军事及行政区划融为一体，互相影
响，构筑成固原地区独具特色的政治生态。

　　及至清代，尽管海上丝绸之路尽领风骚，然西北古丝绸之路依然
发挥着重要的作用。清代渐次平定西北地区，尤其是平定新疆地区的
准噶尔以后，统一天山南北，广阔的西域地区重新纳入清政府的有效
统治版图，古丝绸之路再次焕发勃勃生机，促使西北地区步入前所未
有的社会变迁历程之中。有清一代，固原地区战乱频仍。自清代肇基
立极以后，在固原地区发生了大大小小十五次战争③，而且波及范围
较广，几乎与清代相始终。在此背景下，清廷在用武力平定固原地区
各种起义或者叛乱的基础上，不断疏通丝绸之路通道，使得固原地区
成为内地与西域地区丝绸之路通道的中转站。为了维护丝绸之路通
道，清政府十分重视在固原地区的政治、军事设置与行政区划布局，
以便建构经略西域的牢固据点。在政治与军事上，清代固原地区文化
官吏体系设置十分完备。文职方面，计有固原直隶州知州署、固原直
隶州学正署、固原直隶周吏目署、固原州粮仓、固原州城义仓、巡警
总局、同仁公局、戒烟施药公局、农业试验场、军流习艺所、养济

---

　　① 关西七卫，又名哈密七卫、西北七卫、蒙古七卫，是指明廷在嘉峪关以西至新疆哈
密一带先后建立的七个卫所，即曲先、阿端、安定、罕东、赤斤蒙古、沙洲、哈密，其性
质为羁縻卫所，是嘉峪关乃至河西走廊的重要屏障。

　　② 陈洪谟：《继世纪闻》卷6，盛冬铃点校，中华书局1985年版，第110页。

　　③ 王学伊修，锡麒纂，韩超校注：《宣统新修固原直隶州志》，引自胡玉冰主编《宁
夏珍稀方志丛刊》，上海古籍出版社2018年版，第143—144页。

院、栖流所、盐厘统捐局、电报局等；武职方面，计有固原提督署、提标中营参将署、各游击署、各守备署、军械所。① 据统计，有清一代固原历任职官人数十分庞大，其中文职包括知州、学正、吏目总计91 人，武职包括提督、参将、游击、守备、千总、把总总计 603 人。② 从职官数量上比较，武职数量庞大，十分明确地表明清代固原地区军事地位的重要性。事实上也是如此，有清一代固原地区为战乱频仍之地，再加之清代固原地区为古丝绸之路的必经通道，是远略西域、通连中亚、西亚诸国的中转站，因此清政府十分重视对固原地区的军事经略。同时，古丝绸之路的畅通又进一步促进清廷对于固原地区的有效统治。与明代完全侧重于军事色彩相比较而言，清代在固原地区的行政区划呈现出两大鲜明特征：一方面承袭明代之特色，在固原地区的行政区划强化军事色彩；另一方面伴随着对于新疆地区的统一，固原地区作为西北边疆之地位有所下降，因此在固原地区行政区划之设置更加趋同于内地，如顺治时期设置固原道、康熙时期建立固原州、同治时期升固原州为直隶州，行政区划简单明了而又整齐划一，意味着以固原地区为据点承担起更多的民政与社会事务。

（二）丝绸之路与明清时期固原地区民族之变迁

明清时期，伴随着海上丝绸之路的繁荣昌盛，西北丝绸之路相对于汉唐而言总体趋向衰落，但在一定程度上依然获得相对发展，尤其是古丝绸之路所经的城镇成为西北地区民族交往与交融的主要据点，而明清之固原地区是西北丝绸之路的主要集散地，伴随着丝绸之路的延续，固原地区亦成为这一时期民族交往与交融的重要场所，深刻地影响着固原地区历史之变迁。

明代在西北丝绸之路沿线主要据点分布的少数民族主要有两大部

① 王学伊修，锡麒纂，韩超校注：《宣统新修固原直隶州志》，引自胡玉冰主编《宁夏珍稀方志丛刊》，上海古籍出版社 2018 年版，第 153 页。
② 王学伊修，锡麒纂，韩超校注：《宣统新修固原直隶州志》，引自胡玉冰主编《宁夏珍稀方志丛刊》，上海古籍出版社 2018 年版，第 258 页。

分，即蒙古族与西域内附诸族。对于蒙古族而言，明朝立国以后，元顺帝率部退居上都（今内蒙古正蓝旗东闪电河北岸）一带，是为北元，开启了与明代长期的对峙历史。元室北徙以后，不仅占有漠南、漠北、东北、西北的广阔地区，而且蒙古贵族还具有强大的军事实力，常常出没于陕西、甘肃、山西、云南等地，与明廷战事频繁。明洪武时期，经过与蒙古几次大规模的战争以后，导致两个显著的结果：一方面，通过对蒙古之战争，明廷成功抑制了蒙古贵族的复辟；另一方面，明蒙之间形成一种力量的均衡，明朝也没有能力解决南北一统的问题。"明、蒙战和交织期间"①，形成了蒙古族错综复杂的分布态势：一是蒙古族本部，号称"四十万"蒙古，即明代鞑靼蒙古，这是蒙古族的主体。二是卫拉特蒙古，即瓦剌蒙古，明代卫拉特蒙古经历了相当复杂的民族变迁历程，也先统治时期的卫拉特蒙古实力大大增强，制造了"土木堡"事件。清代称卫拉特蒙古为厄鲁特蒙古，分为准噶尔、和硕特、杜尔伯特、土尔扈特等四大部以及辉特等小部，蒙古势力深入新疆境内，控制天山南北。三是明代活动于东北一带的兀良哈三卫及科尔沁等部，其部族甚众，与明代之关系较为紧密，明廷在这些部族活动区域设置了朵颜、泰宁、福余三个蒙古卫以羁縻统之。后部分附明，而大部被后金所灭，融入后金统辖。四是明代在西北诸卫有数量较为庞大的蒙古部落居于其间，"明代，在中国西北地区居牧着众多的蒙古部落，除了卫拉特诸部以外，还有哈密卫和关西七卫以及别失八里、吐鲁番等地也有不少蒙古族。"② 明朝对于西北诸卫的积极经营，仍延续汉唐丝路古道之遗风，通过丝绸之路大力发展与西域诸国之交往，"明初有五、六十年，西域各国朝贡之使岁岁不绝。西域各国，包括天山以北的别失八里，到中亚的撒马尔罕和哈烈等，都与明朝有通贡关系"③。五是散居于明朝内地的蒙古

①　杨绍猷、莫俊卿：《明代民族史》，四川民族出版社 1996 年版，第 2 页。
②　杨绍猷、莫俊卿：《明代民族史》，四川民族出版社 1996 年版，第 10 页。
③　杨建新、马曼丽：《西北民族关系史》，民族出版社 1990 年版，第 400—401 页。

族，与其他民族交错杂居，形成较为显著的民族融合态势。这部分蒙古族的主要来源有元代统治时期散居于各地的蒙古驻军、因为战乱而迁徙至内地的蒙古族以及明廷采用羁縻招抚手段招降而来的蒙古贵族、部落首领，明廷对这些蒙古人往往加以重用，授予王、公、侯、伯等爵位，而且往往给予优待，同等级官员的俸禄蒙古人高于汉官。[①]蒙古族自元代伊始就开始散居于固原地区，并有相当数量的人口。固原地区自元代就成为传统丝路古道与草原丝绸之路的交汇处，因而很多蒙古人主要是伴随着丝绸之路渐次居于固原地区。此外元代固原地区蒙古人主要来源有三个途径：一是成吉思汗率领大军于 1227 年进入六盘山，是蒙古人进入固原的开始；[②] 二是安西王府的设置促使蒙古人徙居固原地区之举达到高峰，蒙古庞大的驻军、家眷与部属源源不断地进入固原地区，深刻改变了固原地区民族态势；三是元王朝在固原地区发展农业与畜牧业，招募大量徙民屯垦，"募民徙止，未几户口繁夥"[③]。明朝建立以后，大量蒙古人落户固原地区，明廷称之为"土达"[④]，其具体数量不可考，但根据明代成化四年（1468）爆发的以蒙古人为主的"满四之乱"[⑤] 观之，固原地区之蒙古人数量当十分可观。除了蒙古族以外，明代固原地区民族融合还体现在西域诸族的内附，这是明代陆上丝绸之路所带来的西北地区最为深刻的历史变迁表征之一。明代进一步疏通丝绸之路，加强了与西域诸族的经济与文化交流，西域诸族的内附趋向更加明显。明初之时，西域诸族

---

① 李贤：《达官支俸疏》，陈子龙等撰：《明经世文编》卷 36，中华书局 1962 年版。

② 薛正昌：《固原历史地理与文化》，甘肃文化出版社 1998 年版，第 219 页。

③ 宋濂等撰：《元史》卷 60《地理三》，中华书局 2011 年版。

④ "土达"主要是明代对于落户于甘宁青塞内蒙古人的称呼。固原地区的土达主要源自元亡以后归附于明朝的前元万户把丹，明廷正式将其纳入统治序列，并授予平凉卫正千户，其部族被安置于固原开城一带，主要从事畜牧业。参见杜常顺《史籍所见明清时期西北地区的"土人"与"土达"》，《青海社会科学》1998 年第 2 期。

⑤ 明成化四年，在固原地区的石城爆发了以满俊为首的"满四之乱"，这次叛乱以蒙古人为主体，亦有回、汉等民族参与其间。"满四之乱"的爆发引起了明廷的极大重视，也迫使明廷重新关注和重视固原地区的军事地位，其影响十分深远。

"各自割据，不相统属"，但西域诸部与明王朝建立了十分紧密的联系，西域诸族"迄宣德朝，效臣职，奉表笺，稽首阙下者，多至七八十部"。① 明代在西域之地丝绸之路沿线先后设置安定、阿瑞、曲先、赤斤蒙古、罕东、沙州、哈密等七卫，史称"关西七卫"。七卫所辖面积广阔，东临嘉峪关、西北达新疆巴尔库山、西部至罗布泊、西南至柴达木盆地，散居着畏兀儿、蒙古、回、藏诸多少数民族。明廷通过关西七卫维持了对西域的有效统治，加速了西域诸族内附之进程。如沙州卫部众 1230 余人于正统九年（1444）内徙，居甘州，"自是安居内地，迄无后患"②。曲先卫内乱以后，其部族散亡，大部分"并入安定，居阿真之地"③。罕东卫部族在嘉靖时期"相率求内徙"，"总督王琼安缉诸部，移罕东都指挥枝丹部落于甘州"④。

（三）丝绸之路与明清时期固原地区经济之变迁

明清时期，固原地区各民族之间的经济交流之频繁、规模之宏大、种类之齐全均远超前代，各民族间经济交流的增强极大地推动了固原地区民族融合、社会与文化变迁，影响十分深远。

前文已叙及，明清时期对固原地区均推行了一系列经济开发措施：农田水利设施的建设、官方与民间马政业的振兴、贡赐贸易与商业贸易的展开，都在一定程度上推动了固原地区经济之发展。但就总体状况而言，明清时期的固原地区经济发展十分缓慢，远远落后于全国其他地区。究其原因主要有三：一是明清时期在固原地区大规模的垦荒使得生态环境破坏严重，自然灾害频繁，导致整个社会积贫积弱；二是农民起义与因民族问题而爆发的民族反抗战争，进一步摧残了固原地区脆弱的经济基础；三是丝绸之路时断时续，尤其是海上丝绸之路的兴盛导致西北丝绸之路趋向寂寥，抑制了固原地区商业的发

---

① 张廷玉撰：《明史》卷 332《西域传》，中华书局 2011 年版。
② 张廷玉撰：《明史》卷 330《西域传》，中华书局 2011 年版。
③ 张廷玉撰：《明史》卷 330《西番诸卫》，中华书局 2011 年版。
④ 张廷玉撰：《明史》卷 330《西域传》，中华书局 2011 年版。

展。需要特别强调的是，在大一统政治的统治之下，明清时期的固原地区各民族间的经济交流活动十分频繁，各民族在经济交往活动中关系更为紧密，孕育了中华民族一体化观念的经济基础。

各民族间的经济交往是民族关系中最本质、最直接的关系，是民族交往的根基，左右着民族关系的趋向。正如马克思所言："在古代，每个民族都由于物质关系和物质利益（如各个部落的敌视等）而团结在一起。"① 明代固原地区主要生活着汉族、回族、蒙古族等民族，各民族因经济交往而紧密地联系在一起。明廷在西北及北方边疆地区设置了互市作为各民族间经济交往的主要场所，互市的性质有马市、盐市、木市、茶市等，一般均称为"茶马互市"。实际上，茶马互市早在明代建立之初就已经开始设置，史载："洪武五年，设茶马司于川、陕，听西番纳马易茶"②；"洪武初，设茶马司于秦、洮、河、雅诸州……山后归德诸州，西方诸部落，无不以马售者"③。明廷开设马市的一个重要原因是试图通过马市安抚少数民族，稳定边疆，"绸缪边防，用茶易马，固番人心，且以强中国"④。有明一代，马市的设置遍及九边重镇，作为蒙汉、回汉等民族的重要官方贸易地。在隆庆和议以后，明代在沿边九镇设马市十一处，其中宁夏三处：固原地区的清水营马市、中卫马市以及平虏卫马市（今宁夏平罗）。在互市过程中，明廷给予相关优惠政策，促进各民族间的互市贸易，"凡色目、鞑靼来鬻马者，若三五百匹，止令鬻于甘州、凉州。如及千匹，则听于黄河迤西兰州、宁夏等处交易"⑤。官营马市有明廷主管，一般一年一次，主要是以内地的丝织品、布匹、茶叶、农具、铁锅等生活用品换取蒙古各地、固原地区等的马匹牛羊，官营马市虽然规模

① 《马克思恩格斯全集》第 3 卷，人民出版社 1960 年版，第 169 页。
② 龙文彬撰：《明会要》卷 62《茶马》，中华书局 1956 年版，第 1207 页。
③ 张廷玉撰：《明史》卷 80《茶马》，中华书局 1974 年版。
④ 张廷玉撰：《明史》卷 80《茶法》，中华书局 1974 年版。
⑤ 黄彰健校勘：《明太宗实录》卷 55，中华书局 2016 年版。

大、种类齐全，但管理严格，税负沉重，而且有固定的交易时限，不能从根本上满足各族人民的需要，因而激活了各民族间的民间贸易。明中后期，民间茶马互市十分繁荣，成为汉、回、藏、蒙各族经济交往的主要形式。虽然明廷对于民间茶马贸易采取较为严苛的镇压措施，但收效甚微，甚至出现民间茶马贸易日趋盛焉，而官营逐渐衰惫的局面，"夫茶马司与番为邻，私贩易通……及官易时，而马反耗矣"[1]。民间茶马贸易在很大程度上满足了各民族之间的需求，双方贸易的物品种类齐全，大多涉及日常用品和食物，因而深受各族人民的欢迎，"明代宁夏及周边各民族的经济交流不仅改善了各族的生活，增进了民族间的友好往来，而且也密切了蒙古和中原之间的政治关系"[2]。

至清代时，我国大统一的多民族国家进一步巩固，在深层次上推进了各民族之间的经济交往，"自我朝百年以来……夷人入城，汉人入夷，彼此交易，熟习者往来便利"[3]，各民族在政治、经济、文化诸方面联系更加紧密，中华民族一体化意识空前加强。清代各民族之间的经济交往依然承袭明代，以茶马贸易为主，清中期以后茶马贸易渐趋衰落，取而代之的是集镇贸易。清代茶马贸易亦分为官营和私营两类，对于官营而言，在清中期之前较为繁盛，因为统一战争对战马的需求刺激政府强化对于官营茶马贸易的控制，清廷为此在西北各地"每年榷茶中马，各厅员实掌其事"[4]，极大地促进了西北地区官营茶马贸易的发展。清代的固原地区依然是西北边疆民族贸易中心地之一，在固原地区经营的回族商人尤多，他们通过从事商业贸易活动获取了较多财富，"颇多殷实之家"[5]。财富的积累，一方面使他们拥有

---

① 黄彰健校勘：《明太宗实录》卷188，中华书局2016年版。
② 霍维洮：《宁夏民族与社会发展研究》，宁夏人民教育出版社2003年版，第252页。
③ 黄恩锡纂修，韩超校注：《中卫县志》卷4，引自胡玉冰主编《宁夏珍稀方志丛刊》，上海古籍出版社2018年版，第5页。
④ 刘郁芬修：《甘肃通志稿》卷37《财赋二·税捐》，甘肃省图书馆1964年版。
⑤ 慕寿祺撰，赵元贞、李炳校注：《甘宁青史略》卷31，广文书局影印本。

了较高的社会地位，引领本民族人民民族意识的觉醒；另一方面他们往返奔波于固原地区、甘肃、内蒙古各地，成为通连各民族民间贸易的主要推动者。概而言之，清代各民族商旅通过民间茶马贸易，各取所需，经济交流十分频繁，深刻促进了固原地区的社会变迁。

（四）丝绸之路与明清时期固原地区文化之变迁

明清两朝文化气象与前代相比呈现出两大鲜明之特征：一方面，大一统时代使得传统意义上的丝绸之路隔阂得以消除，各民族间交往更为便利和频繁，民族文化呈现出强烈的融合态势；另一方面，明清王朝均以儒学立国，各民族在大一统的时代于文化教育领域更加趋向一致，儒学逐渐成为维系各民族关系的根本之学。

首先，同全国各地一样，儒学始终是固原地区之显学。固原地区最早的儒学当属明洪武二年（1369）创办的隆德县学，但规格不高；明洪武二十九年（1396），宁夏首设"宁夏中屯等卫儒学"，并在此后不断完善，"制官品秩如府学"①，成为当时宁夏境内规格最高的官办儒学；弘治十三年（1500），灵州州学创立；弘治十五年（1502），三边总制秦纮创建固原州学。明代固原地区之儒学往往与孔庙建设合为一体，如秦纮在创立固原州学的同时亦修庙学，"弘治十四年，户部尚书秦公，总制三边军务，驻节固原……易城中之地为庙学之基"②。各卫、州、县学各设训导一员，卫有教授、州有学官、县有教谕，而管理各级儒学的最高级官员为提学，每一级儒学均有数量不等的"学田"，是为解决日常教学支出之用度，各级儒学的教育内容以"四书""五经"为主。儒学的设置为固原地区培养了一批德才兼备的文化人才，对于抚育社会，激荡民风，传承传统，进而推动儒学在多民族地区的广为传播，促进各民族一体化意识，意义重大。至清代时，儒学之风愈烈愈固，对整个固原地区之影响十分深远，甚至超

① 黄彰健校勘：《明太宗文皇帝实录》卷62，中华书局2016年版。
② 刘敏宽、董国光纂修，韩超校注：《明万历固原州志》，引自胡玉冰主编《宁夏珍稀方志丛刊》，上海古籍出版社2018年版，第145页。

越了明代。清代固原地区之儒学，具规模、成体系、基本覆盖整个民间社会。固原直隶州设学正一员，整个清代担任固原直隶州学正一职的共历经 15 位；学额每岁录取 12 名，科考 12 名，廪生、贡生、增生各 32 名；乾隆时期，固原首设固原中学堂，置教习 1 员、监堂 1 员、校长 1 员；清代固原地区的小学分为高等小学和初等小学，高等小学 6 所，均分布于固原城内，而初等小学共计有 29 所，覆盖范围已经相当广泛。① 此外，固原地区还设有书院和"宣讲劝学公所"，共同构筑成清代固原地区儒学教育的基础。

其次，地方文化行为的时代彰显。所谓方志，梁启超曰："最古之史，实为方志"；王世贞言："窃为今志，犹古史也"；来新夏说："方志，或称地方志，是记载一定地区（或行政区划）自然和社会各个方面历史与现状的综合性著述。"② 在古代社会，地方志是地方文化行为的时代彰显。对整个国家而言，地方志是文化传承最有效的载体；对于整个社会与民族而言，地方志的文化行为起到了教化引导、移风易俗、承前启后的重要作用。明清时期的固原地区十分重视地方志的修纂，这种文化行为对于促进固原地区文化之变迁意义重大。据不完全统计，明清两代宁夏及固原地区地方志主要有 34 种，有些已佚失，摘录部分如表 6-14 所示。

表 6-14　　　　　　　明清时期宁夏及固原地区地方志要目③

成书年代	志名、卷数	修纂者	版本类型
弘治十四年（1501）	弘治宁夏新志八卷	（明）王珣修、胡汝砺纂	刊刻
嘉靖十一年（1532）	嘉靖固原州志二卷	（明）杨经修纂	刊刻

---

① 王学伊修，锡麒纂，韩超校注：《宣统新修固原直隶州志》，引自胡玉冰主编《宁夏珍稀方志丛刊》，上海古籍出版社 2018 年版，第 122—123 页。

② 来新夏：《方志学概论》，福建人民出版社 1983 年版，第 1 页。

③ 参见贠有强、李习文主编《宁夏旧方志集成》，学苑出版社 2016 年版。

成书年代	志名、卷数	修纂者	版本类型
嘉靖十九年（1540）	嘉靖宁夏新志八卷	（明）杨守礼修、管律纂	刊刻
万历五年（1577）	万历宁夏志四卷	（明）石茂华修纂	抄本
万历二十九年（1601）	正统宁夏志两卷	（明）朱栴	重刻
万历四十四年（1616）	万历固原州志二卷	（明）刘敏宽纂、董国光校	刊刻
万历四十五年（1617）	万历朔方新志五卷	（明）杨寿修纂	刊刻
康熙二年（1663）	康熙隆德县志二卷	（清）常星景修纂	刊刻
乾隆十七年（1752）	乾隆厅志备遗	（清）朱亨衍修纂	抄本
乾隆二十年（1755）	乾隆银川小志	（清）王铎辰	稿本
乾隆二十五年（1760）	乾隆中卫县志十卷	（清）黄恩锡修纂	刊刻
乾隆四十五年（1780）	乾隆宁夏府志二十二卷	（清）张金城修纂	刊刻
嘉庆十三年（1808）	嘉庆平罗县志	（清）佚名撰	抄本
道光九年（1829）	道光平罗纪略八卷	（清）徐保字修纂	刊刻
光绪五年（1879）	光绪平原县志十卷	（清）陈日新修纂	刊刻
光绪三十四年（1908）	光绪海城县志十卷	（清）杨金庚修纂	铅印
宣统元年（1909）	宣统新修固原直隶州志十卷	（清）王学伊修纂	铅印
宣统元年（1909）	宣统新修硝河城志	（清）王学伊修，杨修德纂	铅印

表 6-14 只包括今宁夏及固原地区的地方志，没有列举古代属于固原地区而今属于甘肃和陕西的部分地区之地方志，但明清时期固原地区地方志的修纂之盛可见一斑，这些内容翔实、丰富的地方志是深刻反映明清时期固原地区军事、政治、经济、文化、民族、宗教及社会生活等各方面的百科全书，是关于固原地区的文化总结，对促进固原地区文化之变迁意义十分重大。

最后，固原地区的回族文化及其中国化。明代，经由丝绸之路汇聚而来的信仰伊斯兰教的各民族相互融合，最终在中国形成回族这个新民族。明代固原地区已经有较多数量的回族聚居，至清代时固原地区的回族人口进一步增加，形成了典型的回族聚居区。据光绪三十四年（1908）户房丁粮红册所载人口统计，仅固原直隶州回族人口状况："统计城乡共计一万四百七十二户"，其中"东乡所属者，计汉七、回三之谱""南乡所属者，计汉五、回五之谱""西乡所属者，计汉四回六之谱""北乡所属者，计汉五、回五之谱"①。从这个统计数据观之，固原直隶州回汉人口基本平分秋色，与汉民族交错杂居，相互影响颇深。明清时期，从文化和社会的视角而言：一方面，固原地区回汉风俗、冠礼、婚礼、丧葬礼、社会风尚甚至教育等诸多方面都存在较大差异，"回民子弟，多诵回经，有举为满拉、黑提布、乙麻木等名目""教有异同"②；另一方面，回族长期受到汉文化熏陶，其宗教、社会习俗、文化礼仪等中国化现象十分明确，形成中国化的伊斯兰文化。

---

① 王学伊修，锡麒纂，韩超校注：《宣统新修固原直隶州志》，引自胡玉冰主编《宁夏珍稀方志丛刊》，上海古籍出版社2018年版，第63—64页。
② 王学伊修，锡麒纂，韩超校注：《宣统新修固原直隶州志》，引自胡玉冰主编《宁夏珍稀方志丛刊》，上海古籍出版社2018年版，第363—364页。

余论　从边地到腹地

——丝绸之路与古代固原地区历史变迁的几点启示

　　固原地区的历史源远流长。旧石器考古发现说明，距今 30000—27000 年，固原地区的先民就已在今固原市彭阳县岭儿等地生息繁衍，撒播文明的火种。丰富的新石器考古，如大地湾文化六盘山遗迹、仰韶文化北首岭类型、马家窑文化石岭下类型、马家窑文化菜园类型、齐家文化类型等在固原地区都有着较为广泛的分布，这些文化遗迹亦同样证明固原地区是早期人类的发源地之一，历史十分悠久。

　　西周时期，固原地区主要居住着古老的戎、羌、猃狁等少数民族，并通过战争的方式开启内附中原王朝的历史变迁进程。周宣王五年（前 823）六月，"薄伐猃狁，至于大原（今固原地区一带）"。此后，周王室为加强对西北地区的有效统治而不断用兵固原地区，战争迅速推动了固原地区与内地的联系，固原地区古老的少数民族亦开始了与内地民族的融合。至战国，秦灭固原地区的少数民族义渠戎，在其境内设置朝那县、乌氏县，归北地郡所辖，固原地区正式纳入中原王朝的统治之下。自秦伊始，固原地区一直是中原王朝统治西北地区的边塞军事重镇。如西汉设安定郡（郡治高平，今固原市）、魏晋南北朝时期设高平镇、宋设镇戎军、元设开城路、明代设"三边总督"，历代王朝均以固原地区为中心构建牢固的军事防线，强化西北边防，疏通河西走廊，经略西域，从而达到不断拓展西北疆域、稳固统治之目的。从本质上观之，古代固原地区之所以在西北边疆拥有较高的军事地位，其缘由主要有三。其一，固原地区位于六盘山脚下，地势险要，易守难攻，在冷兵器时代是天然的军事基地，如北魏设置原州，其原因就是"以其地险固因名"，明代时在固原地区设置"三边总督"，更是抵御蒙古南下之天然屏障。其二，固原地区在气候上虽然属于较为干旱的大陆性气候，但就西北而言，古代固原地区水资源相对较为丰富，境内有泾河、清水河、葫芦河、祖厉河、颉河、乃河、红河、茹河几大水系环绕，山川交错有致，水草丰美，宜耕宜牧，是历代王朝移民屯垦和发展马政的基地。其三，历史时期作为西北边疆的固原地区是多民族交往交流交融的中心之地，民族情势较为复杂，历代王朝经营西北边地必须重视在固原地区的军事部署和因地制宜的民族政策的实施，以此有效维护西北边疆稳固和推动民族融合。

西汉时期，张骞凿空西域，开辟丝绸之路，固原地区位于丝绸之路东段北道，是通连关中和河西走廊的丝路中转站。丝绸之路的开凿，对于古代固原地区而言意义十分重大。首先，进一步强化了固原地区的军事地位，固原地区不仅是历代王朝稳定西北边防的军事重镇，更是承载着通连关中和河西走廊、进而经略西域的历史重任。其次，加速了固原地区多民族交往交流交融，中外文化荟萃，形成了独具特色的边塞文化。再次，促进了固原地区政治、军事、经济、文化变革，传播农耕文明，拓展西北疆域，推动固原地区与内地一体化的进程。概而言之，古代固原地区历史变迁与丝绸之路有着千丝万缕的联系。伴随着丝绸之路的兴衰，固原地区最为重要的历史变迁则是其地位的嬗变——由边地逐渐演变为腹地。

透过固原地区这一重大的历史变迁轨迹，为进一步研究西北边疆史提供一个全新的观察视角，其背后隐藏的真意乃是中华民族共同体在西北地区形成的历史变迁轨迹及历史依据，具体包括政治的嬗变、军事的演变、经济的开发、民族与文化的不断融合，乃至社会结构和社会习俗的不断趋同。

一 政治、军事统治的独特性与一体化进程

固原地区自西周时期内附中原王朝开始，在中国古代社会一直以边疆军事重镇的地位屹立于西北边疆地区。尤其丝绸之路开凿以后，单纯就地理位置观之，固原地区处于关中与河西走廊的中间位置，是丝绸之路的必经之地，再加之其险要的地形，当仁不让地成为西北地区边塞军事重镇和丝路重镇，地位更加凸显。丝绸之路强化了固原地区的地位，全方位促进了固原地区的历史变迁。固原地区是横亘于关中与河西走廊的军事重镇和丝路重镇，历代王朝只有强化对固原地区的有效统治，才能稳定西北边疆，进而控遏河西走廊，经略西域。因而，自西汉以后，魏晋、隋唐、两宋、元明对于西北地区的统治首要的是强化对固原地区的政治和军事控制。直到清代大一统以后，固原地区逐渐失去了军事重镇的地位，随着丝绸之路的衰落，亦逐渐褪去了丝路重镇的色彩，由边地逐渐演变为腹地。显然，这是古代固原地区历史演变的一条鲜明的主线，这一显著的变迁轨迹在历代王朝对固原地区的政治与军事统治方面有着深刻的体现。

古代固原地区作为西北边地、军事重镇、丝路重镇，地位历来十分重要。为了强化对固原地区的统治，历代王朝在固原地区的行政建置、军事设置和文官体系的构建方面首先体现了与内地的一体化之特征。

历代王朝在古代固原地区的行政建置、军事设置以及文官体系与内地基本一致。两汉时期在固原地区设置安定郡和北地郡，各级官吏依律述职，文官体系完备，与内地完全一致，虽然治理的范围在不同时期有变化，但行政区划和文官制度基本得以承袭。魏晋南北朝是为乱世，尤其西北地区战乱尤甚，各少数民族政权相继以固原地区为中心割据一方。值得注意的是，各少数民族政权在治理固原地区时期保留了与内地一致的行政区划和官署设置，"郡"的行政建置并没有多大变化，各少数民族政权并在此基础上不断吸收汉文化及其文官制

度，以有效维护其政权，充分说明中原王朝的政治体系对少数民族政权有着强大的影响力、规范力和同化力。如前后赵、前后秦、大夏等少数民族政权在统治固原地区之时，在行政区划上完全承袭了传统的郡县制度，在文官制度上则实行汉化政策，即使在某些时候更侧重于军事色彩，依然是不小的进步。隋唐时期，固原地区的行政区划实际上实行两套行政区划体系，一套是"治同内地"的州（郡）县制，如设立"凉州（包含固原地区）"和"原州"，以州县辖之；另一套则是羁縻性质的特殊行政区划，如设立原州都督府，军政合一，侧重于处理军务及少数民族事宜，后世多有借鉴。两宋时期，鉴于西北地区严峻的边患危机，作为两宋王朝在西北最后的一道军事防线，和前代相比，固原地区的军事地位骤然提升，因而在行政区划方面更是侧重军事机构的设置。两宋先后在固原地区渭州、泾州、原州等行政区划，同时设置德顺军和镇戎军两大军事机构，强化固原地区的军事力量。在治理策略上，偏重固原地区的军事职能，因而在官署的设置上，形成了较为浓郁的军事体制，以对抗来自对峙的西夏政权之侵扰。北宋以外，固原地区先后处于西夏和金的统治之下，这两大少数民族政权在统治固原地区时，在行政区划、军事设置和文官体系方面基本上借鉴北宋之设置，如西夏在固原地区设置州的同时亦置有"监军司"，如同两宋之镇戎军，强化在固原地区的军事防务力量。再如金治下的固原地区，借鉴北宋的文官制度，设置德顺州、平凉府、镇戎州，治同北宋。元代在固原地区设置平凉府、开城州、广安州、镇原州、庄浪州、静宁州等，构建完整的文官制度，实行括户，移民开发等统治策略。明代之时，固原地区之行政区划完全同内地，大致经历了开城县、固原卫、固原州的更迭演变。完整的行政区划之外，明王朝十分重视对固原地区的军事经略，先后设置完整的军事机构，包括城堡、边隘、公署、行署等一应俱全，反映了明代固原地区独特的军事地位。清代大一统，西北边疆得到实质性的拓展，丝绸之路亦走向衰落，固原地区由边地最终演变为腹地，其行政区划、军事设置和文官体系的"特殊性"已经开始丧失，与内地完全趋向一致。

"治边地如同内地"的一体化政治统治策略以外，历代王朝在固原地区又因地制宜地设置了一些独特的行政、军事、经济、外交等官员，以图维护边疆之安定。这些独特的行政建置与军事设置具有明显的羁縻特征，并不完全如同内地政治、军事、经济等执掌的分工明确。如秦汉在固原地区设置属国都尉，这是羁縻性质的行政区划，其目的在于安置和统治少数民族，加强边防，促进民族融合。此外，魏晋时期的护羌校尉、隋唐时期的羁縻府州、两宋时期的镇戎军以及明代的三边总制等，均是具有羁縻色彩的特殊行政区划，其目的与秦汉时期的属国都尉一般无二，都是为了强化对西北边疆的统治，同时促进各民族的交往与融合，进而构建王朝牢固的统治基础。古代固原地区独特的行政建置与军事设置长期存在的原因主要是中原王朝考虑到固原地区作为西北边地的实际情况，尤其是在丝绸之路的影响下，固原地区不仅是军事重镇，更是丝路重镇，肩负着稳定西北边疆，经略西域，联络中亚、西亚商路的重任。另外一个重要的原因在于，固原地区还是各民族交往交流交融的西北边镇，民族情势较为复杂，需要历代王朝统治者因地制宜施行有效的统治政策，以稳定边疆安定、促进民族融合。因而，伴随着丝绸之路的兴衰罔替，作为边地的固原地区之政治、军事统治呈现鲜明的一体化和独特性。换言之，在政治层面的一体化与独特性并存是历代王朝统治固原地区的基本特色。直到清朝肇基立极以后，在军事属性和地理位置层面观之，固原地区重要的边疆军事地位逐渐丧失，与此同时，伴随着清代之大一统，丝绸之路亦失去了往昔的繁盛开始走向衰落，固原地区失去了丝绸之路通道的重要地位，由以往的边地转变为腹地，固原地区在政治与军事方面完全与内地一致。

概而言之，一方面，历代王朝基于固原地区属于西北边疆的独特性，在具体治理过程中因地制宜，施行灵活的治理政策，以增强边地的归属性，减少王朝统治边地的压力。尤其在行政区划以及文官体系的设置方面，并不完全依照内地的设置，而是更多地体现了西北边疆的特色。但伴随着历史的演变，固原地区与内地在政治与军事层面的一体化不断增强，而其特殊性则在逐渐消失。因而历代王朝通过对固原地区因地制宜的行政建置、军事设置和文官体系的有效构建，不断强化固原地区与内地一体化的政治统治格局，以此作为有效统治西北地区，进而经略西域的重要基地。

二　注重牧业、农业、商业协同发展的经济开发格局

先秦时期的固原地区主要以游牧为主。固原地区内附中原王朝以后，成为西部边疆军事重镇，为了巩固边防，强化固原地区军事防务的力量，秦汉以后的历代统治阶级十分重视对固原地区牧业和农业的双向开发。丝绸之路开凿以后，固原地区发展成为包括西域、西亚和中亚商人经商的重要据点，商贸发展十分迅速。同时，由于固原地区是丝绸之路的必经之地，丝路之畅通大大吸引了各民族的交往以及中外经济、文化之交流，进一步推动固原地区军事地位的强化、马政的兴盛、农业的开发以及商业的繁盛。

发展牧业主要是以"马政"为中心。以固原地区为活动中心的乌氏倮向秦输送大量牛马，一定程度上解决了秦大一统对战马的需求问题。两汉时期设立专事马政的官方机构，构成"牧师诸苑三十六所"，除却官营马政，属国、诸羌、边郡编户齐民之马政亦是十分兴盛，而固原地区作为西北马政中心地位进一步得到加强。魏晋时期，固原地区"恒置戎马十万匹"，成为魏晋时期各个割据政权马政之中心。隋唐时期，丝绸之路的兴盛促进了固原地区马政的发展，除了军事用马之外，各民族商贸往来需要大量的马匹、骆驼托运货物，刺激了马政的繁荣。两宋时期，固原地区成为"三战之地"，对马匹的需求甚至超越以往，因此宋代实行"马社"制度，以马社为基础，实行保甲养马之法，以保障对战马的供应。元代在固原地区设置开城王府，主要发展畜牧业，设置"和市"，用于马牛羊之交易。明代固原

地区军事地位十分凸显，明廷以固原地区为中心设置"三边总制"，以防范蒙古、稳固西北边疆，因而十分重视马政，设有官办监苑马政，专营马政事业。与此同时，固原地区大多为藩王之封地，藩王之马政亦十分发达。清代完成大一统以后，固原地区由以往的边地演变为腹地，失去了显赫的军事重镇地位，再加之丝绸之路逐渐衰落，固原地区畜牧业之发展基本转向牛羊为主，马政陷入沉寂。

自商周以后，至清以前的固原地区始终是西北边疆重镇，军事地位颇高，汉代开通丝绸之路以后，固原地区作为丝绸之路的必经之地，又无形中提升了固原地区的军事地位。作为边疆重镇，历代王朝在固原地区都无一例外地驻扎有大军，以安定西北边疆，进而远略西域，疏通和保护丝绸之路上商贸往来和贡赐贸易，不断扩大王朝的影响力。为了解决大军的给养问题，历代王朝十分重视对固原地区的移民开发。秦代在固原地区施行徙民实边政策，由政府提供耕牛、籽种、农具，免除赋税，拓荒种地，开发农业。两汉时期，在固原地区推行"徙民实塞下"之政策，设置边郡农都尉、田官、农令等官职，专门负责边郡的农业开发政策。魏晋时期多有战乱，但各个割据政权依然在固原地区推行了开发农业的举措，取得相关成效。隋唐时期，尤其重视在固原地区兴修水利工程，以保障农业的发展。此外，均田制度和租庸调制度的推行，也在一定程度上刺激了农业的开发，农业发展较为迅速。宋代在固原地区设置镇戎军，以对抗西夏和蒙古之侵扰，为了解决驻军的粮草供给，政府自始至终就十分重视固原地区的农业开发，构成了以军屯、营田、弓箭手田为主的农业开发格局。明代对于固原地区的农业开发性质和规模如同宋代，同样以固原地区为军事重镇，重视发展军屯，以补给军需，达到实边实军之目的。从秦至明，固原地区的农业开发一直不曾停止，即便是在战乱频仍的时期，历代王朝对于固原地区的农业开发亦稳步推进。尤其丝绸之路开通以后，大量边地少数民族以及外来民族以固原地区为中心定居下来，逐渐华化，演变为土著居民，如固原地区之粟特人就是经丝绸之路来到固原地区定居，融入汉族及其他少数民族。伴随着丝绸贸易的繁荣，民族融合加剧，居民数量的增多，都推动了固原地区的农业开发。

历史时期的固原地区商业之兴盛直接渊源于丝绸之路的开凿。两汉时期固原地区作为丝路重镇，各国商贾和西域地区的商人沿着丝绸之路进入固原地区开展商业贸易，互通有无，迅速推动了固原地区经济与社会的发展。魏晋以后，固原地区的商业获得了长足的进步，西北边疆出现了很多以商贸为中心的城市，包括固原地区的中心之地——原州。在这些城市中，"胡商"络绎不绝，"胡风"盛行，造就了风貌独特的商贸盛况。

三 多元向一元的转变：历史时期固原地区的民族融合与文化变迁之轨迹

虽然在丝绸之路开凿以前，尤其是西周时期固原地区内附中原王朝开始，就已经缓慢开启了民族融合的历史帷幕。伴随着丝绸之路的开通，古代固原地区的民族融合和文化变迁步入剧烈变迁的历史进程。因而，丝绸之路对于固原地区最大的影响是促使固原地区民族融合与文化的变迁，即多元向一元的转变。

西汉张骞开通丝绸之路以后，作为丝路重镇的固原地区成为西北边疆地区民族融合最为剧烈的历史舞台。沿着丝绸之路而来的中亚、西亚、西域及周边民族主要因经商的方式定居固原地区，与汉族、羌、鲜卑、匈奴等民族交错杂居，形成了多元的民族及其文化格局。在民族融合与文化交流的过程中，尤其在中原文化的强势影响下，多元的民族及其文化逐渐融入中华文明的历史长河中，成为中国传统文化的组成部分。魏晋时期，虽然割据政权林立，战乱不休，但丝路畅通，固原地区的民族融合与文化演变达到新的高峰。这一时期，各民族主要因躲避战乱定居固原地区。另外，各个少数民族割据政权在固原地区安置了大量少数流民，以充实边疆，加强统治基础。各民族交错杂居，互相交往，互相融合，形成蔚为壮观的民族大融合态势。究其根源,魏晋时期民族融合的主要推动力在于各个割据政权在固原地区推行"以儒治国"的汉化政策,民族融合与文化多元逐渐趋向一元。源于丝绸之路通道的便利,魏晋时期固原地区民族文化十分丰富,中亚文化、西亚文化、欧洲文化、草原文化等文化类型与中原文化相互融合,最终在汉文化的影响和规范下形成灿然夺目而又独具特色的中国西北边塞文化。隋唐时期,大一统的王朝推动了丝绸之路的进一步发展,畅通的丝绸之路不断推动民族融合与文化交流。在固原地区生活着以汉族为主体,包括突厥、铁勒、吐谷浑、吐蕃、党项、回纥及中亚、西亚外来商旅和朝贡使臣,这些民族因丝路贸易和文化交流的方式往返和定居于固原地区,民族融合进一步加强。隋唐时期的民族文化尤其兴盛,发达的石窟艺术、多元宗教文化并行、风格豪放的边塞诗歌等,造就了固原地区文化的繁荣。隋唐时期的民族融合与中外文化交流无论深度还是广度均超越往昔,进一步规范了固原地区民族融合与文化演变的历史趋向。两宋王朝与西夏、辽、金等少数民族政权在固原地区展开激烈的争夺,民族融合与文化交流又呈现出与前代截然不同的特色。在西北丝绸之路上的民族融合往往随着战争和商品贸易的深入而强化,固原地区的民族融合与文化变迁又融入了鲜明的时代烙印。最为显著的特征是,汉人、契丹、羌人、党项、藏人等通过战争、和亲、互市、民间交往等多种方式相互融合,建构了中华民族多元一体格局,促使西北边疆地区与内地连为一体,增强了中国历史的不可分割的历史进程。元代时期的固原地区民族融合与文化变迁又呈现出新的鲜明特征。除了原来的汉、党项、吐蕃、回鹘等民族以外,大量蒙古族、中亚、西亚、西域诸族民族定居固原地区,并逐渐形成新的民族回族。这些民族在固原地区长期杂居,互相通婚,逐渐融合,成为中华民族大家庭的一员。民族大融合必然带来文化的大交流,元代固原地区的民族文化交流主要是宗教文化的交流,汉传佛教、藏传佛教、西夏佛教、高昌佛教、道教及伊斯兰教,各种宗教文化在固原地区十分兴盛,形成了绚烂多姿的宗教文化格局,成为古代固原地区宝贵的文化财富。明清时期，固原地区依然是西北边疆民族融合和文化变迁的主要区域，民族融合与民族文化变迁最为主要的特点是有三。一是西域诸族以朝贡的方式强化了与其他民族之间的交往与融合，内地与西北边疆的联系进一步加强，一体化的民族与文化格局逐渐形成。二是民族政策更为成熟，大大促进了民族与民族文化的深层次交流，并迅速趋向文化的一元化。三是各民族之间的经济交往无论深度还是广度均远超往昔，在经济领域形成牢固的、持久的、不可分割的一体化关系。正是在这样的历史背景下，民族融合与民族文化在相互交流中逐渐融为一体，推动了中国古代民族与文化的一体化进程。

历史时期的固原地区在丝绸之路的影响和推动下，民族与民族文化经历了漫长的历史变迁由多元转向一元——中华民族共同体的逐步形成以及儒家文明的推而广之，成为各民族共同恪守的文化礼仪，具有强大的规范力。尤其是清代大一统，固原地区由边地演变为腹地，民族与文化融合之脉络清晰可见，即民族共同体的进一步构建和文化一体化的进一步加深。这不仅是西北地区，亦是中国古代历史变迁的主流。

四　社会结构不断趋同化的历史变迁轨迹

按照马克思主义社会学的概念，广义的"社会结构"是指社会各个基本活动领域，包括政治、经济、文化、教育、民族等领域之间相互联系、相互影响的一般状态。狭义的"社会结构"则指社会群体之间以及社会群体内部之间的普遍联系的关系，如群体、阶级、阶层、宗教团体、职业团体乃至家庭结构等在社会活动中所处的地位及其相互之间的关系。

在丝绸之路的影响和推动下，古代固原地区历史变迁轨迹十分明确，即社会结构不断趋同化的历史演变过程。就广义层面观之，政治上，古代固原地区一直是历代王朝的西北边疆重镇，在行政区划、官制设置、政策施行方面基本同内地保持一致，即便是固原地区在一定的历史阶段处于少数民族统治之下，如魏晋时期的鲜卑等少数民族建立的前后赵、隋唐时期吐蕃政权、两宋时期的党项夏政权等，这些少数民族政权在统治固原地区时依然不遗余力地借鉴或者移植中国古代社会的传统文官制度，厉行汉化政策，以强化其政权的正统性，进而维护其统治的稳固性，大大促进了少数民族政权在政治上与中原王朝的趋同。需要强调的是，虽然历代统治阶级在古代固原地区因地制宜地施行了一系列不同于内地的羁縻政策，但最终的政治统治轨迹则是逐渐消除其独特性而走向政治的一体化。经济上，历代王朝在固原地区践行戍边屯垦、移民开发的政策，逐渐地改变了古代固原地区以游牧为主的经济格局，农耕文明在固原地区的不断扩张真实地反映了固原地区与内地的趋同化过程。经济关系是民族关系的最本质关系，在推动民族关系方面起着决定性的作用。古代固原地区各民族在长期的民族交往中，经济活动方式（尤其是社会生活）凝聚而成整体性特征，由多元趋向一元。在文化、教育上，丝绸之路推动了固原地区多元文化与教育发展格局，但其历史变迁的主流依然是由多元趋向一元，儒家文明成为维系固原地区多元文化与教育的主流文明形态。如隋唐以后，科举制度在固原地区畅行无阻，许多少数民族人士通过科举取得功名，参与政治，成为中原王朝治理边疆地区的重要力量。再如明清时期固原地区传统书院兴起，进一步推动了固原地区在文化与教育层面的趋同化进程。古代固原地区在民族领域的趋同化演变轨迹更为凸显，丝绸之路促进了固原地区民族大融合，生活在固原地区的少数民族羌、戎、鲜卑、粟特、党项等，经过剧烈的民族融合，融入汉族和其他新的少数民族之中，与汉族一起构建了中华民族共同体，成为中国古代历史鲜明的特征。

概而言之，在丝绸之路的推动和影响下，纵观历史时期的固原地区之历史变迁轨迹，其最为主要的变迁主线就是由边地演变为腹地，而在这一过程中，政治、经济、文化、教育、民族等社会结构逐渐走向趋同，中华民族共同体意识不断加强。这不仅是固原地区历史演变的真谛，更是中华民族形成的历史总趋势。

附　录

一　古代固原地区大事记简表*

时间		重要事件
新旧石器时代	公元前 30000—前 10000	考古学者在今固原市彭阳县城茹河两岸的岭儿村和刘河村发现旧石器时代文化遗址，说明固原地区是人类发源地之一，历史十分悠久
	公元前 10000—前 5000	20世纪60年代初开始，考古工作者陆续发掘于固原地区的新时期时代文化遗存共有 670 余处（其中原州区新发现新石器时代遗存 145 处，彭阳县发现新石器时代遗存 184 处，西吉县发现新石器时代遗存 125 处，隆德县新发现和复查新石器时代遗存 191 处，海原县发现新石器时代遗存 19 处，泾源县新发现和复查 6 处）。从文化类型上观之有大地湾文化、齐家文化、仰韶文化北首岭类型、马家窑文化石岭下类型、菜园文化类型等。通过对上述丰富的文化遗迹分析可知，新时期时代的固原地区气候适宜，水草丰美，农牧并重，地域特色鲜明，说明新时期时代的固原地区是人类繁衍的重要地区之一
	公元前 5000—前 3000	固原地区由母系氏族公社晚期过渡到父系氏族公社时期，主要特征是一夫一妻制度、私有财产以及贫富分化开始出现，部落分化趋向明显，形成较大的部落和部落联盟

---

　　* 此表主要以固原地区考古史料、碑文载记、二十四史有关史料、固原地方志相关史料为基础，同时参照《西海固通史》《固原县军事志》《西北通史》《中国古代战争年表》等相关研究成果整理而成。

时间	重要事件
公元前 2060—前 1600	游牧文化在固原地区开始兴起，土著居民与周边的联系日趋紧密。17 世纪末，周人不窋率族人开始进入陇山东部，并与当地土著人交错杂居，互通婚姻，生息繁衍
公元前 1600—前 1046	商王朝建立以后，固原地区的鬼方、西戎等民族不断迁徙流动，与关中地区多有往来。商王武丁、武乙数次征伐鬼方、西戎，拉开了固原地区民族大融合的历史帷幕
公元前 1020—前 996	周康王姬钊两次伐鬼方。第一次战争，俘虏鬼方首领 3 人，获馘 4800 余，俘虏 13081 人。第二次战争，俘虏鬼方首领 1 人，斩俘数万，获车百辆
周穆王十八年（前 959）	周穆王姬钊西行，至昆仑丘，会西王母，途经六盘山。期间，戎狄不贡，教化不继，穆王以六师大军西征犬戎，俘首领 8 人并迁戎之部族于固原地区
周夷王三年（前 867）	周夷王姬燮树王旗，命虢公伐太原（固原地区）之戎，至于俞泉，获马千匹，胜之
周宣王元年（前 827）	周宣王姬静命秦仲征西戎，命尹吉甫北伐猃狁，以固疆域，逐之太原而归，于是有《六月》之诗传焉
周宣王五年（前 823）	六月，宣王再次任命尹吉甫以王师伐猃狁，"薄伐猃狁，至于大原"。后数次伐大原之戎，胜负相间。注：大原，以原州为中心的古代固原地区
周宣王三十一年（前 797）	大原之戎势力日趋强盛，为周之隐患。宣王再次举王师伐大原之戎，不克
周宣王四十年（前 788）	周宣王料民于太原，是为固原地区历史上首次有确凿记载的人口统计。仲山甫谏曰："民不可料也"。按《后汉书·西羌传》：穆王迁戎于太原，即山西太原。顾氏炎武云：在今州治。而李氏兆洛云：太原属山西，并未引为州境。兹姑存之。《地舆志》仍未列太原名称
周幽王十一年（前 771）	王室衰微，申侯与缯、犬戎乘机联合攻周幽王，周幽王败绩，被犬戎杀死于戏（今陕西临潼东），西周覆亡
周平王二十一年（前 750）	秦国开始崛起，东扩其地至陕西扶风、岐山一带，犬戎退守泾水、陇山故地。春秋战国时期，义渠、乌氏诸戎割据固原地区，称"西戎诸国"，时义渠戎国最为强盛，成为秦之宿敌
周襄王二十九年（前 623）	秦国逐渐伐灭关中周边的少数民族，越萧关，进入陇山地带，"益国十二，开地千里"，形成"遂霸西戎"的局面。陇山一带的西戎小国大多消失，仅存义渠国、乌氏国等势力较大的少数民族政权，亦臣服于秦国，秦国势力深入陇山一带

（夏、商、周）

时间		重要事件
夏、商、周	周贞定王二十五年（前444）	秦伐义渠，俘虏义渠王，重创义渠戎国。后数次伐义渠戎，双方战乱频仍，各有胜负
	周考王八年（前433）	秦再伐义渠。按《通鉴》注云：义渠属安定。《后汉书·西羌传》：泾北有义渠之戎。考之刘志，直指义渠故城为今州治。用并录之
	周显王四十二年（前327）	秦伐义渠戎，攻占义渠之大部，始设义渠县，属北地郡，秦势力深入固原地区。按顾氏云：北地为今州境
	周赧王四十五年（前270）	秦昭王之母宣太后与义渠戎王有染，生有二子。是年，秦宣太后诱杀义渠戎王，秦灭义渠。义渠戎灭亡之后，秦筑长城以备边。今城北十五里，有遗址。注：今固原市内长城为秦长城故址
秦、汉	秦始皇二十三年（前224）	使蒙恬筑长城，以防御少数民族及列国之侵扰。《水经注》云：始皇令太子扶苏与蒙恬筑长城，起自临洮，至于碣石
	秦始皇二十七年（前220）	秦始皇巡视陇西郡、北地郡，出鸡头山（今崆峒山），过回中。在固原地区设朝那县、乌氏县，建立统治西北的牢固防线
	秦始皇二十八年（前219）	秦始皇建立帝国祭典制度，名山十二，名川有六。名川为河（黄河）、江（长江）、淮（淮河）、济（济水）、沔（汉水）、湫渊。"湫渊立祠于朝那。"注：朝那，秦时固原地区
	秦始皇二十九年（前218）	秦始皇诏乌氏牧主兼商人倮位同封君，可同诸大臣入宫朝拜。注：乌氏倮，乌氏族人，秦时属固原地区，今甘肃平凉
	秦始皇三十二年（前215）	秦始皇派大将蒙恬率军北伐匈奴，攻占战国秦长城以北在内的河南地，进一步巩固以固原地区为中心的西北疆域。自此，匈奴开始北徙
	汉高祖九年（前198）	西汉初定，与民修养，以匈奴笼络之，遂"和亲"之约，划定疆界，长城以北为游牧地区，属匈奴管辖。长城以南为农耕地区，西汉区划统之。固原地区以战国秦长城为界，由匈奴与汉朝分割而治。同时开放互市、贸易来往
	汉文帝前元十四年（前166）	匈奴入寇，以14万骑入朝那萧关。注：在固原州东南。杀北地都尉卬。卬，孙姓
	汉文帝后元三年（前141）	汉在边郡（包括固原地区）设牧师苑36所，始设国家养马制度。同时为防御匈奴，汉文帝采纳晁错之建议，在固原地区推行移民实边政策，以固边疆

时间		重要事件
秦、汉	汉武帝元朔二年（前127）	西汉募民实边，徙朔方10万口，并进一步扩大在固原地区的移民戍边，进一步促使固原地区农耕经济的发展
	汉武帝元狩二年（前121）	为了有效统治边地之少数民族，西汉在北地郡设北地属国，以属国都尉统之（属国，汉代专门安置内迁之匈奴、羌、戎等少数民族的特殊行政区划），治所在三水县（今宁夏同心县境东）。同时，居住在河西走廊的小月氏开始内迁，部分迁往今六盘山附近，西汉设月氏道，以加强联络
	汉武帝元狩四年（前119）	为了应对匈奴之侵扰，西汉又徙关东及周边地带70万口于陇西、北地（固原地区为北地辖区）、上郡等地，实边固疆，以备匈奴之患
	汉武帝元鼎二年（前115）	张骞第一次出使西域返回，闻名世界的丝绸之路自此开通。丝绸之路开通以后，固原地区为其必经之路，苜蓿、胡麻等农作物从西域传入固原地区，丝绸之路推动了固原地区农业之发展
	汉武帝元鼎三年（前114）	西汉王朝析北地郡而置安定郡，郡治高平（今固原市原州区），辖21县，进一步强化与西域的联系。其中高平县、乌氏县、朝那县、月氏道、三水县为固原地区核心区域
	汉武帝元鼎五年（前112）	冬，帝猎新秦中，西登崆峒，北出萧关，以勒边兵。此为武帝首次西巡安定郡，目的是检视边地防线、检阅边兵，以备匈奴
	汉武帝元鼎六年（前111）	十月，以固原地区为中心的西羌叛乱，汉廷征发安定、天水、陇西等郡军士10万人，平定西羌
	汉武帝元封四年（前107）	帝祠五畤，遂出萧关。时匈奴寇边，遣郭昌屯朔方
	汉武帝元封五年（前106）	西汉为加强对全国之统治，依照山川形便之自然特征，除京师以外，在全国设十三刺史部，安定郡隶凉州刺史部
	汉武帝太初元年（前104）	八月初，汉武帝专程至安定郡，以视边事。此后十余年，汉武帝先后五次巡视固原地区，狩猎、祭祀、处理边务以及接见西域各国使臣、接受贡品，强化对西域地区的统治
	汉成帝绥和七年（2）	梁统高祖父梁子都自河东迁居北地郡，梁子都、梁子桥以资千万徙茂陵，至哀、平之末，梁统归居安定郡
	汉光武帝建武元年（25）	三水县左谷人卢芳据安定，自称西平王，匈奴迎之。卢芳与匈奴联合，建立割据政权
	汉光武帝建武二年（26）	赤眉军西掠安定、北地。邓禹入长安

续表

时间		重要事件
秦、汉	汉光武帝建武六年（30）	冯异击卢芳、匈奴兵。破之，北地、上郡、安定皆降。按顾氏云：北地属州境。李氏云：安定为州治城
	汉光武帝建武七年（31）	隗嚣建立割据政权，四处征伐，扩大领地。此年秋，隗嚣率3万步骑攻占安定郡，并派部将安定人高峻领万余人据守高平第一城（安定郡治，今固原古城）
	汉光武帝建武八年（32）	遣中郎将来歙伐隗嚣。嚣使牛邯屯兵瓦亭等地。先是，高峻据高平，久不拔，光武帝亲自西征高平。马援因说嚣有土崩之势。聚米为山谷形，遂进军至高平第一城。按《后汉书·郡国志》：安定郡高平有第一城，今甘肃平凉府固原州是也
	汉光武帝建武九年（33）	隗嚣死，子隗纯为王。高峻自立山头，攻占高平第一城，聚集万余人，设官拜爵，西遮陇道。汉建威大将军耿弇及武威太守梁统大军合围高平第一城，久攻不下
	汉光武帝建武十年（34）	光武帝从洛阳入关，再征高峻。使者寇恂奉汉光武帝玺书至高平第一城下，高峻派军师皇甫文出城谈判，寇恂斩皇甫文，大军攻城，高峻投降，刘秀携高峻回洛阳
	汉光武帝建武十二年（36）	梁统始进京，以列侯奉朝请，更封高山侯，拜太中大夫，任四子为郎。始此，梁氏家族进入东汉上层。梁统治固，对古代固原地区影响十分深远
	汉明帝永平二年（59）	无弋爰剑后裔第十九代羌王滇吾降汉，依汉制被封为归义侯，加号汉大都尉，在长安受到汉明帝亲自接见，爵王世袭。滇吾子东吾立，因父王降汉，"人居塞内，谨愿自守"
	汉和帝永元元年（89）	此前，东吾子东号立。本年，东号子麻奴随父降汉，入居安定郡。东汉时期，安定郡成为羌族的栖息地。先后生息活动在本地的羌族有烧当羌、滇零羌、烧何羌、狼莫羌、先零羌等
	汉和帝永元九年（97）	汉和帝追尊生身母亲梁氏（梁竦次女）为恭怀皇后。俱礼从安定郡接来梁竦遗骨到洛阳厚葬，汉和帝率朝廷百官亲自送葬
	汉安帝永初元年（107）	此年夏，因反抗暴政，东汉羌族第一次大起义爆发。麻奴兄弟率部族被迫逃离安定郡，西出塞外
	汉安帝永初二年（108）	此年夏，羌族起义首领滇零大败汉军，在北地（今宁夏吴忠西南）称帝，并联络武都、上邽、西河诸种羌起义，众遂大盛，东犯赵魏，南入益州，声势大振

时间		重要事件
秦、汉	汉安帝永初四年（110）	安定羌烧何种反，郡兵击灭之
	汉安帝永初五年（111）	羌族起义攻占安定郡，安定郡迁美阳（今陕西扶风东）
	汉安帝永初七年（113）	零昌别部牢羌与骑都尉马贤、护羌校尉侯霸率领的汉兵大战于安定郡，牢羌失利，折兵千人，失牛、骡、骆驼、马、羊2万余头，损失惨重
	汉安帝元初二年（115）	汉征西将军司马钧督领右扶风太守仲光、安定太守杜恢、北地太守盛包等8000兵马，庞参又领羌胡兵7000名，分兵北进攻狼莫，汉军失利，损伤3000人
	汉安帝元初四年（117）	十二月，任尚领诸郡兵马与骑都尉马贤合攻狼莫。马贤先至安定郡青石岸，狼莫派兵阻击，败马贤。任尚率军从高平合势推进，狼莫不敌，撤至北地郡固守。双方在北地相持二月，狼莫大败，死5000人，失牲畜10万头，狼莫率残兵逃出。次年，度辽将军邓遵收买上郡全无种羌雕何，雕何杀死狼莫，历时11年的东汉羌族第一次大起义宣告失败
	汉顺帝永建四年（129）	安定、北地、上郡相继收复。汉顺帝派郭璜督促因战乱散居在外的原三郡居民，各还旧县，修复城郭，设置堠亭驿站，大兴屯耕。并令安定、北地、上郡、陇西等地常储谷粟，以备边防
	汉顺帝永建五年（130）	十月，汉顺帝巡视安定郡、北地郡、上郡，慰问戍边军士
	汉顺帝永和四年（139）	安定郡籍人大将军梁商认为对羌族民族政策应因地制宜地采用羁縻之策，"略依其俗，其务安羌胡，防其大故，忍其小过"
	汉顺帝永和六年（141）	凉州部、并州部刺史"天性虐刻"，对羌民"多所扰发"，引发羌民第二次大起义。且冻、傅难等种西羌首先举兵起义，大举进攻三辅（今陕西关中一带），围攻安定郡。五月，羌军进围安定郡，马贤与羌战，败没，东西羌遂大合。十月，徙安定、北地郡。按羌居安定、北地、上郡、西河者为东，居陇西、千阳、金城、灵州者为西
	汉冲帝永憙元年（145）	历时7年的羌族第二次大起义平息
	汉桓帝永寿元年（155）	南匈奴左薁键台耆等反，东羌应之。安定属国都尉张奂击降，遂屯长城

时间	重要事件

时间		重要事件
秦、汉	汉桓帝延熹二年（159）	十二月，西羌烧当、烧何、当煎、勒姐等八种羌联合举行起义。不久，波及安定郡。东汉朝廷内，对待羌族起义血腥镇压与剿抚结合两种观点的争论异常激烈。双方对羌族起义的根本原因、平定及善后的看法和方略，大相径庭。是年，皇太后梁妠逝世
	汉灵帝建宁元年（168）	先零诸羌进攻三辅。三月，段颎率领万余人，从彭阳（今甘肃镇原东南）直指高平，与先零诸羌大战于逢义山（今须弥山），羌军大败，死8000人，损失牛羊20万头。七月，段颎破先零羌于泾阳（今甘肃平凉西北）
	汉灵帝建宁二年（169）	七月，段颎大破东羌。将兵万人，赍十五日粮，从彭阳直指高平，与先零诸羌战胜于逢义山。羌人溃败，其他羌被冯禅招降达4000多人，分别安置在安定、汉阳、陇西三郡。羌族第三次起义结束。按注：今固原州有须弥山，又云逢义山，彭阳城在州东乡
	汉灵帝熹平三年（174）	儒将重臣皇甫规逝世
	汉献帝建安十六年（211）	曹操发动对汉中和关西地区（包括今陕甘一带）的统一战争。马超、韩遂串联关中诸将举兵反叛，十部人马向潼关集中，安定郡杨秋为其中一部。九月，曹操破关中势力，杨秋兵败逃回安定郡。十月，曹操统兵由长安北征杨秋，兵围安定。杨秋投降，任命杨秋继续管理安定郡
	汉献帝建安十八年（213）	夏侯渊击败马超等割据势力，移军进攻占据高平的匈奴屠各部，屠各败走，缴获大量粮谷牛马，曹操占领安定郡，署理固原地区
	汉献帝建安十九年（214）	曹操向安定郡派出太守，面诫对羌胡的策略和政策。时今宁夏境内设朝那（今彭阳古城）、乌氏（今固原南）二县、均属雍州安定郡所辖，安定郡治移至临泾（今镇原县境）
魏晋南北朝	魏文帝黄初五年（224）	安定羌族大首领辟蹄率羌民起事。魏文帝时，曹军大将曹真、张郃合兵征讨安定卢水胡及东羌
	魏明帝太和二年（228）	四月，诸葛亮出祁山北伐曹魏，天水、南安、安定三郡人心思蜀，叛变魏国，呼应诸葛亮北伐，其首领为安定人杨条。杨条等坚守月氏城（在今固原市隆德县）以待蜀军。马谡失街亭，诸葛亮败退汉中，魏大将曹真和张郃率军攻伐杨条，杨条投降。天水、南安、安定三郡又归附魏国所有
	魏明帝青龙元年（233）	九月，安定保塞匈奴大人胡薄居姿职等叛，安定人胡尊领兵讨伐，匈奴首领败降
	魏齐王正始元年（240）	凉州（今甘肃武威）匈奴休屠胡梁元碧率2000户归附魏国，雍州刺史郭淮徙置于高平（今固原），后置西川都尉监护

续表

时间		重要事件
魏晋南北朝	晋武帝泰始五年(269)	秦州刺史胡烈统治残暴，对少数民族妄加讨戮。先屯兵高平川，以高平川为大本营，向麦田（今甘肃靖远东北）一带的“河西鲜卑”发动进攻，树机能率领秃发部鲜卑奋起反抗
	晋武帝泰始六年(270)	六月，树机能与胡烈在万斛堆激战，胡烈被杀。树机能攻占军事重镇高平，晋廷派遣官兵镇压树机能。注：万斛堆，今甘肃祖励河支流北河河口；《通鉴》胡注在安定郡高平县界
	晋武帝泰始七年(271)	四月，安定郡北地胡进攻金城郡（治今兰州）。晋凉州刺史牵弘率军反击。胡人与树机能配合作战，晋军与树机能军两方转战，角逐六盘山东西，后移师决战于青山（今甘肃环县西），牵弘兵败被杀。树机能占领秦州、凉州地区，势力达鼎盛时期。西晋朝野为之震动，晋武帝每虑斯难，忘寝与食
	晋武帝咸宁六年(280)	司马炎灭吴，一统天下。境内仍设朝那县、乌氏县。另设都卢县，县治今隆德县北。改西川都尉为西川县，县治高平。4县均属雍州安定郡。其时，鲜卑族鹿结部7万人屯居高平川（今宁夏清水河流域）。此后，鲜卑另一支乞伏部5000人也进入高平川。乞伏部兼并鹿结部仍居高平川。乞伏部首领佑邻死，其子结权继位，率部徙居牵屯山（今六盘山山脉北段及香山）一带，史称“陇西鲜卑”
	晋武帝太康三年(282)	医学家、史学家、文学家皇甫谧逝世
	晋愍帝建兴四年(316)	安定郡乌氏人前凉政权奠基者张轨卒
	晋愍帝建兴五年(317)	张轨子张寔建立前凉政权
	晋元帝大兴二年(319)	前赵政权设官分职，划分行政建置六州，其中朔州，治高平(今固原市原州区)。辖陇东、安定二郡。前赵时期，河西鲜卑述延任命叱卢那朝为率义将军镇牵屯山
	晋成帝咸和四年(329)	八月，前赵南阳王刘胤等领兵攻长安，陇东、安定、北地、新平等地起兵响应，与后赵对峙。不久，后赵石虎率骑兵大败刘胤于义渠（今固原市东南），秦陇之地为后赵石勒尽有
	晋成帝咸和八年(333)	后赵将领石生起兵反叛，兵败逃至鸡头山（今六盘山），被其部下擒杀。氐族首领蒲洪又起兵反后赵，石虎命诸将屯陇、汧各地，分兵进讨，蒲洪再降。后赵抚之，石虎以蒲洪为流民都督，率氐、羌等族十余万户迁往潼关以东

时间	重要事件
晋穆帝永和元年（345）	一月，后赵征发百姓牛2万头，配朔州（治高平）牧官，以开发边地，拓实边地防线
晋孝武帝太元八年（383）	羌人前秦龙骧将军姚苌起兵反前秦苻坚，号称秦王（史称后秦），进屯北地郡。安定、北地、新平等地的羌、胡10万人纷纷起响应，苻坚领兵北讨，大败。姚苌袭杀前秦皇帝苻坚
晋孝武帝太元十年（385）	陇西鲜卑乞伏国仁建西秦，建都于今甘肃榆中东北，前秦苻登署乞伏国仁为大单于。乞伏国仁向东扩张，高平没奕于等反击，被乞伏国仁击败。乞伏国仁部下建威将军叱卢乌孤跋拥众叛，乞伏国仁退守牵屯山。不久，乞伏国仁率7000骑兵讨伐，斩其部将叱罗候，降者千余户，叱卢乌孤跋复降，继承其父官位
晋孝武帝太元十一年（386）	四月，姚苌即皇帝位于长安，建后秦。六月，姚苌迁安定郡5000户于长安。前秦苻坚子苻丕向姚苌发动进攻，高平牧官都尉王敏和其他前秦将领各率兵数万响应。平凉太守鲜卑金熙、安定北部都尉鲜卑没奕于率领鄯善王胡员吒、护羌中郎将梁苟奴等，与后秦将领姚方成战于孙丘谷。姚苌率军援救，击败金熙、没奕于等
晋孝武帝太元十三年（388）	前秦苻登率军入朝那（今固原市彭阳县古城镇）
晋孝武帝太元十四年（389）	八月，前秦苻登击安定，后秦主姚苌袭破其辎重
晋孝武帝太元十六年（391）	十二月，前秦苻登再击安定，后秦主姚苌击败之。前秦将领、属国都尉没奕于降后秦
晋孝武帝太元十七年（392）	七月，前秦苻登第三次引兵逼安定，后秦主姚苌拒却之
晋孝武帝太元十八年（393）	前秦苻登闻后秦主姚苌卒，举兵逼安定。苌子兴使尹纬与战，大败，众溃，登单骑奔平凉，收众入马毛山。按注云，马毛山在固原州西南，亦曰马髦岭，或者马屯山
晋孝武帝太元十九年（394）	七月，后秦主姚兴自安定如泾阳，与前秦苻登战于南山，苻登兵败被杀，姚兴遣其部众，前秦灭亡。按注云，马毛山之南
晋孝武帝隆安五年（401）	牵屯山鲜卑别种破多兰部部落世传主木易干有武力壮勇，劫掠左右，西及金城，东侵安定，数年间诸种患之。遣常山王遵讨之于高平，木易干将数千骑弃国遁走，北魏尽徙其人于京师（今山西大同市）

魏晋南北朝

时间	重要事件
	晋安帝义熙二年（406）	后秦安北将军、五原公匈奴族刘勃勃（后称赫连勃勃），叛后秦，率其众3万人，由朔方进军高平川，袭杀没奕于，尽并其众
	晋安帝义熙三年（407）	六月，赫连勃勃在高平自称大夏天王、大单于，建国大夏。十月，兼并薛干等部数万人，又攻下后秦三城（今延安市东南），兼并以北诸戎。手下诸将一致认为高平"山川险固，土地饶沃"，建议定都高平
	晋安帝义熙五年（409）	一月，后秦姚兴弟姚冲在率军征讨赫连勃勃时倒戈谋叛，袭后秦都城长安。二月，姚兴自平凉至朝那，下书赐姚冲死。九月，赫连勃勃领2万骑攻后秦平凉，掠取平凉杂胡7000户，进屯依力川（今地不详）。后秦兵进讨赫连勃勃，赫连勃勃又攻后秦于黄石固（今固原市彭阳县境内）、沃罗城等地
	晋安帝义熙七年（411）	夏攻秦杏城，斩其守将姚详，遂攻安定东乡，皆克之
	晋安帝义熙十一年（415）	九月，赫连勃勃领兵攻克平凉
魏晋南北朝	晋安帝义熙十二年（416）	夏攻秦，克上邽、阴密、安定、雍城。秦遣兵击却之，复取安定
	晋安帝义熙十三年（417）	春正月，秦安定守将姚恢反，伏诛。夏人进踞安定，岭北郡县皆降之
	魏太武帝始光元年（424）	十二月，赫连勃勃废太子，另立少子赫连伦。赫连璝闻知后，率兵7万人攻袭赫连伦于高平，赫连伦兵败被杀。次子赫连昌领兵攻杀赫连璝，并其众八万余人，赫连勃勃遂立昌为太子。次年赫连勃勃死，太子赫连昌继位
	魏太武帝始光四年（427）	北魏再次进攻统万城，城破，赫连昌败逃上邽（今甘肃天水），后退守高平。九月，安定郡降魏
	魏太武帝神䴥元年（428）	魏将军尉眷攻上邽，赫连昌退屯平凉。北魏奚斤进军安定
	魏太武帝神䴥三年（430）	魏主袭平凉，使将军古弼等将兵趣安定。夏主赫连昌自安定北救平凉，与魏人战，败走上邽。北魏取安定、陇西
	魏太武帝太延二年（436）	北魏设置高平镇（治今固原市原州区），以高平为据点，疏通丝绸之路，开发经济，稳固边疆
	魏太武帝太平真君七年（446）	魏帝诏令安定、统万、高平、薄骨律四镇运屯谷50万斛付沃野镇，以供军粮

时间		重要事件
魏晋南北朝	魏献文帝皇兴四年（470）	柔然万余户降北魏，魏分徙其众于高平、薄骨律两镇，安插定居，加强统治
	魏孝文帝延兴元年（471）	魏孝文帝使殿中尚书胡莫寒赴高平，简选殿中武士。胡莫寒大肆索贿，高平等镇敕勒人愤而起事，杀胡莫寒及代理高平镇将奚陵。北魏派兵镇压，敕勒族杀死魏军将领天赐、罗云。北魏再派兵征讨，终将各部敕勒各个击破。此后，敕勒相继举行过多次小规模起义反抗
	魏孝文帝太和十三年（489）	固原地区马政勃兴，是河西牧场基地，为全国提供军马，转输河东（山西大同市），地位重要
	魏孝文帝太和二十三年（499）	须弥山石窟始凿。其开凿规模、造像风格、艺术成就可与大同云冈、洛阳龙门等大型石窟媲美，是为佛教文化宝库
	魏宣武帝正始二年（505）	中亚恹哒进攻高车（即敕勒）国，杀穷奇，高车部众离散，其中一部分投柔然，一部分投归北魏，魏遣宣威将军、羽林监孟成抚纳高车降众，安置于高平镇
	魏孝明帝正光五年（524）	夏四月，敕勒酋长胡琛据高平，自称高平王。魏将卢祖迁击破之。旋秦州莫折大提反，陷高平。大提死，子念生领其众。魏遣兵讨之
	魏孝明帝孝昌元年（525）	魏征西都督崔延伯与行台萧宝寅领兵5万，与秦州起义军等大战于岐州、陇东一带，义军战败，死伤10万。四月，胡琛遣部将万俟丑奴、宿勤明达等攻泾州（今甘肃泾川），以增援失利的秦州义军。两路魏军大败，勇冠三军的北魏重要领将之一崔延伯中流矢而死，兵将死者万余人，魏军士气低落，"朝野为之忧恐"
	魏孝明帝孝昌二年（526）	九、十月间，高平义军与秦州义军联合，其势益盛。胡琛与六镇起义首领破六韩拔陵不和，破六韩拔陵密派其大臣费律赴高平，诱杀胡琛。高平王胡琛死后，高平镇人万俟丑奴（鲜卑族）继任高平起义军领袖
	魏孝明帝孝昌三年（527）	春正月，高平起义军再次发动进攻，萧宝寅、元桓芝大败，仅剩残兵万余人退守雍州，义军乘胜分路攻下岐州、豳州、北华州，"关中大震"
	魏孝明帝孝昌四年（528）	一月，万俟丑奴以固原地区的高平镇为中心自称天子，置百官，划分行政，建年号为"神兽"
	魏长广王建明元年（530）	北魏遣都督尔朱天光讨万俟丑奴，夏四月获之。高平获萧宝寅，皆诛之。复以宇文泰为征西将军，行原州事
	魏节闵帝普泰元年（531）	尔朱天光破宿勤明达于夏州，擒宿勤明达，送往洛阳杀害。历时7年的高平起义落下帷幕。同年，贺拔岳仍驻军原州高平，宇文泰辖理原州

时间		重要事件
魏晋南北朝	魏孝武帝永熙二年（533）	贺拔岳从原州开拔，驻军关中。嗣后，孝武帝血书密令贺拔岳图谋高欢，任命贺拔岳为雍、华、泾等20州诸军事大都督，关中大行台。贺拔岳率军返回原州，托言牧马于原州，为自安之计。其间，拥众自守的费也头、铁勒、突纥等各族首领先后归附贺拔岳，秦、南秦、河、渭4州刺史受贺拔岳节度
	魏孝武帝永熙三年（534）	二月，贺拔岳被秦州刺史侯莫陈悦诱杀。魏孝武帝任命宇文泰为大都督，宇文泰夺回原州。宇文泰奏请侯莫陈崇行原州事。宇文泰遂总贺拔岳部并众家口入高平城，以自安固。三月，宇文泰会兵原州。夏四月，宇文泰引兵出木峡关（今固原市西南），平定侯莫陈悦，侯莫陈悦被追杀于牵屯山。宇文泰命原南秦州刺史李弼镇原州，魏帝任宇文泰为关西大行台。七月，宇文泰率大军从高平出发应魏孝武帝入关。魏孝武帝遂率轻骑从洛阳逃往长安，李贤率骑兵迎驾护卫。宇文泰奉魏孝武帝都长安，史称西魏。八月，宇文泰进位丞相，控制朝政
	魏文帝大统二年（536）	李贤辖理原州
	魏文帝大统三年（537）	李远任都督、原州刺史
	魏文帝大统四年（538）	田弘任原州刺史
	魏文帝大统八年（542）	李贤任原州刺史，"颇闲政事，抚导乡里，甚得民和"
	魏文帝大统九年（543）	蔡祐任原州刺史
	魏文帝大统十一年（545）	突厥"部落稍盛，始至塞上市缯絮，率通中国"，以固原地区为中心的丝绸之路重新疏通
	魏文帝大统十四年（548）	夏五月，宇文泰进为太师，携魏太子巡视西境，登陇山，刻写功臣名位次序于陇山。宇文泰携魏太子至原州，亲临李贤府第，"让齿而坐，行乡饮酒礼焉"。宇文泰又历北长城，大狩
	魏废帝元年（552）	武安县公、大将军窦炽由泾州刺史改任大都督、原州刺史，在原州任刺史十年，进一步提升固原地区的军事地位
	魏废帝二年（553）	改黄石县为长城县。黄石县治黄石固，长城县治仍为黄石固。此前，西魏在本地仍设原州，领平高（改高平郡为平高郡）、长城二郡，又在长城郡下设置平凉县，平高郡辖平高、默亭二县。长城郡领黄石、白池、平凉三县

时间		重要事件
魏晋南北朝	魏恭帝元年（554）	宇文泰西狩至原州。宇文泰令李贤乘辂车，备仪服，以诸侯会宴遇礼相见。宇文泰亲临李贤府第，欢宴终日，凡是李贤亲族，颁赐有差。同年，李穆任原州刺史，李贤子为平高郡守，李远子为平高县令
	魏恭帝三年（556）	九月，西魏太师宇文泰北巡，返回途中，至牵屯山发病。十月，宇文泰死。十二月，西魏恭帝被迫退位，北周取代西魏
	周孝闵帝元年（557）	宇文泰侄宇文护专断朝政，北周孝闵帝与李植密谋欲杀宇文护，事泄。宇文护废孝闵帝，并诛杀，李植亦被杀。宇文护逼令李远自杀。李贤、李穆坐罪免职除名。不久，两人重新恢复官爵
	周武帝保定三年（563）	周武帝宇文邕至童年生活故地原州，又至津门，再返原州。九月，周武帝从原州登陇坂，亲临李贤府邸并大赏李贤家族及其门生财物、官职
	周武帝天和四年（569）	筑原州城。须弥山石窟进入大规模开凿时期。同年，李贤卒于京师，与其妻合葬于原州城西南
	周武帝建德元年（572）	始设原州总管府，李穆出任原州总管。武帝宇文邕诛杀宇文护，下诏为李远平反昭雪
	周武帝建德四年（575）	田弘夫妇合葬于原州城西
隋、唐	隋文帝开皇元年（581）	北周相国杨坚接受北周静帝"禅让"称帝，国号"隋"，建元"开皇"。隋文帝以郭衍为行军总管，领兵屯平凉（即原州，今固原市原州区）
	隋文帝开皇二年（582）	突厥入侵原州，隋大将军韩僧寿破突厥于鸡头山（今六盘山）。五月，突厥发兵40万攻隋，临洮、幽州（今河北）、周槃等地隋军防线被突破。突厥可汗沙钵略可汗亲自率兵从木峡（今固原市原州区西南）、石门（今固原市西北须弥山）入侵，安定（今甘肃泾川）、延安、上郡（今陕西富县）等地牲畜被掳掠殆尽。六月，隋文帝为加强原州军事，令雍州牧、卫王杨爽任原州总管、行军元帅，率步骑7万防备突厥，出平凉，无虏而还。八月，隋兵分八路出兵，右仆射虞庆则为行军元帅，出原州道。皇太子屯咸阳，令其部将杨洸统兵出原州道，与突厥相遇，大胜。卫王杨爽与沙钵略可汗的主力会战于白道川（今内蒙古呼和浩特市北），突厥沙钵略可汗大败而逃

时间		重要事件
隋、唐	隋文帝开皇三年（583）	原州设总管府，兼治军民。柱国将军、河间郡公元褒（洛阳人）任原州总管。其时，突厥又南下。八月，内史监虞庆则出原州道，以行兵元帅领兵出击突厥
	隋文帝开皇五年（585）	沙钵路可汗向隋致书请和，双方在沿边地区设立互市场所。隋文帝令诸州百姓及军人劝课当社，共立义仓。劝农储粮于社仓，防备灾荒，由乡里社司掌管
	隋文帝开皇十四年（594）	关中大旱
	隋文帝开皇十五年（595）	隋文帝以百姓管理不善为借口，规定北境沿边储州的义仓粮食由政府建仓掌握
	隋文帝开皇十六年（596）	诏原州等州社仓，并于当县安置。隋文帝下令把关陇大部分地区的民间管理的社仓粮食，移交县政府管理
	隋文帝开皇二十年（600）	诏令上柱国崔弘度为原州总管
	隋文帝仁寿元年（601）	诏令上柱国独孤楷为原州总管
	隋炀帝大业元年（605）	原州总管府撤销
	隋炀帝大业三年（607）	实行郡、县制，又改原州为平凉郡，平凉郡统5县，为平高、百泉、平凉、会宁、默亭，郡治平高。平凉郡有27995户
	隋炀帝大业八年（612）	正月，隋炀帝分西突厥处罗可汗部众万余人于会宁郡（治今甘肃靖远）安置
	隋炀帝大业十一年（615）	隋炀帝杀郧国公李穆第十子李浑、李敏等宗族32人，"并族灭其家"，制造了"朝野称冤"的李门大血案
	隋炀帝大业十三年（617）	"原州奴贼"数万人围扶风郡，太守窦进坚守。经数月，"原州奴贼"食尽，野无所掠，众多离散。九月，"平凉奴贼"数万人降唐国公之子李世民。十一月，平凉郡都尉史索岩和太守张隆遣使请命于唐国公李渊，并投入平定割据势力薛举和梁师都的战事。有隋一朝，设陇右牧、置总监、副监、丞，以统诸牧。其骅骝牧及二十四军马牧，每牧置仪同及尉、大都督、帅都督等员。其中，原州羊牧，置大都督并尉；原州驼牛牧，置尉
	唐高祖武德元年（618）	李渊于长安即皇帝位，建国号为"唐"。是年，根据山河形势之便，分全国为十道，固原地区属关内道，改平凉郡为原州，领平高、平凉、百泉三县

时间	重要事件
唐高祖武德三年（620）	十一月，梁师都与处罗可汗谋议从原州、延州、并州、幽州南侵，临发兵，处罗可汗突然死亡，南犯作罢
唐高祖武德五年（622）	八月，突厥颉利可汗15万骑入雁门，寇并州，另派兵数千骑进犯原州
唐高祖武德六年（623）	突厥颉利可汗派兵数次攻原州，并攻陷原州善和镇（今地不详）
唐高祖武德七年（624）	突厥攻掠原州。七月，突厥又攻掠原州，灵州都督杨师道出兵救援。八月，突厥颉利可汗、突利可汗集结兵力，大举自原州向南侵犯，长安震恐。大臣建议迁都，唐高祖李渊、秦王李世民竭力反对，主张坚决抵抗。唐高祖李渊命李世民率兵抗御突厥，突厥见势退兵
唐高祖武德八年（625）	唐高祖李渊令燕郡王李艺领兵屯华亭（今甘肃华亭）和弹筝峡（今泾源县瓦亭峡）。八月，突厥又攻原州
唐高祖武德九年（626）	二月，突厥攻原州。四月，颉利领兵10万，攻掠灵州、原州、泾州（今甘肃泾川北）。八月，唐太宗即位，与颉利可汗在渭桥立盟言和，突厥引兵退走
唐太宗贞观四年（630）	唐朝大败突厥颉利可汗，颉利可汗被俘至长安。其部落或走投突厥薛延陀部，或西走西域，投降唐朝者10万口。唐太宗在北方边境设4个州都监府予以安置，同时，将原州颉利可汗之地分置六州以安置突厥降户，各以其酋长为将军、中郎将等官，以统其部落
唐太宗贞观五年（631）	原州设中都督府，管辖原、庆、会、宁、亭、达、要等七州，后并省亭、达、要三州
唐太宗贞观六年（632）	唐朝置缘州（今海原县七营北），寄治于原州平高县他楼城，属原州。安置突厥降户于他楼城
唐太宗贞观二十年（646）	回纥及拔野古等十三部各遣使朝贡，要求"归命天子，乞置汉官"，唐太宗诏令各部遣使到灵州聚会。八月，唐太宗离长安，在瓦亭（今泾源县瓦亭）观马牧。九月至灵州，突厥铁勒诸部遣使数千人至灵州，请尊唐太宗为"天可汗"，唐太宗接受请求
唐太宗贞观二十一年（647）	唐太宗置六都督府、七州（缘州为其中之一）安置内附的铁勒、回纥等十三部。各以其酋长为都督、刺史，以统其众
唐太宗贞观二十三年（649）	原州人口2443户，10512口。唐代，除汉族外，原州地区先后有粟特、突厥、铁勒、吐谷浑、吐蕃、回纥、党项等多民族居住和活动。贞观中，官办马牧基地自京师赤岸泽移马牧于秦、渭二州之北，会州之南，兰州狄道之西，置监牧使以掌其事。仍以原州刺史为都监牧使，以管四使。南使在原州西南180里，西使在临洮军西，北使和东宫使寄理原州城内。监牧地东西约600里，南北约400里

隋、唐

时间	重要事件
	唐高宗永徽元年（650）	增设他楼县，治他楼城
	唐高宗麟德二年（665）	麟德年间统计，在陇右（今青海东部）、金城（今甘肃兰州）、平凉（今固原）、天水（今甘肃天水）四郡增设牧监48所，置八使以管其事，置田1230顷，募民耕种，以供刍秣。约50年时间，牧马数量由贞观年间的3000余匹，增加到70.6万匹。由于牧马增多，草场牧地狭窄，又另于河曲之地设置八监以牧马。其时，可以用一缣易一马
	唐高宗仪凤元年（676）	设群牧都使以管辖各地马牧监，又增设监牧，原州境内有乌氏监（当是唐太宗视察的监牧）、长泽监、木峡监（今固原城西南）等
	唐中宗神龙元年（705）	废原州他楼县，置萧关县
	唐玄宗开元二年（714）	原州产肉角羊进贡朝廷
	唐玄宗开元四年（716）	原州都督府析出庆州，庆州另置都督府
隋、唐	唐玄宗开元二十二年（734）	朔方节度使兼领关内道采访处置使（治灵州），领原州。以安乐州（治今同心县下马关乡红城水）隶原州
	唐玄宗天宝元年（742）	改原州为平凉郡，有7349户，33146人
	唐玄宗天宝十三年（754）	平凉郡有7580户，39122人。陇右群牧使报，各监牧共有马、牛、驼、羊总数60.56万，其中马32.57万匹、牛7万头、羊20.4万只。原州制造的白毡、覆鞍毡、龙须席、布和麻都曾经作朝廷的贡品
	唐玄宗天宝十五年（756）	"安史之乱"爆发。六月，叛军陷潼关、太子李亨仓促北上。六月十八日抵达乌氏驿（今泾源县瓦亭）。次日、李亨至平凉郡（治今固原市原州区），搜罗清查监牧的公私马，得数万匹、官军得以振作。不久、李亨在灵武即皇帝位，是为唐肃宗
	唐肃宗乾元元年（758）	又改平凉郡为原州，仍辖平高、平凉、百泉、萧关四县
	唐肃宗乾元二年（759）	原州改属邠宁节度使（治邠州，今陕西彬县）
	唐肃宗上元元年（760）	原州平高县（治今固原市原州区）升为上县

时间		重要事件
隋、唐	唐代宗广德元年（763）	元载奏请城原州事，未行
	唐代宗永泰元年（765）	收复原州
	唐代宗大历三年（768）	设泾原节度使，治泾州（甘肃泾川县），原州改属之。吐蕃又攻陷原州
	唐代宗大历十三年（778）	九月，吐蕃8万人，屯集于原州北的长泽牧监。平凉镇兵马使郝玼破吐蕃2万人，收复原州，获羊马无数
	唐德宗建中元年（780）	杨炎将城原州，刘文喜据泾州以叛。令李怀光等讨之，而原州竟不果城
	唐德宗兴元年（784）	四月，泾原牙将田希鉴杀其节度使冯河清
	唐德宗贞元三年（787）	十月，吐蕃陷连云堡，堡属泾州，遂城故原州而屯之
	唐德宗贞元十九年（803）	四月，泾原节度使刘昌请移行原州于平凉城（今甘肃平凉市）
	唐宪宗元和三年（808）	十二月，迁原州于临泾城，置行原州，命镇将郝玼为刺史
	唐宣宗大中三年（849）	二月，吐蕃以三州七关来降。按三州：秦、原、安乐也。七关：石门、驿藏、制胜、木峡、石峡、六盘、萧关也。当吐蕃降时，诏诸道出兵应接。由是泾原节度使康季荣取原州及六关，邠宁节度使张君绪取萧关。诏垦土田，免五年租
	唐僖宗乾符二年（875）	黄巢起义爆发。次年四月，由于原州刺史史怀操贪淫暴虐，引起原州士卒的不满而起事，史怀操被驱逐
	唐僖宗广明元年（880）	斯年后，原州再没于吐蕃，又侨治临泾（今甘肃镇原县）
两宋、辽、金、夏	宋太祖建隆二年（961）	昔年，禁军将领殿前都点检赵匡胤陈桥兵变，取代后周，建立宋朝，建都开封，史称北宋。北宋析华亭县地，始置安化县，治安化峡（今泾源县新民乡），属仪州（治今甘肃华亭县）
	宋太宗太平兴国八年（983）	李继捧的族弟李继迁反对附宋，联络党项其他部落，抗宋自立，发动反宋斗争，拉开北宋与西夏战争的序幕
	宋太宗至道元年（995）	北宋始在故原州城设军政合一建制的镇戎军。七月，党项一部被李继迁劫掠，逃往萧关（今固原市北）相告，要求宋军予以救助，宋太宗令资助给粮食

时间	重要事件
宋太宗至道二年（996）	环、庆等十州部署李继隆以镇戎军"山川险阻，旁扼夷落，系中华襟带"为由，请准修固镇戎军城
宋太宗至道三年（997）	宋分全国为十五路，镇戎军时属陕西路，后属秦凤路。宋代，实行路、州（府、军、监）、县制。镇戎军地位虽同下州，但侧重军事性质
宋真宗咸平元年（998）	李继迁派兵攻破镇戎军城。十一月，宋置估马司，在镇戎军、原州、庆州等地以布、帛、茶等物购马，岁得 5000 余匹
宋真宗咸平二年（999）	北宋退出镇戎军城，筑东山寨（今宁夏固原市彭阳古城乡）。李继迁侵掠至渭州（今甘肃平凉）安国镇北，在萧关屯聚万子、米逋等族 3000 人。天都山地区、镇戎军萧关以北落入党项李继迁势力范围。镇戎军定为"极边"
宋真宗咸平三年（1000）	北宋在渭州平凉县置六盘（今宁夏固原市隆德县东）、嵩店等寨。宋初，镇戎军、德顺军等地为青白盐自由贸易流通区。六月，为遏制李继迁，禁青白盐，解盐（山西安邑、解县二池盐）始进入本地。包括镇戎军、德顺军在内的沿边二十一州军，准许商人入中粮草兴贩，随商人所便给予盐、茶交引。要解盐者，在京师榷货务兑换，支给解盐交引，赴安邑、解县两池取盐，准许在南路唐、邓等州贩卖。入中粮草，不免抬高粮草价格，又重叠加饶，致使盐价贬损，亏失国家课利
宋真宗咸平四年（1001）	宋恢复对镇戎军治城的控制。李继和设镇戎军，每年需粮草 45 万石，茶盐费用 50 万两。是年，北宋朝野围绕灵州弃守问题，展开争议，禁青白盐又成注目问题。李继和时知镇戎军，兼泾、原、仪、渭四州钤辖，认为禁青白盐是"困贼（李继迁）之良策也"。十二月，版筑镇戎军城，次年七月筑毕
宋真宗咸平五年（1002）	奏准于镇戎军设立屯田务，以知军李继和为屯田制置使。在镇戎军城四面各设一堡寨，设监押以领其事。又在镇戎军附近及木峡口以南的各个地方设立堡寨，徙人居住，且耕且战。三月，李继迁集结大军攻占灵州，改灵州为西平府。李继和与西凉府吐蕃六谷大首领潘罗支得得联系，潘罗支愿出兵助攻李继迁。七月，镇戎军城筑毕。九月，李继迁派兵南下攻掠，堵塞镇戎军郊的壕堑，越过古城壕堑，直抵城下。李继和与都监史重贵领兵出击，党项兵失利，退还。十月，宋真宗遣使慰劳镇戎军将士，赐给药物

两宋、辽、金、夏

时间		重要事件
两宋、辽、金、夏	宋真宗咸平六年（1003）	正月，梁鼎向朝廷报告市籴粮草情况时，价格以镇戎军为准。一月，西凉府吐蕃六谷首领潘罗支集兵6万骑，欲与宋会兵收复灵州。并派咩逋部首领成逋等至镇戎军。九月，宋泾原部署陈兴等于镇戎军、石门、摧沙堡、六盘关等地屯兵设防。十二月，依旧令商人于榷货务入钱帛，支于交引，请领解盐于唐、邓十二州军货卖。其人纳粮草于陕西者，改入现钞，支盐之法如昔
	宋真宗景德元年（1004）	六月，李德明派兵攻镇戎军，宋军败之于石门川。十月，又更改制度，允许商人在各州军入纳现钱铤银、实价粮草。由各州军直接发给商人交引，往解州榷盐院取盐，不再经京师榷货务兑换。因此，京师榷货务全无收入，京师现钱缺乏
	宋真宗景德二年（1005）	宋为加强沿边地区的防御，在镇戎军招募弓箭手，有警时，弓箭手与正军一同作战。十二月，商人欲请领解盐到镇戎军等二十五州军贩卖，允许商人于镇戎军等二十五州军入中现钱粮草，由各州军直接发给交引赴两池请盐
	宋真宗景德三年（1006）	九月，宋夏议和。西夏李德明又提出"放青白盐之禁"，宋廷议之不允
	宋真宗景德四年（1007）	七月，渭州瓦亭寨（今固原市泾源县瓦亭）早霜伤害庄稼
	宋真宗大中祥符元年（1008）	西夏因干旱发生饥荒，宋廷也只允许西夏人购买粮食，仍不取消禁青白盐令
	宋真宗大中祥符四年（1011）	九月，宋泾原钤辖曹玮奏，在笼竿川要害之地建笼竿城（今固原市隆德县城），募兵据守。笼竿川（今固原市隆德东）党项熟户将不耕之地交官。夏王李德明将治城由西平府（灵州）迁至怀远（今银川），改怀远为兴州
	宋真宗大中祥符八年（1015）	西夏李德明又提出与宋通青白盐贸易，仍遭宋廷拒绝
	宋真宗天禧元年（1017）	九月，镇戎军彭城寨（今固原市彭阳县）等地发生风雹等灾害，官府发粮救济，免租税，货给子种
	宋真宗天禧二年（1018）	十二月，三司请陕西州军入中刍粮
	宋仁宗天圣四年（1026）	二月，宋于西界（西北沿边）置和市榷场
	宋仁宗天圣九年（1031）	十月，李德明卒，其子元昊立

时间	重要事件
两宋、辽、金、夏	
宋仁宗明道元年（1032）	十月，镇戎军新修赤草城，名怀远城（今固原市西吉县偏城）
宋仁宗景祐三年（1036）	冬，李元昊攻取回鹘瓜（今甘肃安西）、沙（今甘肃敦煌）、肃（今甘肃酒泉）三州，至始有二十二州。天都山地区（今宁夏海原县西部）已成为西夏重兵之地。嗣后，西夏国主李元昊在天都山设避暑行宫
宋仁宗宝元元年（1038）	李元昊称帝建都兴庆府，国号夏，史称西夏，改元为天授礼法延祚元年。元昊建国后，在军事上，分全境为十二监军司，西夏在固原地区的宋夏边境设韦州监军司（今同心县韦州镇）西寿监军司（疑在今同心县喊叫水乡）。西夏在黄河以南洪州（今陕西靖边西南）、天都山（今海原西部）等地部署大军5万人，以备御宋环庆、镇戎、原州
宋仁宗康定元年（1040）	正月，元昊发动第一次侵宋大战役三川口（今陕西延安市枣园镇）战役，大败宋军。驻镇戎军、渭州山外及瓦亭诸地的宋军自守不援
宋仁宗庆历元年（1041）	二月，元昊寇渭州。韩琦趋镇戎军，命任福战元昊于好水川。西行出六盘山，福败死。按镇戎军宋置，今固原州是。好水川又名甜水河，源出六盘山，与瓦亭水合流
宋仁宗庆历二年（1042）	元昊寇镇戎军，副总管葛怀敏会兵御之，驰至长城败死。元昊遂大掠渭州
宋仁宗庆历三年（1043）	一月，宋廷将渭州陇干城升建为德顺军。改羊牧隆城为隆德寨，下辖隆德、得胜、通边等寨。李元昊向宋请和称臣，请求允许每年向宋沿边州县出售10万石青白盐。宋册封元昊为夏国主，岁赐西夏大量银、绢、茶，唯独不同意开放青白盐贸易
宋仁宗庆历二年（1044）	宋夏言和、应元昊要求，恢复双边贸易，重新开放保安军（今陕西志丹）、镇戎军高平寨（今固原头营马园）两地榷场
宋仁宗庆历六年（1046）	宋仁宗诏：保安军、镇戎军榷场，岁各市马2000匹，博买羊1万口
宋仁宗庆历八年（1048）	一月，元昊死，周岁幼子李谅祚立。范祥献策改革入中贸易，认为："又以延、庆、环、渭、原、保安、镇戎、德顺地近乌、白池，奸人私以青白盐入塞，侵利乱法。"提出严厉青白盐之禁，并执行钞盐法
宋仁宗嘉祐七年（1062）	宋于原州、渭州、德顺军设官马市场，购买党项各部居民马匹以充军用

时间	重要事件
两宋、辽、金、夏	
宋英宗治平元年（1064）	秋，夏军攻掠宋之秦凤、泾原路各地，掠宋于当地招募的弓箭手和大量牲畜而归
宋英宗治平二年（1065）	泾原路德顺军、隆德寨等二十城、寨、堡以强人12466名、壮马4586匹，为110甲505队，分防驻守
宋神宗熙宁元年（1068）	一月，梁太后以其弟梁乙埋为国相。十月，辽册封李秉常为夏国王。渭州知事蔡挺主持修筑镇戎军熙宁寨（今固原市头营胡大堡梁），并兴办屯田，以充实边务
宋神宗熙宁三年（1070）	十月，夏军攻镇戎军三川寨，宋巡检赵普设伏兵击退
宋神宗熙宁四年（1071）	宋夺取吐蕃占据的熙（今甘肃临洮诸地）、河等地，"马道梗绝"。因置熙河路买马司，原州、渭州、德顺军不再设买马市场。十月，宋廷又诏颁陕西四路防秋之策
宋神宗熙宁五年（1073）	三月，西夏国相梁乙埋集结夏兵屯驻天都山
宋神宗熙宁十年（1077）	宋于镇戎军、德顺军各置都监一人，都监率兵3000人
宋神宗元丰元年（1078）	复置德顺军买马市场
宋神宗元丰二年（1079）	泾原路正兵汉蕃弓箭手分为十一将，其中第一将、第二将驻渭州，第三将驻原州（今甘肃镇原），第五将驻镇戎军，第六将驻镇戎军彭阳城（今固原市彭阳县），第七将驻德顺军，第八将驻德顺军水洛城，第九将驻静边寨（今甘肃静宁东南），第十将驻隆德寨，第十一将驻怀德军（今固原市黄铎）
宋神宗元丰三年（1080）	镇戎军人口4130户，其中主户（有田产应纳税服役的人户）1434户，客户（无田产的人户）2696户。德顺军16741户，其中主户7589户，客户9152户
宋神宗元丰四年（1081）	诏李宪会兵讨夏。宪总师东上，营于天都山下，在固原州西北，追袭其统军新都喇卜丹，败之，次于葫芦河。即蔚水河
宋神宗元丰五年（1082）	一月，夏人修复被宋军焚坏的天都山南牟城。七月，夏兵大举进攻镇戎军和三川寨，三川寨巡检王贵等兵败逃走
宋神宗元丰七年（1084）	夏军分别进攻德顺军等地

	时间	重要事件
两宋、辽、金、夏	宋哲宗元祐元年（1086）	二月，宋下令边民不得与夏人互市。户部及制置解盐司议，延、镇戎、保安、德顺等八州军，商旅人八州军折博务，算给交引，如范祥旧法
	宋哲宗元祐二年（1087）	一月，宋册封李乾顺为夏国主。七月，西夏国相梁乞逋假传李乾顺圣旨，胁迫卓罗监军仁多保忠率万人攻镇戎军。泾原总管刘昌祚发兵击败夏军。八月，梁乞逋召西夏十二监军司兵聚于天都山，又约吐蕃首领发兵，图谋共攻兰州，并分兵攻三川寨。九月，仁多保忠又率军10万人入侵泾原路，围宋泾原十一将将兵于镇戎军城内5日
	宋哲宗元祐三年（1088）	泾原路总管刘昌祚移宋兵万人驻德顺州
	宋哲宗元祐六年（1091）	夏兵继续分兵攻宋泾原境
	宋哲宗元祐七年（1092）	西夏又以重兵逼近宋泾原境，由结龙川进兵泾原路，大掠开远堡（今固原市原州区开城）、得胜寨（今固原市西吉县硝河乡境）、隆德寨，留50天撤还。又于宋镇戎军石门峡相邻的没烟峡筑垒据守，宋军再次反攻西夏韦州
	宋哲宗绍圣元年（1094）	宋哲宗亲政，并恢复宋神宗的新法。章资、曾布等又主张对西夏实行开边活动
	宋哲宗绍圣二年（1095）	宋终止与西夏边界谈判，采取进筑堡寨、开拓疆土的战略，史称"绍圣开边"
	宋哲宗绍圣三年（1096）	年末，宋廷命章资为泾原路经略使，准备攻取西夏天都山地区
	宋哲宗绍圣四年（1097）	筑平夏城（今固原市黄铎堡）、灵平寨，并各置酒税务官1员
	宋哲宗元符元年（1098）	十月，西夏梁太后挟持李乾顺亲自领兵，集中40万大军围困荡羌、通峡、高平、九羊、平夏等城寨，战役历时13天，西夏终大败。平夏城战役后，西夏一蹶不振，"不复能军"。十二月，章楶令折可适、郭成等领兵突袭西夏天都地区。宋兵夜入室擒捉西夏六路都统军嵬名阿埋、保泰军监军昧勒都通并俘虏其家属和部众3000人，牛羊牲畜10万。宋军首次占领天都地区，从而实现泾原路与熙河路接通的战略意图。是年，泾原经略使章资在沿边实行粮食官买，不许居民与官府争买粮食，下令民间有余粮者一律卖给官府
	宋哲宗元符二年（1099）	夏五月，置西安州。按注云：即宁摩奎新城，从经略章楶请也。考之李氏云：西安州在固原州西北

续表

时间		重要事件
两宋、辽、金、夏	宋徽宗崇宁元年(1102)	德顺军人口 29269 户，126241 人
	宋徽宗崇宁三年(1104)	二月，夏兵各以数千骑骚扰延、渭（治今甘肃平凉市）、庆三州。六月，折可适领宋兵出萧关，攻灵州城。十月，夏兵攻泾原，转攻平夏城，扰掠镇戎军而还
	宋徽宗崇宁四年(1105)	夏人寇泾原，入镇戎军，略数万口。与羌酋希卜萨罗桑合兵，逼宣威城
	宋徽宗崇宁五年(1106)	宋徽宗赐镇戎军须弥山佛窟寺日景云寺。时镇戎军人口 1961 户，8050 人
	宋徽宗大观元年(1107)	北宋在平夏城、镇戎军、通峡寨（平夏城北）、西安州四处分别设置名为裕财、裕国、裕民、裕边四个都仓，将当地所收田、户两税中，每石拨出一非贮藏，以备歉年
	宋徽宗大观二年(1108)	宋析置镇戎军北部辖地，增设怀德军，展筑平夏城为军治，辖灵平、通峡、镇羌、通远、萧关等寨，属渭州（治今甘肃平凉市）
	宋徽宗大观三年(1109)	西夏派使者至泾原路商划疆界，要求归还夏地，宋知怀德军种师道据理反驳，会谈未果
	宋徽宗政和四年(1114)	王厚等攻夏臧底河城，败绩。夏人遂大掠萧关
	宋徽宗政和五年(1115)	四月，宋知渭州种师道督诸路兵筑城席苇平（今同心南），夏兵来争，被宋兵所败。冬，夏兵万余骑大掠萧关而去
	宋徽宗政和五年(1115)	女真族完颜旻依汉族制度，称皇帝，建国号“金”，都城黑龙江省阿城
	宋徽宗宋宣和元年（1119）	四月，宋兵败夏兵于萧关、割沓城（今同心北）。进兵鸣沙，不见夏兵而还
	宋徽宗宋宣和四年（1122）	十二月，朝廷颁降御解《灵宝度人经》至德顺军，德顺军郡守王璁命道士李茂新讲演此经，合郡官属及百姓恭听于德顺军治的神霄宫
	宋徽宗宋宣和六年（1124）	西夏向金称臣
	宋徽宗宋宣和七年（1125）	二月，金俘虏辽天祚帝，辽亡。七月，金太宗下诏进攻北宋
	宋钦宗靖康元年(1126)	秋，夏人陷西安州。注：西安州，今宁夏海原县西安镇

时间	重要事件
宋高宗建炎四年（1130）	冬十一月，金人复陷泾原诸州、军，遂取渭州、镇戎军。环庆叛将慕洧复引金兵陷环庆
宋高宗绍兴元年（1131）	抗金名将曲端被迫害致死
宋高宗绍兴三年（1133）	金军攻占夏怀德军（治今固原市原州区黄铎堡乡），金朝又将怀德军割让给"齐国"。夏发5万兵马争夺，时庞迪权知怀德军，领兵击败夏军
宋高宗绍兴四年（1134）	四月，吴玠领宋兵击败金兵，收复凤、秦、陇等州
宋高宗绍兴七年（1137）	金元帅都监拔离速领兵反攻宋军于陕西，渭州、德顺军降金。同年，废齐国，镇戎军、怀德军仍归金，怀德军并入镇戎军
宋高宗绍兴九年（1139）	南宋接受称臣纳贡的和议条件，赵构派秦桧代表自己跪受金朝诏书。金朝将陕西（包括今固原市部分地区）、河南归还宋朝。吴玠病逝
宋高宗绍兴十年（1140）	金朝撕毁和约，分兵四路大举南侵，重新夺取陕西、河南之地
宋高宗绍兴十二年（1142）	金国于其领土分置十九路，路下置府、州、县，固原地区分别隶属于熙河路的德顺州、平凉府、镇戎军和庆原路的原州。其中德顺州下辖陇干（今固原市隆德县）、水洛、威戎、隆德、通边、治平六县
宋高宗绍兴十六年（1146）	金国将西安州（今海原县西安镇）给予夏国
宋高宗绍兴二十二年（1152）	金海陵王完颜亮迁都燕京（今北京）
宋高宗绍兴三十一年（1161）	六月，金海陵王完颜亮迁都汴京。完颜亮部署大军，分道攻宋。十月，四川宣抚使吴璘率3万宋军出川，大举北攻，攻占秦州、商州、原州、环州、镇戎军、德顺州等大片失地。十二月，兴元都统制姚仲造副将赵诠、王宁攻镇戎军，金镇戎军主簿赵士持与同知任诱先开城门出降，俘获知军振戈将军韩钰。宋四川宣抚司命秦弼知镇戎军
宋高宗绍兴三十二年（1162）	吴璘遣兵复河源州、积石、镇戎军，遂复大散关
宋孝宗隆兴元年（1163）	正月，吴璘奉班师之诏，宋军撤回。抚守德顺州的张安齐城逃遁，金国胡速鲁改半路截击。镇戎军、德顺州等州府一十六重归属金国

（两宋、辽、金、夏）

· 372 ·

时间	重要事件
宋孝宗隆兴二年（1164）	金与南宋订立和议，双方各守旧疆。金朝敕封蕃僧党正结、役令抹为须弥山山主，并颁给"公据"
宋孝宗乾道三年（1167）	金改安化县为化平县，属平凉府。吴璘病逝
宋孝宗乾道八年（1172）	四月，德顺州（治今固原市隆德县城）广济禅寺宝塔寺塔下安葬定光佛顶骨、观音菩萨髻、舍利等圣物
宋孝宗淳熙九年（1182）	改镇戎军为镇戎州，仍隶属熙秦路。辖东山、三川二县，东山县治于宋东山寨（今固原市彭阳县古城乡古城），三川县治于宋三川寨（今固原市彭堡乡隔城子古城）。两县辖彭阳、乾兴、开远三堡，天圣、飞泉、熙宁、灵平、通峡、荡羌、九羊、张义、威川等九寨，人口10440户。镇戎军为刺史州，下州
宋孝宗淳熙十四年（1187）	金改镇戎军、德顺州、平凉府隶凤翔路。时平凉府辖平凉、华亭、化平（今宁夏泾源）等五县，三万余户
宋光宗绍熙二年（1191）	夏兵又以金兵驱逐其牧民为借口，进攻镇戎州，金守将阿鲁带被杀
宋宁宗嘉定六年（1213）	金政变，杀卫绍王。九月，金宣宗完颜珣即位。十一月，西夏进攻镇戎州，金国陕西路按察副使卢庸坚守，未能攻破镇戎城。是年，蒙古分三路攻金
宋宁宗嘉定八年（1215）	一月，夏兵攻武延川（今西吉县葫芦河）。八月，金国置陕西省。令金兵严密防守延安、环庆、平凉、德顺、镇戎等州的军事要地。是年，夏兵频繁进犯
宋宁宗嘉定九年（1216）	升德顺州为防御州。十月，升德顺州为节镇军，名陇安
宋宁宗嘉定十二年（1219）	六月十八日巳时，陕西发生强烈地震，平凉、镇戎、德顺尤甚，白昼黑风骤起，有声如雷。顷之地大震，庐舍倾覆，居民死者数以万计，杂畜更是无数。十一月，金元帅、右都监石盏女鲁欢奏请金主，重新修复被地震毁坏的镇戎州城，金主许之。次年四月二十一日差军民夫2万人兴工修筑，五月十五日工毕
宋宁宗嘉定十三年（1220）	二月，夏兵攻镇戎，金兵败
宋宁宗嘉定十四年（1221）	蒙古主成吉思汗劝金国德顺州守将投降蒙古，未果

（两宋、辽、金、夏 — 左侧纵向标注）

时间	重要事件
宋宁宗嘉定十五年（1222）	一月，夏兵攻陷金大通城（今青海循化西）。春，蒙古军攻占金国乾（今陕西乾县）、泾、原等州。八月，夏兵攻入德顺州。十月，又攻掠德顺州之神林堡（今固原市隆德县境）。冬，金镇戎州守将白撒率兵急驰洮，与夏兵大战于大通城，金兵夺回大通城，金兵以塞外地寒少草而撤还镇戎州。是年，化平县有居民6206户
宋理宗宝庆三年（1227）	正月起，蒙古军队重重围困西夏国都中兴府（今银川）。同月，成吉思汗留兵继续围攻中兴府，自领蒙古军队渡过黄河。二月，攻破积石州（今青海循化），进入金国境内。四月，成吉思汗回师至隆德县（今固原市西吉县将台乡火家集村），攻占德顺州（治陇干县城，即今隆德城关），金国守将爱申等战死。蒙古势力进入固原地区。闰五月，成吉思汗至六盘山避暑，派察罕前往中兴府谕降。六月，西夏国主李睍遣使求降。七月二十五日，成吉思汗在六盘山病死，留下遗嘱，死后秘不发丧。李睍出降蒙古，夏亡
宋理宗绍定四年（1231）	成吉思汗指定三子窝阔台继承汗位，窝阔台遵照成吉思汗遗诏灭金，蒙古右路军在六盘山集结，攻取关中。金巩昌府总帅完颜仲德招集号令临洮、庆阳二十四城（含镇戎、德顺、原州）将士吏民抵抗蒙古兵
宋理宗端平元年（1234）	正月，南宋军与蒙古军联手攻破蔡州（今河南汝南），金至此而亡
宋理宗端平三年（1236）	蒙古阔端王招降金巩昌守将汪世显，占领临洮、庆阳等二十四城。是年，德顺州有3549户，163065人。原州（治今甘肃镇原）辖二县，时有户1.78万
宋理宗淳祐三年（1243）	蒙古以汪世显为总帅，节制平凉（今甘肃平凉）、镇戎（今固原市原州区）、德顺（今固原市隆德县）等二十四城
宋理宗淳祐十一年（1251）	忽必烈驻军六盘山，派人从凉州迎请藏传佛教大师萨迦派首领萨班来会，萨班年老不便远行，由阔端之子蒙哥都来陪同八思巴至六盘山与忽必烈会见，忽必烈遂尊八思巴为上师。此前，窝阔台即大汗位后，将其三子阔端安置在河西凉州（甘肃武威），镇守西北。阔端为了统一藏区，确定邀请藏传佛教大师萨迦派首领萨班来凉州共议大事。萨班先派其侄子八思巴到达凉州，后三年萨班亲至凉州。蒙哥汗即位后，阔端与萨迦、八思巴等在凉州会面，确定了蒙、番关系的重要原则。西藏地区从此开始统一于元。十一月，萨班病逝于凉州。八思巴赶回凉州，接受萨班的衣钵、法器，继任萨迦派的教主
宋理宗宝祐元年（1253）	忽必烈奉命征大理。领兵经夏州、盐州。四月，南下萧关，驻屯六盘山。在六盘山，忽必烈召见著名数学家和天文学家王恂、史天泽（后为元朝首任而且是唯一的汉族宰相）议事。八月，出师云南，分兵三道平定大理。十二月，班师北还，又经六盘山

（左侧纵向合并单元格）两宋、辽、金、夏

时间		重要事件
两宋、辽、金、夏	宋理宗宝祐二年（1254）	忽必烈始经营关中，遣王府尚书姚枢创设京兆宣抚司，以廉希宪、商挺宣抚陕西，以赵良弼参议司事。姚枢为劝农使，在六盘山劝民耕种
	宋理宗宝祐三年（1255）	一月，忽必烈还回京兆（今陕西西安）。五月，忽必烈驻六盘山。六月，忽必烈命廉希宪为京兆宣抚使。秋，忽必烈还滦河驻地
	宋理宗宝祐五年（1257）	蒙古大元帅速不台还镇云南，路经六盘山。蒙哥汗亲率西路军南征南宋。四月，蒙哥汗由东胜（今内蒙古东胜），渡河南下，驻屯六盘山，令诸郡郡守和县令来六盘山会见。七月，蒙哥汗留亲眷、辎重于六盘山，领兵由今宝鸡进攻南宋西蜀
	宋理宗宝祐六年（1258）	蒙古东路军挥师东进至长江，无功撤回，蒙哥汗改命忽必烈统率东路军
	宋理宗开庆元年（1259）	宪宗蒙哥汗遣浑都海领兵 2 万屯驻于六盘山。七月，宪宗蒙哥汗病死于征途四川合州。九月，宪宗可敦（皇后）亦乞列思死于六盘山
	宋理宗景定元年（1260）	四月，蒙古阿拉克岱尔及六盘守将浑塔噶，举兵应和林。廉希宪等击败，斩之
元	元世祖至元七年（1270）	元初，镇戎州与原州（治今甘肃镇原县）合并，改称镇原州，隶东山县（今固原市彭阳县古城镇）、三川县（今固原市原州区彭堡隔城子）二县。是年，八思巴病逝，忽必烈赐号"大元帝师"
	元世祖至元八年（1271）	蒙古正式定国号为"元"。忽必烈号令督促各地修志，《开成府志》编纂
	元世祖至元九年（1272）	十月，忽必烈封皇子忙哥剌为安西王，颁金螭印钮，赐京兆、六盘山为封地，驻兵六盘山。于京兆（今陕西西安）、六盘山（今固原市原州区开城镇开城村）两地设"安西王府"，冬居京兆，夏居六盘
	元世祖至元十年（1273）	忽必烈下诏，又加封安西王为秦王，别赐兽钮金印。其府在长安者为安西，在六盘者为开成，皆听为宫邸。一藩二印，两府并开。是年，六盘山地区始设开成路，开成路号为上路。同年，于旧原州设立开成府。开成府领开成（治今固原市原州区开城镇开城村）、广安（今固原市彭阳古城乡镇）二县。元代，地方行政为省、路、府（州）、县四级区划制。诏建京兆、开成王城、宫邸
	元世祖至元十三年（1276）	元廷诏令进军四川的宗王南平王秃鲁领兵数千人调防至六盘山镇守，以固防务

	时间	重要事件
元	元世祖至元十四年（1277）	元世祖忽必烈令安西王领兵北伐，宗王秃鲁乘机起兵于六盘山，安西王相赵炳自京兆（今西安）领兵讨伐，秃鲁兵败被俘。汪惟正以平叛有功，授开成路宣抚使
	元世祖至元十五年（1278）	开成路置屯田总管府，李进领屯田军2000名由中兴（今固原地区）移屯六盘山。升广安县为广安州，仍属开成府。秃鲁所部兵又叛，赵炳等领兵平息
	元世祖至元十七年（1280）	忙哥剌病逝。忙哥剌死后，安西王王相府被撤销，恢复陕西四川行省。后长子阿难答仍继任安西王，其弟按摊不花袭秦王印
	元世祖至元十八年（1281）	十月，忽必烈命安西王府协济户及南山隘口军，于安西、延安、凤翔、六盘山等处屯田
	元世祖至元十九年（1282）	六月，发六盘山屯田军770人以补充刘恩所统之军。又于镇原、彭原等地设置屯田所，以民屯耕，不久又改为军屯
	元世祖至元二十年（1283）	元廷将原安西王王相府的官员转入行省地方官府，裁撤王相府吏员。十一月，罢开成路屯田总管府，屯田总管府所管事宜归并开成路管理，隶属京兆宣慰司
	元世祖至元二十一年（1284）	二月，以别速带所部逃军700人交付安西王府屯田。八月，调燕京戍守新附军463户，于德顺州威戎立屯
	元世祖至元二十二年（1285）	二月，忽必烈为皇孙阿难答立衍福司，设立官制
	元世祖至元二十四年（1287）	忽必烈下诏，以阿难答仍继任安西王，仍置王傅。秦王印上交，撤销按摊不花所署王傅。十月，元世祖忽必烈从总帅汪惟和言，分所部戍四川军5000人屯田六盘山。十二月，安西王阿难答奏请元世祖忽必烈同意设本位诸匠都总管府
	元世祖至元二十五年（1288）	四月，令陕西省督巩昌兵5000人于六盘山屯田
	元世祖至元二十六年（1289）	四月，忽必烈又下诏，罢皇孙按摊不花所断事官也先，仍收其印。十二月，徙瓮吉剌民户之贫困者来六盘山就食
	元世祖至元二十九年（1292）	三月，延安、凤翔、京兆三路军3000人，桑哥皆罢为民，复其军籍，屯田六盘山。五月，又诏罢秦王典藏司、收其印
	元世祖至元三十年（1293）	正月，安西王阿难答请仍旧设常侍，元世祖忽必烈不允。八月，忽必烈下诏给安西王断事官印。十二月，诏令以铁赤、脱脱木儿、拜延等人并任安西王傅

时间	重要事件
元	元成宗元贞元年（1295）	阿难答亲自到京师觐见成宗，要求重新设立王相府。成宗予以劝谕，未允。二月，阿难答又命其王傅铁赤等，"复请立王相府"，成宗当即拒绝，令安西王所需由陕西省供给。六月，安西王所部出征军之妻子乏食，成宗又给粮 2000 石赈济。十一月，给安西王甲胄、弓箭等兵器 15.8 万件。于德顺州（今固原市隆德县），立屯耕种，屯户 2600 户，耕地 800 顷
	元成宗元贞二年（1296）	自六盘至黄河，立屯田戍兵万人。安西王阿南答奏请修建开成延厘寺
	元成宗元贞二年（1296）	正月，安西王王傅铁赤、脱脱木儿等又至京师，复请立王相府。元成宗应安西王所请，置安西王相府，但限制权力，唯行王傅事。二月，投入军人万余名，自六盘山至黄河设立屯田。安西王阿难答报请成宗批准动工修建开成延厘寺
	元成宗大德五年（1301）	七月，籍没安西王阿难答所擅自侵占的屯田、军站，改阿难答 400 户属户为民
	元成宗大德七年（1303）	八月，元廷救济安西王阿难答所部贫民米 2 万石。开成延厘寺竣工
	元成宗大德八年（1304）	撤销陇干县，并入德顺州
	元成宗大德十年（1306）	八月壬寅，开城路地震，安西王宫殿及官民庐舍震毁，压死故秦王妃等 5000 人
	元成宗大德十一年（1307）	正月，成宗病逝。皇后伯要真氏无子，阿难答等急至京师，伯要真氏与阿难答、明里铁木儿等图谋：伯要真氏称制，阿难答辅之，又议谋立阿难答为帝。左丞相哈剌哈孙与阿沙不花得悉情况，密遣使报北边怀宁王海山（后继位为武宗）和出居怀州的亲王爱育黎拔力八达（后继位为仁宗）。爱育黎拔力八达扶太后自怀州入京师，迎海山。三月二日，爱育黎拔力八达诈称海山造使招安西王阿难答诸臣计事，即执送上都。三日，安西王阿难答欲抢登皇帝位。五月，皇侄海山于上都继皇帝位，是为武宗。武宗废皇后伯要真氏，移地赐死，又捕安西王阿难答等人，均赐死
	元武宗至大元年（1308）	二月，因开成路地震，民力重困，已免赋 2 年。请再免本年赋税，元武宗予以批准
	元仁宗皇庆元年（1312）	诏改安西路为奉元路
	元仁宗延祐二年（1315）	六盘山都提举司设立长官司及提领所分理各处。长官司分设奉元（今陕西）等路、平凉等处、开成等处、甘肃宁夏等路、察罕脑儿五处；提领所十处，分设奉元等路、凤翔等处、平凉宁环等处、开成等处、察罕脑儿等处、甘州等路、肃沙等路、永昌宁夏等路、长城等路

续表

时间		重要事件
元	元仁宗延祐五年（1318）	十一月，禁开成等处酿酒
	元英宗至治元年（1321）	管领开成等处怯怜口民匠提领所副提领张庸催纳怯怜口粮租，岁办夏税千余石
	元英宗至治三年（1323）	八月，诸王月鲁铁木儿、按梯不花、孛罗等合谋杀死英宗。九月，也孙铁木儿继位，是为泰定帝。九月，泰定帝下诏，以阿难答子"诸王月鲁铁木儿袭封安西王"。十二月，泰定帝追治反叛余党。月鲁铁木儿即安西王王位不到半年，因与铁赤等谋反，被流放到云南，不久放还。遂降开成府为州
	元泰定元年（1324）	四月，命昌王八剌失里往镇阿难答昔居之地，并赐牛、马、骆驼
	元泰定二年（1325）	元代，翻越六盘山，经德顺州，至兰州、河西走廊道路开通。是年，元朝汉族官员西台御使李昌以其亲自所见，叙述西蕃僧人频繁活动于今陕甘一带的情况。西蕃僧人佩金字圆符，络绎不绝于道，他们成阵结队，驰骑往往成百，传舍住宿不下，仅奉元（今陕西西安一路），自正月至七月半年时间，往返僧人便达185次，用马达840匹，较之省臣之使还多十分之六七
	元泰定四年（1327）	三月，湘宁王八喇失里由六盘山开成移镇上都开平
	元至顺元年（1330）	隆德县有11963户，62208人
	元惠宗后至元元年（1335）	开成知州朵儿率僚吏奉币祝恭，求雨朝那湫龙神。开成州学政李诚撰《重修英济王庙碑记》，立碑于开成岭
明	明太祖洪武元年（1368）	朱元璋推翻元朝统治，在应天（今南京）称帝，国号"明"。十一月，明军占领大都（今北京），元亡
	明太祖洪武二年（1369）	徐达克庆阳，自临洮下兰州。袭走元豫王，尽收其部落辎重。还出萧关，克平凉，擒张良臣，斩之。封开国大将沐英牧地于今固原市西吉县境内，开城、隆德始设儒学，以正教化
	明太祖洪武十一年（1378）	凉州的故元朝蒙古族官吏和百姓2000人归降，朱元璋命迁徙于平凉府（包括固原地区）一带，并给口粮安置
	明太祖洪武十二年（1379）	三月，明军从西番缴获马、犏牛，犏牛则于巩昌、平凉、兰州、洮河之地放牧
	明太祖洪武十三年（1380）	九月，诏陕西诸卫军留三分之一守御城池，其余屯田以自给口粮。至万历四十四年，固原有屯田4815顷，屯丁1313人。归陕西屯田道管辖。明洪武时，隆德县人口有726户，16775人

时间	重要事件
明成祖永乐四年（1406）	固原设甘州群牧所，且牧且守。八月，明成祖命选择牧地，斟酌牧养方式养马。首批选中平凉府属的有麻务子川、策底川、红城川、固原里、白崖、双井。九月，设陕西、甘肃两个苑马寺。每寺统六监，监统四苑。每监先设二苑。陕西苑马寺设长乐、灵武二监。固原地区属长乐监，设开城、安定二苑
明成祖永乐六年（1408）	长乐监增设弼宁、广宁二苑，以增强固原地区之马政
明成祖永乐八年（1410）	固原蒙古土达兵参加明成祖第一次亲征漠北鞑靼战役
明宣宗宣德七年（1432）	二月，宣德皇帝下旨，西北人皆利于畜牧，今后有来归降者，令于平凉（包括今固原地区）、凉州择便地处之，不致使他们流离失所。五月，重新开通平凉府开城县迭烈孙道路（即经固原至靖远迭烈孙堡渡黄河至武威道），以畅通丝绸之路，固疆安民
明英宗正统二年（1437）	甘肃苑马寺及其所属六监二十四苑裁撤，余马和牧军拨归陕西苑马寺
明英宗正统三年（1438）	明廷确定，固原等地军民可私养马换盐，盐仅限在陕西境内鬻卖出售
明英宗正统八年（1443）	二月十四日，明英宗敕封固原须弥山圆光寺
明英宗正统十年（1445）	二月十五日，明英宗下圣旨，命将佛经一藏安置圆光寺，永充供养。设陕西平凉府开城县固原巡检司，置巡检一员
明代宗景泰元年（1450）	三月，在明王朝建立后，蒙古部落首次扰掠至固原。明廷免军民屯粮、马草。八月，修筑加固陕西开城县城
明代宗景泰二年（1451）	命修固原废城（今固原古城内城），调西安等卫官军戍守
明代宗景泰五年（1454）	设陕西开城县官仓，后称固原州仓
明代宗景泰六年（1455）	在开城县固原废城设立守御千户所
明宪宗成化二年（1466）	七月，驻河套的鞑靼毛里孩拥众从花马池入侵固原，鞑靼分众攻陷开城县，抢掠开城、广宁苑官马约1700匹，并驱深入隆德、静宁等六州县大掠。是年，西域一传教士逝世于固原五原山（今固原市原州区南二十里铺）

（表左侧纵向合并单元格："明"）

	时间	重要事件
明	明宪宗成化三年 （1467）	敌犯固原，官军拒于甘州郡牧所，不克。遂陷开城县，杀掠甚众。按甘州郡牧所在州西北
	明宪宗成化四年 （1468）	冬十一月，都督刘玉与项忠等，讨开城叛酋满俊，平之。按：开城县在今固原州南四十里。满俊据石城叛，即今满四堡
	明宪宗成化五年 （1469）	总督陕西军务右副都御史项忠等奏："固原地方延袤千里，水草丰茂，畜牧蕃多。内为土达巢穴之所，外为北虏出没之场。"升固原守御千户所为固原卫，固原卫立左、中、右三千户所。并创设西安州（今海原县西安镇）守御千户所。设永宁马驿，隶平凉府开城县
	明宪宗成化七年 （1471）	蒙古部人居河套，入贺兰山。花马池、兴武营、灵州、鸣沙州及贺兰山诸处俱有蒙古部落。蒙古又分两路，一路从西安州（今海原西安镇）入会宁、定西，一路从固原入隆德、静宁，陕西境内官军不能并力截杀，以致进辄失利，为患不已。七月，徙固原巡检司于开城旧县（原开城县治址）
	明宪宗成化九年 （1473）	固原一带驻有甘凉、靖虏等处调来的客兵（内有舍余、民壮）共1.8万人
	明宪宗成化十年 （1474）	三边总制（督）正式驻固原。始此，明廷逐步确立总督节制巡抚的体制。春，明廷议设总督府于固原，控制延绥、宁夏、甘肃三边、总兵、巡抚而下并听节制。正月，命左都御史王越专居固原，总督诸路军马。至弘治十三年（1500），陕西延绥、环庆、临巩、固原等处无虏警二十年
	明宪宗成化十二年（1476）	奏设镇戎军守御千户所（今固原市七营北嘴古城）、隶固原卫。同年，初设平虏守御千户所（今同心县预旺乡），隶固原卫
	明孝宗弘治十四年（1501）	鞑靼小王子、火筛部大规模入犯固原。三月乙亥，延绥告警，命提督右都御史史琳率参将神英以京营兵三千往，节制诸路，三边总督复置。四月，鞑靼小王子部杀马祭天，七八万骑分数道由花马池拆开边墙入境分路抢掠。七月，都指挥杨琳所部与鞑靼火筛部遭遇孔坝沟（今海原县七营孔坝沟），明军千余人全军覆没。九月甲辰，任命致仕南京户部尚书秦纮为户部尚书兼都察院右副都御史，代史琳总制陕西固原等处军务
	明孝宗弘治十五年（1502）	四月，三边总制秦纮增筑固原外城，周长约十四里，城门增至十道。升开城县为固原州，仍隶平凉府。兵部建议：设大臣一员，在固原设立府制，总制延绥、宁夏、甘肃、陕西四镇军务。号为三边，实际节制四镇。后陕西镇改固原镇，仍为四镇。总制尚书秦纮奏筑固原边墙，长600里

续表

时间	重要事件
明孝宗弘治十六年（1503）	三边总制尚书秦纮创建固原州儒学。秦纮在固原城内奏设五个盐场，将宁夏小盐池盐运至固原销售，让利于民。是年，秦纮在固原试制独轮战车，施放火器，命名"全胜车"
明孝宗弘治十七年（1504）	十一月，蒙古万骑入侵，朝廷命镇守陕西武安侯郑英驰往固原督守备等官整兵防守，此为陕西镇总兵官驻固原的先声
明孝宗弘治十八年（1505）	六月，陕西庆阳府环县及平凉府固原州地震。十月，郑英怯懦失事被撤职，荐举都督曹雄镇守，陕西镇守移住固原，候边城无事，仍回镇城（陕西西安）驻扎。此为固原镇形成阶段，陕西苑马寺到明弘治末年时也仅存一监六苑，集中在固原、平凉、通渭一线方圆数百里之地
明武宗正德元年（1506）	固原镇设立，为九边重镇之一
明武宗正德二年（1507）	六月，总制杨一清奏：以花马池至灵州，地势平衍，寇每从此入固原、平凉。请修墙堑，增卫所以御之
明武宗正德四年（1509）	陕西苑马寺长乐、灵武二监并开城等七苑牧马计13826匹
明武宗正德十年（1515）	一月，鞑靼小王子2万人从花马池入宁夏境，南下扰掠固原。五月，又大掠固原、隆德、静宁。七月，鞑靼大败明军于固原水头山。小王子等2万骑大掠平凉等地，直抵陇州。三边总制邓璋被撤职
明武宗正德十一年（1516）	固原镇镇守总兵官赵文、兵备副使景佐组织士兵修渠引西海子水入固原城，以解决固原城内水旱困境
明武宗正德十二年（1517）	固原地区主要是汉、回、土达交错而居。《明实录》记载"陕西回回、土达与居民杂处"
明世宗嘉靖十年（1531）	据统计，固原州原额773户，逃绝86户，有687户。男子3338丁。设十里，为在城里、东山里、南川里、石仁里、新兴里、榆林里、固原里、底堡里、彭阳里、新增里。嘉靖初年，隆德县有593户，11025人。明代，境内居住生息的民族主要有蒙古族（又称土达）、汉族、回族及藏族，民族融合进入新时期
明世宗嘉靖十一年（1532）	嘉靖《固原州志》刻本问世，由嘉靖五年进士、宁夏人杨经纂辑
明世宗嘉靖十六年（1537）	明廷升南京太常侍卿杨一清为都察院右副都御史，全权督理马政，开拓固原地区之马政，以备边患
明世宗嘉靖十八年（1539）	本年始，三边总督平时驻固原，防秋时驻花马池。防秋时，陕西巡抚移驻固原

（左侧纵向标注：明）

	时间	重要事件
明	明世宗嘉靖十九年（1540）	秋，济农寇边，总督刘天和、总兵周尚文与战于黑水苑。斩济农子锡沙王。按黑水苑在固原州境
	明世宗嘉靖二十年（1541）	固原镇计有官军、土达、民壮、向导、义勇、招募、抽选、舍余，共 67294 员（名）。固原镇城实有官军 8312 员（名），尚有驻固原轮换戍边客兵数不在其内
	明世宗嘉靖二十一年（1542）	隆德县有 1942 户，13843 人。固原镇年例官饷 5 万两
	明世宗嘉靖二十三年（1544）	固原人杨应元考中进士，授河南开封府推官
	明世宗嘉靖三十八年（1559）	十一月，隆德县直属平凉府
	明世宗嘉靖四十五年（1566）	冬，寇犯固原，总兵郭江败死之
	明穆宗隆庆四年（1570）	固原总督王之诰始建尊经阁
	明神宗万历二年（1574）	固原总督石茂华创建城南书院
	明神宗万历三年（1575）	三边总督石茂华督工，用砖砌护外城、增设角楼、铺房、炮台、水沟、车道。并加筑垛墙，疏穿池阱。垛口 1573 座，炮台 31 座，"壁坚垒崇，遂称雄镇，陇右名城无出其右者"
	明神宗万历四年（1576）	固原镇岁额粮 264920 石、料 1004 石、草 168967 束、银 379374 两、布 7000 匹。是年，实支粮 149090 石、料 99986 石、草 1067380 束、银 328294 两、布 8448 匹
	明神宗万历十年（1582）	固原连续两年大旱，饿殍载道，固原城外掘大坑埋尸
	明神宗万历十一年（1583）	庆王华奎将西安州、海喇都牧地移交给官府
	明神宗万历十四年（1586）	在固原镇属固原、靖房、临巩、洮、岷各道实在官军 43523 名、马骡 1443 匹，实在军器、火器 952702 件、火药、物料、硝黄 33910 斤，火线、药袋、铳子 1169105 件（条、个），布 5919 丈，实在屯田 29463 顷。固原镇岁该京运银 67490 两
	明神宗万历二十年（1592）	明神宗封太祖第八代孙朱景渭为固原王

时间		重要事件
明	明神宗万历二十三年（1595）	李廷训中进士，授直隶博野知县，历官户部江西司主事、户部员外郎中、河南驿传道金事
	明神宗万历二十六年（1598）	固原苑马寺设儒学
	明神宗万历三十二年（1604）	隆德知县毕如松创修《隆德县志》，早佚
	明神宗万历三十七年（1609）	继任知县李若素续修《隆德县志》，早佚
	明神宗万历四十四年（1616）	固原州原额民匠杂役 1167 户，5388 口。万历年间，隆德县有 729 户、3110 人。是年，万历《固原州志》刻本问世，主纂修者刘敏宽，山西安邑人
	明神宗万历四十七年（1619）	十二月，白莲教李文在固原、隆德串联起义
	明神宗万历四十八年（1620）	固原镇官军又增至 9.04 万余名
	明熹宗天启二年（1622）	九月二十一日，陕西固原州星陨如雨，平凉、隆德等县，镇戎、平虏等所，马刚、双峰等堡地震如雷。城垣震塌 7900 丈，房屋震塌 1.18 万间，牧畜塌死 1.6 万只，男妇塌死 1.2 万口。天启、崇祯之际，连年大饥，"斗米千钱，民不聊生，草根树皮，剥削殆尽"
	明庄烈帝崇祯元年（1628）	十一月，陕北农民王二首先起义。十二月二十四日，固原士兵攻抢固原州城府库，杀死固原副将、千总等数位军官。兵变后的固原士兵投入明末农民大起义，在周大旺率领下转战关中
	明庄烈帝崇祯二年（1629）	三月，固原逃兵周大旺等肆掠。以杨鹤总督三边军务，捕流贼，靖边务
	明庄烈帝崇祯三年（1630）	六月，流贼陷府谷。以总兵杜文焕亲督固原兵，便宜讨贼
	明庄烈帝崇祯四年（1631）	三月，陕西三边总督杨鹤与固原知州国日强在固原城楼上设崇祯御座，宣读圣旨，企图招抚被俘的起义军 60 人。始此，起义军"视总督如儿戏矣！"四月，固原地方起义军"跃马关弓，数百成群，伤害掠民"，地方官员无法收拾局面，甚至不敢给朝廷报告。十月，明廷任命主剿派洪承畴接任固原三边总督
	明庄烈帝崇祯七年（1634）	冬，流贼聚陕西至二十余万，蹂巩昌、平凉诸府数十州、县，败贺人龙、张天礼军。固原道陆梦龙被围，为贼所杀

	时间	重要事件
明	明庄烈帝崇祯八年（1635）	李自成挥师东向，扫荡明太祖籍凤阳之后，又率部返回陕西，先后七次进占隆德县城
	明庄烈帝崇祯九年（1636）	三月，起义军攻占固原北边的镇戎所、海喇都和西安州等（均在今海原境内）。同年，洪承畴调兵与甘肃总兵合击起义军于干盐池，义军大败
	明庄烈帝崇祯十三年（1640）	固原地区再次爆发严重灾荒，隆德"户口仅存十之一二"，海城"人民相食，户口寥落"
	明庄烈帝崇祯十四年（1641）	一月，饥民攻掠马牧固原苑、黑水苑，千总戴瑜被杀。九月，三边总督傅宗龙领兵至河南新蔡，与保定总督杨文岳等会兵讨李自成于项城，被李自成击溃，傅宗龙被杀。贺人龙等领兵逃回陕西
	明庄烈帝崇祯十五年（1642）	二月，三边总督汪乔年领军至襄城，仍被李自成击溃，汪乔年阵亡。孙传庭继任三边总督。九月，孙传庭领兵又赴河南，十月，被李自成击败于郏县，全军覆没，退入潼关者仅剩70人
	明庄烈帝崇祯十六年（1643）	十月六日，李自成攻克潼关，兵部尚书孙传庭被杀，其部白广恩逃回固原。十月，兵部侍郎兼右金都御史余金桂被任命总督陕西三边军务，余应桂"踟蹰河上"，不肯进兵。李自成攻克西安后，派刘宗敏、袁宗第领兵进抵固原，固原守将白广恩献城而降。十一月底，李自成攻杀陕西三边官军。明末，固原州（包括今固原、彭阳、西吉、海原等县及今同心南部）耕地面积68.94万亩
清	清世祖顺治元年（1644）	六月，在清兵未到固原之前，故明三边总督李化熙遣派官员赴清廷表示归顺，并上报投降兵马数目及固原反清武装及李自成余部情况
	清世祖顺治二年（1645）	清军攻占西安，颁"恩诏"于陕西全省，除大赦外，在政治、经济、文化等方面颁布一系列政策、法令。在军事上沿袭明制，设立陕西三边总督，兼辖四川，总督例兼兵部尚书和都察院左都御史衔，驻固原，首任总督王文奎未到任即改调，旋改孟乔芳为三边总督。设陕西行省固原镇，首任总兵官何世元，绿营重兵驻扎固原，升参将康镇邦为固原镇副将。五月，升知府吕鸣夏为陕西按察使副使固原兵备道。十二月，已投降清廷的贺珍部将武大定（原明朝固原副将）叛变，"党徒甚众"，杀死固原镇总兵何世元、兵备道吕鸣夏、游击3人、守备3人。在清军围剿下，武大定率部退至汉中。清代，地方行政区划实行省、府、县（州、厅）制。初始，固原地区设固原州、隆德县、盐茶厅（今海原），隶属陕西省平凉府管辖。固原州、盐茶厅辖境尚包括今同心、靖远部分地区

时间	重要事件
清世祖顺治三年（1646）	平凉府盐茶同知始组织清丈固原以北土地，招民垦荒
清世祖顺治四年（1647）	清军擒杀贺弘器，攻占固原
清世祖顺治五年（1648）	凉州丁国栋、米喇印，奉故明延长王起兵，凉州、洮、岷尽陷，固原扰动。旋为官军所败，于兰州乞抚。未两月，据甘州复叛。勾结参将蒋国泰等，以议和请，计诱甘肃巡抚张文衡至米喇印家，群贼以矢射死。总督孟乔芳、总兵张勇克之
清世祖顺治六年（1649）	清政府颁布《垦荒令》，命令地方官员将各地逃亡人民，不论原籍、别籍，广加招来，一律编入保甲，组织开垦荒地，并发给"印信执照"，永为己业
清世祖顺治七年（1650）	三月，加总督陕西三边兵部左侍郎为兵部尚书，三边总督改川陕总督，仍驻固原。是年，清廷豁免固原荒地 1465 余顷的田赋
清世祖顺治八年（1651）	固原籍回族高级将领广西巡抚援剿总兵马蛟麟病逝军旅
清世祖顺治十一年（1654）	撤销固原镇
清世祖顺治十三年（1656）	隆德知县（山西翼城县人）常星景与张炜纂修《隆德县志》
清世祖顺治十四年（1657）	移川陕总督府于汉中。总督府设在固原的历史就此结束。是年，甘肃耕地不到前朝一半，人口不及十分之一二。户部颁布《官吏督垦荒地劝惩则例》，省、道府、州县级官吏均定有开垦荒地的定额
清圣祖康熙二年（1663）	隆德县有 437 户，1715 人。《隆德县志》刻印成书
清圣祖康熙四年（1665）	原驻西安的陕西提督迁驻固原，又称固原提督，是年，免顺治十八年以前拖欠各项钱粮
清圣祖康熙七年（1668）	陕西省分设为陕西省、甘肃省，固原地区隶属甘肃省
清圣祖康熙八年（1669）	清政府下令把明朝藩王的土地给予原种之人，改方民户，号为更名田，永为世业
清圣祖康熙九年（1670）	陕西提督移驻平凉

清

时间		重要事件
清	清圣祖康熙十年（1671）	清政府又颁布奖励地方官垦荒条例，千方百计鼓励开垦荒地，扩大种植面积
	清圣祖康熙十三年（1674）	固原逆将王辅臣叛于宁羌，踞平凉。次年，固原逆员陈彭定勾结土匪，与辅臣相应，踞城以叛，陇东尽陷。提督赵良栋率兵由宁夏先平固原。大将军图海由西安督师以进，夺虎墩山，环攻抚慰。辅臣乃献吴三桂所授印札以降
	清圣祖康熙十四年（1675）	十二月，陕西提督王辅臣受吴三桂拉拢，据平凉叛清，固原道陈彭随附王辅臣，被任为伪巡抚
	清圣祖康熙十五年（1676）	九月，平凉叛军至固原，固原叛军自城内突出。夹攻清军。陕西提督陈福遣副将泰必图迎击，清军溃退，泰必图战死。康熙下谕急调驻大同兵及神木、归化城兵速赴固原。十二月，"固原有赋万余"，陈福进逼固原，被部下所杀。叛军占据固原城。是年，改陕西固原道为整饬平庆道，移驻平凉府
	清圣祖康熙十六年（1677）	六月，在清兵重兵围剿下、王辅臣、陈彭向清廷投降。陕西提督从平凉还驻固原。固原籍清代高级将领原广西提督马雄叛归吴三桂后，病逝
	清圣祖康熙二十二年（1683）	清政府通令全国，凡土地已经数年无人耕种、不向国家交纳农业税者，即系荒地，不管谁开垦耕种、不许原来主人过问
	清圣祖康熙二十九年（1690）	陕甘总督移驻兰州，固原提督又移驻西安，河州镇总兵官移驻固原，改称固原镇
	清圣祖康熙五十一年（1712）	康熙帝下诏：以康熙五十年（171）在量的全国人丁户口数字为常额，以后到达成丁年龄的再不承担丁役，被称为"盛世滋生人丁，永不加赋"的政策
	清圣祖康熙五十四年（1715）	固原兵2000名参加清廷反击准噶尔部策妄阿布坦侵犯哈密的战事
	清圣祖康熙五十五年（1716）	开始实行摊丁入亩的办法，把丁口之赋，摊入地亩输纳征解，使丁徭和地赋合二为一。是年，清廷在全国南北定七处拴养马驼处，固原为其中之一
	清圣祖康熙五十六年（1717）	策妄阿拉布坦派大策零敦多布领兵侵袭西藏，在抚远大将军皇十四子胤禵的率领下，固原兵1000名进至西宁，其中500名进军西藏平叛
	清圣祖康熙五十九年（1720）	清军近2000人将准噶尔部逐出西藏。之后，固原兵驻守西藏，约占陕西进藏兵的四分之一

续表

时间		重要事件
清	清世宗雍正六年(1728)	十一月，清政府重新部署进藏平叛后驻守西藏十年之久的川陕清军。千余名固原兵弁仍继续驻守西藏。其余清军分五队撤出西藏，并由奉旨办理藏务吏部尚书查郎阿亲自率领第二队，配备副将 1 名，专门护卫达赖喇嘛赴热河朝觐雍正皇帝。第二队由西安满洲兵 400 兵、固原兵 500 名、四川兵 100 名组成
	清世宗雍正七年(1729)	三月，征讨准噶尔部噶尔丹策零，参加军事行动的有西安、凉州及固原提标调拨的满汉官兵
	清世宗雍正八年(1730)	十二月，雍正皇帝下谕，又在固原提督兵丁中或拨 1000 名，或拨 2000 名前往肃州军事前线作战。是年，平凉府化平厅地改归并固原州管理
	清世宗雍正九年(1731)	正月，准噶尔逆贼再犯界，派出固原提标兵 2000，由宁远大将军岳钟琪率领出口外至安西迎击。驻扎图呼鲁克、毛垓图等处
	清世宗雍正十三年（1735）	六月，清政府部署西路嘉峪关外驻防，于陕西督标、固原提标并各协属，延绥、宁夏、河州派拨官兵 5000 名驻防赤金、靖逆、柳沟、布隆吉尔、桥湾等处，内固原提标并各协属派拨 1500 名。九月，加强留守巴里坤、哈密的屯兵，防范准噶尔部，又在固原挑派 2000 名官兵屯守。同年，以固原提督樊廷为驻防哈密总统提督，为新疆建立绿营之始。至乾隆三年（1738），樊廷虽驻守新疆，仍称陕西固原提督
	清高宗乾隆元年(1736)	固原州 4502 户，固原厅（盐茶厅）10041 户
	清高宗乾隆四年(1739)	割华亭县蒿店、瓦亭二镇归固原州辖。十二月，驻防哈密、赤靖等处陕西固原提督奏报屯田收成情况
	清高宗乾隆八年(1743)	二月，命陕西固原提督永常回安西驻扎
	清高宗乾隆十一年（1746）	冬，固原中营兵童文耀、贾世忠等，纠各营兵以索粮叛。右营兵张文才等为内应。参将任举手刃十余级，擒四十余贼。贼攻东门，举力御之。游击铁保以手铳轰贼散，事遂寝
	清高宗乾隆十二年（1747）	从平凉移平庆泾道驻固原，以海喇都置海城。四川大金川土司沙罗奔举兵反清，清廷派大军镇压。次年五月，固原官兵从栈道入川，由灌县出口，参加镇压
	清高宗乾隆十三年（1748）	迁固原盐茶同知驻海城，称海城盐茶厅。此前，平凉府丞、盐茶同知一员驻固原州城，遥理盐茶厅政事

续表

	时间	重要事件
清	清高宗乾隆十六年（1751）	十月，为防准噶尔部侵犯，固原战兵 2000 名再赴新疆，配备马匹达 5150 匹。马铃薯（洋芋）传入，逐渐成为固原地区重要粮食作物，救荒充饥，对本地的人口稳定发展，产生重要作用
	清高宗乾隆十七年（1752）	盐茶厅有 29603 户，188839 口，其中成人 125474，儿童 63365。本年官方年统计，盐茶厅更名地、廉养地、卫所屯地三项合计耕地 10.38 万亩。固原州有屯地 32448 亩。乾隆三十年（1965）左右，屯地与民地已无重大区别，政府册报上仍为屯地。固原州有监牧地 12032 亩。《盐茶厅志备遗》抄本问世，平凉府盐茶厅同知朱亨衍主持修纂
	清高宗乾隆十九年（1754）	加调固原兵赴新疆
	清高宗乾隆二十二年（1757）	清军攻准噶尔部。七月，准噶尔兵败，叛首逃往俄境。同年，大小和卓之乱起，清廷派兆惠率军进讨。次年，命固原提督董盂驰赴兆惠军营，分管绿营兵丁，两年后天山南北路皆平，固原兵自始至终参加了收复新疆的战事。新疆南路喀什噶尔、英吉沙尔、叶尔羌、和阗、库车、哈密专设换防，以五年为期，由陕甘各标营轮班换往。固原兵驻扎叶尔羌、和阗等地
	清高宗乾隆二十四年（1759）	固原籍高级将领安西提督豆斌卒于军中
	清高宗乾隆三十四年（1769）	四川大金川土司与小金川土司再次发动反清斗争，"固原兵素称劲旅"，选派固原兵 1000 兵。十二月，会同副将五福进剿，五年后平定
	清高宗乾隆四十二年（1777）	四月，清廷决定陆续调送眷兵（携家眷的绿营兵）3000 名赴新疆伊犁，归总统新疆南北两路事务的伊犁将军调遣，第一批调送者有固原镇标 420 名
	清高宗乾隆四十六年（1781）	固原镇再次撤销，西安提督又移驻固原，仍改称固原提督。固原提督辖延绥镇（驻扎榆林府）、兴汉镇（又称汉中镇、驻扎兴汉县）、河州镇（驻扎河州）、陕安镇四镇；西凤协（驻扎凤翔府）、潼关协（驻扎华阴县）、庆阳协（驻扎庆阳府）、靖远协（驻扎靖远县），计标、协、营 90 个，副将 9 员，参将 8 员，游击 28 员，都司 40 员，守备 39 员，千总 65 员，把总 144 员。总兵额 3.51 万余名
	清高宗乾隆四十九年（1784）	爆发盐茶厅小山田五、张文庆反清斗争，清廷重兵围剿镇压

时间	重要事件
清	清仁宗嘉庆二年（1797）	固原州创办文光书院
	清宣宗道光六年（1826）	新疆张格尔叛乱，固原提督杨芳带固原兵前往平叛。次年三月，清军收复喀什噶尔城，随后又收复英吉沙尔、叶尔羌、和阗。本年，《隆德县续志》刻印成书，隆德县令黄景（山西平定州人）纂辑
	清宣宗道光八年（1828）	南疆叛乱平定，道光皇帝在午门亲自"受俘"。固原官兵在收复南疆保卫祖国的战斗中立下功勋，固原提督杨芳获首功，任为参赞大臣，著封乌能伊巴图鲁果勇侯。参赞大臣陕甘总督莽阿图鲁一等男杨遇春、提督衔代理固原提督莽阿巴图鲁超等40人绘像紫光阁
	清宣宗道光十年（1830）	浩罕国派将官扶植张格尔之兄，率领逃亡人员入卡骚扰，清廷命固原提督杨芳挑选固原官兵3000名迅速出兵喀什噶尔合剿
	清宣宗道光十五年（1835）	固原州创办文昌书院
	清宣宗道光二十年（1840）	六月，鸦片战争爆发。陕甘总督部下的固原营、永昌营、循化营在慈溪大宝山防守，与英军展开肉搏战，朱贵等甘军436人牺牲，在21名甘军军官中有隆德营守备徐宧。八月，道光皇帝下谕："现在山海关地方海口最为紧要。"命陕西固原提督胡超挑选陕西兵2000名，着胡超管带第一批固原兵兼程驰赴天津、山海关，会同哈啷阿力等防剿。道光二十一年十一月始，至二十二年二月，又调陕甘将士2000人赴浙抗击英国侵略者

二　古代固原地区重要人物简介*

朝代	人物	简介或事略
秦、汉	乌氏倮	战国末年秦国乌氏族商人。乌氏倮善畜牧，及众，斥卖，求奇绘物，间献遗戎王。戎王什倍其偿，与之畜，畜至用谷量马牛。秦始皇帝令倮比封君，以时与列臣朝请
	王尊	字子赣，涿郡高阳人，安定太守。出教告属县令、长、丞、尉："正身率下，故行贪鄙，能变更者与为治。明慎所职，毋以身试法"。又敕掾功曹：各砥砺助治，其不中用，趣自避退，毋久妨贤。五官掾张辅贪污不轨，捕系狱，数日死，尽得其奸赃。威震郡中，盗贼分散
	萧由	字子骄，杜陵人，前将军望之子。为丞相西曹掾，举贤良，累迁安定太守。治郡有声，公卿多称荐之
	马援	字文渊，茂陵人。隗嚣起兵，帝西征至漆。援于帝前聚米为山谷，指画形势，开示行军道路。遂进兵至高平第一城，嚣众大溃。授大中大夫
	冯异	字公孙，颍川人。通《左氏》、《孙子兵法》，号大树将军。隗嚣来降。领北地太守，更拜安定太守
	张奂	字然明，敦煌酒泉人。以贤良第一拜议郎，迁安定属国都尉。南匈奴合羌入寇，奂勒兵出屯长城，击降之，郡界以安。羌豪帅感其恩德，上马二十匹。先零酋长又遗金镶八枚。奂召主簿于诸羌前，以酒酬地曰："使马如羊，不以入厩；使金如粟，不以入怀。"悉以金、马还之。羌服其清正廉洁，威化盛行。武威郡民多为立祠祀焉

---

* 此表根据《明嘉靖固原州志》《明万历固原州志》《明嘉靖平凉府志》《明嘉靖九边考》《清宣统固原州志》等方志资料辑录而成。

朝代	人物	简介或事略
秦、汉	梁统	字仲宁，安定乌氏人。刚毅，好法律。初吏州郡。更始二年，召补中郎将，拜酒泉太守。赤眉逐更始，陷长安。统与窦融及诸郡守起兵保境，咸推统为帅，统固辞曰："昔陈婴辞王以老母也。今统内有亲，德薄能寡，诚不敢当。"遂共推融为河西大将军。统帝更为武威太守，威行邻郡。建武五年，统等各遣使随窦融长使刘钧奉贡行在。光武加统宣德将军。八年夏，自将征隗嚣，统与窦融等五郡兵会讨。嚣败，封统为成义侯，同产兄巡、从弟腾并为关内侯。腾拜酒泉典农都尉，悉还河西。十二年，统等朝京师，更封高山侯；奉朝请拜太中大夫，四子为郎。统疑法令轻不胜奸，请重刑罚，帝不从。为九江太守，定封陵乡侯。能治郡，吏人畏爱。卒，子松嗣
魏晋南北朝	贾雅	字彦度，武威人。勇略有志节。初辟公府，历显职，迁安定太守，以匡复晋室为己任。愍帝以雅为骠骑将军，封酒泉公
	宇文泰	代郡武川人。孝昌中，平万俟丑奴，上首功。以直阁将军行原州事。时关陇寇乱，百姓凋残，抚以恩信，民皆悦服。后为周太祖
	宇文导	泰兄子也。泰上表请讨侯莫陈悦，留导为都督，镇原州。泰军出木硖关，令导至牵屯山，追悦而斩之
	纥干弘	字广略，原州长城县人。本姓田氏。永安中任都督，镇原州城，受陇西王节度。永熙中，奉迎魏武帝入关，封鹑阴县子，邑五百户。大统三年，转帅都督，晋爵为公。十四年，授使持节，都督原州诸军事，又进爵，封雁门郡公，食邑通前二千七百户。保定元年，授使持节，都督岷州诸军事。建德元年，拜大司空。二年，迁少保。三年，授使持节，都督襄、郢、昌、丰、唐、蔡六州诸军事。入仕四十五年，身经一百六战。后赠周柱国大将军
	王盟	其先乐浪人，以父镇武川，家焉。万俟丑奴叛，从贺拔岳为先锋，平秦陇，拜征西将军、平秦郡守。宇文泰将讨侯莫陈悦，征盟赴原州，以为留后大都督，镇高平。寻为原州刺史
	李弼	辽东襄平人。少有大志。当魏室丧乱，语所亲曰："大丈夫当安社稷以取功名，安能依阶资以取荣位乎？"及宇文泰之讨侯莫陈悦也，弼勒所部归泰。悦既平，因以为大都督，镇原州
	侯莫陈崇	代郡武川人。年十五，从贺拔岳，屡立战功。万俟丑奴围岐州，崇力战破敌。丑奴奔，崇单骑追至泾州，生擒焉。及岳为侯莫陈悦所害，崇迎宇文泰。泰至军，原州刺史史归为悦守，泰遣崇擒归，斩之。以崇行原州事，屡封至梁国公

朝代	人物	简介或事略
魏晋 南北朝	李贤	字贤和，陇西成纪人。永安中，万俟丑奴叛，尔朱天光击破之。万俟道洛犹据原州，天光密使贤图之。已而万俟阿宝败归贤。贤令阿宝绐道洛出走，遂克焉。旋为原州都督，屡迁威烈、殿中两将军。大统二年，州民豆卢狼据城叛，贤率敢死士击败，斩狼首，复授原州刺史。四年，茹茹掠州境，贤发兵，斩俘千余级，赖以安堵。贤虽少从军旅，而颇娴政事，抚导乡里，甚得民和。宇文泰奉魏太子至原州，幸贤第，行乡饮酒礼，后进爵西河郡公。卒，谥曰桓
	李远	字万岁，贤弟也。幼有器局。尔朱天光西伐，以精兵使远为向导，除原州大中正。后从征窦泰，复弘农。授都督、原州刺史。宇文泰谓远曰："孤之有卿，若身之有臂，岂可暂辍。本州之荣乃私事耳。"令居麾下。卒，谥曰忠
	长孙邪利	永安中，行原州事
	田弘	原州长城人。少慷慨，有志略，膂力过人。魏永安中，陷于万俟丑奴。尔朱天光入关，弘自原州归顺，授都督。宇文泰尝授以所服铁甲云："天下定，此甲仍还孤也"。既而以战功赐姓纥干氏，授原州刺史
	窦炽	字光成，扶风平陵人。大统中，除原州刺史。抑挫豪右，申理幽滞，在州十载，劝民耕桑，甚有政绩。尝游城北泉，因自酌曰："吾在此州，惟当饮水而已。"后人每至此泉，感其遗惠，莫不怀之
	王谐	太原晋阳人。为原州刺史，有治声
	蔡祐	其先陈留人，曾祖镇夏州，徙家高平。事母以孝闻。有膂力，便骑射。宇文泰在原州，召为帐下亲信，屡立大功。身着光明铁铠，时人呼为"铁猛兽"。授平东将军，转原州刺史，寻除大都督，赐姓大利稽氏
	达奚震	代郡人。父武，谥桓。子震袭爵郑国公。数战，有奇功。累从高祖东伐，进柱国。宣政中，为原州总管、三州二镇诸军事、原州刺史
	李穆	贤、远之弟也。尝自云"汉骑都尉陵之裔"，后家高平。穆初从周，封永平县伯，以功授原州刺史，辞不拜。建德初，拜太保，寻出为原州刺史
	贺若谊	河南洛阳人。有能名，累拜车骑将军，封霸城县子，加开府，为原州总管

朝代	人物	简介或事略
隋	元褒	河南洛阳人。性友悌。家多金，悉给诸兄，无所受。开皇初，为原州总管。有商人失金，疑同宿者所盗，争讼。褒察其冤，舍之。商人诣阙，讼褒受赂纵贼。文帝遣使诘治，乃引咎免官。盗寻发他所，帝谓褒曰："卿何自诬?"对曰："臣受委一州，不能息盗，罪一；百姓为人所诬，不付法司，即放免，罪二；牵及愚诚，至为物议，罪三。臣如不言受赂，恐使者以缧绁横及良善，益重臣罪，是以自诬。"帝叹服，称为长者
	梁睿	字恃德，安定乌氏人。父御，西魏太尉。睿少沉敏，有行检。周太祖时，以功臣子养宫中，命诸子与睿游处，同师共业。七岁，袭爵广平郡公，累加仪同三司，寻为本州大中正。魏恭帝时，加开府，改封五龙郡军，晋蒋国公，入为司会。后拒斛律明月于咸阳，以功迁小冢宰。历敷州刺史，凉、安二州总管。有惠政，晋为柱国。复代王谦为益州总管。行至汉川，谦反。即以睿为行时，睿威镇西川，惟南宁酋帅爨震恃远不宾。睿上疏请决取，隋文帝纳之，寻使史万岁用睿策击定焉。睿威惠兼著，民夷悦服，声逾隆重。帝亦阴惮之。薛道衡说睿曰："天下已归隋"，密令劝进，帝大悦。及受禅，顾待弥隆。复上平陈之策，上下诏温慰。睿以突厥方强，复陈镇守十余事。上嘉叹，答以厚意。睿自以周代旧臣，久居重镇，内不自安，屡请入朝，于是征还京师。及引见，上为子洋嗣，官历嵩、徐二州刺史、武贲郎将。大业六年，诏追改封睿为戴公，命以洋袭焉
	庞晃	榆林人。知隋文帝非常人，深自结纳。尝与帝射雉，以中彀为他日验。及帝受禅，进晃公爵。从河间王击突厥，斩首千余级。宿卫十余年，迁原州总管
	独孤楷	少谨厚，善马槊。仁寿初，为原州总管
	赵轨	河南洛阳人。清苦好学。为齐州别驾时，东邻有桑葚落其家，轨遣人悉拾还之。诫诸子曰："吾非以此求名，惟非己物，不愿侵人耳。"及征入朝，齐民挥涕曰："别驾在官，诚清若水。今以杯水饯，请受而饮之"。比至京，与牛弘定律令。旋授原州总管司马，佐卫王爽，行州事。中途夜行，其左右马逸入民田，践暴田禾。轨驻马待明，访知种禾者，酬其值而去。原州吏民，闻之感颂
	崔弘度	博陵安平人。开皇初，突厥入寇，弘度以行军总管出原州拒之。御下严峻，所至令行禁止，盗贼屏息。长安奸民为之谣曰："宁饮三斗醋，莫遇崔弘度。"后检校原州事，仍领行军总管

朝代	人物	简介或事略
隋	梁士彦	字相如，乌氏人。少任侠，性刚果。周世以军功拜仪同三司，自守扶梁士彦风，除九曲镇将，封建威县公，齐人惮之。后从武帝拔晋州，进柱国，除使持节晋、绛二州诸军事、晋州刺史。及齐主总六军围孤城，众震惧，士彦慷慨自若。时，楼堞皆尽，城雉仅数仞，短兵交焉，出人相接。士彦誓必死，身先将士，奋呼动地，齐人少却。乃令妻妾军民子女，昼夜修城，三日而就。会大军至，乃解去，捋帝须泣。将班师，士彦叩马谏，遂进师。齐平，封郕国公、上柱国。宣帝立，历徐州总管三十二州诸军事、刺史。与乌丸轨擒吴明彻于吕梁，破黄陵，定淮南地。转亳州总管二十四州诸军事。尉迥乱，以兵从韦孝宽，所当皆破。乘胜至草桥，复大破之。迥平，除相州刺史。隋文帝忌士彦，征还京，寻坐怨，嗾薛摩儿证成与宇文欣等谋反状，遂诛死。年七十二，有子五人
	田仁恭	字长贵，平凉长城人，弘之子。仁恭宽仁，有局度，举明经。以父军功，赐爵鹑阴子，复拜开府仪同三司，历襄、武、浙阳郡公，幽州总管。宣帝时，进爵雁门赐殊厚。奉诏营庙社，进爵观国公。通赠邑五千户。未几，拜右武卫大将军。卒，赠司空，谥曰敬。子世师嗣
	梁毗	字景和，乌氏人。祖越，魏泾、豫、洛三州刺史，郃阳县公。父茂，周沧、兖二州刺史。毗性刚謇，涉学，举明经，迁布宪大夫。平齐，为行军长史。克并州，除别驾，加仪同三司。宣政中，封易阳县子，迁武藏大夫。隋受禅，进侯爵，寻以鲠正，拜治书侍御史，称职，迁雍州赞务。以直道忤权贵，左迁西宁刺史，改邯郸县侯
	梁彦光	字修芝，乌氏人。祖茂，魏秦、华刺史。父显，周荆州刺史。彦光有梁彦光至性，七岁遇父疾，医云须紫石英，彦光忧不可得，忽于园中遇一物，怪，持归以示医，则紫石英也。人以孝感所至。魏大统末，入太学，除秘书郎，时年十七。周受禅，迁舍人上士。武帝时，累迁小驭大夫。母丧夺情。起复，帝叹其毁瘠，数慰谕，累迁驭正大夫。以平齐功，授开府、阳城县公，历华州刺史，进华阴郡公，封一子。寻晋大将军、上大夫，拜柱国、青州刺史。属帝崩。隋文帝代周，为岐州刺史，领宫监，增邑通二千户
	皇甫诞	字玄虑，乌氏人。祖和，魏胶州刺史。父璠，周隋州刺史。诞刚毅，有气局，周毕王引为仓曹参军。隋代周，为兵部侍郎，历比部、刑部，俱称能。迁治书侍御史，朝臣惮肃。时，百姓流亡。以诞为河南道检括大使，还奏，上大悦，判大理少卿，迁尚书右丞。以母忧，去。寻起复，晋左汉王谅为并州总管，朝廷盛选寮佐，以诞公方，拜谅司马，政事一以谘之
	田德懋	仁恭次子，以友孝著闻。开皇初，以父勋，封平原郡公，授太子千牛备身。丁父艰，哀毁骨立，庐于墓侧，负土成坟。上闻而嘉之，遣侍郎元志就吊，仍降玺书温慰。赐缣二百、米百石，诏表其门闾。历太子舍人、义州司马、给事郎、尚书别驾郎
	韦洸	字世穆，杜陵人。性刚毅，习弓马。文帝时，击尉迟迥于相州。旋突厥寇边，洸出兵原州击破之。卒，谥曰敬，加上柱国

朝代	人物	简介或事略
唐	裴行俭	字守约，太原闻喜人。贞观中，举明经，累迁侍郎，有知人之明。击房多克捷。永隆间，温傅部迎颉利子伏念，立为可汗，诸部响应，乃寇原州。召行俭为原州总管，温傅畏其威，遂降。执送京师，斩之。后拜礼部尚书。卒，谥曰宪
	元载	字公辅，凤翔歧山人。大历八年，吐蕃寇邠、宁。议者谓三辅以西无襟带之固，而泾州散地，不足守。载尝在西州，具知河西、陇右要领，乃言于帝曰："国家西境极于潘原，吐蕃防戍乃在摧沙堡，而原州界其间。草荐水甘，旧垒存焉。比吐蕃毁夷垣墉，弃而不居。甚右则监牧故地，巨堑长壕，重复深固。原州虽早霜不可蓺，而平凉在其东，独耕一县，可以足食。请徙京军戍原州，乘间筑作，二旬可讫，贮粟一岁。戎人夏牧青海上，羽书北至，则我功集矣。徙子仪大军在泾，以为根本，分兵守石门、木峡、陇山之关。北抵于河，皆连山险峻，寇不可越。稍置鸣沙县、丰安军为之羽翼，北带灵武五城为之形势。然后举陇右之地以至安西，是谓断西戎之胫，朝廷可高枕矣。"图上地形，使吏间入原州，度水泉，计徒庸，车乘、畚锸之器悉具。而田神功沮短其议，乃曰："兴师料敌，老将所难。陛下信一书生言，举国从之，误矣。"帝由是疑不决
	娄师德	郑州原武人。第进士，为监察御史。使吐蕃，房为畏悦。证圣中，与王孝杰拒吐蕃于洮州，贬为原州司马。后同凤阁鸾台平章事
	渤海敬王	名奉慈，高祖兄，蜀王湛之次子。显庆时，为原州都督
	李孝斌	范阳王孝协弟也。以宗戚为原州都督府长史
	康季荣	以宣宗大中三年镇泾源，收复吐蕃原州及石门、驿藏、木硖、制胜、六盘、石硖六关
	王晙	沧州景城人。擢明经，屡受节度。开元二年，吐蕃寇临洮，与薛讷夹击，大破之，俘获无算。以功加光禄大夫、清源县男、原州都督
	郝玭	贞元中，镇临泾。善战，屡破吐蕃。以临泾洛口地沃衍，宜畜牧，献策于节度段佑，佑嘉之。元和三年，诏城临泾，行原州刺史，重防戍也。在边三十年，吐蕃大畏，尝称其名以怖啼儿。嗣封保定郡王
	路嗣恭	字懿，范三原人。开元时，为萧关令，考绩为天下最。玄宗以其政教与汉鲁恭相等，因赐名曰嗣恭。后官至兵部尚书，封叶国公

续表

朝代	人物	简介或事略
宋	王殷	大名人。事母至孝。以军功累迁灵武马军都指挥使。晋天福中，授原州刺史，在官多善政
	王彦升	蜀郡人。善击剑，从太祖为佐命。乾德初，迁申州团练使。开宝二年，改防州防御使，旋移原州。适羌人有犯律者，彦升不加刑。召僚属饮宴，引所犯，以手捽断其耳，大嚼，卮酒下之。羌人皆恐惧
	向宝	镇戎军人，为御前忠佐，换礼宾使，泾原、秦凤钤辖，至皇城使带御器械，历真定、鄜延副总管，四厢都指挥、嘉州团练使。宝善骑射，年十四，遇敌斩获。及壮以勇闻。卑邪州有猛虎，百里断人迹，宝一矢殪之。道过潼关，巨盗载关中金帛、子女，宝射走，尽获所掠。尝至太原，梁适命射弩，四发三中，曰："今之飞将也。"神宗称其勇，以比薛仁贵
	许均	开封人。端拱初，补指挥使。从石普击贼于原州牛栏寨，俘获甚众。上其功。至咸平中，知镇戎军
	李继隆	字霸图，潞州上党人。至道二年，为灵环十州都部署。初，馈饷灵州必由瀚海，逾冬及春，乌粟始集。继隆排众议，坚请取道古原州蔚茹河。太宗许之。遂率师进壁古原州。令如京使胡守澄城之，始为镇戎军
	曲端	镇戎军人。父涣，任左班殿直，战死。端警敏知书，善属文，自幼长于曲端兵略。历秦凤路队将、泾原路道安寨兵马监押，权泾原路第三将，复知镇戎军兼经略司统。建炎元年十二月，金娄宿攻陕西。二年正月，入长安、凤翔，关、陇大震。二月，义兵起，金人自巩东还。端时治兵泾原，招流民、溃卒，所过人供粮秸，道不拾遗。金游骑入境，端遣副将吴玠据清溪岭，与战，大破之
	李继和	隆弟也。性刚严，涉书史，喜谈兵略，常从隆力战。隆请城镇戎，未议行。咸平中，和再请，遂命知镇戎军兼原渭等处巡检使，复筑城焉。加领平州刺史，建议募贫民及弓箭手，垦田积粟，且益兵。召兼泾原等处钤辖。嗣以继迁叛，上命张齐贤、梁颢为经略，因以边事访和。和上言曰："镇戎军为泾原、环、庆诸路北面屏蔽。当回鹘、西凉、六谷、吐蕃、咩甫、贱遇、马臧、梁家诸族之要，诚用步骑五千守之。泾、原、渭州有急，会此并力战守，则贼不敢越。而边民熟户俱安堵矣。"五年，率兵破卫吧族于天麻川。自是蕃族悉惧，愿于要害树寨栅，为戍守计。和因请移泾原部署于镇戎，开道环、延为应援。真宗嘉纳。夏人伺间，夜填塞壕，越长城来攻。和与都监史重贵破走，大获甲骑。召赐良药、缯帛、牢酒，以嘉奖之
	刘综	字居，正虞乡人。咸平中，夏人扰西边，综建议于镇戎军置屯田务

朝代	人物	简介或事略
宋	柴禹锡	字元圭，大名人。为镇戎军节度使，宽厚爱民。凡土产诸物，循例岁贡，不入橐。卒，赠太尉
	陈兴	澶州卫南人。咸平三年，知镇戎军。上言："镇戎军南去渭州瓦亭寨七十余里，中有二堡，请留兵三百人戍之。"遂与曹玮、秦翰等领兵，抵镇戎西北掩击，擒斩甚众，诏赐有加
	张守恩	棣州人。景德初，知原州，加西上閤门使
	曹玮	字宝臣，真定灵寿人。武惠王彬之子，精通《左氏》。李继迁叛，太宗问彬堪为将者，彬以玮对。遂知渭州，治军赏罚严明。旋知镇戎军，率师邀击继迁及西蕃于石门川，大捷。以镇戎军据平地，便于骑射，非中国利，请自陇山以东，循古长城堑以为限。又以弓箭手皆土人，习障塞蹊隧，晓羌语，耐寒苦，官未尝与军械资粮，而每战辄使先拒贼。恐无以责死力，遂给以境内闲田，春秋耕敛，尽蠲其租。继迁死，其子德明请命于朝。玮请擒德明，复河西郡县。不报。既而西延家、妙俄、熟魏诸大族拔账来归，诸将不敢应。玮曰："德明野心，不急折其翮，且扬去。"即日，率将士薄天都山，令受降者内徙。德明不敢拒。旋迁泾原路都钤辖，兼知渭州。时陇山诸族皆来献地。筑堡，因成陇干城，募土兵守之。曰"异时秦、渭有警，此必争之地也。"后授彰武军节度使。卒，谥武穆，配享仁宗庙庭
	韩琦	字稚圭，相州人。元昊反，琦为陕西安抚使，因奏增土兵以代戍。建德顺军以蔽萧关
	王仲宝	字器之，高密人。天圣初，知镇戎军，有战功。为泾原总管、安抚副使。与西羌战于六盘山，俘馘数百级。会任福败于好水川，别将朱观被围于姚家堡，仲宝往援得还
	范仲淹	吴县人。元昊犯镇戎军，召为招讨使，因奏筑细腰葫芦峡诸寨，以断贼路，所以防羌月珠、灭臧二族也。卒，谥文正
	范祥	字晋公，三水人，第进士。庆历时，为镇戎军通判。元昊侵城，率士卒击退。请筑刘蟠堡、定川寨。从之
	曹英	庆历初，知镇戎军。庆历二年，元昊入寇。葛怀敏督诸路与英等会兵御之，乃命诸将分四路趣定川寨。行次赵福堡，遇敌，战，不遂，入保定川寨。敌毁板桥，断其归路；别为二十四道以遏军，环围之；又绝定川水泉上流，以饥渴其众。怀敏为中军，屯塞门偏东，英等阵东北隅。敌先以锐兵冲中军，不动，回击英军。会黑风起东北，部伍相失，阵遂扰。士卒攀城堞争入，英面被流矢，仆壕中。怀敏部兵见之，亦奔骇。怀敏为众蹂躏几死，舆致瓮城，久之乃苏。复选士据门桥，手刃以拒入城者。夜四鼓，怀敏召英等计议，莫知所出，遂谋结阵走镇戎，军士遂散。怀敏驱马东南，驰二百里至长城壕，路已断，敌周围之，遂与诸将皆遇害。于是敌长驱抵渭州，幅员六七百里，焚荡庐舍，屠掠民畜而去。奏至，帝嗟悼久之，赠怀敏镇戎军节度使兼太尉，英与同时战没者，皆赠官有差

续表

朝代	人物	简介或事略
宋	郭戬	字天休，苏州吴县人。戬行边至镇戎军，趣莲花堡，天寒，与诸将置郭戬酒。元昊拥兵近塞。会暮尘起，有报敌骑至者，戬曰："此必三川将按边回，非敌骑也。"已而，果然
	刘沪	字子澄，保塞人。仁宗时，为渭州瓦亭寨监押，击破党留等族，获牛马万计。屡有战功，赠忠烈侯
	王珪	开封人。仁宗时，元昊犯镇戎军，自瓦亭至狮子堡均被围。珪以三千骑冲锋破敌，获首级为多，诏暴其功
	张亢	字公寿，临濮人。轻财尚义，人乐为用，为镇戎军通判。因论西北攻守之计，仁宗欲用之，会以忧去。后以元昊叛，屡立大功
	杨文广	祖业、父延昭，均战没。范仲淹宣抚陕西，与语，奇其才，置麾下。英宗以为名将裔，且善战，累官秦凤副都总管。韩琦使筑筚篥城，有奇功。诏赐裘、马。知镇戎军，迁都总管、都虞侯
	折可适	关中人。少时骁勇，郭逵见之，曰："真将种也。"以功迁皇城使，知镇戎军。羌夏人寇，可适深知敌情，伪称夏酋视军，尽斩守候者。因潜师疾趋，先破之于尾丁硙。阵阵以待，而分骑据西山，曰："使夏不得蹑吾后夹攻也。"夏人来攻，可适以部兵八千，转战至高岭西，从间道截其归路，焚其辎重。夏人畏之
	卢鉴	字正臣，金陵人。以提点河东路刑狱，知原州
	王尧臣	字伯庸，应天府虞城人。举进士第一，为陕西体量安抚使
	康德舆	河南洛阳人。以父功荫三班奉职，迁右班殿直，泾原路走马承受，知原州
	景泰	普州人。进士，知原州。元昊乱，犯刘璠堡及彭阳城，葛怀敏等战败。泰率兵五千，间道赴援。先锋张回逗留，泰斩之。遇敌彭阳西，裨将夏侯观欲却守彭阳，泰弗许。乃以三百骑分左右翼为疑兵，而以精兵搜山，斩敌千余。迁西上阁门使，知镇戎军
	刘兼济	善骑射，擢兵马都监。破夏兵于黑松林。属其兄平战没三川，特授内殿崇班，知原州，固辞之。仁宗戒曰："国耻家仇未报，不可不力也。"属户明珠族叛，诸将欲亟讨，兼济惟日纵饮、击鞠，以疑之。叛者自溃，乃袭杀其酋长，收其众。遂知镇戎军，改知原州
	赵滋	开封人。父士隆战没，荫三班奉职，勇敢有智。范仲淹经略陕西时，举之为镇戎军西路都巡检
	石曦	并州太原人。知原州，迁右龙武军大将军
	张纶	字公信，汝阴人。仁恕有才略，知镇戎军，后知秦州

朝代	人物	简介或事略
宋	张守约	字希参，濮州人。以荫袭守原州截原寨，招降羌酋水令遍等十七族万一千帐。擢知镇戎军
	田京	沧州人。进士，精历算，知兵法。元昊入寇，制官李仲容荐之，召试中书，擢镇戎军通判
	安俊	太原人。以功迁内殿崇班，历知数州，为都虞侯。上《御戎十三策》，授原州刺史。在边年久，羌人识之。种世衡偶执羌人，问曰："若属孰畏乎？"曰："畏安太保。"
	刘钧	开封人。庆历中，监镇戎军兵马
	刘舜卿	字希元，钧子也。年十余岁，录为供奉官。神宗经略西边，近臣荐其能。命训京东将兵，因教以无忘敌仇，勉思忠孝，舜卿泣谢。诏援环、庆，遂单骑往，以善料敌也。乃知原州，改秦凤路钤辖
	种古	字大质，洛阳人，世衡子也。为天兴尉，迁西京左藏库副使，泾原路都监，知原州。羌人犯塞，古击却之，并筑御戎城于镇戎军之北，以据要害
	李之仪	沧州无棣人。能为文，尤工尺牍。从苏轼于定州幕府，历枢密院编修，官通判原州
	种师道	字彝叔，洛阳人。少从张载游，有远识，娴于将略。为原州通判，累官泾原都钤辖，知怀德军及西安州。夏人侵定边，筑佛口峡御之。夏国遣焦彦坚来画界，必欲得故地。师道曰："若求故地，当以汉、唐为正。则君家疆土益蹙矣。"彦坚无以对。故天下论将材者，称为老种
	姚雄	字毅夫，平原人。勇鸷有谋，知镇戎军
	章楶	字质夫，浦城人。知渭州时，合熙河、秦凤、环庆兵力，筑灵平寨
金	萧贡	字真卿，咸阳人。好学不倦，读书注史。大定中进士，任镇戎州判官，擢监察御史。以文学荐，除翰林修撰，迁国子祭酒、户部尚书
	石盏女鲁欢	本名十六。兴定三年，以河南路统军使为元帅右都监，行平凉元帅府事。言破镇戎军防守之策，帝许之，有奇效
	萧贡	字真卿，京兆咸阳人。大定二十三年进士。调镇戎州书令史，右三部检法司正。迁监察御史，改右司都事。迁员外郎，改左司谏。转左司郎，中迁国子祭酒

朝代	人物	简介或事略
金	张中孚	字信甫。其先自安定徙居张义堡。父达,仕宋至太师,封庆国公。中孚以父任补承节郎。宗翰围太原,其父战殁。中孚涕泣请迹父尸,乃独率部曲十余人入大军中,竟得其尸以还。累官知镇戎州兼安抚使,屡从吴玠、张浚以兵拒大军。浚走巴蜀,中孚权帅事。天会八年,睿宗以左副元帅次泾州,中孚率其将吏来降,睿宗以为镇洮军节度使知渭州,兼泾原路经略安抚使
	张中彦	字才甫,中孚弟。少以父任仕宋,为泾原副将,知德顺军事。睿宗经略陕西后,转真定尹兼河北西路兵马都总管。未几,致仕,西归京兆。起为临洮尹兼熙秦路都总管
明	王越	字世昌,直隶濬县人,进士。成化五年,河套寇乱,诏越往讨,专治西边。值满都鲁、孛罗忽等复袭秦州、安定等处,率总兵许宁、游击周玉,设奇计平之,西陲静谧。刑部主事张鼎奏设总制府于固原,控制延绥、宁夏、甘肃三边,总兵、巡抚并受节制。以越任之。三边总制自此始。越屡加至太保。卒,赠太傅,谥襄敏
	项忠	字荩臣,浙江嘉兴人。正统进士,累官左副都御史。成化初,固原士兵满俊即满四叛据石城堡。诏忠与巡抚马文升分军七道兜剿之,生擒满俊。计大、小三百余战,斩获万余。升右都御史,入掌院、兵部尚书。卒,赠太保,谥襄毅
	马文升	字负图,河南钧州人,景泰进士。满四倡乱起,文升为陕西巡抚,与总制项忠、都督刘玉讨之。乱即平,整边备,修马政,功绩甚伟。适孛罗忽、满都鲁、乩加思兰犯境,乃驻兵韦州,设伏诸堡以待,寇皆畏焉。迁升总制三边军务,兵部尚书,进少师。卒,赠太师,谥端肃。按《通鉴》注:孛罗忽、满都鲁、乩加思兰,又作颇罗鼐、们都垆、伽嘉色凌
	刘玉	字仲玺,磁州人。成化初,官都督,与总制项忠讨叛酋满俊于石城堡,封平虏副将军。石城四壁削立,最险固。玉勇进,中流矢,忠力救之。满俊既擒,乃毁其堡
	秦纮	字世缨,山东单县人,景泰进士。先知秦州,历官参政岷州。番乱,提兵破之。成化间,寇入花马池,以纮总制三边军务。比至固原,褒忠劾奸,练将兴屯,军声大振。固原为平、庆、临、巩门户,而孛来住牧于此,益为险冲。乃请改固原为州,辟城郭,招商贾,通盐利,讲马政,又以固原迤北延袤千余里,闲田数十万顷,而无村落。于花马池迤西至小盐池筑堡寨。又于花马池至固原设墩台,计城堡一万四千一百所,垣堑三千七百余里。更造战车,名曰"全胜车"。诏颁其式于诸镇。卒,赠少保,谥襄毅
	余子俊	字世英,青神人。以巡抚兼摄总制,奏设守御千户所,莅固原卫

朝代	人物	简介或事略
明	杨一清	字应宁，云南安宁人，寄居湖南巴陵。幼举神童，成化进士，历官左都御史。弘治初，火筛寇固原。授总制，旋迁。正德、嘉靖中，复授三边总制。先后履任者三。治边廿载有余。请以蜀茶易番马，以资军用。创修平虏、红古二城，以为固原外障。于花马池立兴武营千户所。请塞定边迤横城三百余里。值逆监刘瑾乱政，以劳费靡竟毁之。遂致仕，一清单舆双骡而归。安化王寘鐇叛，复起治军，讨平之。诏拜户部尚书、少保、武英殿大学士，进左柱国，加吏部尚书、华盖殿大学士。卒，赠太保，谥文襄
	才宽	字汝栗，直隶迁安人，进士。正德初任总制
	张泰	直隶肃宁人，进士。累升至三边总制
	邓璋	涿州人，进士。历官总制
	彭泽	字济物，陕西兰州卫人，进士。正德九年，以太保左都御史任总制。卒，谥襄毅
	杨宏	字希仁，海州人。正德初，以都指挥佥事领兵固原，好学有谋，士皆感恩。时杨一清总制三边，宏献策：以红古城乃北方必由之路，宜筑城凿池，募众屯田。甫阅月，军士云集，筑边墙数百里
	李钺	河南祥符人。弘治丙辰进士，刚正廉洁。嘉靖初，历官总制。初至固原，寇由花马池犯境。钺令大开营门，敌疑怯，不敢进。旋炮击之，乃退。未几，寇复扰平凉、泾州等处，因密令游击周尚文等截其归路，斩虏级百余，获牛马万计。更檄延绥诸将雕剿之，大捷。寻召为兵部尚书
	王宪	山东东平人，进士。嘉靖五年任总制。套虏千余，由花马池侵黑水苑，乃遣师战败之，获甲三百有奇。奏设下马关参将，增筑墩塘一十四座，以为总兵防秋驻师之所。卓有政绩，加太保
	王琼	字德华，山西太原人，成化甲辰进士。嘉靖初官总制，时吐鲁番据哈密已四载。至是，番将牙木兰率十国求通贡；沙州番人帖木哥等亦乞抚，西域复定。旋北寇犯庄浪，西羌掠巩昌，均以兵击退之。又置下马关门，修边墙一百八十余里。起甜水堡至兰州，挑壕堑八百余里。戎备整饬，时人以杨一清比之。卒，赠太师，谥恭襄
	唐龙	字虞佐，浙江兰溪人，正德进士。以监察御史授陕西提学副使。屡官三边总制。其莅任时，陕方大饥，吉囊、俺答复扰河套境。龙上救荒十四事，赈御兼筹。并以总兵梁震、王效等分击于兴武、干沟、花马池等处，均报捷。绘三边形势图于座侧，料敌如神。在边四年，朝廷倚重。公余在州城南三里开鱼池，建后乐亭，以通流泉焉。加太保、刑部尚书，荫子入监。谥文襄

朝代	人物	简介或事略
明	姚镆	浙江慈溪人，进士，有文望。嘉靖中任总制，仅月余。后授兵部尚书
	刘天和	字养和，麻城人，进士。嘉靖中，以兵部右侍郎授总督。十九年秋，济农寇固原，战于黑水苑，斩其子赐沙王，后以边地耕牧，奏当兴革者十事，屯政大举。筑干沟、干涧几三百里，以捍东城铁柱泉以备西。造独轮兵车以施火器。虏犯硝河城，力救之。旋虏东出干沟，乃遣任杰等截后路，斩二百余级，获其小酋长。枭示以儆。论功，屡加兵部尚书、太保。卒，谥庄襄。按《续文献通考》云：总督原称总制。自嘉靖中，廷议以制非臣子所宜，总制乃改称总督
	杨守礼	字秉节，山西蒲州人。正德辛未进士，专尚武功。嘉靖中，以宁夏巡抚授总督。寇犯固原，力战获捷。每防秋，必亲登塞垣，筹探敌路，使寇不敢潜入。更遣勇士任勇数人，舟渡套河，取道偏关而还，获虏酋甚众，纳降者以数千计。在任二载，最有功，加太子太保
	寇天叙	字子惇，山西榆次人。嘉靖中，任巡抚。敌寇犯固原，调兵击退，有奇功，边民爱戴。居官清廉，卒时至贫不能殓。历升兵部侍郎
	张珩	山西石州人，正德进士。嘉靖二十二年十二月己丑，以右金都御史任总督，凡两载。增修敌台、墩塘，教民以战。大破鞑靼于河西，斩四百级，边功称最。被谗谪罢，后再起用，任南京兵部侍郎
	曾铣	字子重，扬州人，嘉靖进士。以兵部侍郎任总督，善用兵。于除夕闻鸟噪声，即遣兵迎拒，诸将不得已，被甲走出，获胜。或问"何以知之？"铣曰"鸟鹊噪非时耳"。疏请《复河套八议》及《御寇方略十二事》，均不报。套寇儿啼，辄呼其名以怖之，啼即止。后为严嵩所诬，远近悼惜。既殁，家无余资。隆庆初，科道白其冤。谥襄愍，边民咸祠祀之
	王以旗	字士招，应天江宁人，正德进士。嘉靖中，以兵部尚书任总督。安静不扰，边番禽服。加太保，谥襄敏。卒于固原，士商哀泣者遍途道焉
	贾应春	真定人，进士。历官至总督。在任四年，获番虏千余级，论功称最。加户部尚书，荫二子入监
	王梦弼	山西代州人，嘉靖进士。以兵部右侍郎任总督，番虏惮服。后以议罢职
	霍冀	字尧封，山西孝义人，进士。以巡抚任总督。修演武校场，建书院，葺城垣，治奸宄，政绩甚著，威治化行。隆庆元年，升兵部尚书

朝代	人物	简介或事略
明	魏谦吉	直隶柏乡人，嘉靖戊戌进士。以兵部右侍郎任总督。在任惩番房四百余匪，称首功。移固原守备于镇戎，以守葫芦峡。改河州守备为参将。民多颂之
	郭乾	直隶任邱人，进士。嘉靖中任总督
	程L	山东临清人，嘉靖戊戌进士。历升至总督
	喻时	河南光州人，嘉靖进士。以副都御史任总督，廉介自持，激励将士。吉囊人寇固原，造总兵赵岢迎击，斩五百余级，获马驼牛羊无算。房人不敢近边。上赐白金、文绮以奖之。后升兵部右侍郎、南户部侍郎
	陈其学	山东登州人，进士。嘉靖四十年任总督
	王崇古	字学画，山西蒲州人，进士。隆庆元年，以兵部右侍郎任总督，凡三年。花马池防秋，遣将兜剿，大获奇捷。历兵、刑二部尚书。谥襄毅
	王之诰	湖南石首人，进士。隆庆四年任总督
	戴才	字子需，直隶沧州人。隆庆五年，升都察院右都御史、总督。在任时以垦荒田，简将士，修书院为先务，民皆感颂。万历初，掌南京都察院事
	石茂华	山东益都人，进士。万历二年授总都，屡有迁调。凡三履斯任。奏甃砖城，建尊经阁、城南书院，置学田。设昭威台于东城，以望边烽。开城北暖泉入清水河，济民汲食，州人颂德弗衰，申请入名宦祠
	董世彦	河南禹州人，进士。万历五年任总督
	郜光先	山西长治人，进士。万历六年，以右金都御史任总督，旋奉调去官。十一年复任，升兵部尚书，加少保
	高文荐	四川成都人，进士。万历九年任总督
	梅友松	四川内江人，进士。万历十七年任总督
	叶梦熊	字男兆，广东归善人，进士。万历二十二年，以甘肃巡抚讨宁夏逆寇，有功，升总督。巴拜之变，力战平之。旋升兵部尚书，改南工部尚书
	魏学曾	字惟贯，泾阳人，进士。万历十九年任总督，以功加太保。直亮清正，有古大臣风。巴拜叛，设谋保城，乃以被诬逮职，时论深惜之
	郑洛	万历中为总督。抚恤回番，边功有效

朝代	人物	简介或事略
明	李汶	字次溪，直隶任邱人，进士。有文名，清廉自守。万历中任总督。适寇抚南川，遣兵大胜，获头目把都尔恰。与兵备使刘敏宽议抚番之策。番以毡、皮、牛、羊易我米谷，民利赖之。升兵部尚书、左柱国，加少傅兼太子太师
	徐三畏	直隶任邱人，进士。万历三十四年任总督，以功加少保
	顾其志	长洲人，进士。万历间任总督
	黄嘉善	山东即墨人，进士。万历三十九年任总督。创修学宫，以振文风。御寇屡捷，回番詟服。在边陲十五载，俘获甚众，加太保
	刘敏宽	山西安邑人，进士。万历中以延绥巡抚官总督。所至简兵搜乘，备储糈，缮城堡，料敌如神，有奇胜者三十余战。与诸将推心置腹，与诸生谭道论文。陕民为立生祠以祀之。在总督任，与兵备董国光修志，分上、下二卷，以饷后人
	杨应聘	南直隶怀远人。万历间任总督
	李起元	直隶南和人。万历间任总督
	李从心	直隶南乐人。天启三年任总督
	王之采	山西蒲州人。天启六年任总督
	史永安	山东武定人。天启七年任总督
	武之望	陕西临潼人。泰昌初任总督
	杨鹤	字修龄，湖广武陵人，崇祯初任总督
	陈奇瑜	山西保德人，进士。崇祯初延绥巡抚官总督，清介有守。当其为陕西布政使时，有羡金二万，适陕西大饥，瑜尽出所积以赈济，全活无算。历治陕西、山西、河南、湖广、四川军务。旋以治边稍懈，奉命以洪承畴代之
	丁启睿	河南永城人，崇祯初任总督
	傅宗龙	字仲纶，云南昆明人，崇祯初任总督
	汪乔年	字岁星，浙江遂安人。崇祯初任总督
	孙传庭	字伯雅，山西代州人。崇祯时任总督
	杨勉	四川安岳人，进士。成化初，任兵备道。创建鼓楼、永宁驿、草场、西安守御千户所仓库、官署；更开镇夷、安边二门，城堞巍然，具有条理，民称其功
	严宪	河南扶沟人，进士。成化十一年任兵备道

朝代	人物	简介或事略
明	边完	河南杞县人，进士。成化十三年任兵备道
	翟廷蕙	河南洛阳人，进士。成化十五年任兵备道
	王继	河南祥符人，进士。成化十八年任兵备道
	孙逢吉	山西浑源人，举人。成化二十年任兵备道。抚恤穷民，赈济有方，人多德之
	李经	山西阳城人，进士。弘治初任兵备道
	陶琰	字廷信，山西绛州人，进士。弘治初任兵备道，历官太保。谥恭襄
	胡倬	广西桂林人，进士。弘治十四年任兵备道
	陈珍	辽东广宁人，进士。弘治十五年任兵备道
	胡经	山东滨州人，进士。弘治十五年任兵备道
	高崇熙	山西石州人，进士。弘治十七年任兵备道。历官巡抚四川、右副都御史
	王凯	直隶蠡县人，进士。正德四年任兵备道
	黄绣	江西清江人，进士。正德五年任兵备道
	景佐	山西蒲州人，进士。正德六年任兵备道。固城井水苦咸，人病于饮。因与总兵赵文用兵力引西海水，依山成渠，经西城入泮池，出东门而注之。其利于民，诚溥也
	罗玹	河南扶沟人，进士。正德十一年任兵备道
	许谏	河南洛阳人，进士。正德十二年任兵备道
	毛思义	山东阳信人，进士。嘉靖元年任兵备道。历官漕运总督、右副都御史
	成文	山西文水人，进士。嘉靖二年任兵备道，历升辽东巡抚、右副都御史
	桑溥	山东濮州人，进士。嘉靖四年任兵备道，升浙江按察使
	郭凤翔	河南祥符人，进士。嘉靖七年任兵备道
	沈圻	浙江平湖人，进士。嘉靖十年任兵备道。创修东岳山行祠道路，去后民不能忘
	樊鹏	河南信阳人，进士。嘉靖十四年任兵备道
	王邦瑞	河南宜阳人，进士。嘉靖十七年任兵备道。历升兵部尚书，协理戎政

续表

朝代	人物	简介或事略
明	李文中	云南临安人，举人。嘉靖十八年任兵备道。注：临安，明代云南临安府，今云南建水县
	纪绣	山东利津人，进士。嘉靖二十年任兵备道
	曹迈	四川荣县人，进士。嘉靖二十一年任兵备道
	江东	山东朝城人，进士。嘉靖二十四年任兵备道。历辽东巡抚、都御史、南兵部尚书
	李磐	河南固始人，进士。嘉靖二十六年任兵备道。升湖广布政使
	李世芳	山西黎城人，进士。嘉靖二十九年任兵备道。居官清正，矜恤贫寡，民怀其惠
	张松	河南洛阳人，进士。嘉靖三十一年任兵备道。升宣大总督、副都御史
	崔官	四川阆中人，进士。嘉靖三十四年任兵备道
	许天伦	山西振武卫人，进士。嘉靖三十五年任兵备道
	李临阳	四川江津人，进士。嘉靖三十六年任兵备道
	焦琏	顺天涿州人，进士。嘉靖三十七年任兵备道。升山西行太仆寺卿
	王之臣	四川南充人，进士。嘉靖三十七年任兵备道
	李廷仪	山西霍州人，进士。万历初任兵备道。十六年，升都察院右佥都御史、甘肃巡抚
	杨时宁	河南祥符人，进士。万历十八年任兵备道。后升贵州巡抚、宁夏巡抚、宣大总督。政绩称最，人服其廉
	杨楫	河南商邱人，进士。万历中任兵备道
	吴鸿功	山东莱芜人，进士。万历中任兵备道，爱士兴学，捐资补葺书院。卓然民表，时以宿儒推之，升布政使
	刘广业	河南洛阳人，进士。万历中任兵备道，升按察使
	徐云逵	直隶迁安人，进士。万历三十三年任兵备道。在官四载，重士恤贫，去后民思。升按察使
	张舜命	河南商城人，进士。万历三十八年任兵备道
	刘尚朴	河南信阳人，进士。万历三十九年任兵备道。筹画边防，恩威交孚。而尤善于治盗，人多称颂
	董国光	山东藤县人，进士。万历四十一年任兵备道。重视学校，捐廉补修棂星门、泮池、牌坊三座，庑殿焕然。与总督刘敏宽分辑《州志》上、下二卷。政绩有足征者

朝代	人物	简介或事略
明	李春光	山西解州人,进士。天启中任兵备道
	冯舜渔	山西蒲州人,进士。天启中任兵备道
	冯从龙	四川人,举人。任兵备道
	徐节	山西临汾人,进士。任兵备道
	党馨	山东益都人,进士。任兵备道
	陆梦龙	崇祯中任兵备道
	朱珪	天顺初,苑马寺正卿、中顺大夫
	邵进	天顺初,苑马寺少卿、亚中大夫
	曹雄	西安左卫人,骁勇敢战。累官都督同知、固原总兵。置镨反,雄约诸镇渡河讨之。后拜镇西将军。按总兵,系弘治初年由陕西移固原
	邓玉	固原总兵、兼都督佥事
	杨英	固原总兵、兼都督佥事
	侯勋	固原总兵、兼都督同知
	赵文	平凉卫人,固原总兵。与兵备景佐议开西海水渠,依山入城,以便民食。至今犹享其利
	刘淮	宣府卫人,固原总兵
	郑卿	宁夏卫人,固原总兵
	张凤	榆林卫人,固原总兵
	鲁经	庄浪卫人,固原总兵
	刘文	庆阳卫人,固原总兵
	梁震	榆林卫人。嘉靖中任固原总兵。十二年冬,虏犯镇远关,总制唐龙遣与王效击之,虏多溺死。既而复犯花马池,大捷于干沟。历迁延绥、大同总兵。谥武壮
	王效	延绥人。嘉靖中任总兵,与梁震击虏有功
	任杰	西安左卫人。嘉靖中任总兵。时济农侵黑水苑,入固原摽掠。总制刘天和饬杰往战。前总兵周尚文尽锐奋击,遂与杰共斩小王子。更筑铁柱泉于灵州境
	张镇	宣府人,嘉靖中任总兵
	魏时	庆阳卫人,嘉靖中任固原总兵

朝代	人物	简介或事略
明	王缙	西安左卫人，以指挥佥事战清水河。初官固原守备，升右参将，擢副总兵，拜征西将军
	张达	凉州卫人，固原总兵
	成勋	三屯营人，固原总兵
	孙膑	绥德卫人，固原副总兵
	袁正	太原人，固原总兵
	曹世忠	绥德卫人。嘉靖三十六年，官固原总兵，加都督佥事。在任捐廉，与兵备道沈圻合修东岳山行祠道路，俾崎岖者以平坦，民思利便，刊碑颂之
	许经	庐州府无为州人，固原副总兵
	徐仁	延绥人，固原右副总兵
	郭江	延绥人，以指挥历官固原总兵
	郭震	宁夏人，任总兵
	张刚	榆林卫人。多谋善战，料敌无遗策，边寇畏之。以世袭指挥，历升固原总兵
	吕经	宁夏人，固原副总兵
	孙国臣	大同人，固原右副总兵
	李真	延绥人，固原副总兵
	王抚民	延安卫人，指挥使。嵩山逋寇为乱，甫至境，扑灭之。火筛寇闻其威令，不敢犯边者数年。以固原总兵迁右军都督同知
	张臣	榆林卫人，固原副总兵
	刘承嗣	山西振武卫人。固原总兵，先后两次
	尤继先	榆林卫人，善骑射，爱士卒。任固原总兵时，北虏不敢犯界。卒，加太保。军中咸哭，西向而祭
	李昫	固原卫人。任副总兵，乡里荣之
	董一魁	宣化人，任总兵
	杨潜	庄浪卫人，任总兵
	黄明臣	宣化府人，任固原副总兵
	萧如薰	延安卫人。好义洁己，敬士恤民。任总兵、署都督同知。其祖汉、父守奎、兄如芷、如兰、如蕙均官总兵，有政绩。一门名将，当时艳羡，亦古今所罕有已

朝代	人物	简介或事略
明	管一方	山西中屯卫人，任总兵。洁己恤贫，民颂其惠
	柴国柱	西宁卫人，任副总兵
	邓凤	榆林卫人，历升总兵
	姚国忠	宣化府人，任总兵
	尤世禄	榆林卫人，以世职历任固原总兵
	祁继祖	山西蔚州卫人，任副总兵
	杨骐	崇祯初任固原总兵
	刘国栋	甘州卫人，任固原副将
	高从龙	榆林人，任固原参将
	李芳	绥德卫指挥，任固原游击
	吴继祖	靖房卫指挥，中军副总兵，加都督
	薛永寿	直隶锦衣卫人，左营游击
	王世钦	榆林人，右营游击
	保国祚	平凉卫人，坐营都司
	余德荣	西安卫人，下马关参将
	邓荣武	甘州卫人。万历四十四年，官西安州游击
	岳思忠	河南人，官知州
	洪恩	四川成都人，举人，官知州
	石坚	山西介休人，监生，官知州
	张洪	山东曹县人，举人，官知州
清	迟士玉	进士，顺治四年选授知州。在任时，捐廉百金，与都督李公茂合力修理南阅城武庙
	潘云程	举人，顺治五年选授知州。在任五年之久，政绩卓然。捐廉修理白云观等处，与都督李公茂共襄盛举
	郭之培	直隶任邱进士，顺治九年授知州。爱士恤民，甄录殉难节孝，以振习俗
	唐纳钦	广西灌阳举人。康熙十五年，由渭南知县卓异，升授知州。持心平恕，民有恺悌之歌
	吴季芳	康熙初进士，于三十一年选授知州。以东岳山道路崎岖，与都督何公傅捐廉，率队开凿平整。至今拾级来游者咸称利便

朝代	人物	简介或事略
清	胡昌国	雍正八年，由盐茶厅同知兼署知州，以慈惠称
	贾圣桧	乾隆十三年选授知州，有文名
	周克开	字梅圃，湖南长沙人。乾隆十二年举人，选授陇西宁朔知县。二十五年，卓异，升授知州，擢贵阳知府、江南粮道。在固时，禁私钱，兴书院，民金德之，平无私蓄，故当时称廉吏者，必曰周梅圃云
	郭昌泰	湖北襄阳人。乾隆三十八年选授知州。在任时，捐廉修理太白山祠，民不为扰
	翟方震	浙江钱塘人。嘉庆五年补授知州。十二年，卓异加级。在任八年之久，捐廉创修城隍行官
	赵宜暄	字霁园，江西人。嘉庆二十一年选授知州，道光三年卸任。抚治八载，与民相安，能文善书，士林望之
	程栋	安徽休宁人。道光六年署知州，九年再署，嗣升补斯缺。计前后履任三次，凡七载，并兼署盐茶厅同知。筹修上帝庙，捐廉三百金以助之，民怀其惠
	罗文楷	道光八年，由渭南知县升署知州。捐廉三百金助修上帝庙工程，有洁己乐善之誉
	陈伊言	道光十三年，由静宁知州调署斯缺。筹修上帝庙，民款支绌，因捐廉以助，工赖告成。治民简约
	钮大绅	浙江山阴（今浙江绍兴）举人。道光十五年，选授知州，旋以卓异加级。二十年，复任。计先后在任十载。筹修义学，培植书院，生徒济济，大振文风。至其听讼如神，民到于今称之
	琦龄	满洲人。道光二十四年，选授知州。在任七载，吏畏民怀，卓有政声
	刘锡禹	直隶通州人。道光三十年署知州，旋升授。在任七载，为政清平，遗爱在民。后其子湛官知县，权灵州，殉于阵。时人以"父廉子忠"称之，洵宦乡盛美也
	托克清阿	字凝如，满洲正蓝旗、山西驻防举人，以知县分甘。历署抚彝、巴燕戎格、皋兰分厅、县。咸丰六年，署知州。在任二载，日坐堂皇，负者称平，一时有托青天之颂。旋授秦州，会贼犯莲花城，乃自率团勇以御。贼炮发，中右目殉阵。特旨优恤，予谥刚烈。秦州建专祠祀之
	贾元涛	山东进士，咸丰九年，署知州。在任二载，有干济才，书役畏服

朝代	人物	简介或事略
清	蒋方直	同治初任知州
	魏高骞	湖南人，同治九年代理知州
	萧明才	湖南安化人，同治十年代理知州
	左寿昆	湖南人，同治十一年代理知州
	廖溥明	字晓东，四川富顺附生。同治十一年授知州，光绪三年卸篆。在任六载，修建衙署，办理垦荒，其抚辑招来，行政一以宽和为本。至新设海、平两县、硝河分州，安民划界，布置尤极周详。盖同治十三年，始升州为直隶州也
	喻长铭	湖南宁乡人，光绪三年署任，五年卸篆
	聂堃	湖南邵阳人，光绪五年署任，六年卸篆
	叶恩沛	安徽人，光绪六年署任，七年卸篆
	谈定基	湖南人，光绪七年署任，八年卸篆
	裕曾	汉军旗举人。光绪八年署任，九年卸篆。采访忠义，表扬节孝，计数十事，是亦振兴风化之良规也。至行政一切，不苛不扰，当时多以廉平称之
	罗镇嵩	字穆倩，湖南湘乡附生。光绪九年授任，十六年卸篆。在官数载，讼理政成，抚驭汉、回，亦宽严有法
	赵人龙	山东历城人，光绪十六年代理，未及一月
	李瀛	字松舟，湖南巴陵人。光绪十六年署任，十七年卸篆。筹修书院，定文社章程，有政绩可考，后以权务遽职，良用惋然
	匡翼之	字策吾，湖南湘潭举人。光绪十七年授任，二十一年卸篆。在任时，与雷少保经营书院，好学重士，学校感之。其治事也，悉除苛累，政成民和，旋以道员筮仕广东
	尹翊汤	字聘三，湖北馨城人。光绪二十一年代理
	程敏达	字颖斋，安徽阜阳人。光绪二十一年署任，二十二年卸篆。精于战略，足备边防
	张祥会	字文堂，河南洛阳优贡。光绪二十二年由皋兰县升授，二十五年卸篆。居官行事，宽宏有度，抚汉、驭回，恩威交济。后以道员筮仕山西，权雁平兵备道
	萧承恩	字锡三，湖北钟祥人。光绪二十五年署任，二十六年卸篆。决狱精详，汉、回詟服。在任时，适有旱灾，徒步祈祷，尤极诚肃。尝祝神以自责曰："灾眚者，天意也；挽回灾眚者，牧令之心也。愿减寿禄，毋使民罹此殃。"其爱民如此

朝代	人物	简介或事略
清	张元濂	字晓山，陕西泾阳进士。光绪二十六年由武威县调署斯任，二十七年卸篆。持躬谨饬，善能治盗，民颂之曰"明察如神"
	刘至顺	字让木，江苏上海举人。历任秦安、张掖、宁夏等县。光绪二十七年由山丹县升授，未莅任，旋告归。至其学问品行，陇右士夫咸所钦仰。今秦安县犹有生祠在焉
	王开斌	字献章，湖南湘乡人。光绪二十七年署任，二十八年卸篆
	宋之章	字少谷，陕西咸宁人。光绪二十八年署任，旋以疾卒于官
	金承荫	字少逸，安徽桐城人。光绪二十九年署任，三十年卸篆。政称平恕．民多德之
	张元濂	光绪三十年复署，三十一年卸篆
	王学伊	字平山，山西文水进士。由刑部主事改官分甘。光绪三十一年授任，三十二、三两年，蒙保最优等员。尝自书联于座右曰："民事不可缓，吾斯未能信。"
	王进宝	字显吾，甘肃靖远人，以行伍起家。顺治初，随征湖南、贵州、西羌等处，战功称伟，累擢至西宁总兵。康熙十四年，讨叛将王辅臣之乱，出奇制胜，授固原提督，兼摄固原总兵，领西宁印务，加二等男，晋一等男、奋威将军。勇略冠群臣，西陲资为砥柱。十九年晋子爵，二十三年以疾乞归。特命太医诊治之，并调其子用为甘肃总兵，以便侍养。二十四年卒，赐谥忠勇，加太保，世袭子爵，祀贤良祠，祭葬如例（提督移驻固原，自将军始，因首列焉）
	何傅	福建福清人，康熙二十五年授固原提督，署都督同知。在任七年之久，谋勇兼备。治军之暇，尝登东岳山，以岭路崎岖，民艰跋涉，与知州吴季芳慨然捐廉，开凿平垣，俾行者无倾扑之患。其余如葺城垣，严塘汛，迄今犹多追念遗功者
	李林隆	奉天铁岭卫人，康熙三十一年授固原提督。治军严峻，声震西陲。在任七载。其弟林盛于三十七年继其任，待士卒以宽。弟兄先后专阃齐名，亦可为柳营盛事已
	潘育龙	甘肃靖远人。初以随征湖广茅麓山匪有功，补把总。康熙十四年，剿叛将王辅臣于平凉及三水、淳化、庆阳，诸路匪悉平。复转战四川大竹等县，防剿噶尔丹，积功擢肃州副将、天津总兵。以中炮伤，奉召遣医诊视。四十年擢固原提督、会圣驾西巡，驻渭南，调阅固原标兵弓马，加镇绥将军。五十八年卒，赐谥襄勇，加少保，祭葬如例。至其在官时，特赏匾额、裘马、绸缎诸事，犹例典耳

朝代	人物	简介或事略
清	马见伯	甘肃宁夏人，康熙三十年武进士。随征噶尔丹至洪敦罗阿济尔罕，叙功累擢至太原总兵。疏请禁藏鸟枪、武闱试策等事，均如议行。调天津总兵，适策妄阿喇布坦叛，奉命督师协剿。五十八年，擢固原提督。次年随贝子延信率兵进藏。既凯还，行至打箭炉病卒，赐祭葬如例
	金国正	甘肃宁夏人，以行伍积功，官花马池副将、大同总兵。康熙五十九年，署固原提督
	李麟	陕西咸阳人。始随勇略将军赵良栋征四川、云南等省，继随振武将军孙思克征噶尔丹，终随平逆将军延信征策妄阿喇布坦，并护送第六世达赖喇嘛进藏，积功至登州总兵。康熙六十年，授固原提督，加右都督，授骑都尉
	杨尽信	贵州威宁人，雍正元年署固原提督
	噶尔弼	满洲镶红旗人，以前锋参领历任各旗都统。康熙五十八年征准噶尔，授定西将军。雍正元年署固原提督
	素丹	满洲正黄旗人，三等男斐雅斯哈之子也。康熙十年，以袭爵授护军参领。二十九年，随裕亲王征噶尔丹于乌兰布通，中箭伤，复驻防宁夏、兰州等处。雍正元年，随抚远大将军年羹尧征青海罗卜藏丹津，与岳钟琪会剿于哈拉济满，斩获甚众。二年，授正黄旗都统，兼署固原提督。七年，卒于凉州，赐谥勤僖，祭葬如例。按乾隆时《通志》作苏丹，正白旗人，今依《名臣传》改正
	杨启元	甘肃宁夏人，雍正三年署固原提督
	马焕	固原州人，雍正三年署固原提督
	姚文玉	正蓝旗人，雍正三年署固原提督
	路振扬	陕西长安人，雍正四年署固原提督
	纪成斌	甘肃平番人，雍正七年署固原提督
	张善	甘肃宁夏人，雍正七年署固原提督
	潘之善	甘肃靖远人，襄勇公从孙也。初随任于肃州军次，康熙三十五年从征噶尔丹于昭莫多，中火器伤、召来京医治，授蓝翎侍卫。旋驻防哈密，复击准噶尔于乌鲁木齐。雍正元年，青海台吉罗卜藏丹津叛，与孙继宗等会剿于布隆吉尔。积功四川提督，授安西镇总兵。七年二月以目疾乞归。不许，八月署固原提督。谕曰："此任乃汝叔祖潘育龙之所整理，为天下第一营伍。其流风余韵，至今可观"。并特遣太医随时调治之。旋解任，十一年卒、赐祭葬如例

朝代	人物	简介或事略
清	范时捷	镶黄旗人，雍正九年署固原提督
	樊廷	甘肃凉州人，雍正九年署固原提督
	李绳武	正黄旗人、雍正十年署固原提督
	杨铉	固原州人、乾隆初署固原提督
	傅清	镶黄旗人，以蓝翎侍卫擢副都统。雍正五年授天津总兵。十四年。由古北口提督调固原提督。寻赴西藏会办珠尔墨特木札勒与达赖喇嘛起衅事，乃与拉布敦议剪除。召珠尔墨特木札勒至公署，数其罪状，手刃之。旋被害。赐谥襄烈，祀贤良、昭忠二祠，祭葬如例
	许士盛	乾隆中授固原提督
	豆斌	固原州人，乾隆中，两任固原提督
	哈攀龙	直隶河间人、乾隆二年武状元。授花翎侍卫，旋授兴化城守，擢南阳、松潘各镇总兵。调征金川，随大学士傅恒夜攻色尔力岭石卡，杀番贼甚众。凯还，擢署固原提督，授湖广提督，调贵州提督。以病留京，旋卒，赐祭葬如例
	杨遇春	四川重庆人。乾隆中领武乡荐。随征石峰堡、台湾、廓尔喀有功，累官至甘州提督。嘉庆七年。调固原提督，以丁忧去官。十三年，复擢固原提督。滑县乱，率师平之，加二等男，旋剿贼于三才峡，俘获甚众、晋一等男，加少保。道光五年，署陕、甘总督。六年，回首张格尔叛、督兵往讨，设奇制胜。既凯还，加太保，嗣以忠武、加太傅、兵部尚书、祀贤良祠，祭葬如例。至如御赐匾额、紫缅、双眼花翎、白金玉皿诸品，洵酬庸之懋典也
	杨芳	字诚斋，贵州松桃厅人，有伟略，通经史。入伍，充书记，为杨忠武公所知，拔把总，随征川、楚匪，俘获称最。嘉庆初，复征贼酋冷天禄于岳池、包正洪于大竹，追剿张汉潮余党，尽歼之。积功擢广西副将、诚勇巴图鲁。既度陇，剿成县、阶州贼，冒雨力进。而其克平利，攻广元，收复汉南诸战事，尤著奇绩。十年、由宁、陕总兵擢固原提督，旋戎伊犁。复用，历任至甘肃提督。以擒张格尔功，加太保、果勇侯，晋太傅，调湖南提督。道光二十六年卒，赐谥勤勇，发白金五百两治丧，祭葬如例。至其在军时，著书十余种，则尤允文允武者已
	胡超	以侍卫历官总兵，加劲勇、捷勇巴图鲁，为杨勤勇公诸军将领。道光中署固原提督。在任时以捐廉修理上帝庙，民多感之
	石生玉	字蕴山，陕西澄城人。以武童入固标，杨忠武公目为奇士。嘉庆中，随征滑县贼，力战于道口司寨，历擢千总。适喀什噶尔逆起，率队往剿，迭著奇功。入觐，授张家口副将，擢宣化镇总兵。二十四年，授湖南提督，复调乌鲁木齐提督。道光中，调固原提督，旋以疾乞归

朝代	人物	简介或事略
清	索文	固原州人，咸丰初署固原提督
	经文岱	满洲镶红旗人，咸丰中任固原提督。当十一年回"匪"蠢动时，适赴兰州与制府筹商边计，护篆者为中军参将景文。祸变之来，非经提督所能预料也
	雷正绾	字纬堂，四川中江人。行伍以弓马擅胜，拔把总，随征江、皖发逆及山东捻匪，叙功升梁万营都司。旋带队秦、陇，进剿逆回，设奇决战，迭著伟绩，洊至副将，加直勇巴图鲁，授陕安镇总兵。同治元年，擢固原提督，留办陕西军务，既而率师进攻泾州、平凉、固原东、西山及金积堡，俘获巨酋，旋克之。十年，加达春巴图鲁。茌提督任，整练防军，筹办善后事宜。光绪十年，奉召来京，特赏如意、绸缎各珍品。旋统马步十一营，防扎奉天凤凰城、边门九连城各要辖。十二年，回固原任。复以恭逢万寿庆典，加少保，晋尚书衔。二十一年，循化争教，以孤军失利，开缺回籍。计先后握提篆者二十余年。其治军严肃，固所宜然。至其捐廉培植书院，礼贤厚士，尤合古儒将风。绅民立去思碑也有以夫
	恒泰	满洲人，同治四年，以陕西参将代理提督印务
	阿拉金	满洲人，同治九年，以中营参将代理提督印务
	沈玉遂	字翰青，湖南湘乡人。咸丰初，以武童从征江西阴冈岭、罗坊、太平墟等处，峡江、宜黄、崇仁、信丰，并广西井研等县，所战有功，游守备。同治初，带队援蜀，解眉州、绵州各城围，累晋总兵。左文襄公奏调治河湟军，克太子寺各匪巢，授河州镇总兵、喀尔莽阿巴图鲁。光绪十年署固原提督，在任三载，修理城堞，暨庆祝宫工程。军政严肃，民多颂之，附祀昭忠祠
	成光裕	字吉甫，湖南宁乡人。光绪十年，以中营参将护提督印务
	邓增	字景亭，广东新会人。咸丰中，以武童从征英德县蓝山岭等处，金华、诸暨、龙游、桐乡、富阳等县，并全闽发逆肃清，积功洊游击，擢副将。同治中，左文襄公奏调来甘，领开花炮队，攻金积堡匪巢，解西宁、肃州城围，加总兵、伊博德恩巴图鲁。进剿乌鲁木齐、昌吉、呼图壁、玛纳斯诸路匪。光绪十一年，授伊犁镇总兵，调西宁镇总兵。二十二年，授固原提督，旋平海城之变。二十六年奉召入卫，二十八年复任。三十一年卒于官，附祀昭忠祠
	盛喜	字雨亭，湖北荆州驻防。光绪二十六年，以中营参将护提督印务
	贾鸿增	字子猷，江苏人。光绪二十六年，以中营参将护提督印务
	陈正魁	光绪三十一年，护理提督印务

朝代	人物	简介或事略
清	张行志	字云亭，陕西蒲城人。同治八年，以武童从左文襄公军征新疆南、北两路有功，拔把总。光绪初，董少保檄带兵队，防戍边疆，劳勚卓然，进擢守备。二十一年甘肃回乱，与董少保治军河湟。督开花炮营，百发无一虚者，立解河州太子寺各城围，济副将、励勇巴图鲁。二十三年协统甘军马步各营，加总兵。旋以奉召入卫，领武卫军营务处。二十六年随两宫西狩，授九江镇总兵，领志胜军。特颁白金六百两以犒军士。旋调西宁镇总兵，办理古哇要案，汉、番悦服。三十一年，擢固原提督，领常备军。在任建修火药局、六营小学、东南城垣、上帝庙，允为文武兼资。至其驻防直隶时，迭蒙恩赐克食、如意、绸缎、香茗、贡米各珍品，洵足为诸军之冠。书曰"德懋懋官，功懋懋赏"，殆信然欤

三 古代固原地区重要奏疏、策论、碑记*

荐皇甫规表

（汉）蔡邕

臣闻唐虞以师师成熙，周文以济济为宁。区区之楚，犹用贤臣为宝；卫多君子季札知其不危。由此言之，忠臣贤士，国家之元龟，社稷之桢固也。昔孝文恤匈奴生事，思李牧于前代；孝宣忿奸邪之不散，举张敞于亡命。况在于当时，谦虚为罪，可遗弃。臣伏见护羌校尉皇甫规，少明经术，道为儒宗，修身立行，忠亮阐著。出处抱皎然不污，藏器林薮之中，以辞征召之宠。先帝嘉之，群公归德。盗发东岳，莫能外有事，戎狄猾华，进简前勋，连见委任。仗节举麾，威灵盛行，演化凶悍，使为嘉爱财省啬，每有余资，养士御众，悦以亡死。论其劳武，则汉室之干城；课其文德，则皇家之腹心。诚宜试用，以广振鹭西之美。臣以顽愚，忝污显列，辄流汗墨不堪之责，不胜区区，执心所见，越职瞽言，当殊死。唯陛下留神省察。臣邕顿首顿首！

饬问重刑状

（汉）梁统

对曰：闻圣帝明王，制立刑罚，故虽尧、舜之盛，犹诛四凶。经曰："天讨有罪，五汉梁统刑五庸哉。"又曰："爰制百姓于刑之衷。"孔子曰："刑罚不衷，则民无所措手足。"衷之为言，不轻不重之谓也。《春秋》之诛，不避亲戚，所以防患救乱，全安众庶。岂无仁爱之恩，贵绝殊贼之路也。

自高祖之兴，至于孝、宣，君明臣忠，谋谟深博，犹因循旧章，

---

* 奏疏、策论、碑记历来是历史的有效组成部分，能够直观反映区域史变迁的社会风貌，兹摘录有关古代固原地区重要的奏疏、策论和碑记，作为洞察和研究固原历史文化的有效补充资料。

不轻改革，海内称理，断狱益少。至初元、建平，所减刑罚百有余条，而盗贼浸多，岁以万数。间者三辅从横，群辈并起，至燔烧茂陵，火见未央。其后陇西、北地、西河之贼，越州度郡，万里交结，攻取库兵，劫略吏人，诏书讨捕，连年不获。是时以天下无难，百姓安平，而狂狡之势，犹至于此。皆刑罚不衷，愚人易犯之所致也。由此观之，则轻刑之作，反生大患；惠加奸轨，而害及良善也。故臣统愿陛下采择贤臣孔光、师丹等议。

请屯御羌疏

（汉）皇甫规

臣比年以来，数陈便宜。羌戎未动，策其将反。马贤始出，颇知必败。误中之言，在可考校。臣每惟贤等拥众四年，未有成功，悬师之费且百亿计。出于平人，回入奸吏。故江湖之人，群为盗贼，青、徐荒饥，襁负流散。夫羌戎溃叛，不由承平，皆由边将失于绥御。乘常守安，则加侵暴，苟竞小利，则致大害。微胜则虚张首级，军败则隐匿不言。军士劳怨，困于猾吏，进不得快战以徼功，退不得温饱以全命。饿死沟渠，暴骨中原。徒见王师之出，不闻振旅之声。酋豪泣血，惊惧生变。是以安不能久，败则经年。臣所以搏手叩心而增叹者也。

愿假臣两营二郡，屯列坐食之兵五千，出其不意，与护羌校尉赵冲，共相首尾土地山谷，臣所晓习；兵势巧便，臣已更之。可不烦方寸之印，尺帛之赐，高可以患，下可以纳降。若谓臣年少官轻，不足用者，凡诸败将，非官爵之不高，年齿之迈。臣不胜至诚，没死自陈。

请城原州疏略

（唐）元载

四镇北庭既治，泾州无险要可守。陇山高峻，南连秦岭，北抵大河。今国家西境尽潘原，而吐蕃戍摧沙堡，原州居其中间。当陇山之口，其西皆监牧故地，草肥水美。平凉在其东，独耕一县，可给军食。故垒尚存，吐蕃弃而不居。每岁夏，吐蕃畜牧青海，去塞甚远。若乘间筑之，二旬可毕。移京西军戍原州，移郭子仪军戍泾州，为之根本。分兵守石门、木峡，渐开陇右，进达安西，据吐蕃腹心，则朝廷可高枕矣。

议攻疏

（宋）范仲淹

臣谓进讨未利，则又何攻？臣窃见延安之西，庆州之东，有贼界百余里，侵侵入汉地。中有金汤、白豹、后桥三寨，阻延、庆二州经过道路，使兵势不接，策应迂远。自来虽曾攻取，无招降之恩、据守之谋，汉兵才回，边患如旧。

臣谓西贼更有大举，朝廷必令牵制，则可攻之地其在于此。可用步兵三万、五千（廊延路步兵一万二千，骑兵三千，泾原路步兵九千、骑兵一千，环庆自选马、步一万八外，番兵更可得七八千人）。军行人界，当先布号令：生降者赏，杀降者斩；得精强者害老幼妇女者斩。拒者并兵以戮之，服者厚利以安之。遁者勿追，疑有质也；居者迁，俾安土也。乃大为城寨，以据其地（如旧城已险，因而增修。非守地则别择要害之处，钱召带甲之兵、熟户强壮兼其土役。昨奉朝旨，令修缘边城寨。臣以民方稼事，将系官闲杂钱，劝令近上人户，以雇夫钱，散与助功兵士克食钱，其带甲兵士，翕然情愿。诸寨并已毕功）。

俟城寨坚完，当留土兵以守之。方诸旧寨，必倍其数。使范全、赵明以安抚之（范全今为骐骥副使、庆州北都巡检。赵明今为东头供奉官、柔远寨蕃部巡检）。必严其戒曰：贼至则明斥候，召援兵（金汤东去德靖寨四十里，西去东谷寨八十里，西南去柔远八十里；白豹西去柔怀五十里，南至庆州一百五十里）。坚壁清野以困之；小至则扼险设伏以待之。居常高估入中，及置营田以助之，如此则可分彼贼势，振此兵威，通得延、庆两路军马，易于应援。所用主兵官员，使勇决身先者居其前（王信、狄青、刘极、刘贻荪、张建侯、范全），可用策应者居其次（任守臣、王达、王遇、张宗武、谭嘉震、王文恩、王文），使臣中可当一队者参于前后（张信、王遇、张忠、郭逵、张怀宝），有心力干事者营立城寨（周美、张藻、刘兼济、李纬、张继勋、杨麟）。

臣观后汉段纪明，以骑五千、步万人、车三千辆、钱五十四亿，三冬二夏，大破诸羌。又观唐马燧造战车，行则载甲兵，止则为营阵，或塞险以遏奔冲。臣以此路山坡，大车难进，当用小车二十辆，银、绢钱二十万，以赏有功将吏及归降蕃部。并就籴刍粟，亦稍足用。

其环州之西，镇戎之东，复有葫芦泉一带蕃部，与明珠、灭臧相接，阻环州、镇戎经过道路。明珠、灭臧之居，北接贼疆，多怀观望。又延州南安，去故绥州四十里，在银、夏川口。今延州兵马东渡黄河，北入岚石，却西渡黄河，倒来麟州策应。盖以故绥州一带，贼界阻断经过道路（已上三处，内麟府一路，臣不曾到彼，乞下本处访问及画围，中可见山川道路次第）。如取下一处，城寨平定，则更图一处，为据守之策。比之朝去暮还，此稍为便。

攻守方略疏

（宋）陈执中

元昊乘中国久不用兵，窃发西陲，以游兵困劲卒，甘言悦守臣，一旦连犯亭障，延安几至不保。此盖范雍纳诡说，失于戒严；刘平轻躁，丧其所部。上下纷攘，远近震骇。自金明李士彬族破，而并边篱落皆大坏。寨门、金明相距二百里，宜列修三城，城兵千人，益募弓箭手。寇大至则退保，小至则出斗。选阁门祗侯以上为寨主、都监，以诸司使为卢关一路都巡检，以兵二千属之，使为三寨之援。

熟羌居汉地久者，委边臣拊存之；反覆者，破逐之。至于新附黠羌，如泾原康奴、灭臧、大虫族，久居内地，常有叛心，不肆剪除，终恐为患。

今军需之出，民已愁叹，复欲遍修城池如河北之制，及夏须成，使神运之，犹恐不能，民力其堪此乎？陕西地险，非如河北，惟泾州、镇戎军势稍平易，若不责外守而劳内营，非策之上也。宜先并边城池，其次如延州之鄜、同，环、庆之邠宁，不过五七处，量为营葺，则科率减，民力苏矣。

今贼势方张，宜静守以骄其志，蓄锐以挫其锋，增土兵以备守御，省骑卒以减转饷。然后徐议荡平，改张制度，更须主张，将臣横议不入，则忠臣尽节而捐躯矣。

救荒弭患疏

（明）张伦

窃见陕西三年雨雪愆期，赤地千里，饥窘枕藉，流移亡数。赈贷罄仓廪之储，劝借竭富家之积，诚可痛哭流涕。且外控三边，内制番夷，自古用武之地。俗多强悍，军民杂处，有回回、土达、河西西番、委兀儿、罗哩诸种族，虽系附籍当差，狼子野心终不能保。成化四年，开成县土达满四相聚为盗，据险石城，特劳大军剿灭，费出万计。即今之患，又非满四之比。

况虏贼猖獗，各边防御，诚恐风闻山西饥馑，仓廪空虚，谋大举深入，动调边民截杀，则军饷何以备之，转输何以处之？此可虑者一也。平、庆地方，盗贼蜂起，诚恐势至燎焰，不可扑灭，此可虑者二也。流民俱在汉中、荆襄万山，患出不测，又非刘千斤比，此可虑者三也。王府禄米不足，啼饥号寒，此可虑者四也。故曰"思患预防，有备无患。"臣有一得之愚，非身家利，上为朝廷，下为民命，内防激变，外防边患，昧死规画条陈：

一曰敷荒无善政，兴水利而已。臣见河南客船，俱从黄河达淮，直抵南京，新河水利，莫此为便。照得南京常平仓、乌龙潭等仓，粮米不下数百万，且近年岁颇丰稔，乞敕内外守备、南京户部、总督粮储等官会议，将前项仓粮借拨五千余万石，于南京千，载运至河南孟津县等处，水次收贮。仍敕户部将南方折粮银、太仓银，运至孟津县，督有司雇骡车二千，运至潼关仓，并合空闲处，如法堆放，以赈陕西、山西、河南。各司、府、州、县官，斟酌缓急难易，设法运赈，务在尽心殚力，俾民得实惠。庶几人心安，而外患可防也。

二曰浙、淮、长芦存积官盐及所获私盐，通卖银，运至南直隶苏、松等府。又各府库银，督令有司，以礼召积粟之家，依时估给米价、船脚，令其自行载运至前项水次。有能仗义输米五百石者，给予七品散官；三百石者，冠带荣身。庶官民两利。

三曰庆阳、灵州盐课司池盐，敕陕西巡镇等官，召商纳米于缺粮处上纳。斟酌米、盐低昂定价。如米贵，籴买无出，依时价纳银，别行区处籴赈。

四曰河州、西宁等处官茶，并获私茶，许客商于缺粮去处纳米，领茶备赈。

五曰陕西司、府、州、县官隶银免征，以赃罚银物，减半支给，以苏民困。待丰年签补。

六曰加意招抚复业，将官银易牛犋、种子，给招流亡。将拖欠粮草、官物及一应不急之务，暂令宽免。有司体询民瘼，曲加抚字。

七曰专委布政司官，督有司修理预备仓，多方蓄积。行问刑衙门，赎罪纳米备赈。

八曰终南、华、吴山一带深谷之中，多有无籍，假以僧道潜住，或聚众为盗，或造为妖言，煽惑人心。今饥民流移，诚恐被其诳诱，谋为不轨，宜出榜严加禁约。

密陈防边要务疏

（清）白如梅

边垣为内外之防，部议通行修葺，奉有谕旨。凡属臣工，敢不祗遵，立督告成，仰副我皇上绸缪未雨之至计。臣接准部咨，随即备行各该镇将等官，各照该管疆作速修举。并移各该巡抚及各边道就近督催，务期早峻，听候特遣重臣巡阅。仍伤催，间除坍塌无多，已报鸠工者不计外，其余有称年远颓圮已尽，物料无资可动有称边长工程甚大，操作无人可役者；甚至有称沙土埋没，随扒随积，山水冲塌，基无存，万难施力者。臣思封疆重务，岂容借词推诿，复严饬举行。而各镇道之呈请如故，不得不行令估议批据，藩司汇详，统计秦境边垣，自延绥而宁夏，而固原，而甘肃、西宁，延袤五千余里。并要隘、敌楼、墩台、铺舍等项，倾废应修者，大率过半。

在昔葺补之制，虽无案可稽，而明季按汛各有屯军，更班应役，专力边墙。迨天启年间，班军裁撤。暨我朝定鼎迄今，已共四十余载，修葺之举，缺焉不讲。今一旦而欲修数十年之未修，葺千百里之未葺，良非易易。往日设有专工，何忧不举，今则军已尽裁矣。往日有坍即筑，不难为力，今则坍者数多矣。往日年年兴工，人心相安；今则无事日久，一经督责，共骇听睹矣。且各镇边垣，依山傍水，地峻则工料难前，流急则冲激可虑，加之风沙不测，落成为艰。况旧例，小修则动支部额，大修则并发帑金。当此军兴费繁之际，时绌恐难举赢。将专责之兵修，而各镇营士卒，已经抽调赴楚会剿，以及分汛设防，存营者无多。抑或济以民力，而此岩疆残黎，久罹寇虐，荡析无遗；加之饥荒疫死，见在者几何？虽驱全陕之兵民以供版筑，竭三秦之赋税以备物料，责功于旦夕，亦必不得之数也。

臣思时已及春，遣员不远，催举则不能，议停则不敢。兹据该司册估，约用人夫七千八百七十五万五千一百有奇，需费银米五百三十余万。此外未据报到估计者，尚不与焉。工大费繁，臣不敢不据实直陈，以俟睿裁。

同治十二年奏请升州设县疏

（清）左宗棠

奏为盐茶、固原接壤，地址辽阔，政令难行，拟分别升裁，添设县治，以便控驭而资治理，恭折具陈，仰祈圣鉴事。

窃臣前因甘肃平凉迤北一带，与宁夏所属灵州接界，中间广袤八九百里，山谷复沓，素为逋逃渊薮。原设固原州、盐茶厅，形势辽阔，治理难期周密。且回俗向重阿訇，虽以传教为名，实则暗侵官权。凡地方一切事务，均由阿訇把持，日久回族不复知有地方官吏。而盐茶厅、固原州因辖地太宽，汉、回错处，审理词讼则人证难于拘传，征收钱粮则地丁无从按核。诸务丛脞，职此之由浸假。而回强汉弱，异患潜滋。巨逆马化隆倡乱宁灵，而盐、固各堡回目勾结，响应十数起，节节抗拒官军，重烦兵力者此也。是故欲筹平庆、宁夏久远之规，非添设县治，更易建置不可。

臣熟察情形，饬藩、臬两司移平庆泾道魏光焘履勘议详。嗣据魏光焘复称，勘得固原州北二百四十里，地名下马关，东接环县，南通固原，北达灵州，西连盐茶厅各境，地当冲途，形势最为扼要。关城西倚罗山，西南甘泉出焉，流经城北过韦州、惠安各堡，汇归黄河。东南北三面，平原数十里，可耕可牧，向为沃壤，若设县于此，足资控制。考之图牒，距元设豫王城（今称预望城），仅三十里而遥。同为要区，而土地饶沃，较预望为胜，砖城周五里，高三丈，因之设县，经始诸费亦可节省。其西一百一十里为灵州属之同心城，应设巡检，分驻于此，归新设知县管辖，司缉捕。同城设训导、典史各一员，营汛别议。此拟于下马关改设知县之大略也。

固原居平凉北、宁夏南，旧为重镇，陕西提督驻此。该州隶平凉府，距府城一百七十里，北距宁夏府灵州界二百余里，山谷盘亘，声息中隔。应将平凉府属固原州升为直隶州，仍隶平庆泾道管辖。其州城西南硝河城要隘，应设固原直隶州判，分驻于此。仿照隆德县庄浪乡县丞例，划明界址，专城分治。所辖命盗、词讼、钱粮、赋役，分由新设州判就近验勘征收，而固原州总其成。州东北路与新设下马关知县划分，地址相连，仍隶固原直隶州统辖。是州判分治于西南，知县分驻于东北，固原州升直隶州，居中控驭。既于形势攸宜，而遐僻地方均有官司治理，庶期教令易行，奸宄匿迹，良善亦可相庇以安。州属学正、吏目员缺照常，营汛亦无庸别议。此拟升固原州为直隶州之大略也。

案据甘肃藩、臬两司及平庆泾道会详前来，臣复核无异。窃维甘肃自乾隆年间肇建行省，控制遐荒，规模闳远。维时北路烽燧无惊。西疆开拓日广，往代所视为边荒者，久已等诸腹地。经画之详于关外，而略于关内，固其宜也。关外增一缺，关内即裁一缺。平凉、宁夏所属文武营汛各缺额，视元、明裁省为多。而花门种族杂处边隅者，皆震于天威，罔敢自为，风气浸假。而新教蔓入中土，潜相勾煽，虽均旋就诛夷，而邪说流传，余风未殄。始犹昼伏夜动，未敢妄肆披猖，继则居穴构兵，公为叛逆。揆厥由来，实缘边地建置太疏，多留罅隙，民间堡寨、田庄，距州县治所近者百数十里，远或数百里。又且犬牙交错，经界难明，汉与回既气类攸殊，回与回亦良匪互异，治理乏员，镇压无具，奸宄萌蘖，莫折其邪。遂尔变乱滋生，浸淫弥广也。近幸皇威远播，关陇渐就澄清，亟宜申画井疆，绸缪未雨。审度情形，固原应升直隶州，而添设下马关知县，改盐茶同知为知县，一并归固原直隶州兼辖。其添、改县属教佐、典史，归各该县董率，以资治理而专责成。庶期长治久安，汉回得所。伏恳皇上天恩，饬部核复，俾有遵循。如蒙俯允，除固原升直隶州及新添州判，无庸易名外，其下马关距平远驿不远，新设县缺，可否即名平远县。其盐茶同知治所本海城故地，改设县缺，可否即名海城县。并乞饬部，核复遵行。此外未尽事宜，容饬司道核勘议详，陆续具奏。伏乞皇上圣鉴训示施行。

应举贤良方正策

（汉）皇甫规

伏惟孝顺皇帝，初勤王政，纪纲四方，几以获安。后遭奸伪，威分近习，畜货聚马，戏谑是闻。又因缘嬖幸，受赂卖爵，轻使宾客，交错其间，天下扰扰，从乱如归：故每有征战，鲜不挫伤。官民并竭，上下穷虚。臣在关西，窃听风声，末闻国家有所先后，而威福之来，咸归权幸。陛下体兼乾坤，聪哲纯茂。摄政之初，拔用忠贞，其余维纲，多所改正。远近翕然，望见太平。而地震之后，雾气白浊，日月不光，旱魃为虐，大贼从横，流血川野，庶品不安，谴诫累至，殆以奸臣权重之所致也。其常侍尤无状者，亟便黜遣，披埽凶党，收入财贿，以塞痛怨，以答天诫。

今大将军梁冀、河南尹不疑，处周、邵之任，为社稷之镇，加与王室世为姻族。今日立号虽尊可也，实宜增修谦节，辅以儒术，省去游娱不急之务，割减庐第无益之饰。夫君者舟也，人者水也。群臣乘舟者也，将军兄弟操楫者也。若能平志毕力，以度元元，所谓福也。如其怠弛，将沦波涛。可不慎乎！夫德不称禄，犹凿塘之趾，以益其高。岂量力审功安固之道哉？凡诸宿猾、酒徒、戏客，皆耳纳邪声，口出谄言，甘心逸游，唱造不义。亦宜贬斥，以惩不轨。令翼等深思得贤之福，失人之累。又在位素餐，尚书怠职，有司依违，莫肯纠察。故使陛下专受谄谀之言，不闻户牖之外。

臣诚知阿谀有福，深言近祸，岂敢隐心以避诛责乎！臣生长边远，希涉紫庭、怖慑失守，言不尽心。

元守论

（晋）皇甫谧

或谓谧曰："富贵，人之所欲，贫贱，人之所恶。何故委形待于穷而不振乎？且道之所贵者，理世也；人之所美者，及时也。先生年迈齿变，饥寒不赡，转死沟壑，其谁知乎？"

谧曰："人之所至惜者，命也；道之所必全者，形也；性形所不可犯者，疾病也。若扰全道以损性命，安得去贫贱存所欲哉？吾闻食人之禄者怀人之忧。形强犹不堪，况吾之弱疾乎！且贫者士之常，贱者道之实。处常得实，没齿不忧，孰与富贵扰神耗精者乎！又生为人所不知，死为人所不惜，至矣！喑聋之徒，天下之有道者也。夫一人死而天下号者，以为损也；一人生而四海笑者，以为益也。然则号笑非益死损生也。是以至道不损，至德不益。何哉？体足也。如回天下之念以追损生之祸，连四海之心以广非益之病，岂道德之至乎！夫惟无损，则至坚矣；夫惟无益，则至厚矣。坚故终不损，厚故终不薄。苟能体坚厚之实，居不薄之真，立乎损益之外，游乎形骸之表，则我道全矣。"

论西北备边

（明）倪岳

往岁虏酋毛里孩、阿罗出、孛罗忽、乩加思兰大为边患。盖缘河套之中，水草甘肥，易于驻扎；腹里之地道路旷远，难于守御。是以辖于榆林者若孤山、宁塞、安边、定边诸路，辖于宁夏者若花马池、兴武、高桥、萌城诸路，皆其入寇之所，迤东则延安、绥德、廊州诸路，迤西则环庆、平凉、固原诸路，皆其骚掠之处。拥众长驱，远者逾千里，近者不下数十百里。沿边诸将，或婴城以自守，或拥兵以自卫；轻佻者以无谋而座衄，怯懦者以无勇而退避。既不能折其前锋，又不能邀其归路。所以任其源源而来，恣其洋洋而去。使之进获重利，退无后忧。取于我者得衣食之源，屡起盗心；处于彼者得窟穴之固，遂无去志。

虏势不辑，边患不宁，上厪庙虑，遣将徂征。奈何四年三举，一无寸功。或高卧而归，或安行以返，乃析圭儋爵，优游朝行，辇帛舆金，充牣私室。且其军旅一动，辄报捷音，赐予滥施，官爵轻受。杀伤我士卒，悉泯弗闻掇拾彼器械，虚张声势。甚者至滥杀被虏平民，妄称逆虏首级。未尝致其败北，辄以奔遁为言；未尝有所斩获，辄以钩搭为解。考其功籍所载，赏格所加者，非私家之子弟，即权门之厮养。而骨委战尘，血膏草野者，非什伍之卒，即征行之民。谁复知之？良可悼也！

况夫京营之兵，素为冗怯，临阵退缩，反隳边兵之功；望敌奔溃，久为虏人所侮。此宜留镇京师以壮根本；顾乃轻于出御，以渎天威。且延绥，边也，去京师远；宣府、大同，亦边也，去京师近。于彼有门庭之喻，则此当为陛楯之严矣。顷兵部建议，遂于宣府出兵五千，大同出兵一万，并力以援延绥。而不计其相去既远，往返不时，人心厌于转移，马力罢于奔轶。况声东击西，虏人之常；捣虚批亢，兵家之算。精锐既尽而西，老弱乃留于北，万一此或有警，彼未可离，首尾受敌，远近坐困。谓为得计乎！

臣又闻军旅之用，粮食为先。今延绥之地，兵马屯聚，刍粟之费，日赖资给。乃以山西、河南之民，任飞挽刍粟之役。仰关而西，徒步千里。夫运而妻供，父挽而子荷，道路愁怨，井落空虚。幸而至也，束刍百钱，斗粟倍直。不幸遇贼，身已虏矣，他尚何计？输将不足，则有轻赍，轻赍不足，又有预征。呜呼！水旱不可先知，丰歉未能逆卜。预征也者，岂宜然哉！乃至立权宜之法，则令民输刍粟以补官。然媚权贵、私亲故者，或出空牒而授之，而仓庾无升合之入。立开中之法，则令民输刍粟而给盐。然恃豪右专请托者，率占虚名而鬻之，而商贾费倍蓰之利。官级日滥，盐法日沮，而边储所由不充也。

又朝廷出帑藏以给边者，岁为银数十万。山西、河南之民，输轻赍于边者，岁亦不下数十万。银日积而多，则银益贱；粟日散而少，则粟益贵矣。而不知者，遂于养兵之中，寓其养狙之智。或以茶盐，或以银布，名为准折粮价，实则侵克军储。故朝廷有縻廪之虞，士卒无饱食之日。至于兵马所经，例须应付平居之时。一日之数，人米一升，马草一束，此其常也。追逐所过，一日之间，或一、二堡，或三、四城，岂能俱给哉？而典守者阴怀窃取之计，巧为影射之谋，凡其经历之方，悉开支给之数。背公以营私，罔上而病下，莫此为甚。

由是观之，贼势张而无弭之之道；兵力敝而无养之之实。徒委西顾之忧于陛下，谁果为之尽心者乎？采之建白者之策，察之论议者之言，则又纷纷不一。

　　故夫据指掌之图，肆胸臆之见者，率谓复受降之故险，守东胜之旧城，则东西之声援可通，彼此之犄角易制。是非不善也。第二城之废弃既久，地形之险易不知。况欲复地于河北以为之守，必须屯兵于塞外以为之助。然以孤远之军，涉荒漠之地。辎重为累，馈饷为艰。彼或佯为遁逃，潜肆邀伏；或抄掠于前，蹑袭于后。旷日持久。露行野宿，人心惊骇，军食乏绝，进不可得而城，退不可得而归，万无所成，一败涂地必矣。

　　其有怀敌忾之心，驰伊吾之志者，率谓统十万之众，裹半月之粮，奋武扬威，扫荡腥膻，使河套一空，边陲永靖。是亦非不善也。然帝王之兵，以全取胜，孙吴之法，以逸待劳。今欲鼓勇前行，穷搜远击，乘危履险，微幸万一。运粮远随则重不及事；提兵深入则孤不可援。况其间地方千里，绵亘无际，既无城郭之居，亦无委积之守。彼或往来迁徙，以罢我于驰驱；或掩袭冲突，以挠我之困急。掳酋安望于成擒，中国复至于大创。失坐胜之机，蹈覆没之辙必矣。

　　至有欲图大举以建奇功者，谓必东剪建州之众，北除朵颜之徒，乘胜而西，遂平河套。夫祖宗之于建州、朵颜诸卫，不过羁縻保塞，以固吾圉耳。今若是，将使戎狄生心，藩篱顿坏，遗孽难尽，边衅益多。是果何知，诚为无策甚者。

　　至谓昔以东胜不可守，既已弃东胜；今之延绥不易守，不若弃延绥，则兵民可以息肩，关陕得以安堵。夫一民尺土，皆受之于天与祖宗，不可忽也。向失东胜，故今日之害萃于延绥，而关陕骚动。今弃延绥，则他日之害钟于关陕，而京师震惊。贼逾近而莫支，祸逾大而难救。此实寡谋，故尔大谬也！

　　呜呼！一倡百和，牢不可移。甲是乙非，卒莫能合。成功既鲜，高谈奚取焉！以臣论之，不若即古人已用而有成，及今日可行而未尽者，举而措之，其为力也少，其致功也多。曰重将权，以一统制而责成功；曰增城堡，广斥候，以保众而疑贼；曰募民壮，去客兵，以弭患而省费；曰明赏罚，严间谍，以立兵纪而觇贼情；曰实屯田，复漕运，以足兵食而纾民力。

马政论

（明）赵时春

天有天驷，天子有牧仆之职。自轩辕以来，坟典经史不绝书，逮周始详。穆王征西戎，责以不享。在今平凉之域，而八骏皆是物也。孝王命秦非养马汧渭，大蕃息。宣王中兴，比物闲则北至太原，南平荆蛮，大搜郑圃，皆以车马之盛为言。秦乌嬴谷量牛马，即乌氏人。而汉文景时，阡陌成群，六郡良家，驰射是利。马援之边郡，田牧数年，得畜产数万。

唐人养马，亦于泾、渭，近及同、华，置八坊，其地止千二百三十顷。树苜蓿、苘麦，用牧奚三千，官寮无几，衣食皮毛是资，不取诸官。盖合牧而散畜之，牧专其事，不杂以耕。而太仆张万岁、王毛仲，官职虽尊，身本帝圉，生长北方，贯历牧事，躬驰抚阅。无点集追呼之扰、科索之烦，顺天因地，马畜滋殖。万岁至七十万六千，毛仲至六十万五千六百有奇。色别为群，号称"云锦"。地狭不容，增置河西，史赞其盛，图传至今。夫岂有它术哉？法简而专、诚而不二故也。

元宗既以嫌诛毛仲后，遂以付安禄山。禄山统北方三道，又使兼掌京西牧马。地既隔越，而职守难专。重以匈胡叛逆，复用蹂践唐室，其余存者犹足以资肃宗之中兴。宪宗命张茂宗监牧。茂宗不能远略，乃籍汧陇民田，人争言其不便，牧事遂废，唐亦丧乱。由此言之，人事得失，马政盛衰，益昭然矣。

自宋以来，马藏民间。泾原为边重镇，日不暇给，然颇贸易番马以给战士。金、元悉从民牧，兵兴随宜取用，官以无事。

皇朝远稽周、唐，大振马政，自大将军得李思齐、李茂之骑，继破王保保，掳马、驼杂畜数十万。御史大夫丁玉、凉公蓝玉，四征西番，部族悉服。乃制金牌合符，番人以马充差，朝廷以茶为赍。体统正而名义严，马日番庶，始置苑马寺，联以监苑，巡以御史。日久法弛，弘治末年，遂命都御史杨公一清董治之。公整肃纪纲，增置官署，搜括垦田，益市民马，一时观美。然三年二驹，其计利深矣。数年之后，所利不补所费，何哉？岂非官多牧扰，法烦弊生，缙绅衣锦，难御边塞之风霜；而肩舆驺从。点集追呼，非孕字重累之所能堪乎？且牧地十七万七十余顷，养马一万四千余匹，牧军才三千三百余人，田重牧轻。皮肉收银三两有奇，公用银三千余两，责之三千三百余人，物轻输重。每岁各各入贺督监，参谒不绝，迁代岁月繁促，南北习俗异宜，道路往来劳费，牧人之不支如此；州县地不逾二万顷，为粮站徭二十余万，轻重之相悬如彼。

嘉靖三十七年，平凉通判、嘉定陈应详举籍平固以北皆为牧地，民村落室庐皆度为牧，代之养马偿饷，遂号二税。按制，先定州县田税，后以隙地为牧，本自相间，安得齐一？应详务虚名而民重被病，牧既少获，种马日削，责民市马，吏缘为奸，民不堪命矣。世之君子，其思有以善后哉？今粗举其大端云。

固原州志序

（明）刘敏宽

郡邑有志，仿古列史，备考镜、垂劝诫也。固原旧志二种：一乃太微山人张氏治道所撰；一乃泾原中丞赵氏时春所撰者也。既各互有详略，且时淹迹幻，考据乖舛。况守土之官，屑越散逸，板籍无一存者。堂堂巨镇，岂宜废缺若此！因檄固原道方伯董君国光，咨询参考，订旧增新，余复裁酌，撰次八篇；疆域、宅基，山川、古迹，咸所附丽，作地理第一；设险奠居，城隍衙宇，保厘盖藏，作建置第二；延禧燋崇，于神于灵，妥侑祈报，作祠祀第三；任土料民，作贡课力，惟正惟忠，作田赋第四；下甲诘戎，惠中绥外，巩固金汤，作兵制第五；共主艾民，敦化襄理，僚吏是依，作官师第六；徽廛英轨，浣俗维风，前修仰止，作人物第七；白雪青钱，腾奇贲治，藻瀚筌蹄，作文艺第八。篇赘数语，窃比韦弦，虽幽遐眇暧，不无挂漏，其显暴胪列者，似亦略尽矣，有司者不复屑越散逸，使后之君子得所征，以裨不逮，有深望焉。

重修英济王庙碑记

（元）梁遗撰。李诚丹书

元统甲戌夏四月，六盘山都提举案牍张庸款门告遗曰：庸以延祐庚申，蒙中政院委充提领所副提领，职掌催纳粮租，岁办贡税千余石，例投提举司，库使阎文彬收掌，验数给付，岁终考较官凭准。岁壬戌，朝廷差官陈署丞弛驿，纂计本司上下，季分楮币租税，诘庸出纳数弊。庸赍所给收付为照。丞曰："殊无印符，难为凭准。"遂问库使，阎文彬从而隐匿。丞曰："国朝有何负尔，敢如是耶？"令卒隶囹圄，责监承限通纳。庸曰："冤甚，料无申诉。"

越明日，庸祷于英济王庙，跪拜未已，锁械自释。监卒见怖以告，署丞大怒，命执厅下督责益急。饬监卒重锁固卫。言讫，俄空中闻发矢声，锁械复陨于地，丞曰"若信兹而缓法，恐未宜。"仍饬监锁。次日，推鞫官吏咸列左右。忽锁械碎犹砂砾，观者莫不震惧。官吏谏丞曰："此事不可测，莫若并库使监锁之。"丞如所谏：又一日，庸与文彬约暂于王庙，焚誓词，倏有神雀翔至，集文彬首，用爪抓其发，举翼击其面，鸣声啾啾然，若指诉状。文彬昏瞆如痴，良久方苏。自责曰："我等不合欺心。致召此报。"雀即飞去。既从其家搜得日收册照一卷。与给庸付数吻合。官吏白丞，丞乃释庸而治文彬之诬。丞曰："至诚可以格天地，动鬼神，盟金石，殆信然欤。"庸追思感召，赫赫明明，若无毫发爽者。爰罄俸钱，葺修祠宇。今将竣工矣，勒石志异，窃愿有请。

遗闻之，悚然曰：孔子云，"视之而弗见，听之而弗闻，体物而不可遗者，为鬼神之盛德。"今王之摄文彬也，俨然见，俨然闻，而民视民听系之。体物之功，直有以达于九霄，深于九渊；固洋洋乎如在其上，如在其左右矣。此而不志，恶乎用吾志？伏维王河东解人。臣事昭烈，挟其精忠浩气，扶汉鼎于灰烬之余。史册昭垂，焜耀今古：至于威灵显著，觉世牖民，诚所谓大而化之之谓圣，圣而不可知之谓神。夫岂庸与文彬之一言一事，所能赞拟形容于万一哉？神雀乎，神雀乎，其冥使乎？读王之传，拜王之祠，谨薰楮濡毫，为之大书特书，以告后世之为张庸、为阎文彬者（按此碑在开城岭上。核其年代，为元时故碣。文虽剥落，尚可缀识。伊以事涉灵异，神道设教，录之可以儆顽醒奸。而并为副易数行，以归雅重。至所载莫济王封号，当为关圣未晋帝位以前之尊溢，固原迭经兵火，此碑不没尘沙中，殆或有呵护之者）。

创修固原城隍庙记

（明）田赐

景泰纪元，庚午之岁，西戎犯边，尘涌云扰，朝廷忧之，召葺斯城。司马韩公督勇兴作，勇力弗给，更调协军洮、岷、靖、巩均襄厥事。同知荣福、指挥张正经营土木，殚虑竭精。城围九里，屹然保障，三边雄封，金汤乃固。自春徂秋，工用告成。

荣、张二公谋之司马：料量砖石，均称羡余，以筑祠宇，无虑觖乏。司马曰：咨当先城隍，城隍之祀，实辅社稷。神道设教，阴阳攸理，崇祀维诚，庙貌是壮。荣、张唯唯。周咨士民，士民称便。诹吉力筑，州城中央，庙址以定，坐坎面离、爽垲明敞；正殿五楹，金身丈六，栋梁桷榱，中绳直影。献殿巍峨，桹扉洞达。两厦之间，罗刹森森。刀林剑池，挈镜如照。阎罗庄严，仿佛对簿。后拱寝宫，前列坊棁。铁狮铜猊，斑斓奇致。美奂美轮，载欤载格。时阅一稔，役动亿人。既核工费，白金万镒。司马好施，不累民力。乃荣乃张，更助俸钱。凡在官者，捐廉次之。深恤尔民，厥功甚伟。俎豆告馨，神人以和。邀天之麻，众怀其惠。

惟大司马萧关砥柱，城堞千寻，为万民卫；庙食千古，为万民福。缔造艰辛，鸿功骏绩。荣、张运筹，克明禋禬。俾神式凭，俾民安止。乃嘱田赐，走笔为文，镌诸贞珉，以示不朽。赐也不才，诵芬咏烈，纪事以言，侑神以歌。歌曰：

神灵之来兮，以风以雨。恍兮惚兮，不知自何许。

城垣巩固兮，实神所主，福善祸淫兮，血食兹土。

得司马之爱民兮，民受多祜；新庙巍然兮，超越今古。

备时物兮洁尊俎，铿铿其钟兮，坎坎其鼓。

神之格兮锡纯嘏，驱厉疫兮丰稷黍，吾民以宁。

万物皆春兮，邕皇风于环宇。

增修文庙记

（明）王恕

皇明奄有天下，统理万邦，内而京都，外及郡邑与军卫、运司，咸设学校、师儒，教育英才而宾兴之，郅治之隆，媲三代盛时而无愧焉。固原在平凉府西北，路当通衢。原有城隍，设千户所守御其地，属开城县。成化间改为卫，县治旧在州南四十里，以虏寇肆侮，侵犯蹂躏，爰徙治城于此。弘治初，总制秦公因以驻节。公乃曲力弹虑，大展所蕴，凡百安内攘外之策，靡不具举。奏升开城县为固原州，并令军民愿求外城地为居室商市者，听输银入官，授地有差等。民皆乐从。遂以庙学草创，狭陋弗称，不可视为传舍。乃鸠工庀材，绘图增修，谋所以恢宏之而开拓之。

饬生员张正学董其事，易城中之地为庙学之基。东至指挥王爵宅，西至守备署，南北均至官街。广二十五丈，袤五十七丈。建大成殿八楹，崇五寻。戟门、棂星门各三间，崇二寻。两庑各二十五间，崇二寻。殿后建明伦堂五间，东西斋各六间。堂后作师舍四间，斋后作生徒舍四十间。戟门左作神厨三间，右作神库三间，生徒舍左作馔堂五间，右作廪庾三间。布置周匝，已及九仞。适公奉召还京。濒行，以未尽工嘱副使高公，仍令张正学逐一而完之。殿宇覆以琉璃，施以丹漆，饰以金碧，户牖阶陛，悉有款制。廉隅可启可闭，可升可降，而不违则焉。像设俨然，足以使人之敬。堂阙森然，足以起人之恭。于铄哉！盛已。

是役也，始事于弘治十六年七月，告成于十八年九月。高公遣生员彭玹、段锦来谒，属为文以记。恕素媆谞，恐不胜事。二生坚请，勉为之，言曰：大哉！吾夫子之道，乃二帝三王、继天立极、明人伦，治万世之大道也。凡有国家者，莫不建学立师，储养人才，以待任用。是故师之所以为教，弟子之所以为学者，是道也。身之所与修，家之所以齐，国之所以治，天下之所以平，亦曷敢越于是道乎？立学有庙，释奠在礼，正所以昌明文教，鼓舞士气。将见俎豆莘莘，边备整饬，蔚然焕然，有以固亿万年有道之长也。岂徒曰崇祀事云乎哉？总制秦公名纮，单县人。兵备副使高公名崇熙，石州人。例得备书。

总督题名碑记

（明）杨守礼

弘治年来火筛之变，复设总督大臣一员，驻节固原，经略四镇。先时名为总制，嘉靖圣明，钦定为总督。任是职者，可谓荣且重矣。历考先哲，有晋而为冢宰者，为南北司徒、司马、司寇者，为掌院左、右都御史者，入内阁为大学士者，匪人岂能胜此也耶。诸先哲扬历中外，功在边陲，自有太史氏直笔在。予景仰先哲，黾勉继述，不敢以为尽厥职，不敢以自债厥事，又不能不望于后之君子少恕焉。南涧子僭笔以为记云。

兵备道题名碑记

（明）唐龙

嘉靖初，成君文阙来摄其官阙，布德扬武阙，乃哀各姓氏勒于石而昭之。

因《宣统固原州志》缺，故以明《嘉靖固原州志》补之。固原长壕大堑，连山峻极，四塞之接而襟带之固也。秦属北地郡，汉及晋俱属安定郡，唐改故原州，至德中陷于吐蕃，宋咸平建镇戎军，元立开成路咸平府，寻降为州。

国初，府州俱废。成化五年，用守臣议，设固原卫。弘治十五年，复设州。中建兵备，而以按察副使领之。三十年于斯，代者籍籍，寝不可考。嘉靖初，成君文质夫来摄其官，布德扬武，功用既兴，乃褒名姓氏，视次第勒于石而昭之，爰命书其上方。

予揽辔凭轼，周游天府，窃有以觇其形胜矣。宁夏环灵武之境，延绥引朔方之圻，甘凉结皇州之垒，共阻三面，以扼南牧之虏。而元戎甲士利剑劲锻，罔不聚焉。然延袤不啻数千余里，山川纠谬而迤逦焉。烽火不接，声势斯携，固原居中而执其枢，左顾则赴援绥、灵，右顾则迎应甘、凉，去常山之蛇以合左右之节，逐中野之鹿以成持角之形，固原实有焉。

今夫山豺狼所噪而狐狸游境日骇也。虎豹负嵎而居之，以张其爪牙，则百兽形灭，即采黎藿者不至矣。是故奋直谏之节者，寝淮南之谋；尚全胜之道者，破先零之计。君子居朝廷、则朝廷重；居边鄙，则边鄙重。犹夫虎豹之在山也。固原之险，山之嵎也。兵备实司其钤辖，而四夷之守在焉，于城之托界焉，其可不隐然为虎豹也乎！

人皆曰："险在地而不在人，重在人而不在地。"斯固也！抑人重则地得其险，而金汤足恃；不重则地失其险，天堑剑阁非我有矣。夫险亦在人乎，是不可忽也。虽然，姓氏既载，得失斯形，由是重耶，石昭昭然，由是眇诸躬而已焉，石亦昭昭然。君子虽欲不重，不可得也已，则石固有砥砺之道乎哉！诗曰："他山之石，可以攻玉。"此之谓也，质夫之意弘矣。

开西海渠记

（明）吕柟

正德乙亥，镇守陕西等处右军都督府都督佥事平凉赵公文祗奉制敕驻扎于固原州。州井苦咸，不可唉醵。汲河而爨，水价浮薪。朝那湫双出于都卢山，左流州境曰"东海"，右流州境曰"西海"。西海大于东海，湛澄且甘。公及兵备副使景佐议导入州。乃使都指挥陶文、指挥施范，帅卒作渠，期年而成。襟街带巷，出达南河，过入州学，汇人泮池，池以石甃，面起三梁。于是农作于野，卒振于伍，士诵于庠，商贾奔藏于肆。学正李佐暨生员史韦诸人，走状来谒，因记之以昭后世。

石城记略

（明）马文升

残元部落把丹者，仕平凉为万户。太祖兵至，归附，授平凉卫正千户。部落散处开城等县。正统丁亥，把丹孙满四等倡谋从北房，叛入石城。乃命右副都御史、嘉兴项忠为总督，镇守陕西太监刘祥为监督，凉州副总兵刘玉为总兵，统京营并甘凉兵五万往讨。马公文升以南京大理卿服阕，升右副都御史，巡抚陕西协剿。我军奋勇，贼遂大败，斩首七千六百有奇，俘获二千六百。生擒满四至军前。城中复立平凉卫达官火敬为主。阳虎狸家口，令认给还其生。擒贼千余，斩八百余。择留其满四、马骥、南斗、火镇抚等二百名，并满四妻解京，俱伏诛。其未殄土达，令其本分耕凿。石城北添所，固原千户所改卫，复添兵备金事一员。

平虏碑记略

（明）康海

嘉靖十三年，兵部尚书唐公龙画战守之法。七月初，宁夏报吉囊结营于花马池。十四日，房由定边拥入铁柱泉。二十三日，从青沙岘人寇安、会、金三县。刘文率所部乡参将霍玺、崔嵩、彭浚、守备吴瑛、崔天爵，战于会宁柳家岔及葛家山，斩其桀者数十人。房惧思遁。

八月四日，虏合众出青沙岘。文督战当冲，复大败虏众。而王缙于半个城与指挥田国亦破零贼，前后斩首一百二十有七，所获达马一百三十有二，甲胄器械衣物一千九百三十有七。梁震与参将吴吉、游击徐淮、守备戴经遇虏于干沟，大战，破之，斩首一百八十有五，所获达马二百有四、器物四千七百四十有七。王效与副将苗銮、游击郑时、蒋存礼又遇虏于兴武营，大战，破之。参将史经、刘潮分布韦州，张年又从苗銮摆边，遇刘文驱虏结营北奔，各哨奋勇而前。前后斩首一百三十，所获达马二百有二、器物二千一百六十有六。虏幸得及老营，昼夜驱遁。

固原镇新修外城碑记略

（明）马自强

陕西西北部有镇曰固原。弘治中，从守臣请，增筑内外城，宿重兵守之。军民土著，城以内不能容，乃渐徙外城。外城又单薄，聚土为垣，岁久多废。万历二年，总督毅庵石公至，有增甓意。巡抚文川部公，以防秋至，见与毅庵公合，遂会议改筑。兵备副使晋君应槐，遂请以身任之。晋君以忧去，代者为刘君伯燮，督视二年，以迁去。亡何，部公召还朝，而代者为嵩河董公。代刘君者为郭君崇嗣。董公复从中相继调督察之。至五年秋八月，城成。城高三丈六尺，袤二千一百一十七丈。崇墉叠雉，鳞次上下。环以水、马二道各若干，而创角楼、敌台、铺房、牌坊各若干座。表之越岁，部公复受命总督固原，并得理其未备。于是，固原内外城屹然如金汤焉。

督府部公抚御俺酋碑记略

（明）王家屏

俺酋戴上天覆之恩，憬悔弥切，则请徙幕而西游祁连、青海间，求休屠王金人礼之，迎其弟子以归。会套虏卜失兔诸部新仇于瓦剌，欲藉东虏释蚀。因数使役风俺酋，盛兵自从。俺酋乃发其部三十万众以行。时万历丁丑秋九月也。

事闻天子，乃咨廷臣，求可制陕以西筹边者，咸谓无过部公。于是，公以大中丞受钺往。虏既至张掖，以马市请，公遣人谕之曰："此非市所也。"虏又请茶市，公曰："番之茶市，犹若马市也"。虏大惭沮，已又请西出嘉峪关以要哈密，公曰："兹关天子所封，人臣安得擅启。"虏颔谢。居岁余，俺酋东归意始决，则已卯秋八月也。

酋行抵宁夏赤木口，口直镇西门，从此径镇之北鄂，循横城入套，可近四五百里。公策虑虏必窥之道，乃预檄镇，决汉、唐两坝水注郊原。虏至，果欲内走。公遣使者问虏："若向从何方来，乃今谬纵不遵太师约，独不畏朝廷禁乎？且前水泽，深者没牛马。若能乘橇而济，惟若所之耳。"虏竟引去，西陲用宁。公名光先，上党人。

固原鼎建太白山神祠记略

（明）郜光先

在岁甲申，圣天子以故御史大夫、左司马起光先松楸间，再督陕西三边军务。光先车涉停口以往，则赤地极目。至则躬率文武，祷于城隍之神，七日弗得请已。忽思太白山神故称灵应，盍往求之。膏雨倏零，遂霁，不可藣。父老言于光先曰："幸为元元请命。即再遣信使，竟当慰我苍生。"乃更以者民若而人往祈之。光先以昧爽出祷，尊俎方陈，雨辄骤至，亡何而又霁。光先遂再肃牲帛，易词以祝。俄大雨如澍，三日夜乃已。

原州父老愿立庙，岁时展祀。乃卜地郭北乾方，西负山陵，东面流水。以是岁九月经始，至丙戌十月告成。庙制筑垣为城，方二里而羡，应门起高台危观，甃以砖石。门外竖四柱坊，近道竖二柱坊，中门亦作阁，而钟鼓楼左右翼之。正殿七楹，后寝五楹，左右各二十五楹。中为驰道，露台两墀为碑记亭。北疏户为厘宫，南疏户为精舍。又两隅为门房以栖。咸为壮丽宏伟，足可与华岳、吴山相埒矣。

平定宁夏露布碑记略

（明）叶梦熊

惟兹宁夏，建玉节以控临，实祖宗制驭之成宪；衍天横以弹压，顾世代封守之宏猷。近历熙朝，称为乐土。讵意哱拜、哱承恩生长胡地，狼性难防，刘东旸、许朝、土文秀结约阴谋，虺凶愈肆。杀宪臣以起难，夺敕印以凭陵，劫库放囚，何所顾忌。招夷纳叛，共结誓盟。擅置职官，颁布卫所要地；播传谕檄，倾摇关、陇愚民。残屠缙绅，拘囚世子，惟仗圣明刚断，赐剑以震天威；庙画渊微，决策以收全胜。

总督尚书魏学曾竭智殚忠，复回卫所四十余处；因贼退虏，安全堡寨几万余家。宁夏巡抚朱正色亲冒矢石而展臂生风。监军御史梅国弘，身任戎行而挥戈起日。提督总兵李如松与虏对敌，斩首一百二十级，虏谋绝而大势成，始末皆其首功。宁夏总兵萧如薰固守平虏，相持者数月，贼气沮而根本定，牵制尤多胜算。副总兵麻货贵城下石沟之战，先后出奇。总副参游牛秉忠、刘承嗣、李昫、王通、何崇德、王国柱、杨文、马孔英、李如樟、李宁等，转战防守之功，拮据极苦。藩臬监司杨时宁、马鸣銮、蔡可贤、顾其志、张季思相与分猷之助，经理为劳。兵部主事赵梦麟倡始筹画之方，先收奇策。辽晋宣大之骁将毕陈，浙湖川贵之健卒咸至。随于十六日群酉互杀，劫气遂终。悬东旸、许、土之首于城隅，斗哱拜、承恩于窟内。救焚绝烬，芟草求根。承恩生擒，哱拜就戮。举家百口，付之烈炬。真夷千众，伏于钢刃。势如雷霆，功收漏刻。

防秋定边剿虏捷疏记略

（明）刘敏宽

万历四十三年秋，总督刘敏宽亲提标兵，乘障驻防花马池调度。于时节报合套大头目吉能、火落赤等会事，因见顺义三年并市，热中乞讨八年之赏。要挟未遂，声言要东至黄甫川，西至盐场堡一千二百余里，各分定地方，沿边围城，掏墩犯抢等情。随经飞檄延、宁、陕三镇抚镇道将等官，严加防范。间诸酋果倾巢勾虏，画地人犯。延镇兵马，地广力分，势难敌众。故自闰八月十九日以至九月初一日，三路受敌，警报时闻。敏宽义主讨贼，裂眦搤心，恨不灭此而后朝食。

初二日寅时，忽报虏复拥众四五千骑，从定边西沙梁入犯。即简各镇精锐，属其事于宁夏总兵官杜文焕与中军副总兵吴继祖，矢之曰："胜衰存亡，在此一举。有如纵虏，勿复相见。"二将亦以矢众，忠义激发，奋迅以往，督率偏裨将士，与贼鏖战。陕西总兵官祁继祖等，统兵从西。定边副总兵萧捷等，统兵从东。各飞集夹击剿杀，虏遂溃乱，披靡遁北。共计斩获首级二百四十八颗，内恰首四颗，夺获达马三十三匹、坐纛三杆，盔甲六十一顶副、器械三千五百余件。是役也，释攻围之扰，寝深入之谋，伸华夏之威，雪将士之耻，诚自来秋防所罕觏者。随具捷书入告。是时饬戎兵，给刍饷，则固原道董国光、宁夏河东道张崇礼、河西道赵可教、靖边道李维翰。是年九月，总督刘敏宽题。自是以至四十四年三月，屡获捷功十次，共斩虏首二千一百九十有奇，零级不与焉。无非定边之余烈也。

总制秦公政绩碑记

（明）王九思

户部尚书山东秦公纮，弘治中尝总制三边。公去二十余年，边人思之不置，欲立祠于固原以祀。于是监生马文辉等请于今总制、邃庵杨公，公诺之，命兵备副使桑君溥董祠事。卜地得州城之南郊三亩许，坐坎面离。经营逾年，而柯告咸。享室轩爽。龛扉洞达，启以重门，环以周垣。堂之正位，则遗像设焉。僚凛然有生气，有令人之爱戴，景行一至于此。乃遣介告九思曰，子其记之。是岂徒边人之慰也。实九思之大愿遂矣。

公之筹边备也，惟战与守。战则军声所至，师行以律；守则条教所被，比户不惊，以故无老若幼，无汉若番，莫不鼓舞之耆服之。而且推衍古法。深算弦操，创兵车，造火器，为诸镇式已。乃修预望城、修石陕口、修双峰台三城，更于金修峡、海子口七堡，甃石为垣，裹铁为门，凡以为绝虏道，卫居民计耳。

公始任二载，旋人京师，嗣复莅此，乃更与边庭将校励精图治。奏移发验所。以通盐贾，而公家自富矣。筹建内外城，以扼敌路，而烽火无虞矣。至于沿边一带，开隘筑堡者，以处计凡万四千一百九。铲崖通道者，以里计凡三千七百五十。洵非苟且补苴者企万一也。而尤有可贵者，当其时干戈甫靖，礼乐未隆，公慨然以养士兴学为己任。由是捐俸钱，广斋舍，崇修孔庙，校试生徒、将《诗》《书》之化、俎豆之文、人才彬彬，雷动飚举，然后知公之教泽为孔长也。

古人有言曰："太上贵德，其次立功，其次立言，舍是无以建不朽之业。"如公者德修一己，而政贻千古；其功在社稷、其言炳日星。宜乎民不能忘，馨香祷祀，悼与崆峒、黄渎同为不朽也。懿欤休哉，有令人之爱戴景行一至于此。

固原书院置祠堂记

（明）赵时春

固原州城之南，有室翼然。距阃阁之下、左右两庑，相比后先雁鸷立。问其守者，则对曰："往为兵备副使山东君溥所建，欲龛之而祠民之所尸可以匹社者、会桑君代去，而法宜待报，故久未绋牲"。于是兵备金事信阳樊子曰："是鹏职也、不可以徂已。然纪大僚之勋德而辄祠焉，非鹏之所得为也。若以为书院而置祠堂焉，乃有司之所以励后学而崇先献，其可夫"。乃斥闲田三百亩、以业生徒储用、俎豆先称其式。

命学官率其弟子之髦弁者，序而升。不约而称曰："普都调史平湖项公、钧阳马公遏乱石城，能捍大忠，则宜祠、总制侍郎某郡才公、志清沙漠、奋不顾身、以勤死事则宜祠。总制尚书单秦公，肇创军府，世号福将，荆山王公斩获名酋、晋溪王公保固边圉，以劳定国、法施于民，则皆宜祀。少师遵庵杨公之法备于秦、尚书渔石唐公之功光于荆山，而又吾师也，则又宜皆祀。"樊于以为然，没请于总制尚书浙东姚公，设其生者荆山王公、渔石唐公位如衙制，而诸公坛焉、神之也。

仪既举，士固兴跃。樊子莅于讲堂而诲之曰："夫先猷巨公，本皆儒士耳。而蜚声宜烈，烜耀今昔，谓非诸生之所当为乎？"诗曰："文武吉甫，万邦为宪"。又曰："吉甫燕喜，饮御诸友。侯谁在矣，张仲孝友"。吾意诸公之所准，无逾吉甫，而诸生之所当为者，亦不殊乎是。其务修尔孝，馨尔友，允文允武。噫！斯无玷于古之人。

朝那庙碑记

（明）赵时春

朝那，秦肇县。惠文王使张仪阴谋伐楚，献文于湫神曰："敢昭告于巫成大神，以底楚王熊相之多罪"。是时楚方强，三间多贤能谋，熊相昏不用，自陷囚执，兵败国削。非神襫其魄者，殆不至是也。但湫神之为巫成，岂商之贤相与？或列子所述与？抑自为一人，莫可征矣。而神之名为巫咸，则可据也。相传为朝那县令。

令者邑万户，秩千石之官。秦以朝那北距义渠，西制戎。而万户之民，半多戎狄，以一令柔远能迩，卒兼义渠，塞河南。史虽失其名，而其令之才且贤，亦可想见。岂非足以嗣周公之功，为圣人之徒者与？

但朝那地界故广，而湫则所在有之。唯华亭县西北五十里湫头山，山最高，池渊泓莫测，旱涝无所增损。且北麓为泾之源，南距为汭之源，神灵所栖，莫宜于斯。而境内千百泉湫，咸朝宗泾汭在湫头，实泾、汭之源。礼祭河必先源而后委则朝那之庙，食于华亭，又其宜也。但湫去县至远，香牢乏荐。旧传于县西北十里，湫头之支之下，原去县近，而山平旷，有泉错出，下为两亭沟，民咸仰惠泽，故遂立祠。屡圮必修，称曰："盖国大王"，则无所据而名不正。

　　时春生于朝那数千载之后，每诵经史，穷治乱，览山川，美禹绩，思古圣贤之风烈，以为拯否定倾，必代有哲人，而文献莫征，于修郡志，盖喟然三叹焉。自童子乡举，躬睹胡马饮泾，愤莫或缵神与禹、周之绪也，顾四十余年，力已衰而志未渝，事亲既终丧，乃以甲子冬至，定居两亭沟之东二里许，与祠相望。

　　乙丑春旱，至五月弗雨，民恐且饥遍走。群望余告以神之贞灵。适兵部郎中周郡监，乡进士曹子继参、赵子佩在余所，遂以月之十日同祈于神。而县之者旧狃至。共浚湫以还。乃北风化为谷风阴潹，群然突起，至夜大雨，翌日乃晴。语具祭文云。故勒诸碑阴，以后思雨即雨，雨足即晴。

　　八月之朔，余祗题朝那神祠加焉，方大澍即霁。县官遵化谢君济、缙绅刘子琅等，咸共伐石忠之，以传诸后。且为迎送神之歌，伸民岁以五月望、八月朔祀焉。歌曰：

　　神之来兮豳之西，金天燠兮霜霉虚。
　　云之旆兮飚之骑，奔迅霆兮腾潜螭。
　　阳穆穆兮阴为电；露瀼瀼兮雨徐徐。
　　阜我兮百谷嘉蔬，育我兮孙子祁祁。
　　众角奔兮拜舞；鼓革兮糈脯。
　　羞殽兮少牢之鸡，守清醑兮田之黍。
　　春秋代兮傒神居，千百祀兮熄寇与虏。
　　神之享兮瞻颜赭，倏云扬兮骋天马。
　　佐少昊兮于穆，光陆离兮霞舄。
　　兑之楹兮遨游，西悔恬兮广野。
　　前文风兮后轩龙，彼妖氛兮何为者。

万历中重修固原州库记

（明）吴遂

库之为言固也，谓其所藏者固，而不得假借于其间也。州库岁纳盐茶马谷各帑，既繁且巨，而悉由陕征运。计口授食，为军需备，顾敢玩视乎哉？曩以攒换出入弗谨，流弊滋多，司事者致干极典。太守徐公有鉴于此，乃剔奸靖蠹，亟起而厘正之。置管键，慎巡守，严定其额，则较量其锱铢。下令曰：继自今，非关白不得启秘钥，非公符尤不得轻关白，勾稽无稍溢，记簿无稍讹。由是库储平允，而窦隙悉斸。更出俸钱若干贯，采甓砖石，大兴土木，内砌以重垣，外施以锁栅，复置档匦，俾贮册籍。是地址虽仍其旧，而闬阓则焕然改观耳。

　　譬之治水，筑堤堰，疏沟浍，引导在我，而水无不治也；譬之治兵，坚壁垒，严刁斗，调度在我，而兵无不治。太守之为斯举者，上以重国帑，下以裕军食，经营布置，尽善尽美。始以万历二十二年秋兴工，于二十四年冬告成。至其料量之周匝，监修之劳瘁，虽寒至裂肤，暑至咳汗，而不稍辍。荩臣谋国，殆有非可以寻常拟议者。即此亦仅见太守勤求吏治之一班云尔。太守名昌会，字际卿，粤之临桂人。时同官者，同知张赤心，吏目王言。库既成，金以记。文属吴遂，而书丹则委之学正张问行。

重修固原城碑记
（清）那彦成

兰郡迤东，形势莫如陇；陇之险莫若六盘，六盘当陇道之冲，蜿蜒而北折有坚城焉，是为固原州治。州本汉高平地，即史所称"高平第一"者也。北魏于此置原州，以其地险固，因名固原。城建自宋咸平中。明景泰三年重筑，疑就高平第一旧址为之。今年远不可考，然观其城内外二重，内周九里，外周十三里许，规模宏阔，甲于他郡。国初特设重镇。康熙庚寅、乾隆己卯修葺者再。岁久日倾圮，有司屡议修而未果。

　　嘉庆庚午，余奉命再莅总制任。甫下车，有司复以请。时州苦亢旱，民艰于食，余方得请赈贷兼施，为之焦思彷徨。颁章程，剔赈弊，俾饥民沾实惠，顾敢用民力修作致重困。既而思之，城工事固不可缓，且来岁青黄不接时，民食仍未足，奈何？莫若以工代赈，为一举两得计。会皋兰亦给赈，情形相同。因并缕陈其状以闻，得旨如所请行。已乃遴员董工役，相度版筑。以十六年闰三月兴工，次年秋工竣。计是役募夫近万人，用帑五万余金。民乐受雇而勤于役。向之倾者整，圮者新，垣墉屹然，完固如初。

方余之议重修也，或疑为不急之务。谓是州之建在明，时套虏窥伺，率由此入.惟恃一城以为守御。州境延袤千里，北接花马池，迤西徐斌水诸处，又与敌共险，无时不告警。当时之民急甚，故城守不可不讲。若我国家，中外一统，边民安享太平之福，百有余年，城之修不修似非所急。余曰不然。夫城郭之设，金汤之固，本以卫民，体制宜然。犹人居室，势不能无门户。守土者安可视同传舍，任其毁败，致他日所费滋多，使其可已，余曷敢妄为此议。况地方每遇灾祲，仰蒙圣天子轸念痌瘝，有可便吾民者入告辄报，可立见施行。民气得以复初，欢欣鼓舞，若不知有险岁者。兹非其幸欤？救荒之策既行，设险之谋亦备。从此往来陇西者，登六盘而北眺，谓坚城在望，形势良不虚称矣。虽然在德不在险，保障哉无忘艰难。余愿与贤有司共勖之。是为记。

重修文庙记

（清）魏光焘

焘曩岁防剿庆阳，睹学官阙状，筹建大成殿，俾释莱有所。迨至固原，学宫倾圮更甚。惟时军书旁午，思重建之，未暇也。同治辛未春，金积堡戡定，余氛湮潦，尚烦辑抚。制府左伯相急欲立学，饬循庆阳旧章，以事修复。乃商之提戎雷少保，以权知州萧明才、训导魏兴万司其事。督工者，即监修庆学副将刘洪胜也。经始于夏四月，落成于秋八月。噫！斯道之在天下，文武不可偏废。昔炎宋抑武右文，群贤迭出，学术远迈汉、唐。然立国不竞，终宋之世，西夏一隅不能定。而其他尚武力、不尚道德之朝，又往往学废民乱，二者均失。我朝学校，同符三代，每征弗庭，必告先师，勒石太学。在泮献馘之典，周以后二千余年独能举行。化愚顽于圣武神功之中，意深远也。固原古萧关，关中北镇。河陇银夏，数为内患，晋永嘉以后，没于氐羌。唐广德、广明间，为吐蕃陷。明河套犯边，时有门户之虞。外寇迭乘，治日恒少。我朝德威所暨，北越瀚海而遥，此方敉谧二百年。近小丑跳梁，今复转乱为治者，夫亦曰维之以道而已。道也者，人心之存亡所系，即天下之盛衰所关。昧忠孝节义之大，不务实修，徒知文骈词章，武矜技勇，虽承平无事，君子隐以为忧甚。负国家作育人才之意，愿以告后之学者。

重修瓦亭碑记

（清）魏光焘

自来守土，先保障之策，关隘为重。瓦亭者，据陇东陲，为九塞咽喉，七关襟带。北控银夏，西趋兰会，东接泾原，南连巩、秦，诚冲衢也。汉建武初，隗嚣攻来歙于略阳，使牛邯屯瓦亭以拒援。晋太元十二年，符登与姚苌相持，军于瓦亭。唐至德元年，肃宗幸灵武，瓦亭为牧马所。宋建元年间，金陷泾原，刘锜退屯瓦亭整军伍。吴玠及金人瓦亭会战，皆在于此。近年戡靖西、北两路，亦尝设重防，通馈运，又用兵扼要之地也。群峰环拱，四达交驰，屹为雄镇。

焘忝巡陇东，百废渐举。光绪三年二月，爱及斯堡，请帑重修，并出廉俸次之。募匠制器具，饬所部武威后旗、新后旗，伐木锤石，偕工匠作。旧制周七百四十七步，坍塌五百四十余步，瓮洞垛楼，悉倾圮无存。乃厚其基址，增其宽长。新筑六百九十五步有奇，补修一百八十八步有奇。依山取势，高二丈七八尺至三丈六七尺不等。面阔丈三尺，底倍之。为门三：曰"镇平"，曰"巩固"，曰"隆化"。上竖敌楼，雉堞五百二十四，墩台大小八座，水槽七道。越明年四月告成。役勇二十余万工。凡以通邮驿、聚井闾、塞险要也，岂唯是壮观瞻也已哉！

夫德政不修，徒凭山川之阻，负隅自固几何？不为地利，愚而侈谈仁义，弃险不守，俾寇乘其疏，长驱深入。在昔失策者，更不知凡几。是故先王疆理天下，亦未尝不严司管键，隐树藩篱，崇关山之险，为闾阎之卫也。瓦亭之城，由来已久。兹因其陋而完之，盖亦为国家重其守云尔。

司是役者，后旗管带彭参将桂馥、新后旗管带翁参将经魁。功垂成，翁归。接理者邹副将冠群。例得备书。

重修三关口关帝庙记

（清）魏光焘

自平凉而西七十里有三关口焉。关旧有寺，圮于烽火，残碑断碣鲜可指者。父老告余曰："此古关帝庙也，昔以两杨将军附祀之。"因肃然思所以兴之。适固原提督雷纬堂少保，与有同志以木石自任，而以工役委焘。旋阻于军役未蒇事。

岁丙子，焘更巡陇东，率部下治峡路。路既治，乃捐廉兴修。令彭副将兰亭督士卒力作，斯庙以成。俾神明显翼于关隘间，以抒焘志，而并以慰少保之志。

客谓焘曰："关帝精忠贯日月，祠祀遍瀛寰，洵足万古也。若杨将军者，土人悉多附会，果何说之是从？"焘应之曰："尝考之《宋史》矣。杨琼知安国军，战功最伟，故垒犹存。吴玠王庶将杨政战于瓦亭，父子同殉，适当其地；所谓两杨将军者，当琼与政之属。其他未易臆度也。土人殆未能质其名迹而实之。然此关帝庙也，浩气攸归、百露效命。使两将军者冥承帝君英威，潜昭临察。正者扶之，邪者黜之，亦天地福善枫淫之道。上帝无私，视所简在。若能捍大患，御大灾，数著灵异，固于世道人心大有补救，尤亟宜崇祀也。又何必凿求其解，致疑为无名之歆格耶？"客唯唯而退。因记之。

重修三关口峡道记

（清）吴大澂

三关口为古金佛峡，山石荦确，杂以潢流。夏潦冬雪，行者苦之。坡南旧通小道，西出瓦亭驿。乱石涩路，车骑弗前。庆泾平固观察使邵阳魏公，始于光绪元年二月开通此路。为道廿余里，凿隘就广，改高即平。部下总兵官萧玉元，副将魏发沅、杨玉兴，参将邹冠群、彭桂馥、岳正南、罗吉亮、徐有礼等，分督兴作。凡用工八千余人，役勇丁四万余工，炭铁畚锸，器用公费，縻白金千两有奇。是年五月讫功。行人蒙福，去就安稳。督学使者吴县吴大澂，采风过此，美公仁惠，勒石纪事，以示来者。谨按吴公名大澂，字经卿，有文望，善篆隶。此碑纯用汉碑头法，石刻完美，与那文毅公修城碑，当为固原金石巨丽，识之。

整顿书院义学记

（清）安维峻

从来人才之盛衰，视乎学校之兴废。无以培植之，犹不耕而欲其获，无米而使之炊也。固原，汉高平地。前明三边总督建牙所在。国朝改设提督，与州牧同城，州治辽阔。光绪初，析置西北境为海城、平远二县，仍隶本州。升州为直隶州。州地广袤，尚数百里。生斯土者，良将材官，后先相望。独文学中，以科第起家者落落如晨星。岂山川形胜宜武不宜文欤？毋亦培植之方犹未至也。

回逆之乱，城社为墟。戡定后复设有书院。凡束脩膏火之费，暨城乡义学宾兴之需，均由地方筹措。雷纬堂少保复两次捐廉助之。惟是款项既繁，出纳宜慎，不由定章，曷昭恪守。岁辛卯，李松舟刺史条议程规，将为经久计。旋移官去。匡策吾使君甫下车，以振兴文教为先务。延访绅者，增利剔弊。即于是年秋，以添筹书院经费，酌议考课及义学、文社条规，历详上台，批准立案。而余适以次年应聘，来主讲席。斋长南郑两明经合诸生谋，刻石以垂久远，请为文记其事。

窃惟文教之兴，有开必先。昔文翁劝学，蜀人以文章、经术著者，若司马相如、张宽世辈，固一时杰出。欧阳修所见翁弟子石柱题名，尚一百有八人，何其盛也！近年吾秦陇南书院之设，掇甲科、预馆选者，联翩接踵出其中。何地无才，顾所以培植者何如耳！诸生果争自濯磨，无负贤使君教养兼权之意，他日成就，必有可观。由是转相引翼，蔚然成文物声名之邦。饮水思源，当如何感激。至于经理文社，出入款项，则尤冀后之人，公而忘私，以无坠地方善举，斯又使君之志也。爰乐为之记，以谂来者。

三忠祠祝文

（清）左孝成

同治十年秋七月宜祭之辰，陕甘总督左宗棠，谨以羊一、豕一，香楮清酌之礼，致祭于宋涪王吴公、信王吴公、武穆刘公之神位前曰：呜呼！宋自徽、钦至于高宗。

金源为虐，争战自雄。燕云沦陷，汜洛尘蒙。

举族北辕，渡江一龙。临安驻跸，中原为戎。

维时涪王，旧起陇右。偕弟信王，且战且守。

实搤敌吭，严军蜀口。金人善骑，性坚且久。

公以叠阵，弱前强后，仙人战场，地与不朽。

凶锋屡挫，乃舍而走。武穆刘公，赴官东京。

东京不守，顺昌是争，锐斧如墙，聚马如城。

杀人如麻，惨不闻声。八字之军，强虏所轻。

顺昌旗帜，一见而惊。三公桓桓，阚如哮虎。

韩岳东来，整我旗鼓。饮马滹沱，抵黄龙府。

胡丁屠朝，不究厥武。雄敕上游，以庇南土。

亦绵国祚，其历百五。我去公世，阅七百年。

猰狁孔炽，持节临边。道出陇干，故老攸传。

城东公庙，昔辑豆笾。城北公里，今仰遗阡。

昔在顺治，叛将控弦。神雾覆城，贼惊而旋。

乾隆中叶，田五背命。巨炮城头，大声莫震。

忽三童子，奉铁丸进。试以轰贼，烟开贼溃。

惊为神降，理固可信。神眷梓桑，诃护宜竞。

英风浩然，得气之正。神无弗之，况兹郡姓。

陇水汤汤，陇山峨峨。三忠式凭，于彼卷阿。

自我徂西，鬓以皤皤。以我怀忠，知公靡他。

朝驰羽檄，夜枕瑂戈。神克相予，惠我民和。

歼除丑虏，洗甲天河。遂平西戎，永奠岷嶓。

尚飨。

按雷纬堂少保于固原和尚铺山麓，捐廉建修宋吴公玠、吴公璘、刘公锜祠，合三忠为一龛。而以哨官匡文玉董其事，并函嘱湘阴左袭侯记之。时袭侯居兰州节署。禀于侯，遂命为祝文以祭，兼泐诸石。旋少保督师辽东，未及付镌，而以原稿附档。今伊检得，庄诵回环，觉英风浩气，跃然几席间。是盖以三公之忠，袭侯之文，少保之捐金建祠，足光邑乘而昭示于不朽云。至文内"神雾覆城""童子铁丸"二事，皆三忠显应助战实迹，鬼神之为德，其盛矣乎。

参考文献

一　文献

班固：《汉书》，中华书局 2011 年版。

陈梦家：《汉简缀述》，中华书局 1980 年版。

陈明猷校勘：《新修固原直隶州志》，陕西人民出版社 1992 年版。

陈寿：《三国志》，中华书局 2011 年版。

范晔：《后汉书》，中华书局 2011 年版。

方诗铭、王修龄：《古本竹书纪年辑证》，上海古籍出版社 1981 年版。

房玄龄等撰：《晋书》，中华书局 2011 年版。

固原地方志办公室编：《明清固原州志》，宁夏回族自治区内部资料出版物 2003 年版。

顾祖禹：《读史方舆纪要》，中华书局 2005 年版。

胡玉冰主编：《宁夏珍稀方志丛刊》，上海古籍出版社 2018 年版。

黄彰健校勘：《明太祖实录》，中华书局 2016 年版。

解缙等编：《永乐大典》，中华书局 1986 年版。

乐史：《太平寰宇记》，中华书局 2007 年版。

李百药：《北齐书》，中华书局 2011 年版。

李焘撰：《续资治通鉴长编》，中华书局 2004 年版。

李昉等撰：《太平御览》，中华书局 1960 年版。

李吉甫撰，贺次君校注：《元和郡县图志》，中华书局 1983 年版。

李延寿：《南史》，中华书局 2011 年版。

李逸友：《黑城出土文书》（汉文文书卷），北京科学出版社 1991 年版。

郦道元撰，陈桥驿译注：《水经注》，中华书局 2009 年版。

令狐德棻：《周书》，中华书局 2011 年版。

刘昫等撰：《旧唐书》，中华书局 2011 年版。

马端临：《文献通考》，中华书局 1986 年版。

牛达生、牛春生：《嘉靖固原州志》，宁夏人民出版社 1985 年版。

牛达生、牛春生：《明万历固原州志》，宁夏人民出版社 1985 年版。

欧阳修：《新五代史》，中华书局 2011 年版。

沈约撰：《宋书》，中华书局 2011 年版。

释慧皎撰，汤用彤校注：《高僧传》，中华书局 1992 年版。

司马光：《资治通鉴》，中华书局 2011 年版。

司马迁：《史记》，中华书局 2011 年版。

宋濂等撰：《元史》，中华书局 2011 年版。

宋祁、欧阳修等撰：《新唐书》，中华书局 2011 年版。

汤球：《十六国春秋辑录补》，中华书局 1985 年版。

脱脱等撰：《金史》，中华书局 2011 年版。

脱脱等撰：《辽史》，中华书局 2011 年版。

脱脱等撰：《宋史》，中华书局 2011 年版。

王钦若：《册府元龟》，中华书局 1982 年版。

魏收：《魏书》，中华书局 2011 年版。

魏源：《元史新编》，江苏广陵古籍刻印社 1990 年版。

魏徵：《隋书》，中华书局 2011 年版。

吴广成：《西夏书事校证》，甘肃文化出版社 1995 年版。

吴忠礼编：《明实录宁夏资料辑录》，宁夏人民出版社 1988 年版。

吴忠礼编：《宁夏历代方志萃编》，天津古籍出版社1988年版。

吴忠礼编：《宁夏通志》，宁夏人民出版社2007年版。

吴忠礼编：《宁夏志笺证》，宁夏人民出版社1996年版。

萧子显：《南齐书》，中华书局2011年版。

徐松辑录：《宋会要辑稿》，中华书局1957年版。

薛居正等撰：《旧五代史》，中华书局2011年版。

杨衒之撰，周祖谟校释：《洛阳伽蓝记》，中华书局1963年版。

宇文懋昭等撰，李西宁点校：《大金国志》，齐鲁书社2000年版。

负有强、李习文主编：《宁夏旧方志集成》，学苑出版社2016年版。

张双棣、张万彬等译：《吕氏春秋》，中华书局2007年版。

张廷玉等撰：《明史》，中华书局2011年版。

张欣毅编：《隆德县续志》，阳光出版社2010年版。

赵尔巽：《清史稿》，中华书局2020年版。

钟庚起撰，张志纯等点校：《乾隆甘州府志》，甘肃文化出版社1995
年版。

二 著作

［波斯］拉施特主编：《史集》，余大钧、周建奇译，商务印书馆1983
年版。

长泽和俊：《丝绸之路史研究》，钟美珠译，天津古籍出版社1990
年版。

陈诚：《西域行程记 西域番国志》，周连宽校注，中华书局1991
年版。

陈高华：《陈高华说元朝》，上海科学技术文献出版社2009年版。

陈寅恪：《寒柳堂集》，上海古籍出版社1980年版。

陈寅恪：《隋唐制度渊源略论稿》，生活·读书·新知三联书店1954
年版。

陈寅恪：《唐代政治史述论稿》，上海古籍出版社1982年版。

陈育宁：《中华民族凝聚力的历史探索》，云南人民出版社 1995
　　年版。

陈育宁主编：《宁夏通史》，宁夏人民出版社 1993 年版。

陈垣：《陈垣学术论文集》（第 1 集），中华书局 1980 年版。

陈子昂：《陈子昂集》，黄山书社 2015 年版。

程俊英、蒋见元：《诗经注析》（下册），中华书局 1991 年版。

党宝海：《蒙元驿站交通研究》，昆仑出版社 2006 年版。

道森编，吕浦译，周良霄注：《出使蒙古记》，中国社会科学出版社
　　1980 年版。

多桑：《多桑蒙古史》（上册），冯承钧译，中华书局 1982 年版。

方法敛撰，白瑞华校：《方法敛摹甲骨卜辞三种》，艺文印书馆 1966
　　年版。

冯承钧译：《马可波罗行纪》，上海书店出版社 2001 年版。

傅恒等纂，钟兴麒等校注：《西域图志》，新疆人民出版社 2002
　　年版。

谷苞主编：《西北通史》，兰州大学出版社 2005 年版。

固原地区地方志办公室编：《固原人物集录》，宁夏人民出版社 1991
　　年版。

固原县军事志编纂委员会主编：《固原县军事志》，宁夏人民出版社
　　2007 年版。

顾颉刚：《顾颉刚古史论文集》，中华书局 2011 年版。

顾颉刚：《史林杂识初编》，中华书局 1963 年版。

顾炎武著，黄汝成集释：《日知录集释》，上海古籍出版社 2014
　　年版。

郭厚安：《甘肃古代史》，兰州大学出版社 1989 年版。

郭沫若：《郭沫若全集》（历史编），人民文学出版社 1982 年版。

郭沫若：《两周金文辞大系图录考释》（下册），上海书店出版社 1999
　　年版。

韩浭、陈鹄撰:《涧泉日记》,上海古籍出版社 1993 年版。

韩康信、谭婧泽:《宁夏古人类学研究报告集》,科学出版社 2009 年版。

横田祯昭、韩小忙:《宁夏回族自治区古代民族青铜文化与考古学研究》,日本溪水社 2002 年版。

侯仁之主编:《黄河文化》,华夏出版社 1994 年版。

霍维洮:《宁夏民族与社会发展研究》,宁夏人民教育出版社 2003 年版。

金宜久主编:《伊斯兰教史》,江苏人民出版社 2006 年版。

李华瑞:《宋夏关系史》,河北人民出版社 1998 年版。

李明伟:《丝绸之路与西北经济社会研究》,甘肃人民出版社 1992 年版。

林幹:《中国古代北方民族通论》,内蒙古人民出版社 2007 年版。

林泰普:《龟甲兽骨文字》,艺文出版社 1973 年版。

刘鹗、罗振玉辑,鲍鼎释文:《铁云藏龟》,上海蟫隐庐石印本。

芦苇:《中外关系史》,兰州大学出版社 1996 年版。

鲁人勇、吴忠礼、徐庄:《宁夏历史地理考》,宁夏人民出版社 1993 年版。

罗丰:《固原南郊隋唐墓地》,文物出版社 1996 年版。

罗丰:《胡汉之间》,文物出版社 2004 年版。

罗丰:《丝绸之路考古》,科学出版社 2017 年版。

罗振玉:《殷墟书契后编》,中国青年出版社 1999 年版。

马长寿:《北狄与匈奴》,生活·读书·新知三联书店 1962 年版。

马长寿:《氐与羌》,上海人民出版社 1984 年版。

马非百主编:《秦集史》(下册),中华书局 1982 年版。

马俊明、王世平:《唐代马政》,西北大学出版社 1995 年版。

蒙文通:《周秦少数民族研究》,龙门联合书局 1958 年版。

孟森:《明清史论著集刊》(上下),中华书局 2006 年版。

慕寿祺：《甘宁青史略》，广文书局 1972 年版。

宁夏固原博物馆主编：《固原北魏漆棺画》，宁夏人民出版社 1988 年版。

宁夏回族自治区固原博物馆编：《原州古墓集成》，文物出版社 1999 年版。

宁夏文化考古研究所编：《水洞沟——1980 年发掘报告》，科学出版社 2003 年版。

宁夏文物考古所、中国历史博物馆编：《宁夏考古文集》，宁夏人民出版社 1994 年版。

宁夏文物考研研究所、中国历史博物馆考古部编：《宁夏菜园——新石器时代遗址、墓葬发掘报告》，科学出版社 2003 年版。

钱穆：《中国文化史导论》，商务印书馆 1994 年版。

任继愈主编：《中国佛教史》，中国社会科学出版社 1980 年版。

史念海：《河山集》（第六集），山西人民出版社 1997 年版。

史念海：《唐代历史地理研究》，中国社会科学出版社 1998 年版。

孙承泽：《春明梦余录》，北京古籍出版社 1992 年版。

谭其骧主编：《中国历史地图集》，中国地图出版社 1982 年版。

唐长孺：《山居存稿》，中华书局 1989 年版。

唐长孺：《魏晋南北朝隋唐史三论》，武汉大学出版社 1996 年版。

唐长孺主编：《吐鲁番出土文书》（第 1 册），文物出版社 1988 年版。

田福军：《宁夏明清人士著述研究》，上海古籍出版社 2020 年版。

王国维：《观堂集林》，中华书局 1984 年版。

王国维：《王国维遗书》，上海古籍书店印行 1983 年版。

王天顺：《西夏战史》，宁夏人民出版社 1993 年版。

王希隆：《清代西北屯田研究》，兰州大学出版社 1990 年版。

王钟翰主编：《中国民族史》，中国社会科学出版社 1994 年版。

王宗维：《元代安西王及其与伊斯兰教的关系》，兰州大学出版社 1993 年版。

文彦博：《潞公文集》，上海古籍出版社 2016 年版。

武建国：《均田制研究》，云南人民出版社 1992 年版。

徐兴亚：《西海固通史》，宁夏人民教育出版社 2012 年版。

许慎撰，段玉裁注：《说文解字注》，上海古籍出版社 1988 年版。

薛正昌：《固原历史地理与文化》，甘肃文化出版社 1998 年版。

薛正昌：《黄河文明的绿洲——宁夏历史文化地理》，宁夏人民出版社 2007 年版。

薛正昌：《宁夏历史文化地理》，宁夏人民出版社 2007 年版。

杨建新、芦苇：《丝绸之路》，甘肃人民出版社 1988 年版。

杨建新、马曼丽：《西北民族关系史》，民族出版社 1990 年版。

杨建新：《中国西北少数民族史》，宁夏人民出版社 1988 年版。

杨明主编：《固原考古札记》，宁夏人民教育出版社 2014 年版。

杨正泰：《明代驿站考》（增订本），上海古籍出版社 2006 年版。

姚大力：《"天马"南牧——元朝的社会与文化》，长春出版社 2008 年版。

余贵孝：《固原地方史要论》，宁夏人民出版社 1993 年版。

余太山：《西域通史》，中州古籍出版社 1996 年版。

张博泉：《金代经济史略》，辽宁人民出版社 1981 年版。

张弛：《长江中下游地区史前聚落研究》，文物出版社 2003 年版。

张瀚撰：《松窗梦语》，上海古籍出版社 1980 年版。

张江凯、魏峻：《新石器时代考古》，文物出版社 2004 年版。

张星烺编，朱杰勤校订：《中西交通史料汇编》，中华书局 1978 年版。

张玉春：《竹书纪年译注》，黑龙江人民出版社 2003 年版。

张之恒、黄建秋、吴建民：《中国旧石器时代考古》，南京大学出版社 2003 年版。

张之恒：《中国新石器时代考古》，南京大学出版社 2004 年版。

章炳麟：《章太炎全集》，上海人民出版社 2014 年版。

赵予征：《丝绸之路屯垦研究》，新疆人民出版社 2010 年版。

郑德坤：《四川古代文化史》，巴蜀书社 2004 年版。

郑学檬：《中国古代经济重心南移和唐宋经济研究》，岳麓书社 1996 年版。

志费尼：《世界征服者史》，何高济译，翁独健校订，内蒙古人民出版社 1980 年版。

钟侃：《宁夏古代历史纪年》，宁夏人民出版社 1988 年版。

钟侃：《宁夏文物述略》，宁夏人民出版社 1980 年版。

周密：《癸辛杂识续集》，上海古籍出版社 2012 年版。

周伟洲：《敕勒与柔然》，上海人民出版社 1983 年版。

周伟洲：《唐代党项》，三泰出版社 1988 年版。

周伟洲：《吐谷浑史》，宁夏人民出版社 1985 年版。

周伟洲：《中国中世纪西北民族关系研究》，西北大学出版社 1992 年版。

周一良：《魏晋南北朝史论集》，中华书局 1963 年版。

周一良：《中华文化交流史》，河南人民出版社 1987 年版。

庄绰撰，萧鲁阳点校：《鸡肋编》，中华书局 1997 年版。

三　论文

安家瑶：《北周李贤墓出土的玻璃碗——萨珊玻璃器的发现与研究》，《考古》1986 年第 2 期。

白晓清：《元代黑龙江地区的屯田》，《黑龙江民族丛刊》1994 年第 12 期。

薄吾成：《古羌人对我国养羊业的贡献与影响》，《农业考古》2008 年第 4 期。

蔡志纯：《略论元代屯田与民族迁徙》，《民族研究》2002 年第 7 期。

陈广恩：《元代西北经济开发研究》，暨南大学 2003 年中国古代史博士学位论文。

丁望南：《明代固原的马政制度》，《宁夏大学学报》1991 年第 6 期。

方建春：《固原历史上的灾情与抗灾述略》，《固原师专学报》1992 年
　　第 4 期。

方建春：《固原水旱灾害的历史考察》，《宁夏师范学院学报》2012 年
　　第 5 期。

高星、裴树文：《宁夏旧石器考古调查报告》，《人类学学报》2004 年
　　第 4 期。

固原县文管所、中国历史博物馆考古部编：《宁夏固原县红圈子新石
　　器时代墓地调查简报》，《考古》1993 年第 2 期。

固原县文管所、中国历史博物馆考古部：《宁夏固原县新石器时代墓
　　地调查简报》，《考古》1993 年第 2 期。

顾吉辰：《宋代镇戎军考》，《固原师专学报》1987 年第 1 期。

何天明：《元代屯田若干问题探讨》，《内蒙古社会科学》1987 年第
　　6 期。

侯灿：《楼兰新发现木简纸文书考释》，《文物》1988 年第 7 期。

胡永祥、高科：《固原地区新石器时代文化遗存分布状况调查》，《宁
　　夏师范学院学报》2015 年第 4 期。

黄文焕：《河西吐蕃文书简述》，《文物》1978 年第 2 期。

李干：《元代屯田的发展和演变》，《中南民族学院学报》1984 年第
　　1 期。

李建生、王金平：《周伐猃狁与"长父侯于杨"相关问题》，《中原文
　　物》2012 年第 1 期。

李绍明：《论氐和羌、戎的关系》，《西南民族学院学报》1980 年第
　　4 期。

李蔚：《试论元代西北屯田的若干问题》，《兰州大学学报》1993 年第
　　7 期。

李宇峰：《从考古发现略述元代在东北的屯田》，《辽海文物学刊》
　　1995 年第 5 期。

刘启益：《西周金文中所见的周王后妃》，《考古与文物》1980 年第

4 期。

刘尧汉：《羌戎、夏、彝同源小议——兼及汉族名称的由来》，《思想战线》1979 年第 6 期。

陆柏·列斯尼钦科著：《伟大的丝绸之路》，贺兴平译，《西北史地》1987 年第 2 期。

罗丰：《北周李贤墓出土的中亚风格鎏金银瓶——以巴克特里亚金属制品为中心》，《考古学报》2000 年第 3 期。

罗丰：《固原北魏漆棺画中的波斯风格——兼谈北朝时期高平至平城一段丝绸之路》，《宁夏文物》1993 年第 7 期。

罗丰：《固原地区历代建置沿革考述》，《固原师专学报》1986 年第 3 期。

罗丰：《宁夏固原出土的外国金银币考述》，《故宫文物》1995 年第 4 期。

马建春：《元代东迁西域人屯田述论》，《西域研究》2001 年第 12 期。

马建军、石磊：《固原新石器考古文化的发现与研究》，《固原师专学报》2001 年第 4 期。

马建军、周佩妮：《固原北朝文物考古的发现与研究》，《固原师专学报》2003 年第 3 期。

宁夏考古所与中国历史博物馆：《宁夏海原县菜园村遗址、墓地发掘简报》，《文物》1988 年第 9 期。

宁夏文物考古所：《宁夏海原县菜园村遗址切刀把墓地》，《考古学报》1989 年第 4 期。

彭裕商：《周伐猃狁及相关问题》，《历史研究》2004 年第 3 期。

秦新林：《试论元代边疆的屯田与灌溉》，《殷都学刊》1987 年第 4 期。

沈长云：《猃狁、鬼方、姜氏之戎不同族别考》，《人文杂志》1983 年第 3 期。

史文：《古羌人的起源及其迁徙》，《民族论坛》1987 年第 2 期。

孙功达：《氐族是古代羌族、三苗和东夷族融合的结果》，《宁夏大学学报》2006 年第 1 期。

田澍：《国家安全视阈下的明代绿洲丝绸之路》，《中国史研究》2017 年第 4 期。

王继光：《西域行程记与别失八里西迁考》，《西域研究》2007 年第 2 期。

王晓华：《明清时期宁夏乡贤祠考论——以宁夏明清地方志资料为主》，《宁夏史志》2017 年第 2 期。

吴焯：《北周李贤墓出土鎏金银壶考》，《文物》1987 年第 5 期。

吴文武：《元代两淮地区屯田考》，《史学月刊》2005 年第 8 期。

徐中舒：《中国古代的父系家庭及其亲属称谓》，《四川大学学报》1980 年第 1 期。

许成、李进增：《菜园遗存的多维剖析》，《宁夏社会科学》1988 年第 6 期。

薛正昌：《历史上的秦汉萧关与唐宋萧关》，《甘肃社会科学》1997 年第 2 期。

薛正昌：《萧关道与固原历代政权建置及其发展趋势》，《西北民族学院学报》1994 年第 1 期。

薛正昌：《元代六盘山与开城安西王府》，《内蒙古社会科学》1995 年第 1 期。

严文明：《中国文明起源的探索》，《中原文物》1996 年第 1 期。

杨泓：《略论北周李贤墓的陶俑和铁刀》，《宁夏文物》1989 年第 3 期。

杨巨平：《亚历山大东征与丝绸之路开通》，《历史研究》2007 年第 4 期。

杨宁国：《宁夏彭阳发现旧石器时代遗址》，《中国文物报》2003 年第 6 期。

杨蕤：《宋代陆上丝绸之路贸易三论》，《新疆大学学报》2009 年第

5 期。

尹盛平：《猃狁、鬼方的族属及其与周族的关系》，《人文杂志》1985
  年第 1 期。

于省吾：《释羌·苟·敬·美》，《吉林大学学报》1963 年第 1 期。

余太山：《犬方、鬼方、邛方与猃狁、匈奴同源说》，《欧亚学刊》
  1999 年（第三辑）。

余太山：《魏略·西戎传要注》，《中国边疆史地研究》2006 年第
  6 期。

钟侃：《宁夏固原店河齐家文化墓葬清理简报》，《考古》1987 年第
  8 期。

钟侃：《宁夏西吉县兴隆镇的齐家文化遗址》，《考古》1964 年第
  2 期。

周继中：《元代江南江北行省的屯田》，《安徽史学》1984 年第 10 期。

周松：《元代黄河漕运考》，《中国史研究》2011 年第 5 期。

周伟洲：《历史上的中国及其疆域、民族问道》，《云南社会科学》
  1989 年第 2 期。

周伟洲：《论十六国时期的"胡汉分治"》，《西北历史研究》1986
  年号。

朱士光：《我国黄土高原地区几个主要区域历史时期经济发展与自然
  环境变迁概况》，《中国历史地理论丛》1992 年第 1 期。

后　记

　　固原地区历来是中原王朝经略西北边疆的重要据点，亦是历史上西北地区各个割据政权倚重之战略要地，其地位十分重要。古代固原地区地位之重要，很大程度在于其处于丝绸之路的要冲，因而丝绸之路对于古代固原地区历史与社会变迁有着重大影响——丝绸之路直接或间接地书写了固原地区的历史。本书以丝绸之路为研究视角，重点考察在丝绸之路的兴衰往替过程中，古代固原地区的历史变迁及其社会影响。

　　虽然学界对固原地区及其丝绸之路的研究由来已久，不乏真知灼见的成果问世。但依笔者观之，现有成果呈现两种较为明确的倾向：一是大多数成果以区域史的视角研究固原地区的历史，很少涉及固原地区丝绸之路的研究，二者相辅相成的研究成果更是凤毛麟角；二是以固原地区丝绸之路为视角的研究虽然已有学者涉猎，但尚未形成有体系的研究，更多的只是关注固原地区某一时段或者某一领域的研究。这种研究状况确实与固原地区厚重的历史地位甚不相符，需要更多的学者关注。

　　正是出于上述思考，本书以丝绸之路为研究视角，以历史学的研究方法为主，重点考察丝绸之路嬗变下的固原地区政治、军事、经济、民族、文化等具体社会层面的变迁。在具体研究过程中，希冀把握宏观历史的书写和微观史实的阐释，尤其关注历代王朝经略西北边疆政策及其得失，为当下西北边疆地区社会发展和民族融合提供必要的历史借鉴。

不得不说，本书需要兼顾两条研究主线，即丝绸之路本身的变迁和古代社会固原地区历史的变迁。但史料的缺乏使有些研究内容停留在肤浅的解说层面，甚至错漏，希望在以后的研究中能够精益求精，弥补遗憾。

此书付梓之际，亦颇多感言：感谢宁夏师范学院固原历史文化研究中心的资助，这是本书能够完成的基本动力；感谢我的同人，诸位在史料的收集整理方面给我很大的帮助；感谢中国社会科学出版社的刘芳编辑，感谢您用心的校正和纠正，没有您的付出，本书的出版尚有很远的一段路要走；感谢我的导师王银春先生，学生的每一次微小的进步都是基于您的教诲、督促和影响；感谢我的妻子，为了我的研究承担很多，甚为惭愧。

李世荣

2020 年 4 月 26 日